HISTOIRE
DE
L'EMPIRE OTTOMAN
DEPUIS SON ORIGINE JUSQU'A NOS JOURS,

PAR J. DE HAMMER.

OUVRAGE PUISÉ AUX SOURCES LES PLUS AUTHENTIQUES ET RÉDIGÉ SUR DES DOCUMENS
ET DES MANUSCRITS LA PLUPART INCONNUS EN EUROPE;

Traduit de l'Allemand

PAR J.-J. HELLERT;

ACCOMPAGNÉ D'UN ATLAS COMPARÉ DE L'EMPIRE OTTOMAN, CONTENANT 21 CARTES
ET 15 PLANS DE BATAILLES, DRESSÉS PAR LE TRADUCTEUR.

—

TOME DIX-SEPTIÈME.

PARIS

BELLIZARD, BARTHÈS, DUFOUR ET LOWELL,
1 *bis*, RUE DE VERNEUIL.

Londres.	Saint-Pétersbourg.
BOSSANGE, BARTHÈS ET LOWELL, 14, Great Marlborough Street.	Fd. BELLIZARD ET Cie, LIBRAIRES, au Pont-de-Police.

M DCCC XLI

HISTOIRE
DE
L'EMPIRE OTTOMAN.

SE TROUVE ÉGALEMENT :

à Bruxelles,	chez J.-P. Meline, Cans et Cie.
Amsterdam,	Lutchmann et fils.
La Haye,	Les frères van-Cleef.
Francfort,	Jügel.
Gênes,	Yves-Gravier.
Florence,	J. Piatti.
Leipzig,	Brockhauss.
Turin,	J^h. Bocca.
Vienne,	Rohrman et Schweigerd.
Varsovie,	E. Glucksberg.
Moscou,	A. Semen.
	Ve Gautier et fils.
	Ch. Urbain et Cie.
Odessa,	J. Sauron.
	Miéville.
Constantinople,	J.-B. Dubois.

POST-FACE.

Une partie de mes lecteurs pourrait s'étonner de ce que cette histoire a été interrompue au traité de Kaïnardjé ; mais si on demande pourquoi elle n'a pas été continuée, sinon jusqu'à la paix d'Andrinople, du moins jusqu'à celle de Sistova ou de Yassy, sinon jusqu'à l'insurrection grecque et à l'extermination des janissaires, du moins jusqu'aux nouvelles institutions introduites dans l'Empire ottoman sous le règne de Sélim III, nous répondrons que le même motif qui pendant trente ans a empêché l'auteur de commencer à écrire cette histoire, lui interdit aujourd'hui de la continuer au-delà d'une période de trente années, c'est-à-dire jusqu'à la campagne d'Égypte, et cela bien que lui-même ait pris part à cette expédition. La même cause qui lui avait si tard fait prendre la plume l'oblige à la déposer prématurément. Cette cause n'est autre que le manque d'un ensemble complet de tous les documens qui lui auraient été nécessaires ; il s'agit notamment des sources nationales. Si l'auteur a réussi précédemment à étendre le cercle restreint des notions bibliographiques jusqu'alors répandues en Europe sur l'histoire ottomane, et à porter au chiffre de deux cents les vingt sources originales ou environ qu'on possédait avant lui sur cette matière ; s'il a réussi, dis-je, à se procurer, à force de temps et de dépenses, toutes celles qui nous manquaient encore, il n'en a pas été de même de ses tentatives infatigables, renouvelées à chaque courrier, pour obtenir la continuation, qu'il savait pertinemment exister, des annales tenues par les historiographes ottomans et des autres sources nationales, pour l'intervalle de temps écoulé depuis le règne du sultan Abdoulhamid jusqu'à celui de Mahmoud II. Quelques-uns de ces documens, dont il a réussi à faire l'acquisition, n'ont servi qu'à lui rendre plus sensible l'absence de ceux qui lui manquaient, et à lui montrer le passé sous un jour plus vif, en le mettant à même de comparer les événemens qui ont suivi avec ceux antérieurs.

Mise en regard des soixante-douze livres qui précèdent et qui ont été puisés à tant de sources originales, la continuation de cette histoire eût donc paru extrêmement défectueuse. Dès lors, il était plus convenable de renoncer à l'entreprise que d'écrire encore livres sur livres qui par leur nature se fussent nécessairement trouvés moins complets et surtout moins impartiaux. Les manœuvres et les intrigues politiques mises en jeu, immédiatement après la paix de Kaïnardjé et les événemens de la guerre de la Turquie contre l'Autriche, eussent offert des difficultés presque insurmontables : des demi-vérités, des indications vagues, des insinuations timides, saisissables seulement par un lecteur en partie initié, des expressions atténuantes, telles qu'on en exige des feuilles politiques et que nous en voyons employer chaque jour; tout cela a paru à l'auteur indigne de la plume d'un historien. Abstraction faite, au reste, de ces obstacles qui tiennent à sa position particulière et à ses relations et qui ne lui permettent ni d'écrire une histoire complète de son époque, ni de s'exprimer en toute liberté, il n'en reste pas moins vrai qu'une histoire complète et impartiale d'événemens comtemporains est une œuvre impossible. De même que les sources terrestres, les sources de l'histoire coulent longtemps enfouies avant de jaillir au grand jour. Les baguettes divinatoires qui planent au-dessus d'elles n'arrivent pas toujours à préciser leur existence; les fumées de la guerre et le mirage politique égarent souvent l'œil et l'empêchent de distinguer les objets. Xénophon et César, Thucydide et Tacite ont, il est vrai, transmis à la postérité l'histoire de leur temps, histoire dont leur vie elle-même est une des parties principales ; mais il nous manque, pour en vérifier convenablement l'exactitude, et le récit des historiographes persans, et les traditions des bardes bretons, et celles des druides gaulois. C'est le sentiment de difficultés semblables qui a déterminé les trois grands historiens anglais et Jean de Müller à choisir pour texte de leurs histoires des événemens antérieurs à eux; c'est dans la même pensée que Karamsin n'a conduit la sienne que jusqu'à l'avénement de la maison souveraine actuellement sur le trône en Russie. Permis à ceux qui ont été acteurs ou témoins de grands événemens de les retracer dans des Mémoires; mais, quant à réunir ces documens épars pour en composer une histoire impartiale, c'est l'œuvre de la postérité. Sous ce point de vue, et en mettant à part les obstacles insurmontables qui ne lui ont pas permis de se procurer les matériaux nécessaires, l'auteur ne pouvait mieux terminer son histoire qu'à l'époque, si décisive pour l'Empire Ottoman, où fut conclu le traité de Kaïnardjé, traité signé dans l'année même de sa naissance.

Outre que les sources originales de l'histoire ottomane ne sont pas toutes accessibles, à dater du traité de Kaïnardjé, époque à laquelle s'arrête la série des documens qui a été publiée jusqu'à ce jour, les sources jusqu'alors si riches des archives européennes deviennent moins abondantes; non que les rapports des ambassades vénitiennes et autrichiennes soient moins facilement ouverts que ceux des temps antérieurs aux personnes qui veulent les explorer, mais deux causes essentiellement différentes ont amené ce changement. En premier lieu, le contenu des rapports des ambassades vénitiennes s'annihile dans la même proportion que s'éteint la splendeur de Venise, et les bailes ne sont plus les agens actifs d'une puissance limitrophe de l'Empire Ottoman, puissance autrefois résolue, entreprenante, prépondérante soit dans la paix, soit dans la guerre. Ils deviennent de paisibles spectateurs représentant à Constantinople une république qui se mourait de consomption dans les lagunes de l'aristocratie. En second lieu, l'union étroite qui unissait la Russie à l'Autriche s'était affaiblie depuis la paix de Kaïnardjé, ou plutôt depuis le congrès de Fokschan. Ce fut par suite de cette union et depuis la sainte alliance contractée avec Pierre le Grand, surtout depuis le traité offensif et défensif conclu en 1726 et renouvelé par les deux cours vingt ans plus tard, que leurs intérêts confondus nécessitèrent de leur part des démarches communes et des communications multipliées et franches sur les événemens les plus importans de l'époque. Cette union politique n'avait été interrompue que durant un court espace de temps, pendant le règne de Pierre II ; puis elle s'était renouée aux approches de la guerre de 1768 entre les Russes et les Turcs, et enfin elle avait été scellée par le partage de la Pologne. Mais, pendant le demi-siècle qui s'écoula entre la paix de Kaïnardjé et celle d'Andrinople, et dont les événemens remplissent la période subséquente de l'histoire ottomane, l'amitié étroite des deux puissances, jusqu'alors cimentée par la communauté de leurs intérêts, ne se maintint que pendant la guerre soutenue en commun contre la France et l'Empire Ottoman.

Pour écrire l'histoire de l'Empire turc durant le siècle qui vient de s'écouler, avec pleine connaissance des événemens importans et des négociations diplomatiques dont la Porte a été le théâtre pendant cette période, il faudrait que le continuateur de cette histoire pût consulter avec la même facilité les archives autrichiennes et les archives russes; car les documens qui se trouvent dans ces dernières peuvent seuls éclaircir un grand nombre de faits restés obscurs dans l'histoire toute moderne de l'Empire Ottoman. Jusqu'à la sainte alliance qui précéda le traité de Carlowicz, l'Autriche et la république de Venise avaient été les deux principaux défenseurs de la chrétienté contre l'islamisme; la Russie et la Pologne, bien que leurs territoires fussent également limitrophes de l'Empire Ottoman, n'avaient eu qu'une influence secondaire. Dans le cours du dix-huitième siècle, la Pologne déchut sous ce rapport dans la même proportion que grandit la Russie et que l'Empire Ottoman approcha de sa décadence actuelle. Elle coïncide avec le premier partage de la Pologne.

Ce partage, qu'on ne se trompe pas, doit être considéré comme l'avant-coureur du dernier démembrement qui attend la puissance fondée par Osman.

Depuis la paix de Kaïnardjé jusqu'à celle d'Andrinople, la Russie a été l'oracle des négociations diplomatiques suivies auprès de la Porte, l'arbitre de la paix ou de la guerre, l'âme des affaires les plus importantes de l'Empire. La France et l'Angleterre, si l'on en excepte la guerre d'Égypte et le passage des Dardanelles par la flotte anglaise, ne sont intervenues activement dans la politique de la Porte que momentanément et par voie de médiation, comme avait fait précédemment la Hollande et comme fit plus tard la Prusse. L'Autriche s'est bornée, pendant cette période, au maintien de la paix existante et au rôle de conseillère amicale. Ce rôle, elle ne l'a pas quitté un instant. Seule, la Russie a posé dans l'Empire ottoman un pied dictatorial depuis la paix de Kaïnardjé jusqu'à celle d'Andrinople De là vient que les annales ottomanes et les archives russes peuvent seules fournir les matériaux nécessaires pour écrire l'histoire de l'Empire turc, pendant le demi-siècle écoulé entre ces deux traités, d'une manière aussi complète que l'auteur l'a fait dans cette histoire pour l'intervalle de temps écoulé depuis la paix de Carlowicz jusqu'au traité de Belgrade et depuis ce traité jusqu'à celui de Kaïnardjé.

Après cet exposé des motifs qui ont empêché l'auteur de poursuivre cette histoire au-delà du traité de Kaïnardjé, qu'il lui soit permis de jeter un coup d'œil rétrospectif sur l'esprit et le contenu de l'œuvre historique qu'il vient de terminer. Les diverses manières d'écrire l'histoire sont aussi multiples que les points de vue sous lesquels on peut envisager la corrélation intime des plus graves événemens de ce monde, et ce serait une entreprise insensée que de chercher à réunir dans un seul ouvrage tous les procédés historiques, comme à satisfaire toutes les exigences. Autres sont les qualités d'un résumé, d'un aperçu rapide; autres celles d'une histoire détaillée¹; autre chose est une série de considérations philosophiques sur l'histoire; autre chose est enfin une histoire pragmatique. Le but de l'auteur a été d'offrir à ses contemporains une histoire pragmatique et circonstanciée de l'empire ottoman, puisée à des sources jusqu'alors inédites et enfouies dans les annales des historiographes et les archives diplomatiques; ce but, il croit l'avoir atteint mieux que n'ont fait avant lui ceux qui ont entrepris d'écrire l'histoire de l'empire ottoman. Ceux de ses lecteurs qui éprouvent peu de sympathie pour l'Orient traiteront certainement d'ennuyeux et de puérils une grande partie des détails que contient son histoire; d'autres s'habitueront difficilement aux noms barbares des personnes et des choses qui figurent dans cette œuvre. La corruption ou la simplification des noms propres étrangers peut être une nécessité pour le Français ou pour l'Italien, mais non pour l'Allemand, et, en tout cas, l'historien doit les rendre fidèlement, à quelque nation qu'il appartienne. A l'égard des reproches qu'on pourrait adresser à l'abondance des détails consignés dans cette histoire et qui s'appliqueraient moins à la partie des batailles et des événemens de guerre qu'à celle des changemens et des promotions survenus à l'intérieur, l'auteur fera observer qu'il lui a paru indispensable de profiter au

---

¹ *I need not compare the convenience of abridgement with the merits of circumstantial recital, both these sorts of historical composition have their use and they must both always continue to be written* (J. Mackintosh *history of Engl. advertisement*).

moins assez des volumineuses sources qu'il a été à même de consulter, pour que nul des faits qui y sont relatés sous des titres spéciaux ne fût entièrement passé sous silence : pour que la carrière suivie par les grands-vizirs et les autres fonctionnaires éminens de l'empire, soit en paix, soit en guerre, fût nettement retracée, et indiquât les diverses phases et les dates des événemens contemporains. Ainsi que l'auteur en avait pris l'engagement dans la préface de cet ouvrage, il a apporté tous ses efforts et un soin tout particulier à préciser les dates et les lieux mentionnés dans le cours de cette histoire ; chaque localité a été recherchée avec tout le zèle possible ; chaque date a été laborieusement supputée par lui et inscrite dans le corps de son texte. La partie philologique et ethnographique a été traitée avec les mêmes soins que celle de la topographie et de la chronologie.

Quant aux critiques insatiables qui eussent désiré encore plus de détails que n'en contient ce livre sur la vie intérieure des Ottomans, sur l'industrie, les mœurs, le sort des peuples chrétiens soumis au joug de la Porte, l'auteur ne peut que leur dire : qu'il n'est si minime circonstance digne de quelque intérêt qui n'ait été soigneusement enregistrée, ainsi que peuvent l'attester les descriptions détaillées de fêtes et de cérémonies, et les listes de présens; mais que là où les sources se taisent, l'historien a cru devoir supprimer les *on dit* comme un verbiage insupportable. Au surplus, l'auteur porte hardiment le défi à ces critiques exigeans de signaler un seul trait caractéristique pour l'histoire des mœurs et de la civilisation des Ottomans ou des peuples soumis à leur domination, qui se trouve dans les sources originales et qui ait été omis par lui. Encore bien moins citeront-ils, sous un point de vue quelconque, sous quelque jour défavorable qu'il soit représenté, quel que soit le voile diplomatique dont il soit resté enveloppé jusqu'à ce jour, un fait historique de quelque importance qui ait été passé sous silence par l'auteur ou que la censure ait cru devoir biffer. A l'appui de cette assertion, il suffira de rappeler ici les instructions que Ferdinand Ier donna à son ambassadeur près la cour de Rome, à l'effet d'obtenir la levée de l'interdiction lancée contre lui par suite du meurtre du cardinal Martinusius, le tableau de la conjuration hongroise, le récit des négociations qui précédèrent la paix de Belgrade, et la conclusion d'un traité secret de subsides, toutes choses que l'auteur a fait entrer dans le cadre de cette histoire.

On y trouvera surtout dévoilés au grand jour nombre de secrets diplomatiques jusqu'alors enfouis dans les ténèbres des archives. Les sources d'où on pouvait tirer des éclaircissemens certains sur ce point ont été jusqu'à ce jour extrêmement bornées. A part les notions contenues dans le compte-rendu imprimé, mais tiré à fort peu d'exemplaires et à peine connu hors du territoire anglais, des négociations de l'ambassadeur britannique *Sir William Roe;* dans l'histoire du traité de Carlowicz par *Humiecki;* dans celle du traité de Passarowicz, par *Vendramino Bianchi;* dans les trois histoires du traité de Belgrade, par *Laugier*, *Neipperg* et *Moser*; dans les rapports de quelques ambassadeurs et dans quelques relations vénitiennes dont s'est servi *Ranke*; toutes les négociations diplomatiques suivies près de la Porte étaient restées environnées du saint mystère des archives d'Etat. Cette histoire les a produites au grand jour de la publicité, et aucune ambassade, pour peu qu'elle soit connue, n'a été oubliée par l'auteur. Les ouvrages imprimés par *Andréossy* et *Karamsin* sur les ambassades de France et de Russie sont les seuls qui existent en pareille matière, et, bien que ces ouvrages aient été puisés aux meilleures sources contenues dans les archives de leurs gouvernemens, l'un et l'autre ont cependant omis plusieurs missions dont il est fait mention dans cette histoire, d'après des documens tirés des archives vénitiennes et autrichiennes. Grâce aux communications de mes deux savans amis, M. le comte *de Swiedzinski* et M. le comte *Stanislas Rzewuski*, mort trop tôt pour sa patrie et pour les sciences, j'ai pu présenter la suite complète des ambassades polonaises dans l'empire ottoman; quant aux ambassades anglaises et hollandaises, j'ai indiqué toutes celles que mentionnent les documens imprimés et les rapports d'ambassade. Des documens vénitiens m'ont fourni la série des bailes qui ont résidé à Constantinople. L'insuffisance des données qu'avait elle-même la chancellerie d'État de Vienne sur la succession des ambassades autrichiennes, résulte bien clairement de la comparaison des détails que donne sur ce point cette histoire avec le catalogue de ces ambassades publié par *Jenisch* dans le préambule du nouveau *Meninsky*. Le même fait ressort, pour les traités de paix et les conventions, de la mise en regard de notre liste avec celle qu'en donnent *Martens* et *Schœll*, et où ne manquent pas moins de 280 traités. Pour arriver à ce résultat, l'auteur a dû, dans l'espace de vingt ans, c'est-à-dire depuis 1808 où le greffe turc de la chancellerie d'État fut pour la première fois ouvert par le comte Stadion, jusqu'en 1828 où fut terminée la lecture des documens déposés aux archives vénitiennes, compulser deux cents dossiers volumineux au greffe de la chancellerie d'État, et environ autant dans les archives de la maison impériale d'Autriche. Chacun de ces dossiers comprend en général les rapports et les instructions d'une année, en tout, l'un portant l'autre, deux cents feuilles in-folio, en sorte que chacun équivaut à peu près à un gros volume in-folio; ce qui, avec les soixante-huit gros in-folio de l'histoire de *Marino Sanuto* et avec les relations particulières des ambassades vénitiennes et autrichiennes, porte à près de cinq cents volumes in-folio la masse des matériaux puisés dans les archives pour l'élaboration de cette œuvre historique. L'histoire bysantine et celle de *Khevenhüller* en forment environ cinquante; cinquante autres sont représentés par les annales des historiographes ottomans et les œuvres des anciens auteurs qui ont écrit l'histoire ottomane, tels que : *Mezeray*, *Knolles*, *Sagredo*, *Lewenklau*, *Lonicerus*, *Kœnigshofen*, *Ortelius*, *Bonfinius*, *Istuanfi*, *Dlugoss*,

Cromer, etc., etc. Les citations faites à chaque page de cet ouvrage attestent avec quel soin ont été explorées par l'auteur toutes les sources européennes, toutes les pièces et tous les documens politiques, au nombre de quatre mille, et quel parti il a su tirer des deux cents originaux ottomans qu'il a eus à sa disposition.

Faisons maintenant connaître méthodiquement en quoi consistent les appendices de cet ouvrage qui en remplissent les tomes dix-sept et dix-huitième.

Au présent épilogue succéderont : 1° un aperçu statistique de tous les emplois relevant de la cour ou de l'État, de tous les grades judiciaires ou militaires, d'après les divisions du seraï, de la porte du grand-vizir et de celle du defterdar, et enfin de toutes les juridictions de l'Empire. Ce tableau peut être considéré comme un supplément à l'ouvrage statistique intitulé : *De la constitution et de l'administration de l'Empire Ottoman;* il nous a semblé indispensable pour mettre le lecteur à même de suivre dans un ordre systématique, d'après leur sphère et leur gradation, les promotions extraordinaires qui reviennent si souvent dans ce livre, aux différentes charges et dignités de l'Empire ; 2° une liste contenant les titres attachés au rang des princes, des princesses, et à celui des hauts fonctionnaires de la chancellerie d'État ottomans, d'après les divers kanounnamés et inschas ; 3° la liste de deux cent quarante dynasties, tirée de l'histoire universelle de l'astronome Ahmed ; 4° la liste des traités de paix, alliances, conventions et autres traités conclus par la Porte ottomane depuis la fondation de l'empire jusqu'à la paix de Kaïnardjé; 5° la liste des ambassades envoyées à la Porte par les diverses puissances européennes et asiatiques et réciproquement; 6° l'aperçu des diverses tribus turques; 7° l'aperçu des institutions publiques créées par le sultan Mahmoud II, et des changemens les plus importans opérés par ce souverain dans l'administration de l'Empire; 8° l'explication du plan de Constantinople et de ses faubourgs; 9° un vocabulaire des mots turcs qui se trouvent dans le corps de cette histoire; 10° un calendrier des dates les plus mémorables de l'histoire ottomane, depuis la fondation de l'Empire jusqu'en l'année 1774; 11° le tableau des cinq cents mosquées que renferme la capitale; c'est un extrait succinct de l'excellent ouvrage intitulé: *Jardin des mosquées*, digne d'intérêt, non-seulement au point de vue topographique, mais important comme document historique, en ce qu'il mentionne la date de la construction de ces mosquées et les noms de leurs fondateurs. Ce tableau peut être considéré comme un appendice au document topographique qui a pour titre: *Constantinople et le Bosphore*. Si l'auteur de cette topographie avait connu, lorsqu'il l'écrivit, le *Jardin des mosquées*, la traduction complète de ce dernier ouvrage en eût formé à elle seule le troisième volume; 12° une liste de quatre mille pièces politiques ou administratives, diplômes et autres titres dont les originaux déposés aux archives ou les copies jointes aux recueils (inschas) ont été consultés par l'auteur de ce livre ; 13° enfin une table générale et analytique des faits mentionnés dans le cours de cet ouvrage, à l'exception de ceux classés à part dans les tableaux ou états précédents.

Les sources nécessaires au continuateur de cette histoire, et dont quelques-unes seulement ont pu être réunies jusqu'à ce jour, sont les annales des historiographes de l'Empire dont les noms suivent. A l'histoire imprimée de *Wassif*, qui se termine à la paix de Kaïnardjé et où se trouvent résumées les œuvres des cinq historiographes successifs (*Hakim, Tscheschmizadé, Mousazadé, Behdjeti Hasan-Efendi* et *Enweri*), fait suite l'histoire d'*Enweri*. Ce dernier, attaché d'abord à l'armée comme historiographe, puis à la Porte, raconte les événemens du règne du sultan Abdoulhamid dans deux ouvrages distincts. La première de ces deux histoires comprend les événemens de ce règne jusqu'à la guerre qui éclata entre la Porte, la Russie et l'Autriche; la seconde présente l'historique de cette guerre jusqu'à la paix de Sistow, conclue dans la première année du règne de Sélim III. Pendant qu'Enweri remplissait au camp les fonctions d'historiographe, *EdibEfendi* était attaché à la Porte en cette qualité et comme maître des cérémonies. A ce premier titre, il a écrit l'histoire des trois premières années du règne de Selim III. Après la mort d'Enweri, Khalil Nouribeg lui succéda en cette qualité : l'histoire de cet écrivain commence à l'année 1209 (1794) et se continue jusqu'à la fin de 1213 (1799). Le successeur de Nouribeg fut *Wassif-Efendi*, l'abréviateur et l'éditeur des annales des cinq historiographes ci-dessus dénommés, publiées à Constantinople en deux volumes in-folio. Non seulement il continua l'histoire de Nouribeg depuis l'année 1214 (1799) jusqu'à l'année 1219 (1804), mais il écrivit l'histoire de Selim III, à partir de son avénement jusqu'à l'année 1209 (1794), où commence l'histoire de *Nouribeg.* Ce savant a intercalé en entier dans son histoire tous les réglemens relatifs aux nouvelles institutions introduites dans l'Empire ottoman et qui jusqu'à ce jour étaient restés ignorés du reste de l'Europe ; cette addition a fait de son livre un ouvrage excellent et d'une absolue nécessité pour acquérir la connaissance approfondie des nouvelles institutions de l'Empire ottoman. Lorsque Wassif fut promu de l'emploi d'historiographe à la dignité de reïs-efendi, le poëte *Pertew-Efendi* le remplaça dans la première de ces deux qualités. Sous le règne du sultan Mahmoud II, les fonctions d'historiographe furent confiées au traducteur des deux grands dictionnaires imprimés à Constantinople, le *Bourhani-Kati* et le *Kamous,* au savant philologue *Aassim-Efendi*, qui commença son histoire à partir de l'avénement du sultan Mahmoud II. C'est à la même époque que remontent également les annales de son successeur à l'emploi d'historiographe, *Schanizadé*, c'est-à-dire le fils du fabricant de peignes, traducteur et éditeur du grand ouvrage d'anatomie imprimé à Constantinople en deux volumes in-folio[1]. A la mort de ce dernier, survenue en 1234 (1818), *Omer Efen-*

---

[1] *Miretol ebdan.*

dizadé Souleïman remplit l'office d'historiographe, mais ce ne fut que pour peu de temps. Son successeur est l'historiographe actuel *Esaad-Efendi Sahhafzadé*, c'est-à-dire le fils du libraire, auteur d'une histoire de l'extermination des janissaires, publiée à Constantinople sous le titre de *Base de la victoire*. Son histoire commence, comme celle de ses prédécesseurs *Aassım* et *Schanizadé*, à l'avénement du sultan Mahmoud II, de même que le commencement du règne de Sélim III a été raconté par les trois historiographes de l'Empire *Enweri*, *Edib* et *Wassif*. Outre les annales rédigées par ces neuf historiographes (*Enweri, Edib, Nouri, Wassif, Pertew, Aassim, Schanizadé, Omerzadé, Souleïman* et *Sahhafzadé*), il existe deux histoires de l'expédition des Français en Egypte, l'une en arabe, l'autre en turc. On possède encore l'histoire de *Said-Efendi*, ouvrage peu volumineux, mais d'un rare mérite ; la première partie donne l'aperçu de l'histoire ottomane dans le cours du dix-huitième siècle, et la seconde, qui est un extrait de l'ouvrage de Nouri, contient de curieux détails sur les innovations du sultan Sélim III et sur les deux révolutions qui détrônèrent Sélim III et Moustafa IV.

Il existe donc environ douze sources auxquelles devrait puiser l'auteur d'une histoire moderne de l'Empire ottoman[1] ; mais, malgré tous ses efforts,

---

[1] Nous publions ici la liste des historiographes ottomans qui ont écrit officiellement l'histoire turque par ordre des sultans : 1° *Idris* de Bidlis qui écrivit sur l'ordre de Bayezid II l'histoire des huit premiers sultans ; 2° *Kemal-Paschazadé*, qui écrivit l'histoire sur l'ordre du sultan Sélim 1ᵉʳ ; 3° le *grand Nischandji*, qui, sur l'ordre du sultan Souleïman, écrivit l'his-

l'auteur de celle-ci n'a pu en réunir encore que la moitié. Pour faire sentir combien ces matériaux sont indispensables à l'historien moderne qui ne veut pas courir le danger de ne montrer les faits que sous une seule face en se trouvant réduit aux rapports des diplomates et aux versions des gazettes, il n'est pas

toire de son règne ; 4° *Seadeddin*, qui, sous le règne du sultan Mohammed III, écrivit l'histoire de l'Empire depuis sa fondation jusqu'au règne de Souleïman; 5° *Nerkesizadé*, nommé historiographe par le sultan Mourad IV 1044 (1634); 6° *Abdi-Pascha*, chargé des mêmes fonctions par le sultan Mohammed IV; 7° *Naïma*, de l'année 1001 à l'année 1070 (1592-1659); 8° *Raschid*, de 1071 à 1134 (1660-1721); 9° *Tschelebizadé*, de 1135 à 1141 (1722-1728); 10° *Sami;* 11° *Schakir;* 12° *Soubhi;* 13° *Soubhi*, (les deux frères). Soubhi, né en 1156 (1743), parle de son frère Mohammed Soubhi, qui avait été avant lui l'historiographe de l'Empire. L'histoire écrite par ces deux frères relate les événemens accomplis depuis l'avénement du sultan Mohammed Ier, c'est-à-dire depuis l'année 1145 (1730) jusqu'à la fin de 1156 (1743), et forme un volume publié à Constantinople par le second Soubhi; 14° *Izi*, de 1157 (1744) à la fin de 1163 (1750); son livre a été imprimé à Constantinople; 15° *Hakim* ; 16° *Tscheschmizadé;* 17° *Mousazadé;* 18° *Behdjeti-Efendi* ; 19° *Enweri*. Ces cinq histoires, abrégées et imprimées par *Wassif-Efendi*, forment la suite de celle d'*Izi* depuis l'année 1166 jusqu'à l'année 1188 (1752-1774); 20° *Enweri*, auteur de trois histoires, l'une de la guerre entre la Porte et la Russie sous le règne du sultan Moustafa III, jusqu'à la paix de Kaïnardjé; la seconde, du règne du sultan Abdoulhamid jusqu'au commencement de la guerre contre la Russie et l'Autriche; la troisième, de la guerre contre la Russie et l'Autriche jusqu'à la paix de Sistow; 21° *Edib*, maître des cérémonies, auteur de l'histoire des trois dernières années du règne de Sélim III; 22° *Nouribeg*, de 1209 (1794) jusqu'à la fin de 1213 (1799); 23° *Wassif*, qui a écrit l'histoire de l'Empire de 1214 à 1219 (1799-1802), et en outre celle des six premières années du règne de Sélim III, jusqu'à l'année où commence l'*histoire de Nouribeg;* 24° *Pertew-Efendi*, de 1219 à 1222 (1802-1805) : année dans le cours de laquelle il mourut à Andrinople; 25° *Aassim*, mort en 1235 (1819); 26° *Schanizadé*, mort en exil à Tireh en 1241 (1825); 27° *Omerzadé Souleïman*, qui remplit pendant quelques mois seulement l'office d'historiographe de l'Empire; 28° *Sahhafzadé*, historiographe actuel et rédacteur de la *Gazette d'Etat* (Moniteur ottoman) besoin d'autres preuves que *l'histoire des deux grandes révolutions* écrites par *Saïd*. C'est cet ouvrage qui a servi à la rédaction des rapports diplomatiques de *Juchereau*, d'*Andréossi* et de plusieurs autres, lesquels se trouvent par cette raison extrêmement défectueux et incomplets. La traduction de l'ouvrage de *Saïd-Efendi* est assurément celle que l'Europe doit désirer avant les douze histoires ci-dessus mentionnées : car cet ouvrage se distingue autant par sa concision que par la richesse des matériaux. A ces titres, il mérite d'être signalé à l'attention du *Translation-committee*, préférablement aux autres qui offrent beaucoup moins d'intérêt.

Nous espérons que l'indication qui précède des sources auxquelles devra puiser le continuateur de cette histoire, nous acquerra des droits à sa reconnaissance. De son côté, l'auteur de cet ouvrage se croit obligé à de publiques actions de grâces pour la bienveillance qui lui a valu de tant de parts des communications précieuses; ce qui n'a pas peu contribué à le rapprocher du but qu'il s'était proposé. Grâce au généreux patronage des ministres de l'intérieur et des affaires étrangères des royaumes de Prusse, de Bavière et de Saxe, il m'a été permis, par le canal des ambassades impériales près ces différentes cours, de consulter, et à diverses reprises, les livres et les manuscrits des bibliothèques de Berlin, de Munich et de Dresde, avec autant de facilité que les ouvrages imprimés et manuscrits de la bibliothèque impériale de Vienne. Entre autres manuscrits relatifs à l'histoire dont j'ai fait mon profit, je citerai deux des meilleures sources de ce genre dont le contenu, tout entier, m'a été extrêmement utile. Ce sont : l'histoire du fils du grand-vizir Nassouh-Pascha et celle (sans nom d'auteur) du grand-vizirat du troisième Kœprülü et de ses deux successeurs, l'une appartenant à la bibliothèque royale de Dresde, l'autre à celle de Berlin. La bibliothèque de Munich seule contient cent quatre-vingt-dix manuscrits turcs qui m'ont été communiqués et qu'il m'eût été impossible de trouver ailleurs. Les directeurs des bibliothèques royales de Berlin, de Dresde, de Munich et de Gœttingue, MM. *Wilken, Ebert, Lichtenthaler* et *Beneke*, ont bien voulu prendre la peine de compléter, à l'aide de documens puisés dans les trésors bibliographiques confiés à leurs soins, un tableau dressé dans les archives, sept ans auparavant, et comprenant environ mille ouvrages imprimés en Europe sur l'histoire ottomane. Une douzaine de titres m'ont été fournis par MM. *Hase* de Paris et *Macbridge* d'Oxford; mais il est difficile de croire que, soit dans les bibliothèques de Paris, soit à la Bodleiana, il ne se trouve pas encore un grand nombre d'écrits en langue française ou anglaise, tous relatifs à l'Empire ottoman, qui me soient inconnus. J'espère encore recevoir de M. le professeur *Pusey* quelques documens recueillis à Oxford. Je ne suis pas moins obligé au directeur de la bibliothèque Marciana, *Don Bettio,* pour la peine qu'il a prise de compléter obligeamment le tableau ci-dessus indiqué, en y faisant figurer les titres de tous les ouvrages qui ont paru en

Italie sur l'histoire ottomane, que pour la bonté qu'il a eue de rechercher à grand' peine et d'acheter pour moi les plus rares d'entre ces ouvrages. J'aurais volontiers adressé les mêmes remercîmens à M. l'abbé *Mezzofanti*, directeur de la bibliothèque de l'institut de Bologne, si riche en ouvrages orientaux classiques, si mes instantes prières, jointes à l'intervention officielle et réitérée de son excellence M. le comte de Lutzow, ambassadeur impérial à Rome, qui honore cette histoire d'un patronage tout particulier, avaient pu me valoir la communication d'une seule des lettres de Marsigli. Avec la permission de son excellence M. le ministre d'état de Bavière, comte *d'Armansperg*, j'ai obtenu de M. le baron *de Hormayr*, directeur des archives royales, la communication de tous les actes qui se trouvaient auxdites archives; l'indication des trophées turcs déposés au château de Rastadt m'a été également fournie ; mais, depuis trois ans, mes demandes répétées à l'effet d'obtenir de plus amples renseignemens à cet égard, n'ont eu aucun résultat, bien que transmises à leur destination par l'intermédiaire de l'ambassade badoise de Vienne. J'ai dû à l'intervention de son excellence le comte *de Fiquelmont*, ambassadeur impérial à St-Pétersbourg, d'obtenir une liste de diplomates russes qui se trouvait aux archives de cette capitale et dont le contenu m'a mis à même de rectifier plusieurs noms propres défigurés par les histoires et les pièces officielles turques, au point d'en être méconnaissables. M. *de Wallenburg*, actuellement agent impérial en

Moldavie, a, du temps où il était secrétaire d'ambassade à Constantinople, activement secondé mes recherches topographiques, soit à l'effet de découvrir le tombeau de Kara Moustafa, soit à celui d'indiquer les quartiers et les noms des rues de Constantinople, dans le plan de cette capitale qui se trouve à la page 205 de ce volume. J'ai déjà fait connaître dans le tableau des sources qui ont servi à la composition de cet ouvrage, combien j'étais redevable à l'érudition bibliographique de mon ami l'interprète, M. le chevalier *de Raab,* en ayant soin de mentionner tous les ouvrages qui m'ont été procurés par lui. Mais je dois en outre à son amitié infatigable une foule d'éclaircissemens, de rectifications ou de notions bibliographiques ou historiques qu'il a obtenues pour moi de divers professeurs ou savans ottomans, entre autres, de l'un des oulémas les plus érudits de l'empire turc : du grand juge *Abdoulkadirbeg,* fils du grand-vizir Melek Mohammed-Pascha. Les communications que j'ai dues à ses bons offices dans le cours d'une dizaine d'années forment à elles seules un recueil de documens bibliographiques, philologiques et historiques du plus haut intérêt [1]. Enfin, cette histoire n'eût jamais vu le jour, si, il y a vingt-huit ans, M. le

---

[1] Un de ces documens est cité ici non seulement comme un témoignage satisfaisant pour l'auteur du soin avec lequel il mit à profit les sources placées à sa disposition, mais parce qu'il jette un nouveau jour sur le caractère de deux personnages historiques, le vieux *Kœprülü* et l'historiographe de l'Empire *Raschid* ; en ce qu'il fait ressortir la cruelle tyrannie de l'un et la politique souplesse de l'autre. Dans la partie des notes de cette histoire, j'ai souvent relevé des passages où la vérité dénaturée par les historiogra-

comte Stadion n'avait pas ouvert à son auteur les registres de la chancellerie d'état; si depuis, M. le chancelier d'état prince de Metternich ne l'avait pas admis

phes de l'Empire avait été mise en lumière par les relations des Européens ou par des historiens ottomans doués de plus de courage. De telles indications étaient surtout nécessaires, là où dans la succession des historiographes se trouve une lacune d'un an ou plus. Nous citerons seulement deux exemples : le premier est celui de l'intervalle de temps écoulé entre Naïma et Raschid. L'histoire de Naïma s'arrête à la fin de l'année 1069 (1658) et celle de Raschid ne commence qu'avec l'année 1071 (1660), de telle sorte que la relation des événemens de l'année 1070 (1659) manque complétement. Secondement, il existe une lacune de deux ans entre Kara Tschelebizadé, dont le récit ne finit qu'avec l'année 1141 (1728), et Soubhi dont l'histoire ne commence qu'avec l'année 1143 (1730). Cette dernière lacune est plus compréhensible que la première, en ce que la plume de l'historiographe eut à retracer, pendant cet intervalle de temps, la fin sans gloire d'Ahmed III et le soulèvement qui amena son renversement et dont le circonspect Soubhi n'osa pas faire connaître les véritables causes. Quant aux motifs de la lacune qui existe entre Naïma et Raschid, ils me fussent sans doute restés inconnus, sans la bienveillante réponse de mon ami, le savant Kadiasker, à la question que je lui avais adressée à ce sujet. L'année 1660 fut signalée par plusieurs sinistres et, entre autres, par le grand incendie dont le kaïmakam Debbagh Mohammed rendit compte au Sultan, sans avoir pris les ordres du grand-vizir ; ce qui lui valut d'être mis à mort par ordre du vieux Kœprülü. Raschid-Efendi, nommé historiographe de l'Empire par ce même grand-vizir, ne jugea pas prudent de commencer son histoire par le récit d'un événement aussi malheureux que l'incendie dont il s'agit et dont le rapport avait déjà coûté la vie au kaïmakam. Il aima donc mieux omettre une année tout entière dans ses annales que de s'exposer, comme son prédécesseur, à déplaire au vieux tyran. Heureusement cette lacune dans le récit de l'historiographe a été comblée par l'*histoire de Houseïn Wedjihi*. Un trait caractéristique de la tendance que montre le despotisme à faire de tout ce qui se passe un mystère, est assurément cette prétention d'étouffer jusqu'au retentissement des catastrophes amenées par les seuls élémens. Aussi un ambassadeur impérial, voulant rendre compte à sa cour d'un grand incendie qui venait d'avoir lieu à Constantinople au seizième siècle, n'osa-t-il pas écrire à ce sujet autrement qu'en chiffres.

à consulter les archives privées, si enfin la censure s'était opposée le moins du monde à la publication des faits que l'auteur y avait découverts.

Les censures et les critiques d'une œuvre scientifique n'ont pas moins droit à la reconnaissance de son auteur que ses patrons et ses protecteurs, pourvu toutefois que la critique ne soit point malveillante comme celle de *Hamaker,* et pourvu qu'elle se borne à signaler les imperfections et les erreurs réelles en mettant l'auteur à même de les rectifier. La bombe lancée d'un arc trop élevé ou d'un angle trop bas manque son but et revient frapper l'artilleur. A toutes les attaques de la critique, le poëte et l'orateur peuvent opposer un silence imperturbable; ils sont libres de n'écouter que leur conscience et leur goût, et de fuir toute polémique; l'historien peut en agir de même, en tant néanmoins que le blâme ne s'attache qu'à sa manière, à son style et à son goût littéraire; à de telles critiques, la cent neuvième soure du Koran est la meilleure réponse¹; mais, du moment qu'il s'agit de la vérité scientifique et de faits historiques, il est essentiellement du devoir de l'explorateur sincère et dévoué à la science, comme de l'historien, de repousser des attaques injustes ou de rendre hommage à la vérité en confessant et en rectifiant son erreur. Sur vingt-cinq comptes rendus ou critiques parvenus à ma connaissance, cinq seulement m'ont paru empreints

---

¹ *Dis : infidèles, écoutez-moi !*
Ce que vous adorez, je ne l'adore pas ;

d'un véritable caractère d'impartialité et réellement sérieux au double point de vue philologique et historique : ce sont les articles publiés sur mon ouvrage par *Schlosser*, *Wilken*, *Veit*, *Tychsen* et *Sylvestre de Sacy* dans les annales critiques de Heidelberg, de Berlin, de Vienne, dans les *annonces littéraires* de Gœttingue et dans le *Journal des savans*. Les autres ont émis sur cette histoire des jugemens hostiles ou favorables, mais tous superficiels. Aucun n'a approfondi la matière; aucun n'a comparé le présent livre avec ceux qui avaient précédemment traité de l'histoire ottomane; aucun n'est remonté aux sources byzantines (du moins à celles citées dans les deux premiers volumes); aucun n'a analysé les matériaux critiques amassés dans ces éclaircissemens. Les objections que dans l'intérêt de la vérité j'ai cru devoir opposer aux attaques contenues dans les critiques dont il s'agit, ont été consignées dans un article séparé de cette histoire [1]. Elles y forment une suite de rectifications non pas seulement *anti-critiques*, mais en même temps *auto-critiques;* car cette critique a pour objet de relever, outre les erreurs commises dans les critiques imprimées sur l'histoire ottomane, et celles que contiennent les lettres du traducteur hongrois de cette œuvre

> *Ce que j'adore, vous ne l'adorez pas;*
> *Ce que vous avez adoré, je ne l'adore pas;*
> *Vous n'adorez pas ce que j'adore;*
> *Restez fidèles à votre foi, comme moi à la mienne.*

[1] Le lecteur trouvera cet article à la page 649, T. X, de l'ouvrage original publié en Allemagne.

(M. de Szolotai), celles dont je me suis aperçu moi-même précédemment ou que m'a fait découvrir plus tard la lecture de l'excellente *Histoire des mosquées de Constantinople*.

Deux des plus importantes, en ce qu'elles touchent les deux généraux ottomans qui ont assiégé Vienne, l'une le grand-vizir Ibrahim, l'autre le grand-vizir Kara Moustafa, méritent ici une mention spéciale. Elles m'ont été révélées dans le cours de ma correspondance avec mon savant ami, le juge *Abdoulkadirbeg*, à l'occasion d'une monographie du premier siége de Vienne qui parut il y a quatre ans avec un spécimen du nouveau *Nestaalik*. D'autres observations purement louangeuses pour la plupart et dues à la plume d'un savant efendi d'Alexandrie, depuis massacré par ses esclaves noirs, m'ont été communiquées par le consul général d'Autriche en Égypte, M. Acerbi di Castel Goffredo. Naturellement, un appendice anti-critique et auto-critique ne doit tenir compte que du blâme et non pas de l'éloge, car la mode vieillie en Occident, mais toujours vivante en Orient, de faire précéder un ouvrage des panégyriques auxquels il a donné lieu de la part d'hommes célèbres, à titre de *takrız*, c'est-à-dire de *purification à la flamme de l'éloge*, cette mode, dis-je, est bien plus susceptible de blâme que l'onomatopée ou les fleurs introduites parfois à dessein dans le style. Au reste, l'intention de l'auteur n'est pas de se prendre corps à corps avec chaque critique dans l'appendice dont il s'agit, mais bien de suivre les faits mentionnés dans son histoire suivant leur ordre chronologique, de mêler l'anti-critique avec l'auto-critique et de marcher, armé du bouclier et du marteau, recevant et frappant tour à tour.

Mon honorable et savant ami, son éminence le chef des légistes *Melek Paschazadé Abdoulkadirbeg*, m'a fait observer, au sujet de mon *Histoire de la levée du premier siége de Vienne*, que l'épouse du grand-vizir Ibrahim n'était nullement désignée dans les histoires ottomanes comme étant la sœur de Souleïman le Législateur. A cet égard, il m'adressa la critique suivante : « La copie manuscrite (en nouveaux ca-
« ractères *taalik*) de votre dissertation ambrée sur
« les événemens de Vienne nous est parvenue par
« l'entremise de M. Raab, et son contenu nous a
« causé une vive satisfaction. Dans la lecture que
« j'en ai faite en communauté avec ceux de mes
« amis qui entendent votre langue, un seul point
« m'en a paru douteux. Ibrahim-Pascha, de son
« vivant favori de Souleïman le Législateur, depuis
« livré par ce souverain à une mort violente, pos-
« sédait à Constantinople, sur la grande place, célèbre
« sous le nom d'*Atmeïdan*, un seraï fameux qui,
« après lui, fut la propriété de différens vizirs et
« échut en dernier lieu à *Fazly-Pascha;* l'une de ses
« parties, qui sert de magasin de tentes, est désignée
« aujourd'hui sous le nom de *Maison de la Tente* (*Meh*
« *terkhané*); l'autre sous celui de *Maison de teinture*
« (*Boyakhané*). Cela est connu de tout le monde. Le
« vizir Ibrahim-Pascha donna dans ce seraï une grande

« fête dont l'éclat ne saurait être décrit; vers la
« même époque, le sultan Souleïman ayant célébré
« une noce, dit en plaisantant: laquelle de nos
« deux noces, Ibrahim, est la plus magnifique?
« Ibrahim-Pascha répondit: Ma noce a été honorée de
« la présence d'un padischah tel que vous; quel per-
« sonnage comparable à celui-là est venu à la vôtre?
« Cette réponse se trouve consignée dans plusieurs
« passages des histoires nationales. Toutefois, cette
« repartie n'implique nullement que la fiancée fût
« une fille de la maison d'Osman. Dans les his-
« toires que j'ai lues, il n'est question que de la
« fête ci-dessus mentionnée, de la discussion scien-
« tifique qui eut lieu à cette occasion entre les oulé-
« mas et de la faveur que fit à Ibrahim-Pascha
« le sultan Souleïman; mais rien n'indique que ce
« dernier eût effectivement donné sa sœur à Ibrahim-
« Pascha, comme vous le supposez. » Il est de fait
qu'un seul rapport d'ambassade vénitienne, dont l'auteur est Marini Sanuto, contient cette assertion que
l'épouse d'Ibrahim-Pascha était sœur du sultan Souleïman; et encore cette affirmation est-elle démentie
par plusieurs autres historiens européens qui vivaient
à la même époque. D'après Spandugino Cantacuzène,
la femme d'Ibrahim était nièce de Souleïman[1]; suivant Paolo Giovio, dont la version a été reproduite

---

[1] *Et fece Bascia Ibraim, il quale era nato in un castello nel contado di Corfù nominato la Parga. Al quale havendo dato una sua nipote per moglie degnò d'esser alle lor nozze contro l'usato di tutti gl'impera-dori Turcheschi,* p. 100.

par Sansovino, elle était fille d'Iskender-Pascha [1].
D'après l'ouvrage très digne de foi de Hafiz Houseïn
d'Aïwanseraï sur les fondateurs des mosquées de Constantinople, l'épouse d'Ibrahim-Pascha n'était ni la
sœur ni la nièce de Souleïman, ni la fille d'Iskender-Pascha, mais bien l'une des femmes du seraï, en sorte
qu'en présence de telles contradictions de la part des
historiens, rien de certain ne peut être affirmé sur la
naissance de cette Persane. Une autre assertion de
mon ami, qui prétend un peu plus loin que le sultan
Selim Ier n'eut d'enfant que le sultan Souleïman [2], se
trouve démentie par les nombreux extraits des sources originales cités dans cette histoire, où il est question
du mariage des sœurs de Souleïman avec divers paschas. D'un autre côté, le prix extrême qu'attachait
Ibrahim-Pascha à ce que son mariage fût honoré de
la présence du sultan Souleïman se trouve confirmé
d'une manière authentique par sa signature extrêmement remarquable et dont une copie fidèle est annexée
à l'histoire du siége de Vienne ; il y prend en effet le
titre de *Sahibes-sour*, c'est-à-dire le possesseur des
noces.

Un point bien plus intéressant pour nous que la
question de savoir qui était au juste l'épouse du pre-

---

[1] *Costui nacque in Macedonia nel villaggio della Parga vicino a Corfù, et fu schiavo de Schender Bassa, del qual ha presa mogliere la figlia,* f. 30.

[2] *Osmanlü tarikhlarindé Selim Khan ewwelün Sultan Souleïmanden ghaïri ewladi yok deyou mouharrer dür.*

mier général ottoman qui assiégea Vienne, c'est celle de savoir si la tête conservée à l'arsenal civil de Vienne, et qu'on dit être celle de Kara Moustafa, par qui Vienne fut investie pour la seconde fois, est bien réellement la sienne. A peine l'acte écrit sur parchemin par le cardinal Collonitz le 17 septembre 1696 était-il imprimé, et à peine *l'Histoire de l'Empire ottoman* avait-elle montré dans cette tête écorchée celle de l'impitoyable bourreau de Human, qu'on m'envoya de Constantinople l'excellent ouvrage intitulé : *le Jardin des Mosquées*. Cet ouvrage, écrit dans la seconde moitié du siècle dernier, contient un historique extrêmement précieux de toutes les écoles, fontaines, hôpitaux, cuisines pour les pauvres et autres établissemens de bienfaisance qui y furent fondés, ainsi que des renseignemens sur l'année de la mort et le lieu de sépulture de leurs fondateurs. Si cet excellent ouvrage m'eût été connu trois ans plus tôt, il eût formé, comme je l'ai dit plus haut, la troisième partie de mon ouvrage intitulé *Constantinople et le Bosphore*[1]. Dans cette histoire des mosquées de Constantinople, il est trois fois question de Kara Moustafa le généralissime qui assiégea Vienne. La première fois, dans la nomenclature des mosquées de la ville au sujet de l'école de tradition fondée par lui dans la rue du Diwan[2]; la seconde, au sujet de la mosquée qu'il construisit dans le voisinage de Khodja-Pascha[3]; la troisième, dans la nomenclature des mos-

---

[1] Vienne, 1822.
[2] N° 31 de la lettre *kaf*.
[3] *Ibid.* n° 56.

quées situées hors de Constantinople, au-delà des Sept Tours [1], et au sujet de la mosquée dite des Bouchers. Il y est dit formellement dans la première et la dernière de ces trois occasions, que la tête de Kara Moustafa, après avoir roulé à Andrinople aux pieds du Sultan, fut inhumée dans la mosquée de Saridjé-Pascha, située dans cette ville même. A la vérité, il n'est nullement question de cette mosquée dans la *description de la Roumilie* par Hadji Khalfa, à l'article Andrinople, et l'historiographe Ali dit seulement, à celui des vizirs du sultan Mourad II, que Saridjé-Pascha fonda à Gallipolis une mosquée, une cuisine pour les pauvres et une médrésé. Il était donc nécessaire de rechercher, premièrement : s'il existe effectivement à Andrinople une mosquée de Saridjé-Pascha; secondement, si elle contient les dépouilles mortelles d'un personnage du nom de Moustafa-Pascha; troisièmement, si ce personnage est en effet le Kara-Moustafa-Pascha qui assiégea Vienne. Les investigations que M. de Wallenburg, alors secrétaire de l'ambassade impériale, a eu l'obligeance de provoquer à cet effet et dont l'agent consulaire d'Autriche à Andrinople, assisté d'un homme d'érudition et connaissant parfaitement la langue, a bien voulu se charger, ont fourni à ces trois questions une solution affirmative. Les doutes qui planaient encore sur l'emplacement de la mosquée,

---

[1] N° 2 des mosquées situées devant les portes de Constantinople, *Kassabler Mesdjidi.*

comme sur l'exactitude de l'inscription recueillie, ont été levés par les recherches que M. de Wallenburg a faites sur les lieux mêmes en se rendant de Constantinople à Vienne, et l'inscription de la pierre tumulaire ainsi que le chronogramme formé par la dernière ligne et la date en chiffres qui y est jointe, ne permettent plus d'ailleurs de douter que Kara Moustafa a été effectivement inhumé à Andrinople et non à Belgrade[1]. Cette pierre tumulaire fut posée l'année même de l'exécution de Kara Moustafa, et par conséquent douze ans avant que sa prétendue tête fût envoyée à Vienne. Les deux jésuites Aloysius Braun et Xavier Berengshoffen, qui l'apportèrent de Belgrade à Vienne, la donnèrent au cardinal Colloniz pour celle de Kara Moustafa, attendu que ce dernier avait, pendant le siége de Vienne, menacé de faire trancher la tête aux notables de la ville, s'ils venaient à tomber entre

---

[1] Cette inscription qui contient quatre lignes est ainsi conçue :
Le grand-vizir et généralissime Moustafa-Pascha
Est parti et habite maintenant près des saints;
Il ne commit aucune faute pendant la sainte guerre;
Et à coup sûr, il réside aujourd'hui comme un saint martyr au sein du paradis !

Voici maintenant la valeur numérique de chacune des lettres qui composent la dernière ligne de cette inscription : Sin (s) = 60, Aïn = 70, yé (i) = 10, Dal (d) = 4, Waw (w) = 6, He (h) = 5, Mim (m) = 40, Schim (sch) = 300, He (h) = 5, Je (i) = 10, Dal (d) = 4, Elif = 1, Waw (o) = 6, Lam (l) = 30, Dal (d) = 4, Je (i) = 10, Elif = 1, Waw (o) = 6, Lam (l) = 30, He (h) = 5, Fe (f) = 80, Re (r) = 200, Dal (d) = 4, Waw (we) = 6, Sin (s) = 60, Elif = 1, Be (b) = 2, Dal (d) = 4, Sin (s) = 60, Kief (k) = 20, (n) = 50, Elif = 1; si l'on aditionne ces nombres on trouve la date de 1095 qui correspond à l'année 1683 et 1684.

ses mains. Il paraît que les deux pères savaient très bien à qui appartenait le tombeau renfermé dans la mosquée de Belgrade dont ils avaient fait leur église et qu'ils inventèrent cette pieuse fraude pour gagner les bonnes grâces du cardinal Collonitz. Quoi qu'il en soit, l'autorité historique de l'ouvrage sur les mosquées efface entièrement celle de l'acte dressé par ordre du cardinal Collonitz qui n'est basé que sur le témoignage des deux pères jésuites. Ainsi la tête conservée et montrée depuis cent trente-cinq ans à l'arsenal civil de Vienne comme étant celle de Kara Moustafa, appartient à quelque grand personnage ottoman dont on ignore le nom, mais, à coup sûr, elle n'est pas celle de Kara Moustafa qui est inhumée à Andrinople dans la mosquée de Saridjé-Pascha.

Pour ne pas tromper l'attente de ceux dans l'opinion des quels tout ouvrage historique doit avoir pour conclusion une certaine masse de considérations philosophiques ou politiques, nous terminerons celui-ci par les observations chronologiques et pragmatiques qui suivent, et cela, bien que les plus essentielles aient été consignées à la suite des règnes ou des périodes auxquels elles avaient trait. D'ailleurs, il est à nos yeux de principe que l'histoire des faits doit parler pour eux et non pas l'historien; et que les conséquences à en tirer doivent être laissées à l'appréciation du lecteur. Les sept grandes périodes entre lesquelles se divise la durée de l'Empire Ottoman, depuis sa fondation jusqu'à la paix de Kaïnardjé, sont : 1° celle de son mouvement ascensionnel depuis sa fondation jusqu'à la prise de Constantinople ; 2° celle de son agrandissement par la conquête, depuis la prise de Constantinople jusqu'à l'avènement de Souleïman le législateur; 3° celle de son apogée sous le règne de Souleïman et celui de son fils Sélim II ; 4° celle du commencement de sa décadence sous Mourad III jusqu'à l'époque où la politique sanguinaire de Mourad IV lui rendit pour un moment sa première splendeur ; 5° celle de l'anarchie la plus complète et du règne de l'émeute jusqu'à l'apparition du premier Kœprülü; 6° celle du nouvel essor qu'il prit sous le gouvernement des hommes d'état issus de la famille Kœprülü jusqu'au traité de Carlowicz ; 7° celle de sa décadence présagée au monde par cette paix et celle de l'intervention active de la politique européenne dans les affaires de cet empire jusqu'au traité de Kaïnardjé. Sur ces sept périodes, chacune des six premières remplit deux volumes de cette histoire; la septième seule en comprend quatre. Depuis la bataille mémorable de Nicopolis où Bayezid Yildirim (la foudre), ayant à lutter contre les armées liguées des puissances chrétiennes, les dispersa et les poursuivit jusqu'à Pettau, jusqu'au jour actuel où la puissance ottomane, sans cesser d'occuper en Orient un rang qui rappelle encore son ancienne splendeur, ne menace plus de pénétrer dans le cœur de l'Europe, il s'est écoulé quatre cent trente-quatre ans. Un siècle après cette bataille, les Turcs envahissaient déjà l'intérieur de l'Autriche et jusqu'à la Pologne [1];

---

[1] En 1496.

deux siècles après la bataille de Nicopolis, Mohammed III monta sur le trône [1] et, depuis son avènement jusqu'au commencement du onzième siècle de l'hégire, les annales des historiographes eux-mêmes attestent la décadence déjà sensible de l'Empire Ottoman. Un siècle plus tard [2], le sage et vertueux Kœprülü, troisième du nom, entreprit dans l'Empire une première réforme, sous le titre de *nouvel ordre,* en faveur de la population chrétienne de la Turquie, écrasée sous le poids du despotisme musulman [3] : et ce fut juste un siècle après cette tentative que cette réforme long temps élaborée vit le jour sous le règne du sultan Sélim III [4]. La quatre-vingt-seizième année de l'ère chrétienne, comme la soixante-sixième (circonstance que nous avons eu plusieurs fois occasion de mettre en lumière) est toujours une année extrêmement remarquable dans l'histoire ottomane. De cette constante coïncidence la seule conclusion à tirer est celle-ci : que les années dont il s'agit doivent être comme autant de points d'arrêt pour le lecteur attentif. Il existe de même de nombreux jours heureux, malheureux ou tout au moins mémorables, dans l'histoire des peuples ou dans celle de quelques hommes ; tel est le jour de la décollation de Saint-Jean dans l'histoire de Hongrie: le 14 octo-

---

[1] En 1596.

[2] *Kotschibeg,* le Montesquieu des Ottomans, dans son ouvrage sur la décadence de l'Empire, l'historiographe Naïma et l'historiographe moderne Saïd, qui signale également ce dépérissement dans l'aperçu historique qui précède son histoire des deux dernières révolutions de l'Empire ottoman, parlent de cette réforme.

[3] En 1696. — [4] En 1796.

bre dans celle de Napoléon : le 8 septembre dans celle des siéges ottomans, et enfin, dans l'histoire des relations de la Russie avec l'empire ottoman, le 21 juillet, jour auquel fut aussi signé le traité de Kaïnardjé, non point par l'effet du hasard, mais avec intention et pour effacer glorieusement le souvenir de la bataille du Pruth. Loin de vouloir repousser le blâme qui a été deversé sur moi au sujet de ces rapprochemens chronologiques, j'ai jugé à propos de réunir les dates des événemens les plus remarquables de l'histoire ottomane dans une sorte de tableau ou de calendrier, afin que la coïncidence fort singulière des faits les plus mémorables à de certains jours de l'année ressortit plus clairement. Au surplus, il serait aussi déraisonnable de tirer quelque conclusion ou quelques prophéties de telles comparaisons que des anciennes prédictions turques et byzantines sur la chute de l'Empire Ottoman, qui leur a de beaucoup survécu. A coup sûr, la décadence de toute institution politique peut se pronostiquer de l'immobilité même où on la maintient, sans avoir égard aux progrès du temps, non plus qu'à ceux des états voisins. L'édifice gouvernemental s'écroule, comme tout autre, si l'on n'a pas soin de le réparer à propos. La dénomination de *Turc* est considérée comme injurieuse, soit dans la bouche de l'Européen, soit dans celle de l'Ottoman, et, si l'on va au fond des choses, on trouvera que les motifs sont les mêmes chez l'un comme chez l'autre. Aux yeux de l'Ottoman, le *Turc* n'est autre que le rude et grossier fils des steppes, demeuré étranger à toute culture et à toute civilisation ; à ceux de l'Européen, c'est le barbare asiatique, inféodé aux formes de son gouvernement et de sa religion. L'Ottoman traite le grossier Turcoman de *Turc* et l'Européen gratifie de ce titre l'Ottoman. Enfin c'est dans un semblable esprit que d'autres sens sont encore attachés à la qualification de Turc dans les pays compris entre le Bosphore et le détroit de Gibraltar. Si l'Empire Ottoman a depuis longtemps cessé d'être un état conquérant et s'il se trouve aujourd'hui resserré entre le cours du Danube et le Kouban au nord, les côtes d'Egypte au sud, l'Euphrate et le Tigre à l'est, la raison en est qu'il est resté stationnaire, au lieu de progresser ; il a suivi la loi du fleuve qui venant à s'arrêter, s'est transformé en marais. En un mot, la cause de cette stagnation, c'est que les Turcs sont des Turcs.

Cette dernière expression ne doit point, au reste, nous entraîner à porter un jugement injuste sur le caractère du peuple d'Osman auquel, moins qu'à tout autre, on serait fondé à imputer l'abaissement de son gouvernement, non plus qu'à accuser ce gouvernement lui-même, tant qu'il eut assez d'autorité pour maintenir en vigueur l'antique constitution de l'empire. Pour juger sainement la nation turque au point de vue historique, il ne faut pas oublier qu'elle porte les chaînes de l'Islamisme, de toutes les religions la plus intolérante et dont les préceptes ne tendent à rien moins qu'à la domination universelle et par suite à un système de conquêtes non interrompu [1]. Les fetwas rendus à l'occasion de la guerre de Chypre et de celle de Perse, proclament la légitimité de la violation d'une paix jurée, aussitôt que cette violation sera reconnue avantageuse. Pendant quatre siècles, les Ottomans ne voulurent accorder aux infidèles que des trèves, mais jamais de paix définitive, et les propositions qui leur furent faites d'éterniser celles qui existaient ne rencontrèrent tant d'opposition que parce que cette éternisation était contraire à l'esprit de la loi. Considérés sous ce point de vue, les Ottomans, en organisant les premiers des armées permanentes, en perfectionnant leur discipline militaire, et surtout en instituant une levée de jeunes garçons chrétiens pour le recrutement des janissaires, ont porté la science gouvernementale, inhérente au despotisme musulman, à un degré de raffinement, mais aussi d'inhumanité, qui laisse bien loin les tentatives des Persans et même celles des Arabes, auxquels leur Montesquieu, *Ibn Kkaldoun*, reproche à juste titre l'instabilité de leurs institutions. Le gouvernail du vaisseau de l'état fut rarement confié dans l'empire ottoman à un Turc de naissance; il fut remis le plus souvent aux mains de chrétiens d'origine, de Grecs, d'Illyriens, d'Albanais, de Serviens, de Croates, et même de Hongrois

---

[1] C'est avec beaucoup de raison que *Raffles*, aussi distingué comme écrivain que comme homme d'état dit : *The merit and plundering the infidels, an abominable tenet, which has tended more than all the rest of the Alcoran to the propagation of this robber religion. Mémoires* de la vie et des services publics de sir Thomas Stanfort Raffle. Londres, 1830, p. 78. *Mackintosh* dit également dans son histoire : *The avowed principle of all Mahometans that they are intitled to universal monarchy*, p. 123.

ou d'Allemands, qui, englobés dans la presse de jeunes garçons et incorporés dans les janissaires ou dans les pages du seraï impérial, devenaient les instrumens aveugles du pouvoir; car pour eux il n'existait plus aucun lien du sang ou de croyance héréditaire. Sous le règne de Souleïman Kanouni, l'autorité de la loi garantit la prospérité de l'Empire. La science du gouvernement est définie par le Turc, l'Arabe et le Persan, sous le nom de *Riaset* [1], c'est-à-dire la *conduite du navire;* ils représentent ainsi par une image tirée du monde naturel le chef qui tenant d'une main ferme le gouvernail de l'état, dirige sa marche à travers les fluctuations des hommes et des temps; mais le commandement confié à ce chef semble incomplet aux peuples de l'Orient s'il ne s'y joint l'emploi d'une sévérité nécessaire; c'est ce qu'ils désignent sous le nom de *Siaset,* mot arabe appliqué à l'idée du maniement d'un cheval [2]. Les moyens et le but de cette double science qui consiste à diriger sûrement le vaisseau de l'état et à tenir en bride la fougue populaire, ne sont autres que l'observation des lois; en sorte que, dans cet empire, comme dans tous les états bien ordonnés, son but le plus éminent, le triomphe du droit, est susceptible d'être atteint. Le sentiment de la liberté politique manque à l'asiatique; il ne connaît que la liberté civile de l'affranchi ou de l'homme libre, par opposition à la condition de

---

[1] Tous les trois désignent le capitaine du navire sous le nom de *reïs*, c'est-à-dire le chef.

[2] *Seïs*, le palefrenier.

l'esclave né ou acheté. Le Persan a été initié à la liberté religieuse dans la doctrine de Serdouscht dont les symboles sont le cyprès et le lys sauvage. L'Arabe ne connaît d'autre liberté que celle du Bédouin, c'est-à-dire, le grossier état primitif du sauvage dont la main est levée contre tous ses semblables et qui les a tous pour ennemis. Lorsque, au milieu du dix-huitième siècle, force fut aux Ottomans de se familiariser avec l'idée de la liberté polonaise et de l'indépendance des Tatares de la Crimée, ils ne trouvèrent pas d'autre expression pour la rendre que celle de *tête enveloppée*[1], attendu que chez eux il est interdit à l'esclave de porter le turban, de même que chez les Romains l'usage du chapeau lui était réfusé. Les idées d'*humanité*[2] et de *communauté* sont moins étrangères à l'Ottoman; le mot *de république*[3] figure même dans le titre officiel des vizirs[4]. De toutes les institutions ottomanes, la plus exemplaire est sans contredit celle fondée par le sultan Mohammed II et perfectionnée par le sultan Souleïman Ier, qui a eu pour objet d'établir la hiérarchie des oulemas. Cette communauté aristocratique, tout à la fois enseignante et magistrale, qui établit dans l'état une sorte de corps législatif, forma dès lors un utile contrepoids au pouvoir militaire et imposa une certaine retenue aux dérèglemens du despotisme même. Ce ne fut point une noblesse territoriale, mais une aggrégation de mérites fondés sur

---

[1] *Serbestiyet.* — [2] *Insaniyet.* — [3] *Djoumhour.*

[4] *Moudebbiri oumouri djhoumhour,* c'est-à-dire directeurs des affaires de la chose commune.

la science de la loi, une aristocratie de théologiens et de jurisconsultes, de juges et de professeurs, dont la fermeté et la haute science contribuèrent principalement à préserver le vaisseau de l'état des orages, suscités tantôt par le despotisme, tantôt par l'anarchie : deux fléaux qui si fréquemment menacèrent de le submerger. Aussi les professeurs en Turquie sont-ils mieux rétribués et plus considérés qu'en Allemagne [1] et dans tous les autres pays, sans en excepter même l'Angleterre et la France. Bien que les places lucratives des muderris et des juges, du médecin et de l'astronome de la cour qui conduisent aux dignités de grands-juges et à la première de toutes, celle de moufti, ne ressortent que des deux branches de sciences, la théologie et la jurisprudence, l'étude des lois fondamentales n'empêche pas et favorise au contraire le développement d'une culture plus avancée, au moyen d'études historiques, philologiques, médicinales, mathématiques et de la pratique des beaux-arts que permet la loi, tels que la poésie, la musique, l'éloquence, l'architecture et la calligraphie. La peinture et la sculpture, seules défendues par le koran sont restées à peu près nulles; mais, en revanche, quelle extension n'ont pas pris les arts mécaniques dans l'Empire ottoman, dont les étoffes et les couleurs sont enviées et recherchées par les peuples occidentaux. Entre

---

[1] *In Germany they are neglected by Governement, excluded from the Court and taught by very mortifying distinctions, that no talent however eminent can supply the want of noble descent. Lord Potchesters last days of the portuguese constitution,* p. 56, 1830.

autres produits de l'industrie turque, nous citerons les étoffes de soie de toutes couleurs de Haleb, les coussins en velours de Brousa, les châles d'Angora, les manteaux blancs à long poil de Barbarie, les capotes noires pour les marins, de Smyrne, les damas, les tissus de laine rouge, le savon et l'essence de rose d'Andrinople, les essuie-mains et les mouchoirs de tête brodés, les châles de Bagdad, les produits de l'industrie des tireurs d'or et de celle des graveurs de sceaux de Constantinople, etc., etc. La musique de l'armée turque a été adoptée par toutes les nations européennes, de même que les Ottomans ont été les premiers à introduire dans leurs siéges les tambours et les boyaux de mines. La perfection de l'architecture ottomane (à la vérité la plupart des architectes de l'Empire étaient de nation grecque), étonne l'Européen dans les mosquées de Constantinople et d'Andrinople, aux bords du Bosphore comme sur les rives du Djemna. En fait de calligraphie, et surtout pour le *taalik*, incontestablement la plus belle, la plus ingénieuse et la plus délicate de toutes les écritures connues, les Ottomans rivalisent avec les Persans qui sont en ce genre les maîtres par excellence. Le *Houmayounnamé*, célèbre traduction des fables de Bidpaï, l'emporte de beaucoup comme style sur les versions arabe et persane du même ouvrage; c'est un véritable chef-d'œuvre de style oriental, brillant et coloré. En un mot la poésie ottomane a pris un essor qu'aucune autre nation de l'Asie n'a encore atteint.

Tous les cœurs ne sont pas religieux, toutes les âmes aimantes, ni tous les esprits poétiques. Un grand nombre sont inaccessibles aux impressions de l'éloquence et de la musique. Il y a des gens qui nient Dieu, et il ne faut donc pas s'étonner, lorsqu'il se trouve des gens pour nier la poésie et dénigrer celle de l'Orient, non-seulement parmi le public des journaux, mais parmi les orientalistes mêmes. Les attaques dirigées contre le sanctuaire de la poésie orientale par les mains profanes d'orientalistes allemands, tels que Schulz et ceux animés du même esprit que lui, ont été repoussées, il faut le dire, par les arabologues français qui se sont constitués adorateurs du feu sacré de la poésie orientale, alors même qu'ils ne pouvaient pas être considérés comme juges compétens. Ces derniers (au nombre des premiers il nous suffira de citer *Rückert*) ont assisté en silence à la consommation du sacrilége, et n'en ont pas moins continué leurs offrandes sur l'autel de Vesta, c'est-à-dire de la parole vivante. Plus impartiaux et plus intelligens que ces orientalistes poésioclastes, *Gœthe*, *Herder*, et des critiques éclairés, tels que *Collin*[1] et *Menzel*[2], sans être versés dans les langues orientales, ont cependant rendu justice à la poésie de l'Orient et à ses traducteurs. Le peu de goût du pédant allemand *Reiske*, déjà mis en lumière par les extraits de Motenebbi, a été révélé depuis longtemps par l'ouvrage classique de l'Anglais *W. Jones*, intitulé : *De la*

[1] Annales de la litttérature.
[2] Voir le Morgenblatt du 29 mars 1830.

Poésie asiatique. La traduction de *Hafiz* nous a valu *le Divan occidento-oriental* et *les Ghazèles de Platen*, de même que l'acier fait jaillir du caillou l'étincelle qui y est enfouie. La *Hamaza* lorsque les traductions l'auront popularisée, ne pourra qu'ajouter au renom de *Motenebbi* et *Baki;* le grand lyrique des Ottomans, occupera la place qui lui est assignée auprès de *Hafiz* et de *Motenebbi*. En ma qualité d'orientaliste allemand sensible à la poésie, il m'appartenait de traduire les œuvres du lyrique ottoman ; mais, comme historien de l'Empire ottoman, il me reste encore un devoir à remplir. La poésie d'une nation n'est pas seulement faite pour ces prosateurs analistes qui dissèquent le corps d'Osiris, ou pour ces prosodistes éplucheurs de syllabes qui ne trouvent que des mots dans Virgile ; la poésie d'un peuple est le miroir le plus fidèle de son esprit, de son âme, de son génie et de son caractère ; elle est la flamme du feu sacré de la civilisation, de la moralisation et de la religion qui de l'autel de l'humanité s'élève vers le ciel. C'est sous ce point de vue que la poésie des Ottomans a été l'objet de longues études de la part de l'auteur de cette histoire. Il y a trente-quatre ans qu'il a débuté comme traducteur de cette poésie, en publiant dans le Mercure allemand la traduction d'un poème intitulé : *Des dernières choses* et celle du beau poème de *Mesihi* sur le printemps. Depuis lors, il n'a pas perdu un seul instant de vue le but qu'il s'était proposé en entreprenant cette tâche. Pendant les trente années qu'il a employées à réunir les sources de l'histoire ottomane, il n'est pas parvenu à se procurer moins de vingt-quatre recueils, couronnes poétiques, collections de particularités et biographies des poètes ottomans. Dans le cours de cette histoire, les chefs de cette sainte légion ont pu seuls être mentionnés ainsi que les devises inscrites sur leurs drapeaux, et quelques-uns de leurs vers ont seuls été cités parfois en raison de leur sens historique. Mais un complément obligé de l'*histoire de l'Empire ottoman*, doit être celle de la *poésie ottomane*, digne pendant de l'histoire littéraire des Persans sur laquelle Gœthe a exprimé un jugement si favorable dans le *diwan occidento-oriental*, à cette différence près toutefois que l'une est beaucoup plus vaste et plus ardue que l'autre, vingt-quatre ouvrages devant être mis à contribution pour l'histoire de la poésie ottomane, tandis que quatre ont suffi pour celle de la poésie persane : aussi ne serait-ce pas de *deux cents*, mais bien de *deux mille* poètes et versificateurs qu'il s'agirait de faire connaître des extraits. On sera moins étonné d'une semblable richesse et on éprouvera plus d'intérêt pour les trésors qu'elle renferme, lorsqu'on saura que les Turcs, sans être animés d'un esprit poétique original comme les Arabes et les Persans, se sont approprié les fruits de la culture intellectuelle de ces deux peuples, et que sous ce rapport comme sous beaucoup d'autres, ils sont vis-à-vis des Persans et des Arabes, comme les Romains vis-à-vis des Grecs. L'histoire de la poésie ottomane n'est donc pas seulement le complément de l'histoire de cette nation même, mais elle sert à faire connaître en même temps la poésie arabe et persane, que les Ottomans se sont si bien assimilée et qui est en quelque sorte passée dans leur sang poétique.

La poésie, étroitement liée partout avec la religion, puise surtout chez les Orientaux son inspiration dans l'éloge de Dieu, auquel elle tend à retourner par le mysticisme. La devise des poètes orientaux est ce verset du koran : *Nous sommes émanés de Dieu et nous retournons vers lui.* Comme la poésie, l'histoire ramène à Dieu, car cette dernière éclaire les sentiers choisis par l'éternelle providence et l'éternelle bonté. Libre aux uns de ne la considérer que comme l'institutrice des gouvernemens, dont la voix prêchant dans le désert n'est entendue que du roseau ; aux autres de ne voir en elle que la révélatrice des forfaits qui déshonorent l'humanité ; aux yeux de l'Oriental, elle est le texte devoilé des tables du destin, dont le commencement et la fin sont enveloppés d'un nuage impénétrable et dont quelques passages peuvent seuls être déchiffrés par l'homme; mais chacun de ces passages révèle clairement les moyens dont se sert la Providence, alors qu'elle règle le destin des individus, ceux des peuples, des souverains et des empires. En présence de ces voies divines, l'homme est porté à s'écrier : *Que ton règne nous arrive !* c'est-à-dire le règne de la prudence et de la justice, de l'amour et de la vérité.

C'est avec *amour et vérité*, et au nom du Tout-Puissant qui est lui-même l'éternel amour et l'éternelle vérité, que j'ai saisi la plume et que je la dépose aujourd'hui. Les Allemands et tous les cœurs religieux me comprennent quand je parle ainsi; mais quant aux critiques ou traducteurs anglais et français qui ont rendu cette profession de foi déjà contenue dans ma préface par ces deux mots : *prédilection* et *charity,* je dois leur expliquer encore une fois que ce n'est ni une prédilection spéciale, ni un sentiment de compassion pour mes semblables qui a guidé mon pinceau historique, mais seulement l'amour du fait, c'est-à-dire de l'histoire, et notamment celui de l'histoire ottomane, à laquelle des circonstances particulières m'ont initié dès ma jeunesse. J'espère mériter ce témoignage que je suis également resté fidèle à l'amour et à la vérité; car je n'ai épargné aucune peine, ni aucun sacrifice pour atteindre le but auquel j'étais entièrement voué, et je n'ai jamais ni dissimulé ni travesti la vérité. Une preuve de mon respect pour elle et pour cette maxime qui doit servir de règle à tous les historiens : *la vérité, rien que la vérité et toute la vérité*, a été certainement l'interruption de cette histoire, lorsqu'il ne m'a plus paru possible de la continuer avec autant de liberté et d'une manière aussi complète que je l'avais fait jusqu'alors. Le meilleur moyen de contrôler un historien consiste à se reporter aux sources. Or, la plupart des histoires que j'ai consultées ont été imprimées à Constantinople et il en existe des exemplaires dans un grand nombre de bibliothèques publiques; là où elles ne se trouvent pas encore, il est essentiel de se les procurer, car l'Empire ottoman ne mérite pas moins de fixer l'attention des savans et des historiens que l'Empire bysantin, et, dans toutes les bibliothèques où se trouve le *Corpus Byzantinorum*, on ne saurait se dispenser d'avoir également les histoires imprimées à Constantinople. Mes propres manuscrits déposés à la bibliothèque impériale de Vienne, sont ouverts à tous les orientalistes et les archives d'Autriche elles-mêmes ne sont pas inaccessibles aux étrangers, ainsi que Pertz, Ranke, Coxe et Mackintosh en ont acquis la preuve. Chacune des sources consultées se trouvera d'accord avec cette histoire : quelques erreurs insignifiantes relevées par la critique ou par moi-même, et rectifiées soit dans les erratas, soit dans le dernier volume de cet ouvrage, pour attester l'imperfection humaine en général et celle de l'écrivain en particulier, ne sont pas de nature à faire suspecter son amour de la vérité, ni à déprécier en somme la valeur de son livre : dans tous les cas, une prochaine édition fournira l'occasion de les faire aisément disparaître. Quant aux critiques malveillans et aux censeurs ennemis de la vérité, je n'ai rien à leur dire; les lecteurs et les critiques de bonne foi me jugeront comme j'ai écrit, c'est-à-dire avec amour et vérité, et ils ne me refuseront pas, j'espère, ce témoignage que le colosse memnonien de cette histoire, entièrement sculpté aujourd'hui, grâce au ciel, n'est au soleil levant que l'écho de l'*amour* et de la *vérité*.

Écrit à Hainfeld sur la Raab, le 28 septembre 1830, quatre-cent-trente-quatrième anniversaire de la bataille nationale de Nicopolis.

TABLEAU

DES DIGNITÉS ET DES EMPLOIS

DANS L'EMPIRE OTTOMAN.

TABLEAU

DES DIGNITÉS ET DES EMPLOIS

DANS L'EMPIRE OTTOMAN.

Ire DIVISION.

DIGNITÉS ET EMPLOIS DE LA LOI.

A. La dignité suprême de la loi est :
1. Le moufti.

Employés subalternes placés immédiatement sous les ordres du moufti.

a. Le *scheïkhoul islam kiayasi*, c'est-à-dire, le substitut du moufti dans toutes les affaires politiques et économiques ; b. le *telkhissdji*, c'est-à-dire, le référendaire ou chargé d'affaires du moufti près de la Porte ; c. le *mektoubdji*, c'est-à-dire, le chancelier du moufti ; d. le *fetwa-emini*, c'est-à-dire, directeur de la chancellerie pour la redaction des fetwas.

B. DIGNITÉS DE LA LOI DE PREMIER RANG.
I et II. *Les présidens* (Soudour).

2. Le *sadri Roum*, c'est-à-dire, le grand-juge de Roumilie; 3. le *sadri Anatoli*, c'est-à-dire, le grand-juge d'Anatolie. — Chacun d'eux a sous ses ordres six employés qui dirigent les affaires de sa

compétence : *a.* le *tezkeredji*, c'est-à-dire, le maître de requête; *b.* le *rouznamedji*, le teneur du journal; *c.* le *matlabdji*, c'est-à-dire, le teneur des rôles pour les places de juge; *d.* le *tatbikdji* c'est-à-dire, le gardien des sceaux de tous les juges, chargé de constater leur identité; *e.* le *mektoubdji*, c'est-à-dire, le secrétaire chargé de la correspondance ordinaire avec les juges; *f.* le *kiaya*, le substitut chargé de la comptabilité.

III. *Juges de Constantinople.*

4. *Istambol kadisi*, c'est-à-dire, le juge de la capitale appelé aussi *Istambol efendi*; sous ses ordres immédiats se trouvent : *a.* l'*Oun kapan naïbi*, c'est-à-dire, son substitut chargé de la surveillance des magasins à farine; *b.* le *Yagh kapan naïbi*, c'est-à-dire, son substitut chargé de la surveillance des magasins d'huile et de beurre; *c.* l'*Ayak naïbi*, c'est-à-dire, son substitut chargé de la surveillance des poids, des mesures et du prix des comestibles du marché.

IV. *Haremeïn mollalari*, c'est-à-dire, les mollas des deux saintes villes.

5. Le molla juge de la Mecque; 6. le molla juge de Médine.

V. *Biladi erbaa mollalari*, c'est-à-dire, les mollas des quatre autres premières villes de l'Empire.

7. Le molla, juge d'Andrinople; 6. le molla, juge de Brousa; 9. le molla, juge du Caire; 10. le molla, juge de Damas.

VI. *Makhredj mollalari*, c'est-à-dire, les mollas aspirants, ou ceux qui ont droit aux hautes dignités de la loi.

11. Le molla, juge de Galata; 12. celui de Scutari; 13. celui d'Eyoub (trois des faubourgs de Constantinople); 14. celui de Jérusalem; 15. celui de Smyrne; 16. celui de Haleb; 17. celui de Yenischehr (Larissa); 18. celui de Selanik; 19. le *Nakiboul-eschraf* (l'élu des nobles) ou le chef des émirs, descendant du prophète; 20. le *Sultan kodjasi*, c'est-à-dire, le précepteur du Sultan et des

princes; 21. le *hekkim-baschi*, c'est-à-dire, le médecin du Sultan et du seraï, 22. le *mounedjim-baschi*, c'est-à-dire, l'astronome de la cour; 23. l'*imami sultan-ewwel*, c'est-à-dire, le premier chapelain du seraï; 24. l'*imami sultani sani*, c'est-à-dire, le second chapelain du seraï.

C. DIGNITÉS DE LA LOI DU SECOND RANG
(*Les menassibi dewriyé*).

25. Le molla, juge de Meràsch; 26. celui de Bagdad; 27. celui de Bosna-Seraï; 28. celui de Sofia; 29. celui de Belgrade; 30. celui d'Aïntab; 31. celui de Koutahiyé; 32. celui de Koniah; 33. celui de Felibé (Philippopolis); 34. celui de Diarbekr.

D. DIGNITÉS DE LA LOI DU TROISIÈME RANG.
(*Les moufettischs ou inquisiteurs* (les Visitors des Anglais).

35. Le *scheïkhoul islam moufettisch*, c'est-à-dire, l'inquisiteur des wakfs (fondations pieuses), placées sous la surveillance immédiate du moufti; 36. les *szadri aazem mouffettisch*, c'est-à-dire, l'inquisiteur des wakfs, placés sous la surveillance immédiate du grand-vizir; 37. le *haremeïn moufettischi*, c'est-à-dire, l'inquisiteur des wakfs des deux saintes villes (Médina et Mekké), placées sous la surveillance spéciale du kislaraga; ces trois dignitaires tiennent leur titre du moufti, cependant le dernier de ces inquisiteurs nomme; 38. le *moufettischi Edrené*, c'est-à-dire, l'inquisiteur des wakfs d'Andrinople, et 39. le *moufettischi Brousa*, c'est-à-dire, l'inquisiteur des wakfs de Brousa.

E. DIGNITÉS DE LA LOI DE QUATRIÈME RANG.

Les *kadis* (juges) forment trois classes : A. les juges de Roumilie; B. les juges d'Anatolie; C. les juges d'Egypte. Chacune de ces trois classes de premier ordre se subdivise, les deux premières en neuf classes, la troisième en six classes; les voici.

A. *Juges de Roumilie.*

1. Les *sitteï Roumilie*, c'est-à-dire les six de Roumilie; 2. les

oulas, c'est-à-dire, les juges de la première catégorie; 3. les *karibi oulas*, c'est-à-dire, ceux qui les suivent immédiatement; 4. les *saniyés*, c'est-à-dire, les juges de la seconde catégorie; 5. les *salisés*, c'est-à-dire, les juges de la troisième catégorie; 6. les *aïnabakhtis*, c'est-à-dire, les juges de la catégorie de ceux de Lepanto; 7. les *egris*, c'est-à-dire, les juges de la catégorie de ceux d'Erlau; 8. les *tschelebibazari*, ceux de la catégorie des juges de Tschelebibazari; 9. les *tschanad*, ceux de la catégorie de Csanad.

B. *Juges d'Anatolie.*

1. Les *sittei Anatoli* (les six d'Anatolie); 2. les *moussilis*, c'est-à-dire, les suivans; 3. les *saniyés*, ceux de la seconde catégorie; 4. les *salisés*, ceux de la troisième catégorie; 5. les *rabiés*, ceux de la quatrième catégorie; 6. les *khamisés*, ceux de la cinquième catégorie; 7. les *sadis*, ceux de la sixième catégorie; 8. les *sabies*, ceux de la septième catégorie; 9. les *saminés*, ceux de la huitième catégorie, et 10. les *tasiaés*, ceux de la neuvième catégorie.

C. *Juges d'Egypte.*

1. Les *sittei missr*, c'est-à-dire, les six d'Egypte; 2. les *mousilis*, les suivans ou ceux de la seconde catégorie; 3. les *salisés*, ceux de la troisième catégorie; 4. les *rabiés*, ceux de la quatrième catégorie; les *khamisés*, ceux de la cinquième catégorie; les *sadisés*, ceux de la sixième catégorie.

Juridictions de Roumilie.

I. LES JUGES DE PREMIER RANG.

(Les six) avec leurs émolumens.

	aspres.		aspres.		aspres.
1. Ouskoub,	550	5. Parawadi,	350	9. Khouloumidj,	800
2. Négrepont,	1,100	6. Tirhala,	2,000	10. Doubnidja,	750
3. Ostroindja,	900	7. Timourhissari,	950	11. Roudjouk,	600
4. Ischtip,	750	8. Canée,	350	12. Vieux Saghra,	650

DANS L'EMPIRE OTTOMAN.

	aspres.		aspres.		aspres.
13. Sikhné,	550	18. Hezargrad,	700	23. Midillù,	1,000
14. Seres,	2,230	19. Salona,	750	24. Nourkoub,	1,000
15. Schoumna,	850	20. Karaferia,	1,500	25. Akdjé kazanlik,	1,000
16. Narda,	500	21. Candie,	850		
17. Yenidjé Wardar,	750	22. Monastir.	1,600		

II. LES OULAS,

Ou juges de la première catégorie.

	aspres.		aspres.		aspres.
26. Tschataldjé,	750	30. Kessrieh,	350	33. Lefdjé,	500
27. Schehrkoï,	900	31. Kœprülü,	750	34. Nazlidj,	500
28. Awrethissari,	950	32. Güstendil,	600	35. Dirama,	400
29. Florina,	850				

III. LES KARIBS,

Ou les juges les plus rapprochés des précédents.

	aspres.		aspres.		aspres.
26. Ilbessan,	200	41. Teschné et Sidjé,	650	46. Misistra,	600
37. Akhioli,	650	42. Sakos,	400	47. Nigepoli,	150
38. Parawadi,	150	43. Samakow,	500	48. Wodina,	600
39. Baliabadra,	600	44. Koridjé,	250	49. Yaïdjé et Bouhouriné,	700
40. Banyalouka,	550	45. Menlik,	650		

IV. LES MENASSIBI SANIYÉ,

Ou juges de la seconde catégorie.

	aspres.		aspres.		aspres.
50. Alassona,	750	57. Silistra,	300	63. Memlahatein, c'est-à-dire, les revenus des deux salines.	250
51. Athina,	530	58. Touiran,	150		
52. Istifa (Thèbes),	700	59. Gradjanidjé,	300		
53. Berkofdjé,	700	60. Feredjik,	350	64. Widin,	250
54. Babataghi,	150	61. Gœlhissar,	250	65. Warna,	400
55. Baldjik,	150	62. Lekofdjé,	200	66. Yanboli.	250
56. Menfakhté,	250				

V. LES MENASSIBI SALISÉ,

Ou juges de la troisième catégorie.

	aspres.		aspres.		aspres.
67. Akhisssar tiran,	250	69. Ouïwardjé,	250	71. Ouïwarna,	100
68. Izdin,	144	70. Okhri,	180	72. Anaboli,	250

DIGNITÉS ET EMPLOIS

	aspres.		aspres.		aspres.
73. Istar Iflak,	150	78. Serfidjé,	400	83. Karitené,	150
74. Bourgas,	350	79. Karatova,	750	84. Mostar,	220
75. Tekfourgœli,	200	80. Kalkandelen,	2000	85. Mankalia,	20
76. Tschorli,	250	81. Kalawrita,	450	86. Nissa,	250
77. Hadjioghlibazari,	600	82. Kizilagadj et Khatounili,	50		

VI. LES MENASSIBI AINABAKHTI,
Ou juges de la catégorie de ceux de Lepanto.

	aspres.		aspres.		aspres.
87. Egri Kesri,	250	98. Khorisché,	200	108. Karatagh,	250
88. Aïnabakhti,	120	99. Delonia (Delvino),	60	109. Loubin et Belgradjik,	200
89. Arkadia,					
90. Ouzidjé,	100	100. Razlik,	350	110. Lemni (Lemnos),	250
91. Ibraïl,	120	101. Radomir,	150		
92. Izladi,	200	102. Rahna,	40	111. Misiwri (Mesembria),	320
93. Agostos,	350	103. Radowischa,	120		
94. Khireboli,	160	104. Serwi,	350	112. Novoberda,	200
95. Perzerin,	60	105. Taschidjé,	130	113. Welin (?),	200
96. Eskibaba,	230	106. Fodja,	500	114. Yenibazar et Tergowischta,	100
97. Djaglaïk,	150	107. Kamengrad,	50		

VII. MENASSIBI EGRI,
Ou juges de la catégorie de ceux d'Egri (Erlau).

	aspres.		aspres.		aspres.
115. Zwornik,	150	128. Posorofdja,	100	139. Kozlidjé,	308
116. Ehlouné,	105	129. Bertsché et Kenzin,	20	140. Kirdjowa,	150
117. Eski-Djoumâ,	110			141. Koron,	30
118. Ineboli,	100	130. Boulimia et Karalom,	20	142. Kerenbisch,	150
119. Isakdji,	15			143. Limosin,	100
120. Iskenderiyé (Scutari),	100	131. Benefsché,	25	144. Lepotschka,	150
		132. Hirsowa,	10	145. Lewander,	150
121. Awlonia,	10	133. Srebrenidjé,	60	146. Modenidj,	250
122. Yepek,	25	134. Touzla,	150	147. Novasel,	120
123. Ihram,	100	135. Taschouzi(Thasos),	120	148. Moglaï,	100
124. Ingli kassri,	180			149. Wouldjterin,	100
125. Perischtiné,	100	136. Osmanbazari,	255	150. Bofdja,	250
126. Kostenidja,	80	137. Telislam,	100	151. Wischegrad,	100
127. Badradjik,	450	138. Kolhissar,	100		

VIII. MENASSIBI TSCHELEBIBAZARIS,

Ou juges de la catégorie de ceux de Tschelebibazari

	aspres.		aspres.		aspres.
152. Aladjahissar,	100	169. Bogurdlen,	100	186. Kaliwonia,	100
153. Egridéré,	150	170. Piskopi,	25	187. Firoundouz (Butrinto),	100
154. Abakor et Kardar,	350	171. Belghaï,	60	188. Kotloukdjé,	100
		172. Palatmona,	50		
155. Orkoub,	100	173. Bozbaba,	15	189. Kesilen,	60
156. Aïnedjik,	150	174. Tschamdjé,	80	190. Loufidjé,	100
157. Olakhor,	140	175. Djernitsché,	150	191. Ile Misr (?),	10
158. Oustoura,	60	176. Tschlebibazari,	100	192. Haut-Memlaha,	120
159. Eskroumerd,	20	177. Djobanadalari (Spalmadori),	100	193. Mat,	15
160. Aïdounat,	10			194. Magosa,	25
161. Andosa (?),	100	178. Khirssofi,	100	195. Metouli,	25
162. Ayapetra,	150	179. Doghana,	100	196. Matschin,	20
163. Nouv. Navarin,	100	180. Fonisé,	100	197. Novasin,	200
164. Bihouriné,	50	181. Ile Soumbeki,	100	198. Youkowa et Altounili,	70
165. Bihischté,	50	182. Seraï Wizé,			
166. Tenedos,	60	183. Talanda,	125	199. Yerkœï (Giurgewo)	25
167. Sidjour,	100	184. Kalamata,	100		
168. Bozagadjik,	100	185. Kawala,	100		

IX. LES MENASSIBI TSCHANED,

Ou juges de la catégorie de ceux de Tschanad (Csanad.)

	aspres.		aspres.		asPres.
200. Ossaf,	100	214. Beglin,	100	229. Gorgorofdjé,	100
201. Isferiar,	100	215. Boudroumlé,	5	230. Kouroumisch,	100
202. Ischketoz,	10	216. Boghania,	5	231. Kolonia,	100
203. Ischkepoz,	100	217. Bardonia,	5	232. Kolaschin,	100
204. Oumourfakih,	10	218. Bodjtié,	5	233. Kounitsché,	10
205. Vieux Navarin,	10	219. Bibké,	10	234. Koumran,	100
206. Indjiradassi (Ile des figues),	100	220. Pereboui,	10	235. Kourschounli,	10
		221. Djetré,	100	236. Koscham,	100
207. Ilpekiadasi,	100	222. Djadschka,	10	237. Ile Kerpé,	100
208. Alakina (?) (Égine),	100	223. Depedelen,	10	238. Maaden Ipek,	100
		224. Dourradj,	100	339. Mitrofdjik,	100
209. Islarda,	5	225. Radjna,	100	240. Mizrak,	5
210. Egriné (?),	100	226. Sadra,	10	241. Walioz,	100
211. Parakin,	100	227. Selwé (?),	100	242. Ile Herké,	100
212. Prawnik,	100	228. Aleksindjé,	100	243. Yardüma,	100
213. Peremedi,	10				

Juridictions d'Anatolie.

I. ROUTBEÏ SITTÉ,

Ou juges des six premières catégories.

	aspres.		aspres.		aspres.
244. Kastémouni,	2300	252. Ayasch,	650	262. Tirhalé,	600
245. Amassia,	2000	253. Aziné sur l'Ida,	800	263. Nikdeh,	500
246. Nicomédie,	1200	254. Larenda,	650	264. Siwas,	1105
247. Touzla,	1000	255. Alaschehr,	750	265 Kanghri,	700
248. Boztaghan,	700	257. Adnayouruki,	800	266. Denizli,	000
249. Bergama,	750	258. Timourdji,	700	267. Karahissar scherki,	600
250. Yenischehr Aïdin,	600	259. Antalia,	900	268. Kara agadj Gœlhissar,	400
251. Bordour,	350	260. Sinope,	500		
		261. Kestel Nazli,	500		

II. ROUTBEÏ MOUSSILÉS,

c'est-à-dire, la catégorie des accessites.

	aspres.		aspres.		aspres.
269. Tarakli,	700	273. Kerékara,	800	277. Kordos,	550
270. Aïnégœl près Brousa,	600	274. Kalaadjik,	400	278. Akhissar khiwé,	400
271. Koïnik,	600	275. Newschehr Orkoub,	600	279. Erzendjan,	40
272. Mossoul,	900	276. Beyanabad,	500		

III. ROUTBEÏ SANIYÉS,

Ou juges de la seconde catégorie.

	aspres.		aspres.		aspres.
280. Baliyanboli,	500	285. Taschkœpri,	350	290. Sekiz douschenbé,	140
281. Begschehri,	350	286. Schorba,	400	291. Arpas près d'Amassia.	
282. Trabezoun Sermené,	800	287. Tosia,	350		
283. Elmali,	250	288. Sifrihissar,	200		
284. Malatia,	200	289. Koureton nahas,	350		

IV. ROUTBEÏ SALISÉS,

Ou juges de la troisième catégorie.

	aspres.		aspres.		aspres.
292. Scheïhlü,	630	298. Tawas,	290	304. Tiroul,	150
293. Ketankaryé,	350	299. Alayé,		305. Antakia,	500
294. Gœlbazari,	350	300. Newayi Alahé,		306. Silah,	415
295. Gœlhissar dans le Hamid,	200	301. Ortakdji,	309	307. Bor et Kaï,	250
296. Akseraï,	150	302. Yeni Il avec les Turcomans de Haleb,	200	308. Aziné, près Agazoulouk (Ephèse),	250
297. Akdjéschehr dans l'Aïdin,	80	303. Mikhalidj,	300		

V. ROUTBEÏ RABIÉS,

Ou juges de la quatrième catégorie.

	aspres.		aspres.		aspres.
309. Doudekani,	270	317. Sidischehri,	340	325. Kirschehri,	100
310. Harit,	150	318. Tsira (?),	30	326. Efschar,	240
311. Akhiska,	20	319. Kazabad,	175	327. Osmandjik,	200
312. Iskilib,	400	320. Kiwa,	400	328. Med,	150
313. Akhissar et Saroukhan,	450	321. Merzifoun,	300	329. Wiranschehr,	250
314. Akschehr,	600	322. Klis,	70	330. Gewschek,	50
315. Tschoroum,	400	323. Tschenbé,	400	331. Outschdewidjé,	50
316. Simaw,	600	324. Kerédé,	350	332. Anapa,	50

VI. ROUTBEÏ KPAMISÉS,

Ou juges de la cinquième catégorie.

	aspres.		aspres.		aspres.
333. Ladik,	500	342. Oulouborli,	250	351. Sindjanlu,	300
334. Nif,	200	343. Hama,	150	352. Arabsoun,	60
335. Oulib,	50	344. Bassra,	100	353. Kara Isali,	15
336. Sonsa,	25	345. Roha,	15	354. Aghros,	200
337. Erekli en Karamanie,	130	346. Dorghoud,	100	355. Mourtezaabad,	250
338. Eriha,	40	347. Balbek,	100	356. Karghi,	230
339. Egrigœz,	150	348. Ladakiatol areb,		357. Ayin,	300
340. Eski Il,	90	349. Sifrihissar Kinouri,	150	358. On iki Diwan,	150
341. Harim,	100	350. Kola.	250	359. Kotsch hissar Kerdé,	120

VII. ROUTBEÏ SADISÉS,

Ou juges de la sixième catégorie.

	aspres.		aspres.		aspres.
360. Ilghin,	120	372. Payas,	15	383. Nigisar,	160
361. Otpara,	40	373. Biretol Ferat,	5	384. Karahissar Behram-	
362. Oulak,	90	374. Baïbourd,	90	schah,	25
363. Aktaa,	120	375. Sermin,	5	385. Karss,	35
364. Isnanli,	100	376. Rann,	5	386. Kerkouk et Schehr-	
365. Akdjeabad et Mou-		377. Schouhour,	330	zor,	25
houré,	70	378. Bir Ili,	120	387. Maareetol-missrin,	
366. Ouf,	5	379. Haoumakenler,	150		10
367. Tscherkes,	80	380. Karss près Soul-		388. Kordouk,	80
368. Tscheré,	90	kadr,	10	389. Mengen,	90
369. Aziné Ladakia,	250	381. Adina,	60	390. Tscheharschenbé	
370. Siwerek,	20	382. Karaagadj Yala-		Ladikia,	180
371. Lewané,	80	wadj,	200	391. Tokht,	110

VII. ROUTBEÏ SARIÉS,

Ou juges de la septième catégorie.

	aspres.		aspres.		aspres
392. Ainéh,	05	405. Bebesni,	20	417. Selefké,	100
393. Owayuzi,	35	406. Beseni (?),	40	418. Siwas Ili,	60
394. Akyourek,	10	407. Dourigher (?),	50	419. Safed,	100
395. Atima (?),	120	408. Bakrat près Skan-		420. Saritscham,	130
396. Ilidjé dans le Sa-		deroun,	100	421. Kizilhissar,	10
roukhan,	50	409. Rizé,	10	422. Kemeri Hamid,	100
397. Arghin,	70	410. Hossnol ekrad,	100	423. Gœldjigez,	405
398. Aradj,	100	411. Himss,	80	424. Menawghat,	10
399. Yedjin,	160	412. Derkousch,	100	425. Masis Ayaschrindi,	
400. Ardjisch près		413. Deweli,	60		100
Akhlath,	50	414. Bafra près Sams-		426. Ibrikabad,	100
401. Belwiran.	40	soun,	100	427. Bir diwan proba-	
402. Bozok sorghin,	80	415. Schouour,	5	blement On Bir-	
403. Beroun,	5	416. Saïd-Ili près Ladik		diwan,	30
404. Bozoyouk,	150		80		

IX. ROUTBEÏ SAMINÉS,

Ou juges de la huitième catégorie.

	aspres.		aspres.		aspres.
428. Ermenak,	20	431. Esch.	100	433. Agiasoun et In-	
429. Erak,	20	432. Atak et Belsemé,		djirbazari,	60
430. Iflani Tatari,	90		100	434. Ekradyelek,	25

DANS L'EMPIRE OTTOMAN.

	aspres.		aspres.		aspres.
435. Akkoeï,	5	452. Taschabad,	30	472. Kinoli (?),	100
436. Boz olous tamanli,		453. Arabghin,	150	473. Khan Witschka,	
	10	454. Scherkipara,	15		100
437. Perkas,	5	455. Sis,	100	474. Kedouk Tschou-	
438. Beïramli,	30	456. Scheïkh Amik,	100	bouk,	25
439. Balat,	30	457. Samanti (?),	10	475. Maareton naaman,	5
440. Bambedj,	100	458 Sogoudjik,	110	476. Mendetsché,	25
441. Bayezid,	100	459. Samssaf,	5	477. Palass,	100
442. Tschemizghezek,		460. Feniké,	20	478. Moudjidouzi,	30
	170	461. Kasch,	5	479. Mermeredjik,	60
443. Hoz,	50	462. Kouschakli,	15	480. Ermenak,	20
444. Sarikawak Siné,	100	463. Kerker,		481. Nissibin,	180
445. Adjloun,	100	464. Kara Isali tekké,	13	482. Yenidjé Iflani,	40
446. Tschildir,	100	465. Kotschhissar kara-		483. Tizibi Kara Iskélé,	
447. Saz,	50	man,	20		180
448. Hadjibegtasch		466. Kouritschaï,	25	484. Yourükani Ango-	
Foudjour,	25	467. Kalaatol moab,	100	ra, les tributs er-	
449. Derendé,	30	468. Keresin,	50	rantes aux envi-	
450. Dioula et Karisch		469. Keresilinti,	5	rons d'Angora.	
(?),	5	470. Kakhte,	100		100
451. Dengabad,	10	471. Kenetis,	100		

X. ROUTBEÏ TASSIÉS,

Ou juges de la neuvième catégorie.

	aspres.		aspres.		aspres.
485. Aboulkhaïr,	5	499. Souroudj,	100	512. Kanaktari (?),	100
486. Ibradi,	20	500. Schouschad,	100	513. Karatasch,	100
487. Ouzoumli,	10	501. Tscheredi,	5	514. Kino Batoun,	23
488. Atina (?),	5	502. Tousch Ili,	100	515. Yabali,	
489. Egdir,	10	503. Erdehani Büzourk,		516 Keïfi et Neriman,	5
490. Erbil telaakar,	100		100	517. Maadjouriyé,	100
491. Aladja Khan,	100	504. Kizilkia,	30	518. Melazker,	100
492. Tschakirdjé,	100	505. Fasch,	20	519. Mouhadjirin Mek-	
493. Baïbourd de Kara-		506. Kokas,	5	toubé,	180
khan,	100	507. Kalkanli,	20	520. Yaghmour Deresi,	
494. Tscholakabad,	100	508. Kowak,	20		100
495. Khan Younis,	100	509. Kolhissar,	20	521. Douloul,	5
496. Hanfa,	100	510. Kataseraï,	5	522. Badeboli,	25
497. Khounis,	100	511. Keschab,	5	523. Youzpara,	5
498. Darschar,	100				

DIGNITÉS ET EMPLOIS

TAXES D'INVESTITURE.

	TAXE des huissiers.	TAXE d'élection.	HAUTE taxe.	TAXE des bonnets.	TOTAL. aspres.
Les juges du 1er rang (les six).	123	40	91	»	254
Les treize suivans.	80	28	72	4	184
Les juges de la 2me catég.	69	120	85	12	286
Les juges de la 3me catég.	67	16	57	4	144
Les juges de la 4me catég.	57	12	45	5	119
Les juges de la 5me catég.	54	43	»	12	109
Les juges de la 6me catég.	52	42	»	2	96
Les juges de la 7me catég.	42	34	»	3	79
Les juges de la 8me catég.	37	31	»	1	69
Les juges de la 9me catég.	31	34	»	2	67

TAXES DE CONFIRMATION.

	TAXES de la lettre de partage.	HAUTE taxe.	TAXE des bonnets.	TOTAL. aspres.
Les juges du 1er rang (les six)	113	32	5	150
Les treize suivans.	91	29	5	125
Les juges de la 2me catég.	67	24	4	95
Les juges de la 3me catég.	56	20	6	82
Les juges de la 4me catég.	62	»	2	64
Les juges de la 5me catég.	50	»	4	54
Les juges de la 6me catég.	24	»	2	26
Les juges de la 7me catég.	34	»	1	35
Les juges de la 8me catég.	34	»	1	35
Les juges de la 9me catég.	23	»	1	24

Juridictions d'Égypte.

I. LES SIX.

524. Alexandrie.
525. Ebyar.
526. Aboukir.

527. Reschid.
528. Schikk sani (?).
529. Mahallet.

530. Mansouriyet.
531. Menouf.

II. *Les juges qui les suivent immédiatement.*

532. Beni Souief.
533. Belbeïs.

534; Djirdjé.
535. Djizé.

536. Fayoum.

III. *Les juges de la troisième catégorie.*

537. Khankah.
538. Miniyet.

539. Manzoulé.
540. Manzalout.

541. Mouzhamateïn.

IV. *Les juges de la quatrième catégorie.*

542. Soyout.
543. Beni Haram.
544. Behesné.

545. Sawiyé.
546. Tizmend.

547. Mahallet Ebi Ali.
548. Nehrarié.

V. *Les juges de la cinquième catégorie.*

549. Aschmounin.
550. Abou tih.

551. Senebou.
552. Menschiyé.

553. Feschné.

VI. *Les juges de la sixième catégorie.*

554. Elwah (l'Oasis).
555. Bourlos.

556. Kené.

557. Kouss.

CHANGEMENS OPÉRÉS DANS LES SIX PREMIÈRES CLASSES DES JUGES DE ROUMILIE, D'APRÈS L'ORDONNANCE RENDUE PAR MAHMOUD II.

I. *Les sitteï Roumilie* (les six).

ÉMOLUMENS mensuels.
aspres.

1. Sirouz (Seres), siége du Pascha ; non loin de Sikhné et de Timourhissar; à quatorze journées de marche de Constantinople. — 3,000
2. Karaferia dans le sandjak de Selanik ; non loin d'Agostos et de Yenidjé; à dix-huit journées de marche de Constantinople. — 850
3. Tirhala, siége du sandjakbeg; non loin de Yenischehr, de Fenar et de Tchataldjé; à vingt-deux journées de marche de la capitale. — 1,800
4. Rousdjouk, pres Nigeboli et Hezargrad; à quatorze journées de marche de la capitale. — 800
5. Schoumna, dans le sandjak de Silistra, près Parawadi et Eski Schoumna; à onze journées de marche de la capitale. — 700
6. Hezargrad, dans le sandjak de Nigeboli ; non loin de Rousdjouk et de Sistow; à douze journées de marche de la capitale. — 600
7. Sagra Atik, siége du Pascha près la nouvelle Sagra et Akdjékazanlik; distant de Constantinople de neuf journées de marche. — 750
8. Newrékoub, siége du Pascha, près Dirama et Sikhné, à quatorze journées de marche de Constantinople. — 750
9. Candie, dans l'île de Crète; distante de Constantinople de 750 milles (d'Italie). — 750
10. Sikhné, siége du Pascha, non loin de Sirouz, de Dirama et de Piraouschta; à douze journées de marche de Constantinople. — 650
11. Midillü, l'île Mitylène, située à 400 milles (d'Italie) de Constantinople. — 400
13. Ouskoub, siége du Pascha, près d'Ischtip, Kalkandelen et Karatowa; à dix-neuf journées de marche de Constantinople. — 550

13. Silistra, siége du sandjak; à treize journées de marche de Constantinople. 350
14. Khania (Canée), forteresse de l'île de Crète, située à 750 milles (d'Italie) de Constantinople. 450
15. Widin, dans le sandjak de Nigeboli, près de Feth Islam et Nigeboli; à quinze journées de marche de Constantinople. 600

TAXES D'INVESTITURE.

Pour l'annonce de la nomination,	12,000
Taxes de la Porte (khardj ibab),	2,500
Argent dit de café (kahwé beha),	2,400
Taxe de l'élection (yehtiar khardji),	600
Taxes pour le maître des requêtes (kardji tezke-redji),	3,000
Taxe pour le secrétaire (mektoubdji),	4,000
Taxes pour les gens du service (khoudamiyé),	480
Total.	24,380

TAXES DE CONFIRMATION.

Taxe dite de partage (kismet),	13,320
Taxe du maître des requêtes,	1,500
Taxe du secrétaire,	1,000
Taxe des huissiers (mouhziran),	1,000
Taxe pour les gens de service,	240
Taxe du diplôme (berat),	1,200
Total.	18,260

II. ROUTBEÏ OULAS,

Ou juges de la première catégorie.

16. Monastir, siége du pascha; près Perlepa et Florina, à dix-huit journées de marche de Constantinople. 700
17. Dirama, siége du pascha, près Sikhné; à douze journées de marche de Constantinople. 500

		aspres.
18.	Egriboz (Négrepont), siége du sandjak; à vingt-deux journées de marche de la capitale.	22
19.	Timourhissar, siége du pascha, près Seres et Petridj; à quinze journées de marche de la capitale.	450
20.	Kesriyé (Castoria), siége du pascha, près Florina et Ourischté sur le lac; à vingt journées de marche de Constantinople.	650
21.	Awrethissar, dans le sandjak de Selanik, près Toïran, Selanik et Karatagh, à quinze journées de Constantinople.	350
22.	Florina, siége du pascha, près Monastir, Kesrieh et Starowa, à seize journées de Constantinople.	400
23.	Tschataldjé, dans le sandjak de Lepanto, près de Fenar et de Tirhala, à vingt journées de marche de Constantinople.	387

TAXES D'INVESTITURE.

Pour l'annonce de la nomination,	10,000
Taxe de la Porte,	2,000
Argent dit de café,	2,000
Taxe de l'élection,	480
Taxe pour le maître des requêtes,	2,400
Taxe pour le secrétaire,	2,400
Taxe pour les gens du service,	48
Total.	19,328

TAXES DE CONFIRMATION.

Taxe dite de succession,	10,680
Taxe du maître des requêtes,	1,200
Taxe du secrétaire,	1,600
Taxe des huissiers,	800
Taxe des gens du service,	240
Taxe du diplôme,	1,200
Total	15,720

III. ROUTBEÏ KARIBI OULAS,
Ou juges qui suivent immédiatement les précédens.

	aspres.
24. Samakow, siége du pascha, près Doubnidja et Tatarbazari, à douze journées de marche de Constantinople.	350
25. Baliabadra, dans le sandjak de Lepanto, près Calawrita, à vingt-deux journées de Constantinople.	250
26. Rodos (Rhodes), île située à 700 milles (d'Italie) de Constantinople.	400
27. Ilbessan en Albanie, siége du sandjakbeg, à vingt journées de Constantinople.	350
28. Nigeboli (Nicopolis), siége du sandjakbeg, près de Sistow et Pilawna, à quatorze journées de marche de Constantinople.	350
29. Ostromdja, dans le sandjak de Güstendil, près Toïran et Terpitsch, à quinze journées de marche de Constantinople.	300
30. Ahyoli, dans le sandjak de Silistra, près d'Aïdos sur la mer Noire, à neuf journées de marche de Constantinople.	350
31. Parawadi, dans le sandjak de Silistra, près Schoumna et Yenibazar, à onze journées de marche de Constantinople.	300
32. Akdjekazanlik, dans le sandjak de Tschermen, près de Vieux Sagra au pied du Balkan, à neuf journées de marche de Constantinople.	500
33. Goridja, siége du pascha, près Bilehischté et Ostrowa, à vingt journées de marche de Constantinople.	300
34. Trawnik ou Bosna Yordé, près Yaïcza, à vingt-sept journées de marche de Constantinople.	350
35. Wodina, dans le sandjak de Selanik, près Yenidjé Wardar et Ostrowa, à quinze journées de marche de Constantinople.	370

TAXES D'INVESTITURE.

	aspres.
Pour l'annonce de la nomination,	9,000
Taxe de la Porte,	2,000
Argent dit de café,	2,000
Taxe de l'élection,	480
Taxe du maître des requêtes,	2,400
Taxe du secrétaire,	2,400
Taxe des gens du service,	480
Total.	18,760

TAXES DE CONFIRMATION.

Taxe dite de partage,	8,040
Taxe du maître des requêtes,	1,200
Taxe du secrétaire,	1,600
Taxe des huissiers,	800
Taxe des gens du service,	240
Taxe du diplôme,	240
Total.	12,120

IV. ROUTBEÏ SANI,
Ou juges de la deuxième catégorie.

36. Khouloumidj, dans le sandjak de Morée, près Karitené, Loumdar et Florina, à vingt-trois journées de marche de Constantinople. — 200

37. Lofdjé, dans le sandjak de Nigeboli, près d'Oïwardjé sur le Danube, à treize journées de marche de Constantinople. — 400

38. Narda, dans le sandjak de Yanina, près Yanina et Prévésa sur la Méditerranée, à vingt-deux journées de Constantinople. — 500

39. Warna, dans le sandjak de Silistra, près Baldjik sur la mer Noire, à onze journées de marche de Constantinople. — 250

DANS L'EMPIRE OTTOMAN.

aspres.

40. Yanboli, dans le sandjak de Silistra, près Islemiyé et Karinabad, à huit journées de marche de Constantinople. — 180
41. Yenidjé Wardar, dans le sandjak de Selanik, près Karaferia, à seize journées de marche de Constantinople. — 350
42. Iskenderiyé (Scutari); siége du sandjakbeg, près Dulcigno et Monténégro, à vingt-quatre journées de Constantinople. — 90
43. Alassona, dans le sandjak de Tirhala, près Yenischehr et Fanar, à dix-neuf journées de marche de Constantinople. — 700
44. Ischtip, dans le sandjak de Güstendil près Karatowa et Nigousch, à seize journées de marche de Constantinople. — 550
45. Doubnidja, dans le sandjak de Güstendil près Samakow et Radomir, à quatorze journées de marche de Constantinople. — 300
46. Schehrkœï, siége du pascha, près Sofia, Nissa et Iznebol, à seize journées de marche de Constantinople. — 400
47. Kaffa, en Crimée (*in partibus*).
48. Karatowa, dans le sandjak de Güstendil, près Ischtip et Ouskoub, à quinze journées de marche de Constantinople. — 250
49. Feredjik, siége du pascha, près Demitoka, Ipsala et Meghri, à sept journées de marche de Constantinople. — 300
50. Banyalouka, en Bosnie, près Kostanizza et Yaïcza, à trente journées de marche de Constantinople. — 300
51. Salona, dans le sandjak d'Egriboz, près Izdin, Badradjik et Liwadia, à dix-neuf journées de marche de Constantinople. — 350
52. Teschné, dans le sandjak de Bosnie, près Yaïcza et Derbend, à vingt-sept journées de marche de Constantinople. — 320
53. Menlik, siége du pascha, près Sirous, Timourhissar et Newrekoub, à quinze journées de marche de Constantinople. — 400
54. Babataghi, dans le sandjak de Silistra, près Isakdji, Touldja et Tekfourgœli, à quinze journées de marche de Constantinople. — 50

TAXES D'INVESTITURE.

	aspres.
Pour l'annonce de la nomination,	8,000
Taxe de la Porte,	1,500
Argent dit de café,	1,800
Taxe de l'élection,	360
Taxe du maître des requêtes,	1,800
Taxe du secrétaire,	1,800
Pour les gens du service,	480
Total,	15,740

TAXES DE CONFIRMATION.

Taxe dite de partage,	6,720
Taxe du maître des requêtes	900
Taxe du secrétaire,	1,200
Taxe des huissiers,	600
Taxe des gens du service,	240
Taxe du diplôme,	1,200
Total.	10,860

V. ROUTBEÏ SALISÉ,
Ou juges de la troisième catégorie.

55. Güstendil, siége du sandjakbeg de Doubnidja, Radomir et Karatowa, à quatorze journées de marche de Constantinople. — 240

56. Hadjioghlibazari, dans le sandjak de Silistra, près Warna et Tekfourgœli, à douze journées de marche de Constantinople. — 120

57. Bourgos, dans le sandjak de Wizé, près Tschorli, Eski-Baba et Binarhissar, à quatre journées de marche de Constantinople. — 180

58. Touïran, dans le sandjak de Güstendil, près d'Ostromidja et Timourhissar, à quatorze journées de marche de Constantinople. — 330

DANS L'EMPIRE OTTOMAN.

aspres.

59. Izdin, dans le sandjak d'Egriboz, près Livadia et Salona, à dix-neuf journées de marche de Constantinople. 180
60. Tekfourgœli, dans le sandjak de Silistra, près Warna et Baldjik, à quatorze journées de marche de Constantinople. 55
61. Kalkandelen, dans le sandjak d'Ouskoub, près Dobra, à dix-huit journées de marche de Constantinople. 250
62. Okhri, le pascha réside à Edrené, près Persepe, Dobra et Starova, à dix-sept journées de marche de Constantinople. 300
63. Kœprilü, siége du pascha, près Ouskoub, Ischtip et Perlepé, à dix-huit journées de marche de Constantinople. 350
64. Lekofdjé, dans le sandjak d'Aladjahissar, près Nissa et Orkoub, à quinze journées de marche de Constantinople. 150
65. Khirsowa, dans le sandjak d'Aladjahissar, près Baldjik et Babataghi, à treize journées de marche de Constantinople. 25
66. Karitené, dans le sandjak de Morée, près Kouloumidj, Livadia et Kalawrita, à vingt-quatre journées de marche de Constantinople. 50
67. Mostar en Bosnie, dans le sandjak de Hersek, près Novasin, à vingt-sept journées de marche de Constantinople. 150
68. Nissa, siége du pascha, près Isferlik et Lekofdjé, à dix-huit journées de marche de Constantinople. 250
69. Anatoli, dans le sandjak de Morée, près Tripolizza et Corinthe, à vingt-quatre journées de marche de Constantinople. 230
70. Akhissar en Bosnie, dans le sandjak de Klis, près Gœlhissar, à trente journées de marche de Constantinople. 120
71. Baldjik, dans le sandjak de Silistra, près Warna, à douze journées de marche de Constantinople. 200
72. Kalawrita, dans le sandjak de Morée, près Baliabadra et Karitené, à vingt-cinq journées de marche de Constantinople. 120
73. Chocim, forteresse sur la frontière de Pologne, à vingt-sept journées de marche de Constantinople. 60

74. Mankalia, dans le sandjak de Silistra, près Tekfourgœli et Baldjik, à treize journées de marche de Constantinople.   50

TAXES D'INVESTITURE.

	aspres
Pour l'annonce de la nomination,	6,000
Taxe de la Porte,	1,000
Argent dit de café,	1,500
Taxe de l'élection,	360
Taxe du maître des requêtes,	1,800
Taxe du secrétaire,	1,800
Pour les gens du service,	480
Total.	12,940

TAXES DE CONFIRMATION.

Taxe dite de partage,	4,080
Taxe du maître des requêtes,	900
Taxe du secrétaire,	1,200
Taxe de l'huissier,	600
Taxe des gens du service,	240
Taxe du diplôme,	1,200
Total.	8,220

VI. MENASSIBI AÏNABAKHTI,

Ou juges de la catégorie de la juridiction de Lepanto.

75. Aïnabakhti (Lepanto), siége du sandjak, en face de Patras, à vingt-trois journées de marche de Constantinople.   120
76. Ibraïl, dans le sandjak de Silistra, près d'Isakdji, à seize journées de marche de Constantinople.   200
77. Welin, dans le sandjak de Tirhala, près Yenischehr, à dix-huit journées de marche de Constantinople.   200
78. Isakdji, dans le sandjak de Silistra, près Ibraïl et Madjin, à quinze journées de marche de Constantinople.   30

DANS L'EMPIRE OTTOMAN,

aspres.

79. Sirfdjé, siége du pascha, près Alassona et Egriboudjak, à quatorze journées de marche de Constantinople. 180
80. Mizistra, dans le sandjak de Morée, près Tripolitza, Kalawrita et Bordounia, à vingt-six journées de marche de Constantinople. 180
81. Rahova, dans le sandjak de Nigeboli, près Widin, à treize journées de marche de Constantinople. 120
82. Ismaïl, dans le sandjak de Silistra, près Isakdji et Touldja, à quinze journées de marche de Constantinople. 150
83. Kordos (Corinthe), dans le sandjak de Morée, près Tripolizza et Anatoli, à vingt-deux journées de marche de Constantinople. 120
84. Livadia, dans le sandjak d'Egriboz, près Izdin, Salona et Istifa, à dix-neuf journées de marche de Constantinople. 200
85. Istifa (Thèbes), dans le sandjak d'Egriboz, en face de l'Ile, à vingt journées de marche de Constantinople. 200
86. Misiwri, dans le sandjak de Silistra, près Akhioli et Aïdos, à huit journées de marche de Constantinople. 120
87. Arkadia, dans le sandjak de Morée, près Modon et Kalamata, à vingt-cinq journées de marche de Constantinople. 70
88. Nouv. Sagra, dans le sandjak de Tschirmen, près Vieux-Sagra et Islemiyé, à neuf journées de marche de Constantinople. 250
89. Djoumàbazari, siége du pascha, près Flourina et Egriboudjak, à seize journées de marche de Constantinople. 250
90. Razlik, siége du pascha, près Newrekoub, Doubnidja et Menlik, à quatorze journées de marche de Constantinople. 250
91. Athina, dans le sandjak de Négrepont, près Livadia et Istifa, à vingt journées de marche de Constantinople. 160
92. Ouzidja, dans le sandjak de Bosnie, près Semendra et Pet. Posega, à vingt-trois journées de marche de Constantinople. 120
93. Ouïwardjé, dans le sandjak de Nigeboli, près Widin,

DIGNITÉS ET EMPLOIS

aspres.

Berkofdjé et Pilawua, à quatorze journées de marche de Constantinople. — 250

94. Egrikesri, dans le sandjak d'Awlona, près Delonia et Depedelen, à dix-neuf journées de marche de Constantinople. — 150

95. Delonia (Delvino), siége du sandjakbeg, près Egrikesri et Merzak, à dix-neuf journées de marche de Constantinople. — 50

96. Taschlidja, dans le sandjak de Hersek, près Todja et Djanidjik, à vingt-deux journées de marche de Constantinople. — 120

97. Perepoul, dans le sandjak de Hersek, près Taschlidja et Iflak, à vingt-deux journées de marche de Constantinople. — 140

98. Oczakow et Kilbouroun, siége du sandjakbeg. — 50

99. Yenibazar, Tergovista et Morofdjedjik, dans le sandjak de Bosnie, au-delà d'Ouskoub, à douze journées de marche de Constantinople. — 150

100. Radamir et Sürüschük, dans le sandjak de Güstendil, près Sofia, à quatorze journées de marche de Constantinople. — 250

101. Kamengrad et Bibké, en Bosnie, près Gœlhissar, à trente-deux journées de marche de Constantinople. — 180

102. Novoberda, dans le sandjak de Wouldjterin, près Pirischtina et Morawa. — 150

103. Loubin et Belgradjik, en Bosnie, près Gabela et Mostar, à vingt-cinq journées de marche de Constantinople. — 120

104. Bender, près Akkerman. — 75

TAXES D'INVESTITURE.

Pour l'annnonce de la nomination,	5,000
Taxe de la Porte,	1,000
Argent dit de café,	1,200
Taxe de l'élection,	500
Taxe du maître des requêtes,	1,000
Taxe du secrétaire,	1,200
Pour les gens du service,	480
Total.	10,180

TAXES DE CONFIRMATION.

	aspres.
Taxe dite de partage,	3,540
Taxe du maître des requêtes,	600
Taxe du secrétaire,	800
Taxe de l'huissier,	400
Taxe des gens du service,	240
Taxe du diplôme,	1,200
Total.	6,780

VII. MENASSIDI EGRI,

Ou juges appartenant à la catégorie de la juridiction d'Egri (Erlau).

105. Lemnos, l'île de l'Archipel. — 200
106. Kozlidja, dans le sandjak de Silistra, près Hadjioghli-bazari, à dix journées de marche de Constantinople. — 90
107. Serwi, dans le sandjak de Nigeboli, près Turnowa et Lofdjà, à vingt journées de marche de Constantinople. — 13
108. Eskibaba, dans le sandjak de Kirhilisé, près Bourgas, à cinq journées de marche de Constantinople. — 120
109. Touzla (Larnaca), dans l'île de Chypre, située à 1,000 milles de Constantinople. — 140
110. Izladi (Slatina), dans le sandjak de Nigeboli, près Lofdjà, à quatorze journées de marche de Constantinople. — 200
111. Kerenbesch, dans le sandjak de Lepanto, près Badradjik, à vingt-deux journées de marche de Constantinople. — 180
112. Agostos, dans le sandjak de Selanik, près Karaferia et Wardar, à vingt-trois journées de marche de Constantinople. — 170
113. Eskischoumna, dans le sandjak de Nigeboli, près Schoumna et Hezargrad, à onze journées de marche de Constantinople. — 130
114. Osmanbazari, dans le sandjak de Silistra, près Schoumna et Eski-djoumà, à quinze journées de marche de Constantinople. — 60

DIGNITÉS ET EMPLOIS

aspres.

115. Badradjik, dans le sandjak de Lepanto, près Modanidj et Olendrek, à dix-neuf journées de marche de Constantinople. — 250

116. Taschouz (Thasos), siége du pascha, en face de Kawala. — 120

117. Ipek, dans le sandjak de Duakaghin, près Yakowa et Perzerin, à dix-neuf journées de marche de Constantinople. — 40

118. Zwornik, dans le sandjak de Bosnie, siége du pascha, près Sabacz, à vingt-quatre journées de marche de Constantinople. — 24

119. Istar Iflak, dans le sandjak de Bosnie, près Prawnik et Tschatschka, à vingt-huit journées de marche de Constantinople. — 170

120. Awlona (Valona), siége du pascha, près Arnaoud-Belgrade, en Albanie, à vingt-deux journées de marche de Constantinople. — 30

121. Iznebol, siége du pascha, près Radamir, Lofdja et Oïwarina, à seize journées de marche de Constantinople. — 120

122. Fodja et Oulough, en Bosnie, siége du sandjakbeg de Hersek, près Taschlidja et Nowasil, à vingt-quatre journées de marche de Constantinople. — 60

123. Elhouné et Nowasil, en Bosnie, sandjak de Klis, près Akhissar, à vingt-trois journées de marche de Constantinople. — 130

124. Karadjowa, siége du pascha, près Djaglaïk et Koumourdjnia, à quinze journées de marche de Constantinople. — 110

125. Boulemiyé et Karaloum, dans le sandjak de Nigeboli, près Widin et Oïwardjé, à douze journées de marche de Constantinople. — 70

126. Berdjé et Gouzin, en Bosnie, dans le sandjak de Zwornik, près Srebrenidjé, à vingt-quatre journées de marche de Constantinople. — 80

127. Srebrenidjé, siége du sandjakbeg, près Żwornik, à vingt-quatre journées de marche de Constantinople. — 120

128. Khorischté, siége du pascha, près Kesriyé et Nazlidj, à dix-huit journées de marche de Constantinople. — 300

aspres.

129. Pirischtina, dans le sandjak de Wouldjterin, près Novaberda et Katschanik, à dix-huit journées de marche de Constantinople. 250
130. Benefsché (Malvasie), dans le sandjak de Morée, à 500 milles de Constantinople. 40
131. Ingli Kassri (Angelo Castro), dans le sandjak de Karli Ili, près Iflakhar et Pirawna, à vingt-deux journées de marche de Constantinople. 160
132. Feth-Islam et Orsova, dans le sandjak de Nigeboli, près Widin, à quinze journées de marche de Constantinople. 40
133. Limasoun (Limasol), en Chypre, à 100 milles de Constantinople. 50
134. Pozkhorofdja (Passarowicz), dans le sandjak de Semendra, près Rasova et Yagodina, à dix-huit journées de marche de Constantinople. 120
135. Modonidj et Esedabad, dans le sandjak d'Egriboz, près d'Izdin et Livadia, à dix-neuf journées de marche de Constantinople. 200
136. Wouldjterin, siége du sandjakbeg, près Pirischtina, Novaberda et Sirfdje, à dix-sept journées de marche de Constantinople. 120
137. Taman, près Kaffa, en Crimée, à 800 milles de Constantinople (*in partibus*). 40
138. Menkoub, près Kaffa, en Crimée (*in partibus*).

TAXES D'INVESTITURE.

Pour l'annonce de la nomination,	4,000
Taxe de la Porte,	1,000
Argent dit de café,	1,000
Taxe de l'élection,	240
Taxe du maître des requêtes,	1,000
Taxe du secrétaire,	1,200
Pour les gens du service,	480
Total.	8,920

TAXES DE CONFIRMATION.

		aspres.
Taxe dite de partage,	2,760	
Taxe du maître des requêtes,	600	
Taxe du secrétaire,	800	
Taxe de l'huissier,	400	
Taxe des gens du service,	240	
Taxe du diplôme,	1,200	
Total.	6,000	

VIII. MENASSIBI TSCHELEBIBAZARI,

Ou juges appartenant à la catégorie de la juridiction de Tschelebibazari.

139. Tschelebibazari, dans le sandjak de Bosnie, près Seraï et Wischégrad, à vingt-cinq journées de marche de Constantinople. — 150
140. Kawala, siége du sandjakbeg, près Djaghlaïk, Pereketlü et Piraouschta, à onze journées de marche de Constantinople. — 110
141. Bofdja (Tenedos), à deux cent quatre-vingts milles de Constantinople. — 100
142. Aïnedjik, dans le sandjak de Gellipoli, près Tekfourtaghi (Rodosto), à quatre journées de marche de Constantinople. — 90
143. Istawra, dans le sandjak d'Okhri, près Ogourdjé, à quatre journées de marche de Constantinople. — 280
144. Ostorowa, siége du sandjakbeg, près Widinié et Djoumâbazari, à dix-huit journées de marche de Constantinople. — 200
145. Ouïwarina, dans le sandjak de Güstendil, près Ouskoub et Karatowa, à dix-huit journées de marche de Constantinople. — 180
146. Aïdounat, dans le sandjak de Delvino, près Yanina et Egri Kesri, à dix-neuf journées de marche de Constantinople. — 10
147. Ayokari et Karawarli, dans le sandjak de Lepanto, à vingt-deux journées de marche de Constantinople. — 50

	aspres.
148. Ayapetra, dans le sandjak de Morée, près Tripolizza et Argos, à vingt-cinq journées de marche de Constantinople.	150
149. Orkoub, dans le sandjak d'Aladjahissar, près Nissa et Lokofdja, à dix-huit journées de marche de Constantinople.	110
150. Egridéré, dans le sandjak de Güstendil, près Karatowa.	100
151. Aladjahissar, siége du sandjakbeg, près Parakin, Koznik et Orkoub, à dix-huit journées de marche de Constantinople.	150
152. Bihlisché (Bilkhischté), siége du pascha, près Kesbriyé, Koridjé et Persepé, à dix-sept journées de marche de Constantinople.	180
153. Bouhour et Koumran, dans le sandjak de Perzerin, près Ipek et Yenibazar, à vingt journées de marche de Constantinople.	25
154. Djernidjé, dans le sandjak de Hersek, près Bosna-Seraï, à vingt-quatre journées de marche de Constantinople.	120
155. Djaghlaïk, siége du pascha, près Yenidjé, Karasou et Kawala, à neuf journées de marche de Constantinople.	70
156. Radovischta, dans le sandjak de Güstendil, près Ischtip et Ostromdjé, à quatorze journées de marche de Constantinople.	300
157. Talanda, dans le sandjak d'Egriboz, près Modonidj, Livadia et Izdin, à vingt journées de marche de Constantinople.	180
158. Gradanidja, dans le sandjak de Zwornik, près Sabacz et Memlahateïn, à vingt-quatre journées de marche de Constantinople.	120
159. Kalamata, dans le sandjak de Morée, près Arkadia et Koron, à vingt-quatre journées de marche de Constantinople.	50
160. Karatagh (Czernigora, Monténégro), siége du pascha, près Timour et Awrethissar, à quinze journées de marche de Constantinople.	200
161. Kizilhissar, dans le sandjak d'Egriboz, à vingt journées de marche de Constantinople.	150

	aspres.
162. Gœlhissar, dans le sandjak de Klis, en Bosnie, près Akhissar, à vingt journées de marche de Constantinople.	130
163. Kilan, dans l'île de Chypre, à 1,000 milles (d'Italie) de Constantinople.	50
164. Modon, dans le sandjak de Morée, près Arkadia et Koron, à vingt-six journées de marche de Constantinople.	25
165. Memlahateïn, dans le sandjak de Zwornik, en Bosnie, près Srebrenidjé, à vingt-trois journées de marche de Constantinople.	55
166. Madjin, dans le sandjak de Silistra, près Babataghi et Isakdji, à vingt-cinq journées de marche de Constantinople.	25
167. Magosa (Famagosta) dans l'île de Chypre.	50
168. Nazlidj, siége du pascha, près Khorischté et Keretina, à dix-sept journées de marche de Constantinople.	250
169. Nowasil en Bosnie, dans le sandjak de Hersek, près Loubin, à vingt-quatre journées de marche de Constantinople.	65
170. Youndâda, île près de Mitylène, à 350 milles (d'Italie) de Constantinople.	50
171. Yaïdjé et Bouhouriné, en Bosnie, près Banyalouka et Brod, à vingt-neuf journées de marche de Constantinople.	120
172. Yakowa et Altoun Ili, dans le sandjak de Doukagin, près Perzerin.	60
173. Petit Posega et Techatschka, près Aladjahissar, dans le sandjak de Semendra, à vingt journées de marche de Constantinople.	60
174. Ak-Kerman, siége du sandjakbeg, près Kili, à dix-huit journées de marche de Constantinople.	
175. Eboulakhor (Iblakhor), dans le sandjak de Karli Ili, près Ingli Kassri, à vingt-deux journées de marche de Constantinople.	150
176. Ekschroumourd, dans le sandjak de Karli Ili, près Iblakhor et Ingli Kassri.	150

TAXES D'INVESTITURE.

Pour l'annonce de la nomination,	3,500
Taxe de la Porte,	1,000
Argent dit de café,	800
Taxe de l'élection,	240
Taxe du maître des requêtes,	1,000
Taxe du secrétaire,	1,200
Pour les gens du service,	480
Total.	8,220

TAXES DE CONFIRMATION.

Taxe dite de succession,	2,000
Taxe du maître des requêtes,	600
Taxe du secrétaire,	800
Taxe de l'huissier,	400
Taxe des gens du service,	240
Taxe du diplôme,	1,200
Total.	5,240

IX. MENASIBI TSCHANAD,

Ou juges appartenant à la catégorie de la juridiction de Tschanad (Csanad).

177. Balatmona, dans le sandjak de Tirhala, près Karaferia, à 17 journées de marche de Constantinople.   50

178. Ischkepoz, île située en face de Koron, à 400 milles de Constantinople.   150

179. Androusa, dans le sandjak de Morée, près Modon, Koron et Misistra, à vingt-six journées de marche de Constantinople.   50

180. Vieux et nouveau Navarin, ibid., à vingt-huit journées de marche de Constantinople.   40

181. Oumourfakih, dans le sandjak de Silistra, près Warna et Dobrondja, à quinze journées de marche de Constantinople.   20

182. Ossat ou Sokol, dans le sandjak de Zwornik en Bosnie, près Ouzidjé, à vingt-quatre journées de marche de Constantinople.
183. Iskariar et Osliva, dans le sandjak d'Awlona, près Arnaoudbelgrade et Depedelen, à dix-neuf journées de marche de Constantinople. 15
184. Belghai, dans le sandjak de Hersek en Bosnie, près Nowasil, à vingt-six journées de marche de Constantinople. 60
185. Bohoumla et Poulaw, dans le sandjak de Doukaghin, près Ipek et Karatagh, à vingt-deux journées de marche de Constantinople. 15
186. Beglin, dans le sandjak d'Ibessan, près Akhissar, à dix-neuf journées de marche de Constantinople. 30
187. Bardonia et Fotina, en Morée, près Misistra et Kalamata, à vingt-six journées de marche de Constantinople. 50
188. Piskopi, Île près de Chypre, à 1,000 milles de Constantinople. 50
189. Boghania et Koïnidja, dans le sandjak d'Awlona, près Egrikessri, à dix-huit journées de marche de Constantinople. 50
190. Ayoudjaka, dans le sandjak de Herat en Bosnie, près Mostar, à vingt-sept journées de marche de Constantinople. 50
191. Beliné, dans le sandjak de Zwornik, près Sabacz et Teschné, à vingt-quatre journées de marche de Constantinople. 60
192. Alexsindjé, dans le sandjak d'Aladjahissar, près Nissa, à vingt journées de marche de Constantinople. 20
193. Kladina en Bosnie, près Gradjenidja et Srebrenidjé, à vingt journées de marche de Constantinople. 120
194. Kolbissar, dans le sandjak d'Aïnabakhti, près Salona et Badradjik, à dix-neuf journées de marche de Constantinople. 100
195. Kolepa, siége du pascha, près Koridjé et Pérémédi, à dix-sept journées de marche de Constantinople. 15
196. Koron, dans le sandjak de Misistra, près Modon et

Androusa, à vingt-six journées de marche de Constantinople. 30

197. Lomdar, dans le sandjak de Morée, près Tripolizza et Karitené, à vingt-cinq journées de marche de Constantinople.
198. Maaden Ipek, dans le sandjak de Semendra, près Isferlik et Gœgerdjinlik, à dix-sept journées de marche de Constantinople. 50
199. Wischégrad, dans le sandjak de Bosnie, près Istar Iflak, à vingt-trois journées de marche de Constantinople. 30
200. Parakin, dans le sandjak d'Aladjahissar, près Badjna et Kœpri, à dix-sept journées de marche de Constantinople. 90
201. Kostenidja, dans le sandjak de Bosnie, près Banyalouka et Bikhé, à trente-deux journées de marche de Constantinople. 25
202. Pérémédi, dans le sandjak d'Awlona, près Baghana et Depedelen, à dix-neuf journées de marche de Constantinople. 50
203. Doghana, en Bosnie, près Mostar, dans le sandjak de Hersek, à vingt-six journées de marche de Constantinople.
204. Saré et Lesch, dans le sandjak de Doukaghin en Albanie, à vingt journées de marche de Constantinople. 50
205. Seraï Wizé, siége du sandjakbeg de Siliwri et Tschataldjé, à trois journées de marche de Constantinople. 50
206. Kourschounli, dans le sandjak d'Aladjahissar, près Orkoub, à dix-huit journées de marche de Constantinople. 50
207. Laposchka et Lomahka en Bosnie. 50
208. Kalaï djedid, c'est-à-dire la nouvelle forteresse.
209. Mezarık, dans le sandjak de Delvino, près Valona et Egrikesri, à vingt journées de marche de Constantinople. 15
210. Prawnik, dans le sandjak de Zwornik, près Yenibazar et Istar Iflak, à vingt journées de marche de Constantinople. 15
211. Bogürdlen, ibid., à vingt journées de marche de Constantinople. 50

212. Depedelen, dans le sandjak de Delvino, près Arnaoud-belgrade, à dix-neuf journées de marche de Constantinople.
213. Soudak en Crimée, près Kaffa, à vingt-deux journées de marche de Constantinople.
214. Koronish, dans le sandjak de Delvino, près Valona], à vingt-deux journées de marche de Constantinople.
215. Korindia, dans le sandjak de Yanina, près Akasisch et Yanina, à quinze journées de marche de Constantinople. 50
216. Tombar en Crimée.
217. Khirssofi en Chypre, à 1,000 milles de Constantinople. 25

TAXES D'INVESTITURE.

Pour l'annonce de la nomination,	3,000
Taxe de la Porte,	750
Argent dit de café,	600
Taxe de l'élection,	240
Taxe du maître des requêtes,	750
Taxe du secrétaire,	900
Pour les gens du service.	480
Total.	6,720

TAXES DE CONFIRMATION.

Taxe dite de partage,	1,440
Taxe du maître des requêtes,	450
Taxe du secrétaire,	600
Taxe de l'huissier,	300
Taxe des gens du service,	240
Taxe du diplôme,	1,200
Total.	4,230

Maïschiyeti seri lewahateïn (entretien des deux tables).

218. Perlepé, dans le sandjak d'Ouskoub, près Monastir, à vingt journées de marche de Constantinople. 300

219. Tschorlou, dans le sandjak de Wizé, près Bourgas et
   Siliwri, à trois journées de marche de Constantinople.   150

Teyidat (confirmations).

220. Sistowi dans le sandjak de Nigeboli, près Rousdjouk,
   à treize journées de marche de Constantinople.   250
221. Aïdos, dans le sandjak de Silistra, près Karinabad et
   Akhioli, à huit journées de marche de Constantinople.   190
222. Retimo, dans l'île de Candie, à 750 milles de Constantinople.   150
223. Kizilagadj, dans le sandjak de Tschirmen, près Andrinople et Yanboli.
224. Les domaines de la couronne à Akhi, siége du pascha,
   près Yenidjé et Karasou, à dix journées de marche
   de Constantinople.   150
225. Akhissar-tiran, siége du sandjakbeg près Kozanlik, Parakin et Orkoub, à douze journées de marche de Constantinople.   120
226 Olendrek, dans le sandjak d'Aïnapakhti, près Salona,
   à vingt-deux journées de marche de Constantinople.   70
227. Yerkoeï, dans le sandjak de Nigeboli, en face de
   Rousdjouk, à quinze journées de marche de Constantinople.   150

Maïschiyet (entretien), c'est-à-dire juridictions données à titre d'entretien.

228. Tarabolidja (Tripolizza).
229. Domenik, dans le sandjak de Tirhala.
230. Eschbat, dans le sandjak d'Ilbessan.
231. Dourradj (Durazzo), ibid.
232. Koniah, dans l'île Médillü.
233. Kerebiné, dans le sandjak de Yanina.
234. Lefkoscha (Nicosia), en Chypre.
235. Megri et Semandrek (Samothrace), près Koumouldjina.
236. Istendil (Tiné) l'île.
237. Oustouldjé.
238. Olgounbar (Dulcigno).
239. Persepé, près Monastir.
240. Bakieï Liwa (le reste du sandjak (?)).
241. Tekosch, près Ischtip.
242. Les biens de la couronne (khawazs) à Perzerin.
243. Karbas.

244. Keriné en Chypre.
245. Mené dans le sandjak d'Okhri.
246. Nakhschabar (Naxos et Paros).
247. Wounidja, siége du pascha, près Sirfdjé.

Il y a donc en tout : I. quinze juges du rang des *Six;* II. huit du premier rang ; III. douze du rang qui suit immédiatement celui des précédens ; IV. dix-neuf du second rang ; V. vingt du troisième rang; VI. trente et un du rang des juges de Lepanto; VII. trente-quatre du rang des juges d'Erlau; VIII. trente-huit du rang des juges de Tschelebibazari; IX. quarante et un du rang des juges de Csanad.

Ces places, y compris celles désignées sous les dénominations de *Maïschiyeti seri lewhateïn,* de *Teyidat* et de *Maïschiyet,* présentent un total de deux cent quarante-sept places de juges.

IIme DIVISION.

EMPLOIS PUBLICS ET CHARGES DE LA COUR

DANS

L'EMPIRE OTTOMAN.

Les emplois dans l'empire ottoman se divisent, comme ceux des autres monarchies, en emplois publics et en emplois de la cour[1]. Les premiers sont divisés en trois classes :

1. *Les emplois de la plume ou du diwan* (menassibi kalemiyé ou diwaniyé).

---

[1] On entend par dénomination d'emplois de la cour ceux du seraï, qui, bien que d'une plus haute importance dans les empires despotiques d'Orient que dans les monarchies européennes, n'ont cependant aucune influence légale sur l'administration; l'influence illégale que la faveur ou l'intrigue procurent toujours aux officiers du seraï, ne peut donc pas être mise ici en ligne de compte.

2. *Les emplois du sabre ou de haute administration* (menassibi seïfiyé ou eyalet, c'est-à-dire gouvernemens).

3. *Les emplois des sciences ou de la loi* (menassibi ilmiyé ou scheriyé).

Le grand-vizir est le chef suprême des employés de la plume ainsi que des employés du sabre; le chef des employés de la loi est le moufti. Les hauts emplois publics sont seuls sujets à un changement ou à une confirmation annuels; de ce nombre sont les ministres, les secrétaires-d'état, les directeurs des chancelleries, les intendants, les inspecteurs, les secrétaires-maîtres aux revues, les grands et les petits mollas, les juges et les muderris. Les employés subalternes, tels que ceux des aides de la chancellerie, des officiers, des imams, des khatibs, etc., restent à leur poste.

Les institutions hiérarchiques de l'empire ottoman ont été décrites pour la première fois, en 1815, dans l'ouvrage intitulé : *Constitution et administration de l'empire ottoman*[1], et, neuf années plus tard, par Mouradjea d'Ohsson, dans son excellent ouvrage, *Tableau de l'empire ottoman*[2]. C'est d'après ces deux ouvrages que nous donnons l'aperçu de ces institutions, en ayant soin toutefois de les faire concorder avec les changemens qui se sont opérés depuis.

Depuis près d'un siècle l'usage s'est introduit en Turquie de promulguer annuellement, après le mois de ramazan et dans les premiers jours du mois de schewwal, la liste des hauts dignitaires permutés ou confirmés. Cette promulgation est connue sous la dénomination de *tewdjihat*, c'est-à-dire les grâces. Cette liste présente trois parties distinctes : dans la première sont mentionnées les promotions faites dans les emplois de la Porte, en d'autres termes, les changemens opérés dans les ministères de l'extérieur, de l'intérieur, et dans la chambre, c'est-à-dire dans le ministère des finances; la seconde contient les nominations ou mutations des gouverneurs et des sandjaks (les drapeaux); la troisième fait connaître les nominations ou mutations faites parmi les dignitaires de la loi, c'est-à-dire les juges et les muderris.

L'Européen emploie souvent, à l'instar de l'Oriental, le mot de *maison* pour celui de *dynastie*; mais ce dernier donne au mot de

---

[1] *Staatsverfassung und Staatsverwaltung des osmanischen Reiches* (Wien, 1815), par J. de Hammer.

[2] *Voyez* le t. VII.

maison un sens bien plus large : car en faisant entrer en considération les diverses parties dont se compose une maison, il étend sur la domination de chacune d'elles les diverses branches de l'administration. Si l'Européen en parlant du *cabinet* ne pense qu'aux affaires secrètes et diplomatiques qui s'y traitent, l'Oriental distingue la *Porte*, mot qui lui rappelle que les affaires s'y traitaient autrefois publiquement. L'un et l'autre ont, en fait d'administration, une chambre (*la chambre des comptes*); mais l'Européen s'est arrêté là, tandis que l'Oriental poursuit l'idée et déduit des diverses parties de la maison les diverses branches d'administration. Le *foyer*, qui chez les Perses était en même temps l'autel, et pour lequel tous les anciens peuples combattaient, représente encore à l'Oriental l'idée de la puissance militaire; de là les dénominations d'*odjaks*, c'est-à-dire le foyer ou ceux qui se rassemblent autour d'un même foyer, que les Ottomans donnent aux armes et aux corps de troupes de nature diverse. Dans la salle de réception des princes et des ministres se trouve le *sofa*; la place d'honneur (*sadri aazem*) est occupée par le grand-vizir, et les autres places honorifiques (*soudour*) par les premiers dignitaires de la loi (les juges d'armée). Sur le faîte de la maison flotte l'étendard : de là la dénomination d'étendard (*eyalet*) donnée à tous les gouvernemens de l'empire. La maison elle-même, c'est-à-dire le palais du prince, s'appelle *seraï*; l'intérieur porte le nom de garde-robe (*harem*). D'après cela on comprend pourquoi les ministères de l'intérieur et de l'extérieur ont reçu le nom de *la Porte*; le ministère des finances celui de la *chambre*, et le ministère des affaires de la guerre celui de *foyer*; on comprend aussi pourquoi le *sofa* désigne les dignités législatives; l'*étendard*, les gouvernemens provinciaux; le *seraï*, la cour extérieure, et le *harem*, la cour intérieure.

Les emplois publics se divisent de la manière suivante :

A. EMPLOIS PUBLICS.

I. *Emplois de la Porte et de la Plume* (ayant pour chef le grand-vizir(.

1. Les ministères de l'intérieur et de l'extérieur, la chancellerie d'état (*ridjal*).
2. La chambre (ministère) des finances (*khodjaghian*).

II. *Emplois du sabre ou gouvernemens.*

1. Les gouvernemens (*eyalet*).
2. Les étendards (*sandjaks*).

III. *Emplois de la loi et des sciences* (ayant pour chef le moufti).

1. Les présidences de la loi (les *kadiaskers* ou juges d'armée et les grands juges (*mollas*).
2. Les juges (*kadi*).
3. Les professeurs (*muderris*).

B. EMPLOIS DE LA COUR.

1. Les officiers du *seraï* et du *harem*.

Les emplois de la plume ou de la Porte forment trois classes appelées *ridjal*, *khodja* et *aga*.

I. Les *ridjal*, c'est-à-dire les *hommes*, sont appelés les trois ministres 1. de l'*intérieur (kiayabeg)* ; 2. de *l'extérieur (reïs-efendi)*, et 3. du *pouvoir exécutif (tschaouschbaschi)*; enfin les six sous-secrétaires-d'état ; les ridjals forment à proprement parler le ministère de la Porte.

II. Les *khodja*, c'est-à-dire ministres ou précepteurs, se divisent en quatre classes : 1. le *defterdar*, le *defter-emini* et le *nischandji;* ce sont les trois chefs du ministère des finances; 2. les trois directeurs des trois premières chancelleries des finances; 3. les six intendans du ministère des finances ; 4. les treize directeurs des autres chambres; trois intendans subalternes; treize inspecteurs et six secrétaires-maîtres aux revues: en tout quarante-neuf fonctionnaires. Le nombre total des quatre classes de khodjas est donc de cinquante-huit hommes.

III. Les *agas*, c'est-à-dire les seigneurs; ils sont au nombre de dix-huit ; 1. six généraux des troupes; 2. quatre agas de l'étrier, et 3. huit agas de la police. Quant à ces derniers, il conviendrait de les compter parmi les employés de la police; car les généraux des troupes n'ont rien de commun avec les agas de la police; quant aux agas de l'étrier, ils doivent être classés parmi les dignitaires de la cour; cependant, comme ils sont sujets à être déplacés tous les ans, ils figurent dans la liste des employés de la Porte que le grand-vizir change ou permute annuellement.

La maison du grand-vizir est modelée sur celle du Sultan et les officiers qui y sont attachés portent les mêmes titres que ceux du souverain. Ils se partagent aussi en deux classes : ceux de l'intérieur et ceux de l'extérieur. Ces emplois ne sont pas, à vrai dire, des emplois publics et ne subissent pas un changement annuel; mais comme les titulaires entourent continuellement le grand-vizir, ils jouissent d'une considération bien plus grande que les fonctionnaires qui ont les mêmes titres chez les paschas, dont la maison est modelée sur celle du grand-vizir. Les officiers de *l'intérieur* portent la barbe longue, tandis que ceux de *l'extérieur* ne laissent croître que les moustaches. Ceux de la première classe sont : 1. le *khazinedar* (trésorier); 2. le *mouhzirbaschi* (le chef des huissiers faisant l'office d'introducteur); 3. l'*emirakhor* (le grand-écuyer); 4. le *basch salahor* (chef de quarante salahors ou écuyers cavalcadours); 5. l'*imam* (l'aumônier de l'hôtel); 6—8. trois *muezzins* (chantres qui annoncent l'heure des cinq prières du jour dans trois endroits du palais); 9. le *harem kiayasi* (intendant du harem); 10. l'*aschdji baschi* ou chef des cuisines et des offices. A cette classe appartiennent aussi quarante valets de chambre (*wezir enderoun agaleri*) qui sont souvent chargés de commissions dans les provinces; douze *alaï tschaouschj* qui règlent l'ordonnance des marches publiques, huit *schatirs* ou coureurs qui marchent auprès du cheval du grand-vizir; deux cents valets de pied (*tschokodars*), portant à la ceinture un fouet garni de chaînes d'argent; trente gardes du corps appelés *deli* (les téméraires), et trente autres appelés *gonüllüs* (courageux).

Les officiers principaux de la seconde classe sont au nombre de vingt-quatre, savoir :

1. Le *silihdaraga* ou porte-glaive; 2. le *tschokadaraga* ou premier valet de chambre, maître de la garde-robe; 3. le *mühürdüraga* ou garde du sceau; 4. le *diwitdaraga*, le gardien de l'écritoire; 5. le *kaftanaga*, second valet de chambre, chargé de la garde-robe des kaftans; 6. le *miftahaga*, le gardien des clefs des meubles; 7. le *rakhtwanaga*, le gardien des harnais et des litières; 8. le *djebekhanedjibaschi*, l'inspecteur du magasin d'armes; 9. le *khazinebaschi yamak*, le premier aide du magasin d'armes; 10. le *djin-*

dibaschi, le chef de quatre-vingts pages (djindjis) exercés à lancer des javelots (djirid); 11. le *baschtschaousch* ou premier tschaousch, chef des valets de chambre; 12. le *peschkiragasi* ou gardien de la nappe; 13. le *toutoundjibaschi*, celui qui est chargé en chef du soin des pipes et du tabac; 14. le *kahwedjibaschi*, le premier cafetier; 15. le *kilardjibaschi*, le premier limonadier; 16. le *tschamaschiraga*, le gardien de la lingerie; 17. le *safrandjibaschi*, le gardien de la vaisselle, chargé de dresser la table; 18. le *mahramdjibaschi*, le gardien des essuie-mains pour les ablutions; 19. l'*ihramdjibaschi*, le gardien du tapis pour la prière; 20. le *boukhourdandjibaschi*, le gardien de l'encensoir; 21. le *mádjonndjibaschi*, le gardien des confitures; 22. le *sarikdjibaschi*, le gardien des turbans; 23. le *berberbaschi*, le premier barbier, et 24. l'*ibrikdar*, le porte-aiguière.

Ces officiers, y compris ceux de l'extérieur et quatre-vingts pages, présentent un total de quatre cent vingt-cinq hommes. Il y a en outre trois ou quatre eunuques attachés au service du harem, et un égal nombre de muets qui se tiennent à la porte du cabinet du grand-vizir, lorsqu'il est en conférence secrète.

A. LA PORTE DU GRAND-VIZIR OU LE MINISTÈRE PROPREMENT DIT.

Centre du gouvernement.

1. *Sadri Aazem, Wezini ekrem*, c'est-à-dire la présidence, le plus honoré des vizirs : tel est le titre qu'on donne au grand-vizir, possesseur du pouvoir absolu dans toutes les branches de l'administration, à l'exception du pouvoir législatif qui appartient au moufti. Sous les ordres immédiats du grand-vizir sont placés *a*. le ministre de l'intérieur (*kiayabeg*); *b*. le ministre de l'extérieur (*reïs-efendi*); *c*. le ministre du pouvoir exécutif (*tschaousch-baschi*).

I. *Ministère de l'intérieur.*

Le *kiayabeg* (maréchal de l'empire, ministre de l'intérieur). Sous ses ordres se trouvaient placés autrefois : 1. les *kiayayerlis*, c'est-à-dire les procureurs des janissaires et des sipahis; aujourd'hui encore, il a sous ses ordres : 2. les *odjaks* (foyers, chambrées) des troupes qui ont conservé leur ancienne dénomination, tels que l'odjak des *tschaouschs* de la Porte (kapoutschaouschleri); 3. les généraux de l'artillerie; 4. ceux du train; 5. ceux des armuriers (*tschaouschlerkiatibi*); 6. le secrétaire des tschaouschs; 7. le secrétaire des mouteferrikas; 8. le secrétaire des *geduklü saïm*, c'est-à-dire des fourriers et des écrivains de la Porte jouissant de fiefs; 9. l'*asasbaschi* ou prévôt de la ville; 10. le *soubaschi* ou lieutenant de la police; 11. le *toufenkdjibaschi*, le colonel des fusiliers (gardes-du-corps) du grand-vizir; 12. le *mataradjibaschi*, ou porte-aiguière du grand-vizir; 13. le *basch-kapouliaga*, le capitaine du guet; 14. le *tataragasi*, le chef des courriers de l'état; 15. le *telkhizdji*, le grand référendaire chargé de présenter au Sultan les rapports du grand-vizir; 16. le *wezir karakoulaghi*, le rapporteur du grand-vizir, substitut du précédent; 17. le *kiaya kara koulaghi*, le rapporteur du kiayabeg, un des premiers valets de chambre de ce dernier, chargé de poursuivre auprès du grand-vizir l'expédition des affaires pressantes; 18. le *bostandjiler moumdjisi*, chargé de l'arrestation des bostandjis ou gardes du jardin; 19. le *gœnülleragasi* ou l'aga des courageux, garde-du-corps du grand-vizir; 20. le *delileragasi* ou aga des téméraires, garde-du-corps du grand-vizir, forte de trente et un hommes comme la précédente.

II. *Ministère de l'extérieur.*

3. Le *reïs-efendi* (ministre de l'extérieur) est à la fois ministre des affaires étrangères, secrétaire-d'état et chancelier; en cette dernière qualité, il est le chef de la chancellerie impériale (*diwan houmayaun kalemi*). Cette chancellerie est divisée en trois bureaux :

Le premier, appelé *a. beglik kalemi*, est le dépôt des réglemens civils et militaires et des traités conclus avec les puissances étrangères; c'est là que se fait l'expédition des édits et ordonnances qui ne sont pas du ressort du département des finances; *b. tahwil kalemi*; dans ce bureau se dressent les diplômes des gouverneurs (*berat*), les brevets des mollas ou juges des villes de premier ordre (*tahwilat*), et ceux des possesseurs des fiefs militaires (*tewdjih fermani*); *c. rouous kalemi* est le nom du bureau où s'expédient les provisions (*ouous*) des employés de la chambre, de l'armée et des mosquées, c'est-à-dire des *imams*, des *muezzins*, des *khatibs* (prédicateurs), des *scheïkhs* et des *kaims* (sacristains). C'est sur ces provisions qu'on leur délivre leurs diplômes (*berat*); seulement ces derniers ne sont pas rédigés comme ceux des gouverneurs et des feudataires, dans le second bureau, mais dans la chancellerie de la chambre (*maliyé*). Ces trois bureaux de la chancellerie d'état sont composés de cent vingt commis, divisés en trois classes : *a.* celle des *kiatibs* (secrétaires); *b.* des *schaghird* (rédacteurs) et *c.* des *scharhlüs* (copistes). Les premiers sont au nombre de cinquante; les seconds, appelés aussi *gediklüs*, parce qu'ils recevaient pour salaire des fiefs militaires, sont au nombre de vingt; les troisièmes, au nombre de cinquante, sont rétribués en argent, et au lieu de *berats*, ils ne reçoivent que des firmans.

III. *Sous-secrétaires d'État.*

1. Le *bouyouk tezkeredji*, premier maître des requêtes; 2. le *koutschouk tezkeredji*, le petit ou le second maître des requêtes. Tous les deux dressent les ordres expédiés par le grand-vizir au divers départemens dans la capitale; 3. le *mektoubdji*, premier secrétaire du cabinet du grand-vizir; il est chargé de la correspondance de ce ministre, sous la direction du kiayabeg, et a sous lui trente commis; 4. le *kiaya kiatibi*, secrétaire du cabinet du kiayabeg, a sous lui vingt-cinq kiatibs; 5. le *beglikdji,* le grand référendaire ou vice-chancelier; il est à la tête des trois bureaux qui forment la chancellerie impériale; 6. le *teschrifatdji*, ou grand maître des cérémonies, conserve les registres du cérémonial de la cour. Dans ce rang figurent encore : 7. le *diwani houmayoun terdjimani*, interprète de la Porte; 8. l'*amedji efendi*, le secrétaire du cabinet du *reïs efendi* (ministre des finances), qui a sous lui les quatre *kesedars* (payeurs) de la chancellerie d'État ainsi que les employés suivans : *a.* le *reïs kesadari* (payeur du reïs efendi), est chargé de la garde de tous les écrits qui passent par la main de son maître, et d'en percevoir les taxes; *b.* le *beglik kalemi kesadari*, payeur du premier bureau de la chancellerie d'État; *c.* le *tahwil kalemi kesadari*, payeur du second bureau de cette chancellerie; *d.* le *rouous kalemi kesadari*, payeur du troisième bureau; *e.* le *moumeyiz*, le visiteur ou garde du sceau chargé de collationner tous les actes qui sortent de la chancellerie d'État et qu'il marque de son *vidi*. Ces actes passent ensuite par les

mains du beglikdji et du reïs-efendi, et en dernier lieu par celles du nischandji ou de ses aides, pour être revêtus du chiffre du Sultan; *f.* le *kanoundji* ou gardien des lois fondamentales de l'état, chargé de veiller à ce que les dépêches du gouvernement ne contiennent rien qui y soit contraire; *g.* l'*ilamdji* ou référendaire, chargé d'expliquer les cas litigieux; *h.* le *wekaï nouwis* ou historiographe de l'empire; *i.* le *kaftandjibaschi*, chargé de revêtir les dignitaires du kaftan d'honneur; *k.* le *teschrifatdji kesedari*, le payeur du maître des cérémonies; *l.* le *teschrifatdji khalfasi* ou aide du maître des cérémonies.

IV. *Ministère du pouvoir exécutif.*

Il se compose : 1. du *tschaouschbaschi* (maréchal de l'empire), chef de trois cent soixante tschaouschs ou messagers d'État, qui sont divisés en quinze compagnies. Chacune, commandée par un capitaine (bouloukbaschi), est forte de vingt-quatre hommes ; ces bouloukbaschis ne doivent pas être confondus avec les employés de la chancellerie d'État qui ont des fiefs au lieu de solde. Les employés subalternes du tschaouschbaschi sont : *a.* le *tschaouschler kiatibi* ou secrétaire des tschaouschs ; *b.* le *tschaouschler emini*, intendant ou directeur des tschaouschs ; *c.* le *tschaouschbaschi kesedari*, payeur des tschaouschs ; *d.* le *kahaberdji tschaousch*, l'huissier annonciateur des tschaouschs, chargé d'annoncer l'arrivée les hauts dignitaires à l'occasion des marches solennelles ; *e.* le *koulgahouz tschaousch*, le guide des tschaouschs, qui marche en tête du cortége du sultan et du grand-vizir, dans les marches publiques ; *f.* le *koulaghouz yamaghi*, l'aide du précédent ; *g.* le *douadji tschaousch*, tschaousch-félicitateur, chargé de prononcer la bénédiction avec laquelle les tschaouschs reçoivent le grand-vizir à son entrée dans le palais ; cette bénédiction consiste dans ces mots : *selam aleïkoum wé rahmetoullahi*, c'est-à-dire, que la bénédiction et la miséricorde de Dieu soit sur toi ; *h.* le *mouhsiraga* ou l'huissier.

Outre ces employés, on trouve encore à la Porte ; *i.* les *kapouagas* ou agens des gouverneurs des provinces, ceux des oulémas et des hauts dignitaires de l'État, et qui portent le nom de *kapoustschokadar*, c'est-à-dire, valets de chambre de la Porte ; *k.* les *kapoukiayas* des princes de Moldavie, de Valachie, ceux des patriarches grecs et arméniens ; *l.* les interprètes des ambassadeurs étrangers, leurs aides appelés autrefois *dioghlans* (jeunes de langue), et leurs commissionnaires appelés *kapouoghlans*, jeunes de la Porte; *m.* les agens des puissances chrétiennes appelés autrefois *kapoukiaya* (procureurs près de la Porte), nom qui depuis un siècle, a été remplacé par celui de chargé d'affaires (*masslahatgouzar.*)

B. DEFTERDAR KAPOUSI (la porte du Defterdar ou la chambre).

Ce ministère se compose : 1. du *defterdari schikki ewwel*, premier defterdar, c'est-à-dire premier président de la chambre; 2. du *defterdari schikkliisa* ou second président de la chambre; 3. du *defterdari schikki salis* ou troisième président de la chambre; 4. du *nischandjibaschi* ou secrétaire pour le chiffre du Sultan; et 5. du *defter emini* ou intendant de la chambre.

Les chefs des vingt-quatre chancelleries, placés sous les ordres immédiats des trois defterdars, s'appellent khodjagans ou seigneurs du diwan.

Ces vingt-quatre bureaux (*kalemi*) sont : 1. le *bouyouk rouznamé kalemi* ou grand journal, dépôt général des registres contenant les recettes et les dépenses; on l'appelle encore *baschkalem*, la chancellerie principale, et *mizan* ou la balance; 2. le *basch mouhasebi kalemi* ou chancellerie principale des comptes; ce bureau tient les registres des munitions de guerre, des fermes annuelles et à vie, du tribut des provinces, de la solde des garnisons dans les places frontières, des dépenses du palais, de la marine, de la fonderie de canons et des fabriques à poudre; 3. *L'Anatolie mouhasebesi kalemi*, ou bureau des comptes d'Anatolie, tient les registres relatifs à différentes fermes, à la solde des troupes en garnison dans l'Archipel, aux pensions des vétérans, etc.; 4. le *haremeïn mouhaebesi kalemi*, ou bureau des comptes de la Mecque et de Médine, tient les registres relatifs aux dotations des mosquées impériales, aux traitements des hommes de la loi qui les desservent et aux biens des deux villes saintes; 5. le *djizié mouhasebesi kalemi*, ou bureau des comptes de la capitation, est le dépôt des rôles de cet impôt [1]; 6. le *mew-*

---

[1] Entre ce bureau et le suivant, se trouvaient classés avant la des-

koufat kalemi, ou bureau des taxes, a dans ses attributions les taxes désignées sous les noms d'*awariz* et *bedel noussoul*, les magasins de toutes les places frontières, les prestations en nature des provinces en temps de guerre, les subsistances des troupes, et en général tout ce que l'État fournit en vivres et en argent aux gouverneurs, aux généraux et aux employés attachés à l'armée ; 7. le *maliyé kalemi*, ou chancellerie du département, est chargé de l'expédition des bérats des ministres du culte, des administrateurs des *wakfs* et des pensionnaires des dotations pieuses. C'est là que l'on dresse les édits (*firmans*) relatifs aux finances, qui, comme les bérats, y sont revêtus du monogramme du Sultan et du paraphe (sahh) confirmé du defterdar; 8. le *koutschouk rouznamé kalemi*, ou chancellerie du petit journal, tient l'état des appointemens des chambellans, des échansons, des écrivains feudataires, et de la paie des troupes de la marine; 9. l'*esham moukataasi kalemi*, ou chancellerie des fermes à rente viagère; 10. le *piadé moukabelesi kalemi*, ou bureau de contrôle de l'infanterie, savoir : des artilleurs, des armuriers et des soldats du train ; 11. *koutschouk ewkaf kalemi mouhasebesi*, ou petit bureau de la comptabilité des wakfs, tient les registres des pensions de ceux qui sont attachés au service des établissemens de charité, des mosquées; 12. le *bouyouk kalaa kalemi*, ou grand bureau des places fortes, dépôt général des rôles de garnison, ainsi que des milices provinciales employées dans les forteresses ; 13. *koutschouk kalaa kalemi*, ou petit bureau des places fortes, dépôt des rôles des milices provinciales destinées à renforcer les garnisons d'Albanie ; 14. *Maaden moukataasi kalemi* ou bureau de la ferme des mines. Ce bureau est chargé de ce qui concerne les tributs de Valachie et de Moldavie, celui des hordes de Bohémiens, les mines d'or et d'argent, l'imposition du tabac, les droits du transit sur le même article; 15. *saliané moukataasi kalemi*, ou bureau des appointemens annuels ; 16. *khasslar moukataasi kalemi*, ou bureau de la ferme des domaines; il s'occupe des détails relatifs aux fermes annuelles des biens domaniaux, de ceux qui servent d'apanage au Sultan ou qui sont assignés au grand-vizir, aux gouverneurs des provinces, etc. ; 17. *basch kaoukataasi kalemi* ou

truction des janissaires et la réforme des sipahis, les chancelleries appelées *souwari moukabelesi kalemi*, *sipahi kalemi* et *silihdar kalemi*; ces trois subdivisions n'existent plus aujourd'hui.

bureau principal des fermes, est chargé des fermages sur le riz, les salines, la pêche et les forêts; 18. *haremein moukataasi kalemi*, ou bureau des fermes de la Mecque et de Médine, chargé de ce qui concerne les wakfs et les ministres du culte dans l'Anatolie; 19. *Istambol moukataasi kalemi*, ou bureau des fermes de Constantinople, chargé de l'approvisionnement de cette capitale et d'Andrinople, des fermes de Salonique, de Larissa et de Tirhala, de la perception des droits sur les soies, les ouvrages en or et en argent; 20. *Brousa moukataasi kalemi*, ou des fermes de Brousa; 21. *Awlonia moukataasi kalemi* ou bureau des fermes d'Awlona, lequel comprenait aussi autrefois celle de Négrepont; 22. *Rhodos moukataasi kalemi*, ou bureau des fermes de Rhodes, autrefois appelé bureau des fermes de Kaffa en Crimée; 23. *tarikhdji kalemi*, ou bureau des dates: on y date toutes les pièces publiques (les berats et les fermans) émanés des autres bureaux, et l'on y dresse des assignations que e l'État donne à ses créanciers sur diverses branches de revenus; 24. *defterdar mektoubdjisi kalemi*, ou bureau du secrétaire du cabinet du ministre des finances.

Chacun de ces vingt-quatre bureaux a pour chef un *khodja* (chef de bureau) sous les ordres duquel se trouvent un aide (*khalif*, qu'on prononce plus généralement *khalfa*) et un payeur (*kesedar*, qui est en même temps archiviste); tous les deux siégent avec le khodja dans le diwan.

Le chef du *bouyouk rouzanmé* ou grand journal a sous lui trois autres bureaux, savoir : *a)* le *malikiané kalemi*, le bureau des fermes viagères; *b)* le *simmet kalemi* ou bureau des dettes publiques, et *c)* le *moukhaalifat kalemi*, le bureau des successions.

Le chef du *mewkufat kalemi* ou bureau des taxes a également sous lui trois autres bureaux, savoir : *d)* le *kalemiyé kalemi* ou bureau des taxes de plume; *e)* le *menzil kalemi* ou bureau des taxes de la poste; *f)* l'*adedi aghnam kalemi* ou bureau du dénombrement des moutons.

Enfin, le chef du bureau *maliyé kalemi* ou chancellerie du département, a sous lui : *g)* l'*episkopos kalemi* ou bureau des évêques, qui est dirigé par le secrétaire du cabinet du kiayabeg; les chefs des six bureaux précédents n'ont que le titre d'aides (*khalifs*) et non celui de *khodjaghans*.

A CEUX QUI DÉPENDENT DE LA PREMIÈRE CHANCELLERIE PRINCIPALE DES COMPTES.

Les chefs des autres bureaux, mais qui ne sont pas comptés parmi les chancelleries, sont :

1. Le *serghi khalfasi* ou aide du drap de compte qu'on étend pour recevoir les sommes tirées du trésor ; 2. le *weznedarbaschi* ou maître peseur, c'est-à-dire le chef chargé de peser les bourses d'argent que le trésor délivre ; 3. le *serghi naziri* ou inspecteur du drap de compte ; c'est le contrôleur des deux précédens.

B CEUX QUI DÉPENDENT DE LA SECONDE CHANCELLERIE PRINCIPALE DES COMPTES.

Dans cette catégorie sont compris les intendants (*emins*), à l'exception du *defter emini* qui, dans la hiérarchie, suit les trois defterdars et les inspecteurs. Ce sont : 1. le *schehr emini* ou intendant de la ville, en d'autres termes le capitaine de la ville ; 2. le *tersana emini* ou intendant de l'arsenal ; 3. le *moutbakh emini* ou intendant de la monnaie impériale ; il est appelé aussi *sidjiyé emini* ; 4. le *goumrouk emini* ou intendant de la douane ; 5. le *kaghadi biroun emini* ou intendant des papiers extérieurs (des archives) chargé de fournir les matériaux de bureau ; 6. le *kaghadi enderoum emini* ou intendant des papiers intérieurs (des archives) chargé de prélever les taxes des fiefs nouvellement donnés ; 7. le *scherab-emini*, l'intendant du vin ; 8. le *sandouk emini* ou intendant des caisses (celles de l'armée) ; 9. l'*anbarlar emini* ou intendant des magasins de l'arsenal ; 10. le *topkhana naziri*, l'inspecteur des fonderies de canons ; 11. le *baroutkhaneï Istambol naziri* ou inspecteur des fabriques de poudre à Constantinople ; 12. le *baroutkhaneï Gheliboli naziri* ou inspecteur des fabriques de poudre à Gallipoli ; 13. le *baroutkhaneï Selanik naziri* ou inspecteur des fabriques de poudre à Selanik ; 14. l'*ewkafi houmayoun naziri* ou inspecteur des fondations pieuses du sultan ; 15. le *sakhiré naziri* ou intendant des munitions de bouche ; il est appelé aussi *houboubat naziri*, c'est-à-dire intendant des grains ; 16. le *moukataat naziri* ou inspecteur des fermages ; 17. le *djebekhané naziri* ou inspecteur des affaires qui sont du ressort des armuriers; 18. le *khoumbarakhané naziri* ou inspecteur des affaires qui sont du ressort des bombardiers; 19. l'*asakiri Mohammediyé naziri* ou inspecteur des troupes mahométanes, c'est-à-dire des troupes régulières nouvellement créées; 20. le *mouallimi asakiri bostaniani khassa* ou inspecteur des exercices d'armes des bostandji de l'intérieur; 21. le *mehterkhané naziri* ou inspecteur des magasins des tentes; 22. le *mouhimmat naziri* ou inspecteur des affaires concernant les munitions; 23. le *sou naziri* ou inspecteur des aqueducs; 24. le *boghaz naziri* ou inspecteur du Bosphore; 25. le *Galata naziri* ou inspecteur de Galata, appelé autrefois *liman naziri* ou *Galata woïwodasi*; 26. le *fes naziri*, c'est-à-dire l'inspecteur des *fes* ou bonnets des troupes nouvellement créées; 27. le *toufenkhané naziri* ou inspecteur des fabriques de fusils; 28. le *dikidjler naziri*, l'inspecteur de toutes les professions qui s'occupent de coudre (les tailleurs, les bottiers, etc.); 29. l'*anbarlar naziri*, l'inspecteur des magasins de l'arsenal; 30. le *tersané reïsi* ou capitaine de l'arsenal; enfin le suivant, bien que *nazir* comme tous les précédens, est placé dans la hiérarchie bien au-dessus de tous les inspecteurs et même au-dessus des ministres, c'est : 31. le *dewlét naziri* qui, ayant le contrôle du gouvernement, est placé à côté du grand-vizir et occupe en sa qualité d'inspecteur de l'empire le rang de vizir[1] de la coupole (*ridjal*); ce n'est donc pas un simple *khodja*.

C LES PLACES DE SECRÉTAIRES-MAITRES AUX REVUES (odjakkiatibi)[2] se divisent ainsi qu'il suit.

1. L'*askairi manssouri kiatibi*, ou secrétaire des armées victo-

---

[1] Sous la domination des Mamlouks Tscherkesses de l'Égypte et de la Syrie, les premiers dignitaires s'appelaient *nazirs*: titre auquel les Ottomans ont substitué plus tard celui de vizir. Ainsi le *nazirol-djisch*, ou inspecteur des troupes de Syrie, reçut, suivant le *Djihannuma*, page 654, le titre de vizir. Plus tard, il est vrai, le titre de vizir lui fut retiré et il fut appelé simplement *nazirol-nizam*, ou inspecteur de l'ordre, titre auquel correspond, dans l'empire ottoman, celui de *dewlet naziri*. *Khalil Djatahiri*, fils de Schahin, nous apprend qu'ultérieurement les vizirs d'Égypte formaient trois classes : les *naziri fil mal*, ou inspecteurs du trésor public; les *katib-es-sier*, ou secrétaires du cabinet, et les *nazirol-khass*, inspecteurs des biens domaniaux.

[2] De nos jours comme dans les premiers temps, les *nazirs*, ou inspec-

rieuses, c'est-à-dire des troupes régulières nouvellement formées ; 2. *topdjiler kiatibi*, ou secrétaire des artilleurs ; 3. le *toparabadjiler kiatibi*, ou secrétaire des armuriers ; 4. *koumbarabadji kiatib*, ou secrétaire du train ; 5. le *kaliconler kiatibi*, ou secrétaire des bâtimens de guerre (secrétaire de l'amirauté) ; 6. le *timar kiatibi*, ou secrétaire des fiefs.

Les trois autres *kiatibis* n'ont pas, il est vrai, le titre de secrétaires-maîtres aux revues ; mais ils sont placés hiérarchiquement parlant au-dessus des autres secrétaires : ce sont, 7. le *massrafi houmayoun kiatibi*, ou secrétaire des dépenses du seraï impérial ; 8. le *miri kiatibi*, ou secrétaire du fisc (cette place est toujours occupée par un des oulémas qui jouit du rang de juge de la Mecque) ; 9. le *defter kiatib*, ou secrétaire du ministre des finances (de la chambre).

Le *miri kiatib* est le premier des quatre employés du fisc appartenant au ministère des finances, et qu'on choisit toujours parmi les oulémas ayant rang de juge de la Mecque. Les trois autres employés appartenant au fisc sont :

10. Le *baschbakikouli*, ou chef des huissiers du trésor public, chargé de faire rentrer toutes les sommes dues au fisc ; 11. le *kharadjdji baschbakikouli*, ou chef des huissiers de la capitation, chargé de faire rentrer cet impôt ; 12. le *miri dellalbaschisisi*, ou chef des crieurs publics du fisc dans les enchères des fermages.

D LES AGAS DU FOYER, C'EST-À-DIRE, LES GÉNÉRAUX DES TROUPES ET AUTRES AGAS QUI LEUR SONT ADJOINTS.

1. Le *bostandjibaschi*, ou général de la garde du jardin impérial ; 2. le *topdjibaschi*, ou général de l'artillerie ; 3. le *toparabadji-*

teurs, occupent un rang supérieur à celui des *émins*, ou intendans ; autrefois, ils étaient sur la même ligne que les émins et les kiatibs, ou secrétaires-maîtres aux revues des diverses troupes ; les sept principaux de ces derniers étaient le *yenitscheri efendisi* (secrétaire des janissaires) ; le *sipahi kiatibi*, secrétaire des sipahis ; le *silihdar kiatibi*, secrétaires des silihdars) ; l'*ouloufedjiani yemin kiatibi* (secrétaire des troupes soldées de l'aile droite), l'*ouloufedjiani yesar kiatibi* (secrétaire des troupes soldées de l'aile gauche), le *ghourebaï yemin kiatibi* (secrétaire des étrangers de *baschi*, ou général du train d'artillerie ; 4. le *djebedjibaschi*, ou général de l'arsenal d'armes ; 5. le *laghoumdjibaschi*, ou général des mineurs ; 6. le *khoumbaradjibaschi*, ou général des bombardiers ; 7. le *kazsabbaschi*, ou chef des bouchers ; 8. le *mimarbaschi*, ou chef des constructions publiques ; 9. le *mehterbaschi*, ou chef préposé à la garde des tentes ; 10. l'*ihtisab aga*, ou prévôt du marché ; 11. le *miri alem*, ou prince de l'étendard sacré du prophète ; 12. le *bouyouk imrakhor*, le grand-écuyer des écuries impériales ; 13. le *koustchouk imrakhor*, le second grand-écuyer ; 14. le *kapidjiler kiayasi*, ou grand-chambellan, introducteur à l'audience du sultan.

Les divers ministères placés sous les ordres immédiats du grand-vizir présentent un total de cent quarante-sept employés. Si l'on ajoute à ce nombre les cent vingt courriers de la chancellerie d'état, les vingt-quatre aides et les vingt-quatre payeurs des vingt-quatre chancelleries de la chambre des finances, et les quinze *boulouk baschis* des tschaouschs, on trouve trois cent trente emplois de la Porte. Mais de tous ces emplois, les *ridjals* (les hommes), les *khodjagans* (les maîtres) et les *agas* (les seigneurs) figurent seuls dans la liste annuelle d'investiture. Les réformes introduites depuis dans l'administration ont opéré de grands changemens, surtout en ce qui concerne le nombre de ces derniers fonctionnaires.

A. *La première section des fonctionnaires publics se compose, comme nous l'avons déjà vu, de trois ministres et de six secrétaires d'état qui portent préférablement le nom de ridjal (les hommes) ou grandt officiers de la Porte.* Ce sont après le grand-vizir :

1. Le ministre de l'intérieur (*kiayabeg*) ; 2. le ministre de l'extérieur (*reïs efendi*) ; 3. le maréchal de l'empire (*tschaouschbaschi*). Viennent ensuite les six sous-secrétaires d'Etat ; savoir : 4. le premier maître des requêtes ; 5. le second maître des requêtes ; 6. le secrétaire du cabinet du grand-vizir ; 7. le maître des cérémonies ; 8. le vice-chancelier (*beglikdji*) ; 9. le secrétaire du cabinet du kiayabeg.

l'aile droite), le *ghoureboï yesar kiatibi* (secrétaire des étrangers de l'aile gauche) : aujourd'hui l'*asakiri manssoure* (secrétaire-maître aux revues des troupes victorieuses (nouvellement formées) remplace tous les précédens.

B. *La seconde section, celle des* khodjaghans *ou maîtres de la chambre, se divise en quatre classes,* savoir :

a. Les *khodjaghans de première classe* qui sont au nombre de cinq, savoir : 10-12. les trois premiers defterdars; 13. l'intendant de la chambre (ministère des finances); 14. le nischandjibaschi. Les vêtemens de ce dernier étaient autrefois de velours rouge comme ceux des autres khodjaghans étaient de velours violet.

b. Les *khodjaghans de la seconde classe* ne sont qu'au nombre de trois ; 15. le *bouyouk rouznamé ;* 16. le *basch mouhasebé*, et 17. l'*Anatoli mouhasebé.*

c. La *troisième classe des khodjaghans* comprend les six intendans, savoir : 18. ceux de l'arsenal; 19. de la ville; 20. de la monnaie; 21. de la cuisine; 22. de l'orge; 23. des dépenses de l'empereur.

d. La *quatrième classe des khodjaghans* se compose des vingt-un chefs des autres vingt-deux chancelleries de la chambre, des treize inspecteurs et des trois intendans, savoir : 24. l'intendant de la grande douane de Constantinople ; 25. l'intendant général des bâtisses, et 26. l'intendant des boucheries, chargé de fournir la viande aux cuisines du palais. Enfin sont rangés dans cette classe, les sept secrétaires, savoir: 27. le secrétaire des troupes nouvellement organisées ; 28. le secrétaire des canonniers ; 29. le secrétaire des armuriers ; 30. le secrétaire des bombardiers ; 31. le secrétaire des vaisseaux de guerre ; 32 le secrétaire des tschaouschs ; 33. le secrétaire des gediklüs. Ce qui présente un total de cinquante-huit khodjaghans appartenant à la troisième classe. L'énumération qu'en fait Mouradjea d'Ohsson, t. vii, n'est donc plus juste aujourd'hui.

C. *La troisième section, celle des* agas.

Si l'on ajoute aux quatorze agas mentionnés plus haut sous la lettre *D*) les soixante-sept employés amovibles désignés sous la lettre *A*), on trouve un total de quatre-vingt-un emplois de la Porte qui se confèrent par brevet, et dont les titulaires sont confirmés, avancés ou révoqués tous les ans. On forme une liste (*tewdjihat defteri*) de tous ces offices avec les noms de ceux qui sont promus ou confirmés. Lorsque le grand-vizir veut destituer un de ces officiers, il met sur la liste trois noms, dont le dernier est censé désigner l'individu de son choix, que le Sultan approuve presque toujours.

Les quatre-vingt-un emplois amovibles de la Porte sont donc : les neuf ridjals (trois ministres et six sous-secrétaires d'État); les cinq khodjas de la première classe (trois defterdars, le defter emini et le nischandjibaschi); les chefs des vingt-une chancelleries, y compris le chef de la chancellerie, episkopos ; les neuf intendans, ceux de la ville, de l'arsenal, de la cuisine impériale, de l'orge, de la monnaie, de la douane, des dépenses du Sultan, des écrits intérieurs et extérieurs (des bâtisses et de la boucherie); les treize inspecteurs, ceux de la fonderie, des fabriques de poudre à canon, des wakfs (dotations pieuses) impériales, des vivres, des fermes, des munitions de guerre (*mouhimmal*), de l'arsenal, des troupes nouvellement organisées, des exercices, du drap, de la paye, de la solde et des vaisseaux ; les sept secrétaires : ceux des troupes impériales, des canonniers, des armuriers, des bombardiers, des vaisseaux, des tschaouschs et des gediklüs; les dix-huit agas, savoir : les quatre agas de la chambre, appelés aussi *weznedar, baschbakikouli, djiziyébakikouli* et *dellalbaschi ;* les huit agas des troupes : le bostandjibaschi, le djebedji, le topdji, le toparabadji, le laghoumdjibaschi, le khoumbaradjibaschi, le miralem et le premier gardien des tentes ; les trois agas de la police impériale : l'ihtisabaga, le kazsabbaschi et le mimiraga; enfin, les trois agas de la cour extérieure, le grand et le petit écuyer, le grand chambellan [1].

Si l'on récapitule tous les emplois dont il est question, on trouve le total suivant :

Le grand-vizir, avec toute sa maison, présente un total de	430 personnes.
Les secrétaires et les employés dans la chancellerie d'état.	120 »
Les khalfas des vingt-cinq chancelleries indépendantes et des sept chancelleries de la chambre, dont les chefs jouissent de fiefs.	32 »

[1] Mouradjea d'Ohsson compte encore, outre les six généraux de la cavalerie, les cinq premiers agas de l'étrier impérial ; mais il omet le kazsabbaschi, le laghoumdjibaschi et le khoumbaradjibaschi. De plus, les trois inspecteurs des fabriques de poudre, qu'il compte parmi les agas, paraissent ici dans la quatrième classe, celle des khodjaghans.

Report.	582	»
Les kesedars archivistes et caissiers de ces chancelleries.	32	»
Les tschaouschs du diwan.	630	»
Les autres emplois amovibles de la Porte et ceux non sujets à un changement annuel.	147	»
Total	1391	personnes.

Si de ce nombre on retire les employés de la maison du grand-vizir et six cent trente tschaouschs du diwan, on aura encore trois cent trente-un employés supérieurs et inférieurs, mais dont quatre-vingt-un sont sujets à être confirmés ou révoqués tous les ans. Il en est de même des gouverneurs des provinces, dont le nombre fut fixé à vingt-huit d'après un nouveau réglement publié sous le règne de Sélim III [1]. Cette division diffère de celle de Mouradjea d'Ohsson, en ce qu'elle n'en compte que vingt-cinq. En effet, cet auteur ne compte pas parmi les gouvernements ceux de Bassra et de la Morée; il comprend le premier dans celui de Bagdad et le second dans celui de Silistra. Six, de ces vingt-huit gouvernements, sont situés en Europe ou sont censés l'être, savoir : la *Roumilie*, la *Bosnie*, *Silistra*, la *Morée*, les *îles de l'Archipel* et l'*île de Crète*; vingt-un autres sont situés en Asie; un seul, l'*Égypte*, est situé en Afrique, les États barbaresques étant entièrement passés sous silence dans cette nouvelle statistique. Mais comme, de nos jours, il faut retrancher de ces vingt-huit gouvernemens la Morée, l'Égypte, la Syrie et l'île de Crète, il n'en reste plus que vingt-quatre, et dix-huit seulement si la Porte est forcée de céder ceux d'Adana, de Haleb, de Tripoli, de Damas, de Djidda et de Saïda.

II. EMPLOIS DU SABRE OU GOUVERNEMENS.

A. GOUVERNEMENS EN EUROPE.

I. *Le gouvernement de Roumilie a seize sandjaks,* savoir :

1. Monastir, résidence du gouverneur,
2. Selanik.
3. Tirhala.
4. Iskenderiyé (Scutari en Albanie).
5. Okhri.
6. Awlonia (Valona).
7. Güstendil.
8. Ilbessan.
9. Perzerin.
10. Doukaghin.
11. Ouskoub (Scopi).
12. Delonia (Delvino).
13. Wouledjterin.
14. Kawala.
15. Aladjahissar.
16. Yanina.

[1] Ce règlement se trouve dans Nouri, *Histoire de l'Empire*, f. 48.

DANS L'EMPIRE OTTOMAN.

II. *Le gouvernement de Silistra a huit sandjaks*, savoir :

1. Silistra.
2. Semendra.
3. Wizé.
4. Ibraïl.
5. Kirkilisé.
6. Nigeboli.
7. Widdin.
8. Tschermen ; ces quatre derniers manquent dans Mouradjea d'Ohsson.

III. *L'ancien gouvernement de Morée avait quatre sandjaks*, savoir :

1. Morée (Tripolizza), résidence du gouverneur.
2. Misistra.
3. Aïnahakhti (Lepanto).
4. Kordos (Corinthe).

IV. *Le gouvernement de Djezaïr, c'est-à-dire, des îles de l'Archipel, comprenait huit sandjaks ; il n'en a plus que, sept qui forment le gouvernement du Kapitan-Pascha.*

1. Karli Ili.
2. Geliboli (Gallipolis).
3. Rodos (Rhodes).
4. Midilü (l'île de Mitylène).
5. Kibris (l'île de Chypre.
6. Les petites îles de l'Archipel.
7. Les Dardanelles.
8. Autrefois l'île d'Egriboz (Négrepont); c'est celui qui manque.

V. *Le gouvernement de Bosnie a quatre sandjaks*, savoir :

1. Bosna seraï, la résidence du gouverneur.
2. Zwornik.
3. Hersek.
4. Klis.

B. GOUVERNEMENS D'ASIE.

VI. *Le gouvernement d'Anatolie, en Asie-Mineure, compte quatorze sandjaks*, savoir :

1. Angora.
2. Aïdin.
3. Boli.
4. Tekké.
5. Hamid.
6. Koudawendkiar.
7. Sultanœni.
8. Saroukhan.
9. Kastemouni.
10. Karahissar.
11. Karasou.
12. Kanghri.
13. Koutaïah, résidence du gouverneur.
14. Mentesché.

Les sandjaks Khodja Ili, Bighé et Sougla font partie du gouvernement du kapitan-pascha.

DIGNITÉS ET EMPLOIS

VII. *Le gouvernement de Karamanie compte sept sandjaks*, savoir :

1. Koniah, résidence du gouverneur.
2. Akseraï.
3. Akschehr.
4. Begschehr.
5. Kirschehri.
6. Kaissarié.
7. Nikdeh.

VIII. *Le gouvernement de Siwas a sept sandjaks*, savoir :

1. Siwas, résidence du gouverneur.
2. Amassia.
3. Tschoroum.
4. Bozok.
5. Diwrighi.
6. Djanik.
7. Arabghir.

IX. *Le gouvernement de Trabezoun a trois sandjaks*, savoir :

1. Trabezoun (Trebisonde), résidence du gouverneur.
2. Goniah.
3. Batoum.

X. *Le gouvernement de Karss a six sandjaks*, savoir :

1. Karss, siége du gouverneur.
2. Erdehan Büzürg.
3. Khodjewan.
4. Sarouschad.
5. Ketscheran.
6. Kazmaghan.

XI. *Le gouvernement du Tschildir a vingt sandjaks*, savoir :

1. Adschara.
2. Ardenoudsch.
3. Erdehan büzürgh.
4. Erdehan Koutschouk.
5. Olti.
6. Petkerek.
7. Penek.
8. Pastkhou.
9. Taousker.
10. Tschildir, siége du gouverneur.
11. Khadjrek.
12. Khartewis.
13. Schouschad.
14. Gœlé.
15. Lewané.
16. Makhdjil.
17. Noussf Lewané.
18. Mamrewan.
19. Akhalkelek.
20. Akhiska (Akhalczik).

XII. *Le gouvernement d'Erzeroum a quatorze sandjaks*, savoir :

1. Erzeroum, siége du gouverneur.
2. Isper.
3. Pasin.
4. Tortoum.
5. Khounous.
6. Karahissar.
7. Kizandjan.
8. Mamrewan.
9. Keïfi.
10. Medjnégherd.
11. Melazkerd.
12. Tekman.
13. Alischkerd.
14. Bayezid.

XIII. *Le gouvernement de Wan a quatorze sandjaks*, savoir :

1. Wan, siége du gouverneur.
2. Aadil Djouwaz.
3. Ardjisch.
4. Mousch.
5. Barghiri.
6. Kiarkiar.
7. Kesani.
8. Espaberd.
9. Agakis.
10. La tribu kurde des Beni Kotor.
11. Bayezid.
12. Berdaa.
13. Owadjik.
14. Bidlis. (Mouradjea d'Ohsson, n'en mentionne que cinq.)

XIV. *Le gouvernement de Rakka a dix sandjaks*, savoir :

1. Rakka, siége du gouverneur.
2. Roha ou Orfa.
3. Souroudj.
4. Khabour ou Haran.
5. Djelab.
6. Niredj.
7. Dera ou Beni Kaïs.
8. Beni Rebiâ.
9. Djemasé.
10. Deïr Rahbé.

XV. *Le gouvernement de Diarbekr a vingt-six sandjaks*, savoir :

1. Arghani.
2. Akdjékalaa.
3. Amid.
4. Tschemisch ghezek.
5. Hossnkeïf.
6. Khabour.
7. Kharbout.
8. Saart.
9. Sindjar.
10. Siwerek.
11. Miafarékaïn.
12. Mazgherd.
13. Nissibin.
14. Atak.
15. Portok.
16. Terdjil.
17. Tschalaktschour.
18. Tschermik.
19. Saghman.
20. Kotab.
21. Mihrani.
22. Eghil.
23. Palou.
24. Djeziré.
25. Khasou.
26. Gendj.

XVI. *Le gouvernement de Schehrzol a trente-deux sandjaks*, savoir :

1. Erbil.
2. Schemamek.
3. Harir.
4. Koï.
5. Abrouman.
6. Ouschti.
7. Baf Berend.
8. Belkars.
9. Bil.
10. Ewtari.
11. Djebel Hamrin.
12. Djengoulé.
13. Doraman ou Daweran.
14. Doldjoran.
15. Souroudjek.
16. Sid Bourandjin.
17. Schehrbazar.
18. Schehrzor.
19. Adjourkalaa.
20. Ghazikeschan.
21. Merkawé.
22. Hezarmen.
23. Roudin.
24. Mihrewan.
25. Schemirh.
26. Karatagh.
27. Tschaghan.
28. Kizildjé.
29. Bebé.
30. Sengé.
31. Kerkouk.
32. Indjiran (Mouradjea d'Ohsson n'en cite que deux : Kerkouk Erbil et Aana; mais ce dernier appartient à Rakka.)

XVII. *Le gouvernement de Mossoul a six sandjaks*, savoir :

1. Mossoul, résidence du gouverneur.
2. Vieux-Mossoul.
3. Badjwanlū.
4. Tekrit.
5. Herouyané.
6. Kara Daseni ou Boudaseni.

XVIII. *Le gouvernement de Bagdad a dix-huit sandjaks*, savoir :

1. Ali Salih.
2. Bagdad, résidence du gouverneur.
3. Beyat.
4. Terteng.
5. Djengoulé.
6. Djewazer.
7. Hillé.
8. Derné.
9. Roumahin.
10. Bala, Porte de fer (défilé).
11. Sengabad.
12. Semawat.
13. Amadia.
14. Korania.
15. Karatagh.
16. Kerné.
17. Kélan.
18. Wasit (Mouradjea d'Ohsson n'en cite que deux, Bagdad et Hillé, et fait de Bassra un gouvernement à part.)

XIX. *Le gouvernement de Merâsch a cinq sandjaks*, savoir :

1. Merâsch, résidence du gouverneur.
2. Karss.
3. Aïntab.
4. Malatia.
5. Simosat (Samozati),

ce dernier manque dans Mouradjea.

XX. *Le gouvernement de Bassra a trente sandjaks*, savoir :

1. Abou Aarna.
2. Rahmaniyé.
3. Sekié.
4. Kaban.
5. Katif.
6. Medenitol Kalaa.
7. Boghürdlen.
8. Soweïb.
9. Saïd.
10. Kawarna.
11. Kalaï Djedidé.
12. Kaout Daoudiyé.
13. Kout Abou Mansour.
14. Schirisch.
15. Beragh.
16. Newadé.
17. Kalaï Nehr Antar.
18. Kalaï Mediné.
19. Salibiyé.
20. Kout Ebou Soweïd.
21. Kalaï Dad Ben Saad.
22. Kout Bahran.
23. Mansouriyé.
24. Fethiyé.
25. Kout Souré.
26. Kelan Akara.
27. Kout Salouschié.
28. Kout Moammer.
29. Arslaniyé.
30. Kalai Dakhné.

Il en existait autrefois un plus grand nombre, car le *Djihamma* parle encore de trente autres sandjaks ou châteaux appartenants au gouvernement de Bassra, mais sans donner leurs noms.

XXI. *Le gouvernement d'Adana a cinq sandjaks.*

Ce gouvernement, comme les six suivants, est aujourd'hui au pouvoir du pascha d'Égypte.

1. Adana.
2. Itschil.
3. Alayé.
3. Sis.
5. Tarsous.

XXII. *Le gouvernement de Haleb a six sandjaks,* savoir:

1. Haleb.
2. Klis.
3. Balis.
4. Biredjek.
5. Azir.
6. Maaret.

XXIII. *Le gouvernement de Tripoli a cinq sandjaks,* savoir :

1. Tarablous.
2. Homss.
3. Hama.
4. Sélimiyé.
5. Djebela.

XXIV. *Le gouvernement de Damas a huit sandjaks,* savoir :

1. Damas ou El Scham.
2. Jerusalem ou El Kods
3. Ghaza.
4. Nablous.
5. Adjeloun.
6. Lahdjoun.
7. Beïrout.
8. Karak.

XXV. *Le gouvernement de Djidda.*

XXVI. *Le gouvernement d'Égypte.*

XXV. *Le gouvernement de l'île de Crète a trois sandjaks,* savoir :

1. Canée. — 2. Retimo. — 3. Candie.

XXVI. *Le gouvernement de Saïda.*

La somme de tous les sandjaks était donc, en Europe, avant la séparation de l'Égypte et de la Grèce de l'empire ottoman, de quarante-trois, et en Asie de deux cent trente-sept, ce qui formait un total de deux cent quatre-vingts sandjaks ; mais si on y comprend Saïda et Djidda, on aura deux cent quatre-vingt-deux sandjaks. Quant à l'Egypte, qui originairement était gouvernée par douze begs, elle a figuré autrefois dans le *Djihannuma* comme un gouvernement de douze sandjaks.

III. DIGNITÉS ET EMPLOIS DE LA LOI.

Ils ont déjà été énumérés dans la première division.

B. EMPLOIS DE LA COUR.

Ces emplois sont divisés : 1. en *emplois de l'extérieur*, ceux du seraï; et 2. en *emplois de l'intérieur*, ou ceux du harem.

EMPLOIS DE L'EXTÉRIEUR.

I. *Les agas;* II. *les intendans*, et III. *les oulemas.*

Les cinq agas de l'étrier impérial (*rikiabagalari*) sont :

I. *Les cinq agas.*

1. le *miri Alem*, c'est-à-dire le porte-étendard de l'étendard du prophète, chef de l'étendard à six queues de cheval, qui accompagne l'étendard sacré. Il commande encore les capitaines d'huissiers (*kapoudjibaschi* ou *chambellans*), tous fils de paschas ou de seigneurs du premier rang, et la musique de la cour. Il a le privilége exclusif d'assister aux audiences que le Sultan accorde aux grands dignitaires.

2. Le *bostandjibaschi*, ou général des quinze cents gardes des jardins impériaux ; il a la haute inspection des rives du Bosphore et de la mer de Marmara jusqu'aux Dardanelles, des maisons de plaisance et des jardins du Sultan. Il exerce aussi les fonctions de grand-prévôt et préside à l'exécution des grands de l'État condamnés à mort, mais seulement lorsqu'elle a lieu dans le seraï. C'est lui qui a l'inspection des prisons où l'on applique à la torture les fonctionnaires

dont on veut arracher l'aveu des crimes qu'ils n'ont pas commis, ou la déclaration des biens qu'ils possèdent, afin de les confisquer ; inspecteur-général des forêts voisines de la capitale, où il exerce l'intendance des chasses et des pêches, il est en outre chargé de conduire la barque impériale toutes les fois que le Sultan veut faire une promenade sur l'eau.

3. Le *miri akhoriewwel*, ou grand-écuyer ; il est le chef des mille écuyers (*salakhors*), de six cents palefreniers (*khassakhorlis*), de six mille *Woïnouks* (Bulgares qui, en temps de guerre, servent en qualité de palefreniers), et des *kourouagas*, ou forestiers qui tiennent à ferme toutes les forêts domaniales, divisées en vingt-sept districts. Enfin les selliers, chameliers et muletiers du palais sont sous ses ordres.

4. Le *kapidjiler kiayasi*, ou grand chambellan (chef des huissiers) est chargé de recevoir les placets présentés au Sultan lorsqu'il paraît en public. Dans les grandes solennités, il exerce les fonctions de maréchal de la cour.

5. Le petit ou second écuyer (*koutschouk emirakhor*) a l'inspection des petites écuries où sont les chevaux des officiers de la cour.

II. *Les cinq intendants de la cour* (oumenas).

1. L'intendant-général de la ville (*scheher-emini*) ;
2. L'intendant-général des monnaies et des mines (*sarabkhané-emini*) ;
3. L'intendant des cuisines et des offices du palais (*moutbakh-emini*) ;
4. L'intendant de l'orge ou des fourrages (*arapa-emini*) ;
5. L'intendant des dépenses des cuisines impériales (*massraf schehrigari*) ;

Il a déjà été question plus haut de ces dix agas en parlant des khodjaghans, parce que, comme eux, ils sont changés ou confirmés tous les ans.

III. *Officiers appartenant au corps des oulemas.*

1. Le *khodja*, ou instituteur du Sultan ; l'instruction qu'il donne est restreinte presque entièrement à la religion ;

2. L'*imam ewwel*, titre qui correspond presque à celui de grand-aumônier du palais, est le seul qui jouisse du privilége de suppléer le Sultan dans les deux fêtes du beïram, où le souverain doit présider les fidèles assemblés pour faire les prières publiques.

3. L'*imam sani*, ou second imam, a la survivance de la charge du précédent, et reçoit comme lui, le jour de sa nomination, le grade de muderris (professeur).

4. Le *hekkimbaschi*, ou premier médecin, jouit, comme les deux précédens, du titre de professeur. Les autres médecins, chirurgiens, oculistes et pharmaciens, sont placés sous sa surveillance.

5. Le *djerrahbaschi*, ou premier chirurgien, est chargé de circoncire les princes et d'examiner les eunuques avant leur admission au seraï.

6. Le *kahkalbaschi*, ou premier oculiste ; c'est lui qui prépare le collyre dont les femmes du harem impérial font usage pour se frotter les paupières, à l'exemple du prophète.

7. Le *khatib*, ou prédicateur de la mosquée impériale.

8. Le *hafizi koutoub* (bibliothécaire).

9. Le *scheïkh*, ou prédicateur de la cour.

II. LES CHAMBRÉES (adalar) DES PAGES (idjoghlans).

A. *La khassoda ou première chambrée des pages.*

Cette chambrée se compose de trente-neuf pages (*khassodalis*), et le Sultan lui-même en est censé être le quarantième, nombre que la superstition considère comme heureux. Les dix-sept premiers officiers de cette chambrée, désignés suivant l'ordre de leur rang, sont :

1. Le *silihdar-aga* ou porte-glaive, chef des quatre premières compagnies ou chambrées, est chargé, en sa qualité de grand-maître de la maison du Sultan, de porter le sabre impérial suspendu sur son épaule gauche ; dans les grandes solennités seulement, il le porte sur son épaule droite. C'est le gardien des armes du Sultan.

2. Le *tschokadaraga*, ou grand-maître de la garde-robe (le grand-vestiaire des empereurs de Byzance) ; c'est lui qui, dans les grandes fêtes, jette au peuple de l'argent.

3. Le *rikiabdaraga*, ou chef des teneurs de l'étrier ; c'est lui qui tient l'étrier du Sultan lorsqu'il monte à cheval.

4. Le *dülbendaga*, ou gardien des turbans, chargé de la garde des

turbans du Sultan, suit le souverain dans les pompes solennelles, et porte dans ses mains un turban qu'il incline vers le peuple en signe de salut.

5. L'*anakhtaraga*, ou gardien des clefs; c'est l'économe de la clef de la chambrée des pages et l'intendant de la table du souverain.

6. Le *peschkiraga*, ou gardien de la nappe.

7. Le *binischpesckhiragasi*, ou gardien de la nappe, à l'occasion des promenades publiques à cheval (*binisch* ou cavaleades) du Sultan; c'est l'aide du précédent.

8. L'*ibrikdaraga*, ou gardien de l'aiguière, est chargé de répandre l'eau sur les mains du Sultan pour les ablutions.

9. et 10. Deux officiers appelés *kœsébaschis*, chargés de la police dans la chambrée.

11. Le *muezzinbaschi*, ou grand crieur à la prière; il officie dans la mosquée où le Sultan se rend tous les vendredis et entonne le chant qui précède la prière publique.

12. Le *sirrikiatib*, ou secrétaire privé du Sultan; il fait lecture au souverain des placets qui lui ont été présentés dans son trajet du seraï à la mosquée, et il fait partie de son cortége, portant suspendue à son côté une bourse qui contient tout ce qui est nécessaire pour écrire.

13. Le *baschtschokadar*, ou premier valet de chambre; il commande à quarante valets pris dans les trois autres chambrées, et marche à la droite du Sultan, portant les sandales de son maître. Son aide (l'ikindji tschokadar) marche à la gauche du souverain.

14. Le *zsarikdjibaschi* monte les turbans du Sultan.

15. Le *kahwedji baschi*, ou cafetier en chef.

16. Le *toufenkdji baschi*, ou porte-arquebuse; c'est lui qui est chargé de présenter le fusil au Sultan, à la chasse ou au tir. Son privilége est de recevoir des chasseurs du palais le gibier qu'ils ont tué.

17. Le *berberbaschi*, ou premier barbier, chargé de raser la tête du Sultan.

B. *La seconde chambre* (khazinéodasi), c'est-à-dire, *celle du trésor.*

Les officiers de cette chambre sont préposés à la garde des trésors du seraï, accumulés depuis la prise de Constantinople et l'extension de l'empire. Les officiers de cette chambre sont:

1. Le *kaziné kiayasi*, ou intendant du trésor intérieur; il est chargé de l'économie du palais et présente à la fin de chaque mois

l'état général des dépenses du Sultan. Il a sous lui *a*) le *gügoumbaschi* ou porteur du flacon d'argent, et *b*) le *baschkouloukdji*, c'est-à-dire son substitut dans les maisons de plaisance où le Sultan passe la belle saison.

2. L'*anakhtaraga*, ou gardien des clefs; il est chargé de la police dans la chambre.

3. Le *baschyazidji*, ou premier commis; il tient les états de situation du trésor, et le rôle des individus qui composent les quatre chambres.

4. Le *tschantadji*, ou porteur du sac d'argent de maroquin brodé (tschanta) qu'il porte dans les occasions solennelles où le Sultan paraît en public.

5. Le *sergodjdji* est spécialement chargé du soin des aigrettes en diamans qui parent le turban du Sultan.

6. Le *hapanitschadji* est chargé de la conservation des robes de gala (kapanitscha), de renard noir, dont le souverain se revêt dans les grandes solennités, après qu'elles ont été parfumées de bois d'aloès.

7. Le *tabak-eski* est chargé de la conservation des services de porcelaine.

8 et 9. Les deux *toufenkdjibaschi*, chargés chacun d'un fusil de chasse garni d'or et de pierreries, lorsque le Sultan sort à cheval.

10. Le *bülbüldjibaschi* ou gardien des rossignols.

11. Le *toutoudjibaschi* ou gardien des perroquets.

C. *La troisième chambre* (kilarodasi), c'est-à-dire, *celle des offices*, se compose :

1. Du *kilardjibaschi* ou chef des offices.

2. Du *kilarkiayasi* ou gardien des offices, substitut du précédent. Sous leurs ordres sont placés : *a*) le *tschaschneghirbaschi* ou grand échanson, chef de cinquante échansons ; *b*) le *mehterbaschi* ou directeur de la musique du seraï ; *c*) l'*ekmedjibaschi* ou chef de la paneterie de la cour ; *d*) l'*aschdjibaschi* ou premier cuisinier du Sultan ; *e*) le *halwadjibaschi* ou chef des confiseurs, au nombre de cent cinquante ; *f*) le *kilaragasi* ou pourvoyeur, chef de cinquante garçons d'office.

D. *La quatrième chambre* (seferli odasi), *c'est-à-dire celle du linge*, se compose :

1. Du *seferli kiayasi* ou chef des pages de cette chambre ; les pages de cette chambre étaient chargés autrefois de blanchir le linge du Sultan ; aujourd'hui c'est une école où se forment les musiciens, les chanteurs, les baladins, les baigneurs, etc., destinés au service du seraï.

2. Trois *næbetdjibaschis* chargés de veiller dans les trois dernières chambres à l'ordre et à la propreté ; ils disposent de deux galériens pour les fonctions les plus serviles.

E. *Galata Seraï ou pépinière des pages à Galata.*

Cette chambre a remplacé l'ancienne grande et petite chambre du seraï ; le chef des pages de cette chambre, qui est toujours un eunuque blanc, s'appelle *Galata seraï-agasi*.

III. *La vénerie impériale* (schikiari houmayoun).

1. L'*aw agasi* ou premier maître de la vénerie ;
2. Le *toughandjibaschi* ou grand fauconnier ;
3. Le *tschahindjibaschi* ou chef des chasseurs aux faucons blancs ;
4. Le *tschakirdjibaschi* ou chef des chasseurs aux vautours ;
5. L'*atmadjibaschi* ou chef des chasseurs des éperviers.

IV. *La garde des jardins impériaux* (bostandjiler).

Nous avons déjà parlé du bostandjibaschi qui est un des seigneurs de l'étrier impérial ; il a sous ses ordres les officiers suivants :

1. Le *khasseki aga* ou chef de trois cents khassekis, exécuteur des sentences de mort prononcées par le Sultan ; lieutenant du bostandjibaschi et, pour l'ordinaire, son successeur ;
2. Le *bostandjbaschi kiayasi* ou substitut du bostandjibaschi ;
3. Le *kouschdjiaga*, inspecteur en chef des forêts, dont le bostandjibaschi a la surintendance ;
4. Le *terekdjibaschi* ou percepteur des droits attachés à la place du bostandjibaschi et des revenus d'une partie du domaine impérial ;
5. Le *bostandjiler odabaschisi*, l'agent du bostandjibaschi auprès de la porte du grand-vizir, et qui est logé pour cette raison au palais de ce dernier ;

6. Le *wezir karakoulak*, ou messager entre le Sultan et le grand-vizir ;

7. L'*aga karakoulak* ou chef des pompiers ;

8. Le *basch khasseki* ou premier khasseki, colonel d'un corps de trois cents khassekis pris ordinairement parmi les bostandjis (c'est l'exécuteur des hautes œuvres) ;

9. Le *kiredjdjibaschi* ou fermier des fabriques de chaux, pour lesquelles il paie environ dix mille piastres par an au bostandjibaschi ;

10. Le *balik emini* ou intendant des pêcheries dans le port et les environs de Constantinople qu'il tient à ferme du bostandjibaschi ;

11. Le *scherab emini* ou intendant des cabarets de vin.

V. *Les baltadjis ou fendeurs de bois du seraï.*

1. Le *baltadjiler kiayasi* ou aga, c'est-à-dire chef des baltadjis ; il remplit l'office de messager d'état ;

2. Le *yazidji efendi* ou secrétaire du kislaraga et régisseur des dotations pieuses de la Mecque et de Médine ;

3. Le *kapou khasseki* ou agent du kislaraga auprès du grand-vizir ;

4. Le *khassekibaschi* ou receveur-général des fondations pieuses ;

5. Le *khassekibaschi kiatibi* ou premier secrétaire du précédent.

VI. *Ees sülflüs baltadjis*, c'est-à-dire, *les baltadjis bouclés, ainsi appelés de deux tresses de laine de leurs bonnets qui leur tombent sur les joues* (eunuques blancs).

1. Le *sülflü baltadjiler kiayasi*, chef d'une compagnie de cent vingt hommes attachés au service des officiers de la chambre ;

2. Les *sülflü baltadjiler eskileris*, deux anciens de ce corps, égaux en grade ;

3. Six *kouschdjis* ou messagers employés à porter les messages entre le Sultan et le grand porte-glaive.

VII. *Les gardes du corps,* savoir : *les solaks* (archers) *et les peïks* (lanciers.)

1. Le *solakbaschi* ou capitaine de la garde des archers ;

2. Les *rikiab solaghis*, le premier et le second lieutenant de cette troupe ;

3. Le *peïkbaschi* ou capitaine de la garde des lanciers ;

4. Le *mouschdedjibaschi* ou porteur de bonnes nouvelles, c'est-à-dire qui est chargé d'annoncer au Sultan la nouvelle que la grande karavane des pélerins est heureusement arrivée de la Mecque à Damas.

Il y a donc en tout, si l'on y comprend les vingt oulemas, oumenas et agas, dont nous avons parlé plus haut, cent vingt-deux employés titrés du seraï.

Les gardes du seraï et les autres corps qui y sont attachés sont :

1. *Les gardes du jardin* (bostandjis).	1,500 hommes.
2. *Les gardes des portes* (kapidjis).	800
3. *Les chambellans* (kapidjilerbaschis).	50
4. *Les écuyers* (solakobrs).	80
5. *Les valets de chambre* (tschokadars).	40
6. *Les exécuteurs des hautes œuvres* (khassekis).	300
7. *Les porteurs de bois* (baltadjis).	800
8. *Les baltadjis bouclés* (sülflü baltadjis).	120
9. *Les échansons* (tschaschnegbirs).	50
10. *Les cuisiniers* (aschdjis).	200
11. *Les confiseurs* (halwadjis).	150
12. *La garde des archers* (solaks).	400
13. *La garde des lanciers* (peïks).	150
14. *Les gens des offices* (kilarlis).	100
15. *Les tschaouschs*.	600
16. *Les mouteferrikas*.	200
Total.	5,540

Si, à ces cinq mille cinq cent quarante hommes, on ajoute les muets, les nains, les musiciens, les danseurs, les cent vingt emplois titrés et les six mille woïnaks, on trouvera le nombre de douze mille sabres (kilidj) qui composent, d'après Mouradjea d'Ohsson, la cour du Sultan au complet.

DIGNITÉS ET EMPLOIS
EMPLOIS DE L'INTÉRIEUR OU EMPLOIS DU HAREM.

Le grand maréchal de la cour extérieure et intérieure du Sultan est :

1. **Le chef des eunuques**, appelé *kislar agasi*, c'est-à-dire l'aga des filles; ou encore *babesseadet agasi*, c'est-à-dire le maître de la porte de la félicité. Il est administrateur général des fondations pieuses des deux villes saintes et des mosquées impériales, commande le corps des baltadjis et a le privilége d'avoir à son service des filles esclaves. Il a sous ses ordres :

2. **Le *khazinedarbaschi*** ou grand trésorier, chargé de l'économie du harem et de celle de la compagnie des *baltadjis*, de la garde des vieilles archives des finances et du magasin des vêtemens d'honneur confié à vingt de ses gardiens;

3. **Le *bazirghanbaschi*** ou grand marchand, est chargé de l'achat de toutes les étoffes nécessaires pour la maison du Sultan;

4. **Le *pesckkeschdjibaschi***, c'est-à-dire le chef chargé de recevoir les présens que les ambassadeurs des puissances étrangères offrent au Sultan;

Le chef des eunuques blancs (*ak-aghaler*) qui n'ont subi que la simple castration, tandis que les eunuques noirs sont complétement castrats, s'appelle :

5. ***Kapou-aga*** ou seigneur de la Porte; c'était autrefois le grand maître de la cour extérieure, de même que le kislaraga est grand maître de la cour intérieure. Après lui vient :

6. **Le *khassodabaschi*** ou chef de la première chambre des pages; il en a été question plus haut.

Les femmes et les filles du harem impérial (harem houmaya).

Dans l'origine, les souverains ottomans épousèrent des princesses mahométanes ou chrétiennes. Depuis Ibrahim I, aucun Sultan ne s'est marié avec des filles de leurs sujets. Le harem se compose dès-lors de filles dont la plupart sont acquises à prix d'argent ou données en présent par les sultanes et les grands dignitaires. Il est divisé en cinq classes, savoir :

1. Les *kadines* ou les dames; ce sont les maîtresses en titre du Sultan. Elles jouissent des mêmes distinctions que les épouses des premiers Sultans. Elles sont ordinairement au nombre de quatre; cependant Mahmoud I en eut six, et Abdoulhamid jusqu'à sept. Avant Ahmed III,

la mère d'un prince recevait le titre de *khasseki-sultane*, tandis que la mère d'une princesse n'avait que celui de *khasseki-kadin* ou dame favorite. L'esclave qui est élevée au rang de kadine est revêtue en présence du Sultan d'une pelisse de zibeline et reçoit un logement séparé, avec des filles esclaves attachées à son service et des officiers qu'elle ne voit jamais.

2. Les *gediklü* ou filles de chambre destinées au service personnel du Sultan. Douze d'entre elles, les plus jeunes et les plus belles, portent les titres de leurs offices, tels que ceux de maîtresse échanson, intendante du linge, etc. (*tschaschneghir-ousta, tschamaschirousta*. C'est parmi ces jeunes esclaves, que le Sultan choisit celle qui doit remplacer une *kadine* enlevée par la mort ou reléguée dans le vieux seraï. Celles qui ont fixé l'attention du Sultan aux dépens des *kadines* reçoivent le titre d'*ikbal*, c'est-à-dire enfans du bonheur; ou celui de *khassodalik*, filles de l'intérieur du Sultan (de là le nom d'odalisques). Malgré cette distinction, elles restent parmi leurs compagnes et ne sont élevées au rang de *kadines* que lorsqu'elles sont enceintes.

3. Les *oustas* ou maîtresses, plus généralement appelées *khalfas*, aides, sont les filles attachées au service de la sultane-mère et divisées en compagnies (*takim*) de vingt à trente filles. Leur titre de maîtresse désigne qu'elles sont chargées chacune d'un service spécial.

4. Les *schaghirds* ou novices sont destinées à remplir les places devenues vacantes dans les classes des *khalfas* et des *oustas*.

5. Les autres filles du harem impérial sont appelées *djariyés*, les esclaves; vouées aux travaux les plus ordinaires, il est rare qu'elles sortent de leur classe.

Le harem du Sultan est donc composé de cinq à six cents femmes de l'Europe, de l'Asie et de l'Afrique, qui obéissent à la grande-maîtresse (*kiaya-kadin*). Cette dernière est choisie ordinairement parmi les anciennes *gediklüs* et jouit d'une grande considération, au point que lorsqu'il n'existe pas de sultane-mère, le Sultan l'honore du titre de *walidé* (la mère). La *kiaya-kadin* a sous ses ordres une autre gouvernante qui porte le titre de trésorière (*khazinedar ousta*), chargée du soin de la garderobe du Sultan et de l'économie intérieure du harem.

Les filles des Sultans et leurs filles, appelées *khanüm sultanes*, sont seules appelées sultanes; quant aux princes du sang, ils s'appellent *schehzade*, c'est-à-dire fils de rois.

LISTE

DES TITRES ATTACHÉS AU RANG DES PRINCES ET DES PRINCESSES ET A CELUI DES HAUTS FONCTIONNAIRES DE LA CHANCELLERIE D'ÉTAT OTTOMANE.

A. TITRES ATTACHÉS AU RANG DES PRINCES ET DES PRINCESSES DE LA MAISON IMPÉRIALE ET A CELUI DU KHAN DES TATARES ET DES AUTRES DIGNITAIRES.

1. *Titre des princes.*

Successeur des Sultans les plus célèbres, noblesse des khakans les plus renommés par leur bonté, distingué par les faveurs du roi, le soutien de l'Islam, Sultan ; que sa gloire augmente de jour en jour !

2. *Titre de la sultane walidé et des autres sultanes.*

Femme de modestie, couronne des femmes bien élevées, reine des reines, diadème des maîtresses voilées, à laquelle le bonheur et la noblesse sont soumis ; que sa chasteté fleurisse éternellement !

3. *Titre du Khan des Tatares.*

Honoré de la dignité de prince, chargé du fardeau du pays, aimé de la fortune, doué de la magnificence et des qualités des anges, doué d'une valeur royale, muni du pouvoir absolu, brillant de gloire et de magnificence, distingué par des faveurs innombrables du roi dont nous implorons les secours ; que ses hautes qualités se perpétuent à jamais !

B. TITRES DU GRAND-VIZIR ET DES AUTRES VIZIRS DE LA COUPOLE.

4. *Titre du grand-vizir.*

Très-honoré vizir, conseil infaillible pour le maintien de l'ordre du monde, directeur des affaires publiques, dont les pensées jaillissent comme des éclairs, qui démêle les affaires importantes de l'état avec une sagacité pénétrante, qui affermit l'édifice de la domination et du bonheur de l'Empire, soutien des colonnes de la domination et de la destinée heureuse, entouré de grâces multipliées du plus grand roi, lui, le premier des vizirs; que Dieu accorde de la durée à son bonheur!

5. *Titre du grand-vizir révoqué.*

Gloire des nobles, lui, grand-vizir, qui réunit en sa personne les ornemens des hautes qualités, et qu'entourent les grâces multipliées du plus grand roi; que ses hautes qualités puissent durer toujours!

6. *Titre d'un gouverneur de province.*

Très-honoré vizir, conseiller intime dans le conseil infaillible assemblé pour le maintien de l'ordre du monde, toi qui gères les affaires de l'état avec la promptitude de l'éclair et termines les affaires les plus importantes des hommes par ta pénétration, qui affermis l'édifice de la domination et du bonheur, qui soutiens les colonnes de la destinée heureuse, et qu'entourent les grâces multipliées du plus grand roi, N. N. pascha; que Dieu accorde de la durée à sa grandeur.

C. TITRES DES BEGS.

7. *Titre d'un sandjakbeg.*

Modèle des plus honorés princes, colonne des grands comblés de gloire, toi qui es en possession de la puissance et de l'honneur, et qui es distingué par les faveurs du roi qui connaît tout; que tes honneurs puissent durer toujours!

8. *Titre des begs du Kurdistan, c'est-à-dire des Houkoumet de Djezireh, de Bidlis, de Souran, d'Amadia, de Tschemischghezek, de Schehrzor, etc.*

Toi, investi de la dignité de prince, chargé du fardeau du gouvernement du pays, toi à qui le bonheur et la domination ont été donnés en partage, qui possèdes des qualités royales et des vertus angéliques, qui es distingué par les bienfaits les plus variés de Dieu, le maître tout-puissant de l'univers, prince de Djezireh; que tes hautes qualités puissent durer toujours (damet maalihi)!

9. *Titre d'un beg héréditaire du Kurdistan.*

Modèle des hommes célèbres et honorés, toi qui réunis en ta personne les qualités les plus louables et qui es distingué par les grâces infinies du roi qui domine dans toute l'éternité.

10. *Titre d'un beg des Yayas et des Mosellems* (volontaires).

Modèle des hommes glorieux et honorés, toi qui réunis en toi les qualités les plus louables ; que ta gloire s'augmente de jour en jour.

11. *Titre des begs des Woïnoks et des Bohémiens.*

Modèle des hommes dignes de louanges et d'honneurs, qui réunit en lui les qualités louables et qui est distingué par les grâces nombreuses du roi sempiternel !

D. TITRES DES OULEMAS.

Titre du moufti, des khodjas du Sultan et des deux kadiaskers,

Au plus savant des savants, au profond méditateur, au plus honoré des élus, distingué par sa vertu, source de toute science, toi qui exposes clairement les difficultés de la foi et fais connaître les vérités de la loi, chef des trésors de la vérité, flambeau des lois les plus obscures, toi que comblent les faveurs du roi des rois !

13. *Titre des juges jouissant d'un revenu de 500 aspres* (molla).

Au meilleur des juges des moslimins (vrais croyans), des magistrats de Mouhawiddin (les unitaires); mine de vertus et de sciences, preuve de la vérité dans les décisions qui concernent les affaires publiques, héritier des sciences législatives du prophète, le messager de Dieu, toi qui es comblé des grâces infinies du roi qui secourt tout le monde.

14. *Titre donné à des juges inférieurs.*

Au meilleur des juges des moslimins, au plus juste des chefs des mouhawiddin, mine de vertus et de sciences, preuve de la force de la vérité, héritier du prophète, l'envoyé de Dieu, toi qui es distingué par les grâces de Dieu, le roi secourable !

15. *Titre donné à un simple kadi.*

Modèle des juges et des magistrats, mine de la parole de Dieu et des hautes qualités.

16. *Titre d'un naïb.*

Modèle des substituts des juges institués par la loi.

17. *Titre du médecin de la cour.*

Au plus savant des sages et des hommes pénétrants, toi, l'unique des médecins érudits, le Galenos des régions, l'Hippocrate des Aènes, qui procures le repos et la tranquillité aux corps et aux esprits, et qui, par ton art, es le maître de toutes les maladies!

18. *Titre des muderris du collége du Sultan Mohammed II.*

Au plus savant des savants, à l'homme de pénétration profonde, au meilleur des meilleurs qui examine tout; toi, mine de la vertu et des sciences certaines, qui réunis en ta personne les qualités des anciens et des modernes; toi qui es distingué par les grâces du roi éternel, l'un des huit muderris du champ (c'est-à-dire de la mosquée de Mohammed II), N. N., que tes qualités puissent durer toujours!

19. *Titre d'un des huit c'est-à-dire des huit professeurs attachés à la mosquée de Mohammed II.*

Modèle des légistes qui recherchent la vérité, colonne des hommes excellents qui pénètrent dans les plus petits détails de la science; source des vertus et des sciences positives, toi que distinguent les faveurs du plus grand des rois.

20. *Titre d'un des muderris inférieurs.*

Gloire des oulemas, des hommes instruits, élu des hommes excellens, toi qui juges avec attention; mine des vertus et des sciences positives, toi que distinguent les faveurs du roi sempiternel, muderris de la médrésé N. N.

21. *Titre du chef des émirs* (descendans du prophète).

Gloire des plus grands Seïds, élu des hommes les plus nobles, gloire de la famille bien connue de *Tah* et de *Yes*, choix des parens du prophète, toi que distinguent les nombreuses faveurs du roi des armées; que ta puissance puisse durer toujours!

22. *Titre d'un simple seïd ou descendant supposé du prophète.*

Modèle des plus grands Seïds les plus vertueux et les meilleurs, gloire de la famille de *Tah* et de *Yes*, descendant du souverain maître, l'envoyé de Dieu; toi que distinguent les faveurs du roi qui secourt tout et qui est toujours prêt à t'aider.

23. *Titre d'un émir de Médine.*

A toi, N. N., qui es honoré de la dignité d'émir, qui es chargé du fardeau du pays, qui es issu de la race des hommes peu communs, descendant de la famille des purs; toi qui es comblé de nombreuses faveurs par le roi le tout-puissant; que ta gloire puisse durer toujours!

24. *Titre d'un scheïkh d'une tribu arabe.*

Au plus glorieux parmi ses semblables, les scheïks de la tribu de Taï; que leur gloire puisse s'augmenter toujours!

25. *Titre du scheïkh de Médine.*

Modèle des hommes pieux qui marchent dans la voie de la vertu, scheïkh de la ville resplendissante de Médine; que sa sainteté s'accroisse toujours!

26. *Titre d'un scheïkh égyptien.*

Modèle des scheïkhs les plus honorés (ekarim), colonne des qualités louables.

E. TITRES DES FONCTIONNAIRES CIVILS ET MILITAIRES.

27. *Titre d'un des bouloukagas* (généraux de cavalerie).

Modèle des hommes glorieux et honorés, toi qui réunis en toi les plus nobles vertus, toi que distinguent les nombreuses faveurs de Dieu, le seul instruit; que ta gloire puisse durer toujours!

28. *A l'aga des janissaires, au nischandji et au defterdar.*

Gloire des princes et des grands, qui réunis en toi les plus nobles qualités, qui es honoré d'un pouvoir parfait, qui brilles d'un éclat glorieux et que distinguent les faveurs du roi, le seul instruit; que ta grandeur puisse durer toujours!

29. *Au defterdar, au nischandji et à l'aga des janissaires* (seconde formule).

Gloire des princes sublimes, toi qui réunis dans ta personne les plus nobles qualités, qui jouis d'un pouvoir parfait et d'une grande magnificence.

30. *Au lieutenant de la police* (soubaschi) *de Constantinople.*

Modèle des hommes estimés et honorés, qui réunis en toi les plus louables qualités.

31. *Au directeur général des constructions publiques.*

Modèle des hommes louables et distingués, colonne parmi tes semblables les plus considérés.

32. *A l'inspecteur du port.*

Au plus louable parmi les confidens, inspecteur des ports et des constructions hydrauliques; que ta puissance puisse s'augmenter!

33. *A un capitaine de vaisseau.*

Modèle des capitaines de vaisseau honorés de la haute confiance.

F. TITRES DES HAUTS FONCTIONNAIRES DE LA COUR.

34. *Titre du kapouaga* (chef des eunuques blancs).

Gloire des plus intimes serviteurs qui entourent la personne du Sultan, possesseur des plus grands honneurs, conseiller des rois et des Sultans, confident du maître auguste; toi qui assistes le plus Sa Majesté, que protège la fortune et que distinguent les grâces multipliées du plus grand roi; que ta grandeur puisse durer toujours!

35. *Titre des grands-écuyers.*

Gloire des hommes glorieux et honorés, toi qui réunis en ta personne les plus louables qualités et que distinguent les nombreuses faveurs du plus grand des rois!

36. *Titre des chambellans* (kapidji).

Modèle des hommes louables et honorés, toi qui réunis en ta personne les meilleures qualités; que ta gloire puisse durer toujours!

G. Titres des empereurs, des rois et des princes chrétiens.

37 *Aux empereurs et aux rois.*

Gloire des princes les plus augustes de la religion de Jésus, colonne des grands qui reconnaissent le Messie, conciliateur des affaires publiques du peuple chrétien, toi qui traînes après toi le caudataire de l'autorité et de la puissance, et qui réunis en ta personne les preuves de la gloire et de la splendeur!

Les titres donnés aux rois de Hongrie, de Pologne et du Portugal étaient les mêmes; les lettres qui leur furent adressées étaient renfermées dans un sachet de velours vert et dans un étui d'or.

Les rois de France et d'Angleterre recevaient le même titre, seulement on leur parlait à la seconde personne du pluriel, *vous*, et les lettres qui leur étaient adressées étaient renfermées dans un sachet d'or.

Dans les lettres au czar de Moscou, on ajoutait au commencement ces mots: *tewkii refii*, c'est-à-dire *à l'arrivée de ce sublime message*, et à la fin le mot *alamet*, c'est-à-dire *ce signe est digne de foi*. Les lettres aux rois de France n'avaient que le *tewkii refii*, sans le mot *alamet*; celles que les Sultans adressaient aux doges de Venise se terminaient par cette formule: Que sa fin soit heureuse, et que Dieu améliore sa position!

38. *Titres des princes de Moldavie, de Valachie et de Transylvanie.*

Modèle des princes du peuple chrétien, colonne des grands de la communauté du Messie.

Le roi de Transylvanie recevait le même titre que celui de France.

39. *Aux doges et aux sénateurs de Raguse.*

Princes chrétiens dignes de gloire, conseillers du peuple chrétien, begs de Raguse.

40. Les lettres au prince du *Gouriel*, au *Dadian*, à l'*Atschikbasch* et aux *Schirinbegs* de *Crimée* étaient munies du chiffre en or du Sultan et renfermées dans un sachet de satin et un étui en argent.

LISTE

DES DEUX CENT QUARANTE-QUATRE DYNASTIES QUI ONT RÉGNÉ EN ASIE, EN AFRIQUE ET EN EUROPE, ET DONT LA PLUPART ONT ÉTÉ INCONNUES EN EUROPE,

TIRÉE DE L'HISTOIRE UNIVÈRSELLE DE L'ASTRONOME ARABE MOHAMMED-EFENDI.

Traduction de l'astronome turc Ahmed Mewlewi.

Le tableau le plus complet des nombreuses dynasties de l'Orient qui ait été imprimé, est celui que contiennent les Tables chronologiques de Hadji Khalfa, dans lequel il énumère cent trente-cinq dynasties orientales. Cependant dans son *Fezliké*, c'est-à-dire dans son histoire universelle arabe, on en cite cent cinquante. Nous en donnons ici deux cent cinquante; alors même qu'on retrancherait de ce nombre une cinquantaine de dynasties, qui, comme celles d'origine italienne, grecque, arménienne et franque, que l'astronome Ahmed Mewlevi a traduites de l'ouvrage de Joan Carrio, et qui peuvent d'autant moins être comptées parmi les dynasties orientales, qu'elles ne méritent pas même cette dénomination, il en resterait encore deux cents, dont quarante-quatre ne se trouvent pas dans le *Tezliké* de Hadji Khalfa.

L'auteur arabe Mohammed Efendi, après avoir établi dans les prolégomènes de son histoire universelle sept ères, savoir : l'ère de l'hidjret (hégère), l'ère grecque, l'ère persane, l'ère de Melek Schah, l'ère judaïque, l'ère des Turcs primitifs et l'ère kopte, donne l'histoire de trente prophètes. Ce sont : 1. Adam; 2. Seth; 3. Idris (Enoch); 4. Noé; 5. Houd; 6. Salih; 7. Loth; 8. Ismaïl; 9. Abraham; 10. Isaac; 11. Jacob; 12. Joseph; 13. Job; 14. Ichoaïb (Jettro); 15. Khisir; 16. Moïse; 17. Josué; 18. Elias; 19. Elisæus; 20. Samuel; 21. David; 22. Salomon; 23. Jonas; 24. Isaïe; 25. Jérémie; 26. Daniel; 27. Ezdras; 28. Zacharie; 29. Jean, fils de Zacharie; 30. Jésus, fils de Marie.

Le premier livre de l'histoire de Mohammed Efendi contient la généalogie des tribus arabes et l'histoire du prophète, celles de ses femmes, de ses esclaves, de ses affranchis, de ses compagnons d'armes, de ses secrétaires, de ses lecteurs, de ses crieurs à la prière, de ses poëtes, de ses chevaux et de ses armes. Cette partie est suivie de l'histoire des premiers khalifs, Eboubekr, Omar, Osman et Ali, de leurs secrétaires, de leurs juges et de leurs chambellans, etc. Viennent ensuite les histoires de Hasan et de Houseïn et celle des douze imams.

L'histoire des dynasties orientales ne commence qu'au second livre, où l'auteur donne d'abord un aperçu ethnographique de cinquante-six des principaux peuples de la terre. Il les classe ainsi : 1. les *Syriens* ; 2. les *Arabes* ; 3. les *Arnautes* ; 4. les *Perses* ; 5. les *premiers Grecs* (les Hellènes) ; 6. les *seconds Grecs* (les Romains) ; 7. les *Amalécites* ; 8. les *Nègres* (du Soudan) ; 9. les *Abyssiniens* (de Habesch) ; 10. les *Silaas* (au sud de l'Abyssinie et au nord de la Nubie) ; 11. les *Nubiens* ; 12. les *Nedjadhes* dans l'Abyssinie supérieure, au bord du Nil) ; 13. les *Demadems* (voisins du Zanguebar ;) 14. les *Sendji* (habitans du Zanguebar) ; 15. les *Tekrours* ; 16. les *Saghkaws* ; 17. les *Wagnètes* ; 18. les *Berber* (Berebras) ; 19. les *Kttams* (en Mauritanie) ; 20. les *Sinhadjs* (en Mauritanie) ; 21. les *Henats* (en Mauritanie) ; 22. les *Berghewats* ; 23. les *Senats* ; 24. les *Koptes* ; 25. les *Indiens* ; 26. les *Sinds* (sur les bords de l'Indus) ; 27. les *Minds* ou *Mendès* (Bedouins indiens) ; 28. les *Nabataéens* ; 29. les *Turcs* ; 30. les *Tatares* ; 31. les *Turcomans* ; 32. les *Khazares* ; 33. les *Bulgares* ; 34. les *Bertas* ; 35. les *Slaves* ; 36. les *Russes* ; 37. les *Lans* (les Alains), 38. les *Baschkirs* ; 39. les *Arméniens* ; 40. les *Allemands* ; 41. les *Gourdjs* (Géorgiens) ; 42. les *Tscherkesses* ; 43. les *Francs* ; 44. les *Vénitiens* ; 45. les *Génois* ; 46. les *Espagnols* ; 47. les *Portugais* ; 48. les *Hollandais* ; 49. les *Anglais* ; 50. les *Danois* ; 51. les *Suédois* ; 52. les *Luthériens* (!) ; 53. les *Français* ; 54. les *Lehs* et les *Tschehs* (les Polonais et les Bohêmes) ; 55. les *Magyares* ; 56. les *Gogs* et les *Magags*.

Après avoir donné une courte notice des douze mers que voici : 1. l'Océan ; 2. la mer Grecque, 3. la mer Noire ; 4. la mer Rouge 5. la mer Persane ; 6. la mer Chinoise ; 7. la mer Indienne ; 8. la mer Berbère ; 9. la mer Atlantique ; 10. la mer Wazangue (le Sund) ; 11. la mer Baltique et 12. la mer Khazare (Caspienne). L'auteur énumère les différentes dynasties qui ont régné en Asie ; il commence par celles de l'ancienne Perse, savoir : 1. les *Pischdadiens;* 2. les *Keyaniens;* 3. les *Aschkianiens;* 4. les *Sassaniens.* Il cite ensuite les anciennes dynasties arabes, savoir : 5. les rois d'*Aad* dans le Hadramout et à Ahkaf; les familles royales *Schedid* et *Schedad,* comme la précédente, ont régné pendant cinq cent quarante-quatre ans, depuis l'année 2500-3044 de la création du monde; 6. les dynasties *Tobaa* ou *Homaïr :* cinquante monarques de cette famille ont régné sur l'Yémen pendant trois mille quarante-neuf années depuis l'an 3044-6093 de la création du monde ; 7. les *quatre rois abyssiniens*, qui, après l'extinction des Homaïrs, ont régné sur l'Yémen pendant soixante-douze ans, depuis 6093-6165 ; 8. les *gouverneurs persans* dans l'Yémen, surnommés *Méraziyés*, qui ont régné pendant cinquante-quatre ans, depuis l'année 44 avant l'hégire jusqu'à l'an 10 de l'hégire ; 9. les *Beni Lahm* dans l'Hira ; cette dynastie a régné sur le Hira et le Bahreïn pendant six cent vingt-deux années, depuis 5606 de la création jusqu'à l'an 12 de l'hégire : vingt-quatre rois. A leur sujet, l'auteur donne quelques détails intéressans sur le *Redhafet*, c'est-à-dire la tutelle politique que les Beni Yenbouou ont exercée sur les rois de Hira et sur les célèbres batailles des rois de Hira ; 10. la dynastie des *Beni Khazan* ou la famille *Djofn* en Syrie a régné pendant six siècles, depuis l'année 5602 de la création jusqu'en l'an 16 de l'hégire ; 11. la dynastie des *Beni Kendé* a régné sur le Diarbekr pendant deux cent soixante-cinq années, depuis l'an 625 de l'ère alexandrine jusqu'en 890 : l'auteur énumère les batailles mémorables livrées par les sept rois de cette dynastie ; 12. la dynastie des *Beni Djorhem* a régné sur le Hedjaz ; l'auteur cite quatre-vingt-une batailles livrées par les rois de cette dynastie.

Suivent maintenant les dynasties grecques, romaines et autres que l'auteur a prises dans l'ouvrage de Jean Carrio, savoir : 13. la *dynastie de Macédoine;* 14. celle des *Ptolémées;* 15. celles des *Séleukides;* 16. celles des *rois de Rome;* 17. celles des *empereurs romains;* 18. celles des *empereurs byzantins;* 19. celles des *rois francs;* 20. celles des *empereurs d'Allemagne;* 21. celles des *rois goths* en Espagne et en Italie; 22. les *quatre dynasties en Arménie ;* 23. les *dynasties égyptiennes;* 24. les *dynasties israélites* avant et après la captivité des Israélites à Babylone; 25. les *dynasties babyloniennes* ou chaldéennes; 26. les *dynasties indiennes ;* 27. les *dynasties chinoises ;* 28. les *dynasties assyriennes ;* 29. les *dynasties turques* ou des *khakans* qui dominaient dans le Turkestan ; trente-quatre dynasties régnèrent depuis l'an du monde 2244-502 de l'hégire, (1108); 30. les *dynasties tatares* et *mongoles*.

Ces trente dynasties, qui existaient avant l'établissement de l'islamisme, terminent la première division de l'histoire universelle de Mohammed-Efendi. Viennent ensuite les dynasties qui ont existé depuis la fondation de la religion musulmane et qui sont énumérées dans l'ordre des siècles de l'hégire. Ce sont :

I. *Les dynasties du premier siècle de l'hégire.*

Les *Beni Ommeïyés* sont présentés dans l'ouvrage précité comme formant trois dynasties : 31. les *Sofianides* qui régnèrent pendant vingt-trois ans depuis l'année 41-64 de l'hégire (661-683); les trois souverains de cette dynastie sont Moawia Ier, Yezid et Moawia II ; 32. les *Merwanides* régnèrent à Damas pendant soixante-huit ans, depuis 64-132 de l'hégire (683-749); onze souverains ; 33. les *Beni Ommeïyés* dans l'Andalousie régnèrent pendant deux cent quatre-vingt-quatre années depuis 132-422 de l'hégire (755-1030); dix-sept souverains ; 34. les *rois arabes de Cordoue*, après l'extinction de la maison Ommeïyé, depuis l'année 422 de l'hégire (1030); 35. les *princes de Séville;* 36. les princes de *Badajoz* (Batlios), ville située à sept journées de marche de Cordoue ; 37. les *princes de Tolède;* 38. les *princes de Saragosse* (Zaragoza); 39. les *princes de Valencia et de Tortosa;* 40. les *princes de Murcia;* 41. les *princes d'Alméria;* 42. les *princes de Malaga et de Grenade.*

La division suivante contient les dynasties des *Beni Abbas*, dans l'Irak et en Égypte, savoir : 43. les *Beni Abbas*, à Bagdad, régnèrent pendant cinq cent quarante-quatre ans, depuis 112-656 de l'hégire (730-1258): trente-sept souverains ; 44. les *Beni Abbas* régnèrent au Kaire pendant deux cent soixante-trois ans, depuis 659-922 de l'hégire (1260-1516): dix-sept souverains ; 45. les *Beni Aghlebs* régnèrent en Afrique, à Kaïrwan, pendant cent douze ans, depuis l'an 184-296 de l'hégire (800-908): douze princes ; 46. les *Beni Aghlebs* régnèrent en Sicile pendant cent quatre-vingt-quinze années, depuis 212-407 de l'hégire (827-1016); 47. les *Beni Siyads* régnèrent à Sebid pendant deux cent quatre ans, depuis 203-407 de l'hégire (818-1016): six princes ; 48. une seconde branche des *Beni Siyads* régna à Sebid pendant cent quarante et un années, depuis 412-553 de l'hégire (1021-1156): sept princes ;

49. les *Beni Tahir* régnèrent dans le Khorassan pendant cinquante-quatre ans, depuis 205-259 de l'hégire (820-872): cinq princes. L'auteur mentionne d'abord les gouverneurs et les khalifs qui les ont précédés, ainsi que les *Taherides* qui étaient des commandants (sahibesch-schorta) dans la ville de Bagdad. 50. Les *Beni Saman*, dans le Khorassan et dans la Transoxane, régnèrent pendant cent quatre-vingt-un ans, depuis 204-385 (819-995) : onze princes; 51. les *Beni Elias*, dans le Kerman, régnèrent pendant quarante ans, depuis 317-357 (929-967) : trois princes; 52. les rois du Ghardjistan ; 53. les *Beni Ferighoun*, dans le Djouzdjan, district du Khorassan; 54. les *Beni Mahmoun*, dans le Khowarezm et à Djordjania (Karkendj); 55. les *Beni Simdjour*, cinq princes; 56. les *Beni Abteghin*, à Ghazna, avant l'origine des *Beni Seboukteghin;* quatre princes; 57. les *Beni Seboukteghin* régnèrent à Ghazna pendant cent quatre-vingt-neuf ans, depuis 366-555 de l'hégire (976-1160); les quinze princes de cette dynastie portent aussi, de leur résidence, le nom de Ghaznewides; 58. les *Beni Touloun* régnèrent en Egypte pendant trente-huit ans, depuis 254-292 de l'hégire (868-904) : cinq princes. L'auteur les cite à la suite de la liste des gouverneurs des Beni Ommeïyé et des Beni Abbas ; 59. les *Beni Hamdan* régnèrent à Djezireh pendant un siècle, depuis 281-381 de l'hégire (894-991); 60. les *Beni Hamdan* régnèrent à Haleb et Kinesrin pendant cinquante huit ans, depuis 333-391 de l'hégire (944-1000).

Le premier volume du manuscrit déposé à la bibliothèque impériale termine par les Beni Touloun; on voit que la division d'après les siècles n'est nullement observée, car plusieurs de ces dynasties appartiennent au second et au troisième siècle, et les suivantes au quatrième.

61. Les *Beni Akhschid* régnèrent en Egypte pendant trente-trois ans, depuis 324-357 de l'hégire (935-967): cinq princes; 62. les *Beni Berid* régnèrent pendant vingt-six ans, depuis 323-349 de l'hégire (934-960): quatre princes et frères; 63. les *Beni Schahin*, une branche des *Beni Berid*, régna à Bataïh, c'est-à-dire aux environs des marécages de Bassra, pendant trente-six ans, depuis 338-374 de l'hégire (949-984): quatre princes; 64. une branche des *Beni Schahin* régna également à Bataïh pendant trente-six ans, depuis 374-410 de l'hégire (984-1019): quatre princes.

II. *Les dynasties du second siècle de l'hégire.*

65. Les *Beni Dabouyé* régnèrent dans le Djilan (Ghilan) pendant cent un ans, de 40-141 de l'hégire (660-758), quatre princes; 66. les *Beni Badousian* régnèrent dans Rouyan, à Roustemdar, pendant huit cent dix-sept ans, depuis 40-857 de l'hégire (660-1453).

On voit que là, comme plus haut, l'ordre indiqué par le titre est entièrement interverti.

67. Les *Beni Kiaous* régnèrent à Nour pendant quatre-vingt-seize ans, depuis 857-953 de l'hégire (1453-1546); 68. les *Beni Iskender* régnèrent à Kedjewer et perdirent leur indépendance sous le règne du Schah Tahmasp : sept princes; 69. les *Bawendiyés* régnèrent dans le Taberistan et le Mazenderan pendant trois cent soixante-quatorze ans, depuis 45-419 de l'hégire (665-1028) : quinze princes; 70. la seconde dynastie des *Bawendiyés*, dans le Mazenderan, compte huit princes et régna pendant cent quarante ans, depuis 466-606 de l'hégire (1073-1209); 71. les *Djelawiyés*, seconde branche des Bawendiyés, régnèrent dans le Mazenderan pendant cent cinquante-neuf ans, depuis 750-909 de l'hégire (1349-1503); 72. les *Beni Roustem*, rois de Tahert, en Mauritanie, régnèrent pendant cent cinquante-trois ans, depuis 138-291 de l'hégire (755-903) : onze princes; 73. les *Beni Medrar* régnèrent à Sedjelmessa, dans l'Aszsal-Maghrib, c'est-à-dire sur l'extrême frontière de Mauritanie, pendant cent quarante-deux ans, depuis 155-297 de l'hégire (771-909); 74. les *Beni Idris* (Alides) régnèrent à Fez pendant cent trente-cinq ans, depuis 172-307 de l'hégire (788-919).

III. *Les dynasties du troisième siècle de l'hégire.*

Il a déjà été fait mention plus haut des *Beni Siyad,* une des branches des *Abbassides*, dans l'Yémen; des *Beni Saman*, dans la Transoxane; des *Beni Touloun*, en Égypte, et des *Beni Hamdan* à Haleb. Toutes ces dynasties ont pris leur origine dans le troisième siècle, ainsi que :

75. La dynastie de la *famille de Hasan*, fils d'Ali, qui régna à Amoul, dans le Taberistan, pendant cinquante ans, depuis 250-300 de l'hégire (864-912); 76. la *famille de Houseïn* régna pendant dix-sept ans, dans le Taberistan, et le Dilem, à Amoul et à Sariyet, depuis 301-318 de l'hégire (913-930); 77. les petits *Beni*

Leïs régnèrent dans le Khorassan et le Sedjistan, à Herat, pendant quarante-trois ans, depuis 253-296 de l'hégire (867-908) ; 78. les *Beni Safar* régnèrent pendant six cent quarante-deux ans dans le Sedjistan (le Sistan ou Nimrouz), à Serendj, depuis 310-952 de l'hégire (922-1545) : huit princes ; 79. les *Beni Akhaizars*, de la famille de Hasan, régnèrent à la Mecque pendant quatre-vingt-dix-neuf ans, depuis 251-350 de l'hégire (865-961) : onze princes ; 80. les *Beni Tabataba* régnèrent à Sanaa, dans l'Yémen, pendant quarante-deux ans, depuis 288-330 de l'hégire (900-941) ; 81. la *famille Mehdi*, ou les Fatimites, régnèrent pendant soixante-quatre ans à Mehdiyé, en Mauritanie, depuis 297-361 de l'hégire (909-971), où elle alla s'établir en Égypte : quatre souverains ; 82. les *Fatimites* régnèrent au Kaire, en Égypte, pendant deux cent six ans, depuis 361-567 de l'hégire (971-1171) : dix souverains ; 83. les *Beni Kelb* régnèrent en Sicile pendant cent huit ans, depuis 336-444 de l'hégire (947-1052) : neuf princes ; 84. les *Beni Badis* régnèrent pendant cent quatre-vingt-trois ans à Mehdiyé (Mahadia), dans l'Afrikiyé (côte nord de l'Afrique), depuis 360-543 de l'hégire (970-1143) ; 85. les *Beni Hammad*, branche de la tribu *Sinhadja*, régnèrent pendant cent soixante et un ans, d'abord à Hammad, puis à Boudjayé, depuis 386-547 de l'hégire (996-1152) : sept princes ; 86. les *Homaïrites*, appelés encore *Batimites, Molahids, Ismaïlites* et *Alamoutites*, c'est-à-dire les Assassins, branche des Fatimites d'Égypte, régnèrent pendant cent soixante et onze ans à Alamout, depuis 483-654 de l'hégire (1090-1256) : huit princes ; 87. les *Beni Salih*, branche des Assassins, régnèrent dans l'Yémen, depuis 455 de l'hégire (1063) : cinq princes ; 88. les *Ismaïlites* régnèrent en Syrie depuis 520 de l'hégire (1126).

IV. *Les dynasties du quatrième siècle de l'hégire.*

89. La seconde dynastie des *Beni Siyad* régna pendant cent cinquante-cinq ans dans le Djordjan (l'ancienne Hyrcanie) depuis 315-470 de l'hégire (927-1077) : huit princes. Les *Beni Bouyé*, que les Arabes ont transformés en Beni Boweïh, régnèrent dans le Farsistan, dans les deux Iraks, dans le Khouzistan, le Kerman, le Taberistan, l'Arran, le Djeziret, l'Azerbeïdjan et l'Arménie ; ils comptaient en tout dix-huit princes, et se divisaient en trois branches, savoir : 90. Les *fils de Moïzed Dewlet* régnèrent à

Bagdad depuis 331 de l'hégire (942) : six souverains; 91. les fils de *Rokned-Dewlet* régnèrent dans l'Irak pendant cent sept ans, depuis 323-430 de l'hégire (934-1038); 92. les *fils de Rokned-Dewlet* régnèrent pendant cent neuf ans dans le Farsistan et le Kerman, depuis 338-447 de l'hégire (949-1055); 93. les *Beni Hasnewiyés* régnèrent pendant quatre-vingt-dix ans à Dinour, depuis 350-440 de l'hégire (961-1048); 94. les *Beni Annaz* régnèrent pendant cent soixante-dix ans à Holwan et Kermisin, depuis 380-550 de l'hégire (990-1155); 95. les *Beni Kakouyés*, appelés par les Arabes Kakweïhs, régnèrent pendant quarante-trois ans à Isfahan, depuis 394-437 de l'hégire (1003-1045) : cinq princes; 96. les *Atabegs des Beni Kakouyés* régnèrent pendant cent cinquante-neuf ans, depuis 536-695 de l'hégire (1141-1295) : neuf souverains; 97. les *Beni Mezid*, régnèrent pendant cent cinquante-cinq ans à Helli dans le Djeziret, depuis 340 558 de l'hégire (1012-1162) : huit princes; 98. les *Beni Mousafir*, appelés aussi *Sellar*, régnèrent dans l'Azerbeïdjan pendant quatre-vingt-sept ans, depuis 333-420 de l'hégire (944-1029); 99. les *Beni Schedad* régnèrent dans l'Arran pendant cent vingt-huit ans, depuis 340-468 de l'hégire (951-1075); 100. les *Beni Mousa* régnèrent à la Mecque et à Médine pendant cent trois ans, depuis 350-453 de l'hégire (961-1061); 101. les *khans du Turkestan* de la famille d'Efrasiab régnèrent pendant deux cent vingt-six ans, d'abord à Balasghoun, puis à Bokhara et à Samarkand, depuis 383-609 de l'hégire (993-1212) : vingt khans; 102. les *Beni Merwan* régnèrent à Amid et Miafarekeïn dans le Diarbekr pendant cent cinq ans, depuis 373-478 de l'hégire (983-1085): sept princes des tribus kurdes d'Amid; 103. les *Beni Moseiyib* régnèrent à Mossoul pendant cent quinze ans, depuis 380-495 de l'hégire (990-1101).

V. *Les dynasties du cinquième siècle de l'hégire.*

104. Les *Beni Hammoud* (Alides) régnèrent en Andalousie, à Cordoue et à Malaga, pendant quarante-deux ans, depuis 407-449 de l'hégire (1016-1057); 105. les *Beni Merdas* régnèrent à Haleb pendant cinquante-huit ans, depuis 414-472 de l'hégire (1023-1079).

C'est ici que sont placées les quatre lignées des Sultans seldjoukides, savoir : celles qui dominaient dans les *deux Iraks*, dans le *Kerman*, en *Syrie*, et dans le *pays de Roum*, ainsi que les trois branches, les *Beni Danischmend*, les *Ortoks* et les *Atabegs*; 106. la première lignée des *Seldjouks* régna pendant cent cinquante-huit ans dans les deux Iraks, dans le Khorassan et à Isfahan, depuis 432-590 de l'hégire (1040-1193); 107. la seconde lignée des *Seldjouks* régna dans le Kerman pendant cent cinquante ans, depuis 433-583 de l'hégire (1041-1187); 108. la troisième lignée des *Seldjouks* régna pendant quarante-un ans à Damas en Syrie, depuis 470-511 de l'hégire (1077-1117); 109. la quatrième lignée des *Seldjouks* régna à Koniah, dans le pays de Roum, pendant deux cent quarante-huit ans, depuis 456-704 de l'hégire (1063-1304) : quinze souverains; 110. les *Beni Danischmends* régnèrent à Siwas pendant cent six ans, depuis 464-570 de l'hégire (1071-1174) : sept princes; 111. les *Beni Ortoks* régnèrent à Mardin pendant trois cent cinquante ans, depuis 464-814 de l'hégire (1071-1411); 112. les *Beni Ilghazi* régnèrent dans l'Irak pendant trois cent onze ans, depuis 500-811 de l'hégire (1106-1408); 113. les *Beni Salihiyés* s'éteignirent à Erzeroum en l'année 598 de l'hégire (1201); 114. les *Beni Menkoutschek* s'éteignirent à Erzendjan en l'année de l'hégire 464 (1071).

On compte encore parmi les dynasties des Seldjouks les douze dynasties des Atabegs et les deux dynasties des affranchis de ces derniers, savoir : 115. la première lignée des *Atabegs de la famille d'Aksankor* régna à Mossoul pendant soixante-dix-neuf ans, depuis 521-600 de l'hégire (1127-1203); 116. la seconde lignée des *Atabegs* de la *famille d'Aksankor* régna à Damas pendant trente-huit ans, depuis 541-579 de l'hégire (1146-1183); 117. les *Atabegs descendans de Sengin* régnèrent à Sindjar pendant cinquante-un ans, depuis 566-617 de l'hégire (1170-1220); 118. les *Atabegs de Mossoul* régnèrent sur le Djeziret pendant quarante-huit ans, depuis 576-624 de l'hégire (1180-1226); 119. Une seconde branche des *Atabegs de Mossoul* y régna pendant trente ans; depuis 640-660 de l'hégire (1232-1261); 120. les *Atabegs d'Arbil* régnèrent pendant quatre-vingt-dix ans, depuis 540-630 de l'hégire (1145-1232); 121. les *Atabegs de la famille Tokteghin* régnèrent pendant cinquante-deux ans, depuis 497-549 de l'hégire (1103-1154) : six princes; 122. les *Atabegs* dispersés dans l'Est, établis chez quelques princes; 123. les *Atabegs de la famille d'Aksankor* à Hamadan et à Isfahan régnèrent pendant vingt-trois ans, depuis 591-614 de l'hégire (1194-1217); 124. les *Mamlouks des Atabegs* régnèrent dans l'Irak, à Hamadan et à Isfahan; 125. les *Atabegs de la famille Salghar* régnèrent pendant cent quarante-trois ans, depuis 542-685 de l'hégire (1147-1286);

126. les *Atabegs dans le Khouzistan* régnèrent pendant quarante-quatre ans, depuis 547-591 de l'hégire (1152-1194); 127. les affranchis des *Atabegs,* bien qu'ils ne méritent pas ce titre honorifique, régnèrent pendant quatre-vingt-huit ans, depuis 462-550 de l'hégire (1069-1155); 128. les affranchis du sultan *Sandjar* dans le Khorassan, régnèrent pendant quarante-sept ans, depuis 548-595 de l'hégire (1153-1198); 129. les affranchis dans le *Sindjar* régnèrent pendant seize ans, depuis 548-564 de l'hégire (1153-1168); 130. les *schahs du Khowarezm* régnèrent pendant cent trente-huit ans, depuis 490-628 de l'hégire (1096-1230); 131. la branche des *schahs de Khowarezm* qui régnait à *Kara Khita* se maintint sur le trône pendant quatre-vingt-cinq ans, depuis 620-705 de l'hégire (1223-1305); 132. la *dynastie des Schoubankiaras* dans le Farsistan, régna pendant deux cent trente ans, depuis 448-678 de l'hégire (1056-1279); 133. les *Moulsemins* régnèrent pendant quatre-vingt-dix-huit ans à Maroc, depuis 448-542 de l'hégire (1056-1147) : cinq souverains.

VI. *Les dynasties du sixième siècle de l'hégire.*

134. Les *Mowahidins* régnèrent dans le Maghrib (Mauritanie) pendant cent cinquante-quatre ans, depuis 514-668 de l'hégire (1120-1269); 135. les *Beni Hafzs,* branche des précédens, régnèrent à Tunis pendant quatre cent vingt-sept ans, depuis 555-982 de l'hégire (1155-1574); 136. les *Beni Sekeria* régnèrent à Djerbé vers la fin de la dynastie des Beni Hafzs : cinq princes; 137. les *Beni Kazi* régnèrent à Sewara et Kokou : cinq princes; 138. les *Beni Ammar* régnèrent pendant quatre-vingts ans à Tripoli sur la côte barbaresque, depuis 724-804 de l'hégire (1323-1401); 139. les *Beni Mezenni* régnèrent à Beskeré pendant soixante-quatre ans, depuis 740-804 de l'hégire (1339-1401); 140. les *souverains du Grand Loristan,* les *Beni Fazlouyés,* que les Arabes appellent *Fadhlweih,* régnèrent pendant deux cent quatre-vingt-deux ans, depuis 545-827 de l'hégire (1150-1423); 141. les *Beni Kkorschid* à Khouremabad régnèrent pendant deux cent trente-sept ou deux cent quarante ans, depuis 570 jusque vers l'année de l'hégire 807 (1174-1404); 142. les *Beni Ghour* régnèrent pendant soixante-sept ans à Firouzkouh et à Ghazna, depuis 545-612 de l'hégire (1150-1215); 143. les *Ghourides* appelés aussi *Heyatils* (Euthalites) régnèrent à Bamian pendant soixante-cinq ans, depuis 545-610 de l'hégire (1150-1213); 144. les affranchis des *Heyatils* ré-

gnèrent à Ghazna, à Kaboul et sur le Moultan pendant vingt-deux ans, depuis 602-624 de l'hégire (1205-1226); 145. une *autre branche de ces affranchis* y régna pendant quatre-vingt-huit ans, depuis 602-690 de l'hégire (1205-1291); 146. une *branche des Ghourides* c'est-à-dire les *Khouldjiyés*, mais qui n'a jamais été esclave, régna dans l'Inde pendant cent quatre-vingt-dix-neuf ans, depuis 602-801 de l'hégire (1205-1398); 147. les *Beni Kourt* régnèrent à Herat pendant cent quarante ans, depuis 643-783 de l'hégire (1245-1381).

Viennent ensuite les dynasties des *Eyoubides* dont tous les autres historiens ne citent que sept lignées, mais qui apparaissent ici divisées en douze dynasties : non compris les deux dynasties des *Mamlouks d'Égypte* qui sont comptées comme faisant partie des dynasties Eyoubides. Ce sont :

148. Les *Eyoubides d'Égypte et de Syrie;* ils ont régné pendant quarante-huit ans, depuis 567-615 de l'hégire (1171-1218); 149. les *Eyoubides de Damas* ont régné pendant soixante-neuf ans, depuis 589-658 de l'hégire (1193-1259); 150. les *Eyoubides de Haleb* ont régné pendant soixante-dix-neuf ans, depuis 579-658 de l'hégire (1183-1259) : trois souverains; 151. les *Eyoubides de Hama* ont régné pendant cent soixante-huit ans, depuis 574-742 de l'hégire (1178-1341); 152. les *Eyoubides de Himss* ont régné pendant cent seize ans, depuis 545-661 de l'hég. (1150-1262); 153. les *Eyoubides de Kerek* (Crac) régnèrent pendant soixante-dix-sept ans, depuis 584-661 de l'hég. (1188-1262); 154. les *Eyoubides de Balbek* ont régné pendant cent onze ans, depuis 533-644 de l'hégire (1138-1246); 155. les *Eyoubides de Hossn-Keïf* ont régné pendant trente-deux ans, depuis 629-661 de l'hégire (1231-1262); 156. les *Eyoubides établis dans les pays situés plus à l'est* ont régné pendant soixante-seize ans, depuis 582-658 de l'hégire (1186-1259); 157. les *Eyoubides dans l'Yémen*, qui arrachèrent la domination aux *Beni Mehdi*, régnèrent à Sebid pendant cinquante-sept ans, depuis 569-26 de l'hégire (1173-1228); 158. les *Beni Mehdi*, leurs prédécesseurs, y avaient régné pendant quinze ans, depuis 554-569 de l'hégire (1159-1173); 159. les *esclaves turcomans des Eyoubides du Kaire* régnèrent pendant cent trente-six ans, depuis 648-784 de l'hégire (1250-1382); 160. les *Mamlouks Tscherkesses* régnèrent en Égypte pendant cent trente-huit ans, depuis 784-922 de l'hég. (1283-1516); 161. les *Beni Resoul* régnèrent dans l'Yémen pendant deux cent trente-trois ans, depuis 626-859 de l'hég. (1228-1454) : c'était

une branche des Eyoubides, et non pas *Mewalis*, c'est-à-dire esclaves, mais *Awalis*, c'est-à-dire nés libres ; leurs dix princes résidaient à Sébid.

Après les treize dynasties des *Eyoubides* viennent les trois dynasties des schérifs de la Mecque et de Médine ; les quinze dynasties des *Djenghizides*, puis les *Timourides;* ces derniers apparaissent comme formant la *troisième branche des Djenghizides;* il n'en sera question qu'à l'occasion des dynasties du neuvième siècle de l'hégire.

162. Les *schérifs de la Mecque et de Médine*, et d'abord les *Beni Haschim*, régnèrent pendant cent trente-huit ans, depuis 460-598 de l'hég. (1067-1201) ; 163. les *schérifs Beni Kitadés* y régnèrent depuis 598 (1201) jusqu'à aujourd'hui ; 164. les *schérifs Beni Mohenna* régnèrent à Médine depuis le commencement du viie siècle de l'hégire jusqu'en 973 (1565).

165. la *famille Djenghiz* régna à Karakaroum depuis 599 de l'hégire (1202), d'abord Djenghizkhan, ensuite ses trois fils *Oktaï, Kayouk* et *Mangou;* 166. Les *fils d'Oktaï,* régnèrent dans le Turkestan pendant cent quarante-huit ans, depuis 657-805 de l'hég. (1258-1402) : six souverains ; 167. les *fils de Tschagatai* régnèrent dans la Transoxane pendant cent quatre-vingt-un ans, depuis 624-805 de l'hég. (1226-1402) ; 168. les *fils de Djoudji* régnèrent jusqu'en l'année 624 (1226) ; 169. les descendans de la même *famille de Batoukhan* régnèrent à Baghdjeseraï en Crimée pendant quarante-neuf ans, depuis 624-664 de l'hég. (1226-1265) ; 170. les *fils de Djoudji,* comme khans de la *horde bleue*[1], régnèrent à Séraï en Crimée pendant quatre-vingt-seize ans, depuis 665-761 de l'hég. (1266-1359) : cinq khans ; 171. les *fils de Djoudji,* comme khans de la *horde blanche,* régnèrent pendant cent soixante-dix ans, depuis 664-834 de l'hég. (1265-1430) ; 172. *plusieurs autres princes de la famille de Djoudji* régnèrent dans le désert Kipdjak ; 173. les *khans de Crimée* régnèrent à Baghdjéseraï pendant trois cent soixante-huit ans, depuis 830 de l'hégire (1426) jusqu'à la cession de la Péninsule aux Russes en 1198 (1783) ; 174. les *Beni Scheïban*, descendans des fils de Djoudji, régnèrent

---

[1] *Kœk ordou* signifie, il est vrai, généralement la *horde céleste*, mais il paraît qu'il faut traduire la horde bleue, koëk signifiant aussi bien le *ciel* que *bleu;* d'ailleurs il est question d'une horde blanche.

dans la Transoxane depuis 835 de l'hég. (1431); 175. les *Beni Scheïban* régnèrent dans le Khowarezm depuis 916 de l'hég. (1510); 176. les *fils de Toulikhan* régnèrent dans le Khataï, à Khanbaligh (Péking), pendant cent quarante-deux ans, depuis 658-800 de l'hég. (1259-1397) : quinze souverains; 177. les *Ilkhans de Holagou* régnèrent pendant quatre-vingt-neuf ans, depuis 651-740 de l'hég. (1253-1339); 178. la *famille Tschoban* régna pendant quarante ans, depuis 718-758 de l'hég. (1318-1358) : trois princes; 179. les *Ilkhans* ou *Djelaïrs* régnèrent pendant un siècle, depuis 737-837 de l'hég. (1336-1436); 180. la *famille Toghatimour* régna dans le Khorassan pendant soixante-quinze ans, depuis 737 de l'hég. (1336) : quatre princes. 181. les *rois de la famille Indjou*, c'est-à-dire des biens de la couronne (*indjou* signifie, en langue mongole, les biens de la couronne), régnèrent pendant quarante-deux ans, depuis 716 de l'hég. (1316); 182. les *Beni Mosaffers* régnèrent dans le Farsistan, à Schiraz, pendant quatre-vingt-quatorze ans, depuis 718 de l'hég. (1318); 183. les *Serbédars* régnèrent à Sebzewar pendant cinquante-deux ans, depuis 736 de l'hég. (1335).

VII. *Les dynasties du septième siècle de l'hégire.*

184. Les *Beni Ahmers* régnèrent dans l'Andalousie pendant deux cent soixante-dix ans, depuis 630-900 de l'hég. (1233-1494) : dix-huit souverains; 185. les *Beni-Abdolwad* régnèrent pendant deux cent quatre-vingts ans à Telmesan, depuis 621 de l'hég. (1224); 186. les *Imams* règnent dans *l'Yémen* depuis 600 de l'hég. (1203) jusqu'à aujourd'hui; 187. les *Béni Merins* régnèrent dans l'Akssal Maghrib pendant deux cent cinquante-neuf ans, depuis 610 de l'hégire (1213); 188. les *schérifs Hamziyin* régnèrent dans l'Yémen depuis 600 de l'hég. (1203); 189. les *princes de Hormouz* régnèrent depuis 671 de l'hég. (1272).

Viennent maintenant les quatorze dynasties qui se sont élevées sur les ruines des trônes des Seldjouks d'Anatolie, ce sont :

190. Les *Karamans;* ils ont régné pendant deux cent quatre ans, depuis 676-880 de l'hég. (1277-1475); 191. les *Kizilahmedlüs* régnèrent à Kastemouni pendant cent soixante-quatorze ans, depuis 690 de l'hég. (1291); 192. les *deux fils de Mouineddin Perwané* régnèrent à Sinope pendant vingt-quatre ans, depuis 676-700 de l'hég. (1277-1300); 193. les *Aidinoghlis* régnèrent pendant cent trente ans

dans le sandjack actuel d'Aïdin, depuis 700-830 de l'hég. (1300-1426) : trois princes; 194. les *Saroukhanoghlis*, régnèrent dans le sandjak actuel de Saroukhan à Magnésie jusqu'en l'année de l'hégire 813 (1410) : trois princes; 195. les *Menteschéoghlis* régnèrent dans le sandjak actuel de Mentesché : trois princes; 196. les *Kermianoghlis* régnèrent à Kutahiyé : quatre princes; 197. les *Hamidoghlis* régnèrent dans le sandjak actuel de Hamid : deux princes; 198. les *Tekkéoghlis* régnèrent à Antalia dans le sandjak actuel de Tekké, trois princes; 199. les *princes de Karasi* régnèrent dans le sandjak de ce nom; 200. les *princes de Djanik;* 201. les *princes d'Alayé;* 202. les *princes de Siwas,* de la famille de Bourhaneddin. Enfin vient la *dynastie des Ottomans,* qui comme la plus puissante de toutes est à la tête des dynasties qui ont surgi au huitième siècle de l'hidjret. Le troisième volume de l'histoire de l'astronome Mohammed-Éfendi ne s'occupe que d'elle, et c'est pour cette raison que nous aussi nous en parlerons séparément.

VIII. *Les dynasties du huitième siècle de l'hégire.*

203. La *famille de Timour* régna dans la Transoxane; en première ligne se trouve *Timourlenk*, avec trois de ses aïeux, *Émir Karghan, Émir Abdoullah* et *Émir Houseïn.* Son empire se maintint jusqu'à sa mort, en 807 de l'hég. (1404); 204. les *fils du mirza Djihanghir*, fils de Timour, mort en 776 (1374), régnèrent jusque vers l'année 850 (1446); 205. les *fils du mirza Schahrokh*, second fils de Timour, issus d'Oulougbeg, régnèrent jusqu'en 854 de l'hég. (1459); 206. les *fils du mirza Ibrahim*, fils de Schahrokh, régnèrent depuis 812-848 de l'hég. (1409-1444); 207. les *fils d'Omerscheïkh*, troisième fils de Timour, régnèrent depuis 795 de l'hég. (1392) jusqu'à la mort de Bediezéman à Constantinople; 208. les *fils de Miranschah*, quatrième fils de Timour, d'abord ceux qui descendaient en ligne directe du *mirza Eboubekr*, fils aîné de Miranschah; puis, 209. ceux qui, issus de la même ligne, dominèrent dans la Transoxane jusqu'en l'année 906 de l'hég. (1500); 210. les *Timourides* de la même ligne qui régnèrent à *Ghazna*, à *Kaboul* et dans *l'Afghanistan;* 211. les *Timourides* qui régnèrent dans le *Germsir* et *Kina;* 212. les *Timourides* qui régnèrent dans le *Bedakhschan;* 213. les descendans *des fils d'Ebousaïd* régnèrent d'abord à Andedjan, Ferghana et ensuite dans l'Indostan, depuis 873 de l'hég. (1468), jusque vers la fin du

xviie siècle; 214. les *Toghloukschahs* régnèrent à Delhi pendant quatre-vingt-dix-huit ans, depuis 720 de l'hég. (1320); 215. les *fils de Khizrkhan*, branche des Toghlouksehahs, régnèrent pendant trente-sept ans, depuis 818 de l'hég. (1415).

216. Les *Loudiyés*, branche des Khizrkhans de Dehli, régnèrent pendant soixante-dix-sept ans, depuis 854 de l'hégire (1450); 217. les *Souriyés* régnèrent pendant trente ans, depuis 947 de l'hégire (1540); 218. une branche des *Newkhaniyés* régna pendant vingt-un ans, depuis 925 de l'hégire (1519); 219. les *Keraniyés*, branche des *Souriyés* régnèrent pendant vingt ans, depuis 960 de l'hégire (1552); 220. les branches des *Toghloukschahs*: d'abord celle des *rois du Bengale*; en second lieu, 221. les *rois de Malwa*; troisièmement, 222. les *deux souverains afghans* à Malwa; 223. les *souverains de Tschanpour* qui régnèrent pendant cent quatre ans, depuis 896 de l'hégire (1490); 224. les *rois de Goudjourat* qui ont régné à Ahmedabad pendant cent quatre-vingt-six ans, depuis 793 de l'hégire (1390); 125. les *Behmenschahs* dans le Dekkan, qui ont régné pendant quatre-vingt-deux ans, depuis 748 de l'hégire (1347); 226. les *Nizamschahs*, qui ont régné à Dewletabad depuis 890 de l'hégire (1485); 227. les *Koutb-schahs* à Delingana; 228. les *Aadilschahs*; 229. les *rois de Kaschghar*, depuis 760 de l'hégire (1358); 230. les *princes de Kischmir*.

C'est avec ces derniers que finissent les dynasties mongoles, et l'auteur commence à énumérer celles des Turcomans que voici :

231. Les *Karakoyounlüs*, c'est-à-dire *du mouton noir*, régnèrent à Tebriz dans l'*Azerbeïdjan* pendant cent six ans, depuis 777-883 de l'hégire (1375-1478); 232. une autre branche des *Karakoyoulüs* régna à Bagdad; 233. les *Akkoyounlüs*, c'est-à-dire, *du mouton blanc* ou *Bayenderis*, régnèrent à Diarbekr; 234. les *Soulkadriyés* régnèrent à Elbistan et à Merâsch; 235. les *Beni Ramazan* régnèrent à Adana; 236. les *Schirwanschahs*, une branche des Abbassides; 237. une seconde branche des *Schirwanschahs* qui fait remonter l'origine de leur tribu à Nouschirwan.

IX. *Les dynasties du dixième siècle de l'hégire.*

238. La *dynastie des Saffewis* en Perse; 239. les *Tscherkesses* régnèrent dans l'Yémen depuis 922 de l'hégire (1516) pendant cinq ans : trois princes; 240. la *dynastie des marins turcs* (Roumilie Lewendlüs) qui s'étaient révoltés après la conquête de l'Egypte par Sélim II, se

maintint pendant vingt ans, jusque vers l'année 945 (1538); 241. les *imams Seïdiyés* régnèrent depuis 940 de l'hégire (1533) jusqu'en 1092 (1681); 242. les *gouverneurs ottomans* dans l'Yémen, s'y maintinrent pendant trente-sept ans, depuis 945-982 de l'hégire (1538-1574); 243. les *schérifs* de la famille de Houseïn dominèrent à Maroc, depuis 921 de l'hégire (1515) jusqu'en 1092 (1681); 244. la *dynastie des Ottomans*.

SULTANS OTTOMANS.

1. *Sultan Osman,* né en l'année de l'hégire 657 (1285), mort en 726 (1325) après un règne de vingt-sept ans. Ses restes reposent à Brousa.

Ses fils : 1. Alaeddin-Pascha, premier vizir de l'Empire (le mot Pascha signifiait chez les Turcomans frère aîné); 2. Ourkhan, premier beglerbeg de l'Empire; 3. Saoudjibeg; ce dernier manque dans tous les autres historiens.

II. *Sultan Ourkhan,* né en 680 (1281), monta sur le trône en 726 (1279), à l'âge de quarante-six ans; il mourut en 761 (1359).

Ses fils : 1. Souleïman-Pascha, mort à Boulaïr d'une chute de cheval; 2. Mourad, successeur d'Ourkhan; 3. Kasim Tschelebi, mort très jeune.

III. *Sultan Mourad I,* né en 726 (1325), monta sur le trône en 761 (1359) et périt à la bataille de Kossova en 791 (1389).

Ses fils : 1. Bayezid Yildirim, son successeur; 2. Saoudjibeg: 3. Yakoubtschelebi.

IV. *Sultan Bayezid Yildirim,* né en 748 (1347), monta sur le trône en 791 (1389) et mourut en 805 (1403).

Ses fils : 1. Ertoghroul; 2. Souleïmantschelebi; 3. Mohammed, son successeur; 4. Isaktschelebi; 5. Mousatschelebi; 9. Moustafatschelebi. Il est à remarquer que quelques historiens parlent d'un certain *Kasim* au lieu de nommer *Ertoghroul*. L'astronome ne dit rien ni de *Yousouf* ni de *Mahmoud,* dont il est question dans quelques histoires.

V. *Sultan Mohammed I* monta sur le trône en 791 (1389) et mourut en 824 (1421). Presque tous les historiens turcs s'accordent à dire qu'à la bataille d'Angora ce prince avait quatorze ans; dans ce cas, il a dû voir le jour en 791 (1389) : quelques-uns cependant prétendent qu'il était né en 781 (1379); s'il en est ainsi, il a dû avoir vingt-quatre ans à la mort de son père [1].

Ses fils : 1. Mourad, son successeur; 2. Mahmoud; 3. Yousouf; 4. Moustafa; 5. Ahmed; 6. Mohammed [2].

VI. *Sultan Mourad II*, né en 806 (1403) monta sur le trône en 824 (1421), abdiqua en 846 (1442), remonta sur le trône en 848 (1444) et mourut le 10 moharrem 855 (14 février 1451).

Ses fils : 1. Mohammed, son successeur; 2. Ourkhan; 3. Alaeddin; 4. Hasan; 5. Ahmed. Ahmed et Alaeddin moururent du vivant de leur père et sont enterrés à Amassia; Hasan et Ourkhan moururent à Andrinople, où ils reposent non loin des rives de la Toundja.

VII. *Sultan Mohammed II*, né en 833 (1430), monta sur le trône en 846 (1442), se retira en 848 (1444), en prit possession pour la seconde fois le 16 moharrem 855 (18 février 1451) [3] et mourut le 4 rebioul-ewwel 886 (3 mai 1481).

Ses fils : 1. Djem; 2. Moustafa; 3. Bayezid.

VIII. *Sultan Bayezid II*, né en 851 (1447) monta, sur le trône le 10 rebioul-ewwel 886 (9 mai 1481) et mourut le 26 mai 1512.

Ses fils : 1. Sélim; 2. Ahmed; 3. Korkoud; 5. Abdoullah; 6. Alemschah. Il manque ici les princes Schehinschah et Mohammed que nous avons cités dans la table généalogique du tome III et que nous avons trouvés dans d'autres sources. En général, les tables généalogiques de cette histoire sont plus justes et plus complètes que celles que contient l'histoire de l'astronome Mohammed, et nous renvoyons le lecteur à ces tables.

Dynasties des Ouzbegs tirées de l'histoire du Mounedjim-baschi.

1. *Eboulkhaïrkhan* s'empara du Khowarezm en 837 (1433) et de Samarkand en 854 (1450) et mourut en 873 (1468); 2. son fils *Scheïkh Haïder* étant mort d'une blessure qu'il avait reçue dans la

---

[1] Il paraît en effet que Mohammed avait vingt-quatre ans à la mort de son père, et non pas quatorze, chiffre qui n'est qu'une faute du copiste.

[2] On lit dans le manuscrit deux fois Ahmed; ce qui est une erreur.

[3] On voit qu'il y a là une erreur, car le jour de l'avènement du Sultan étant compté du jour de la mort du Sultan précédent, c'est ou le 10 ou le 16 moharrem, date qui est erronée.

bataille contre Hadji-Ghiraï, khan de Crimée, eut pour successeur son neveu *Mohammed Scheïbékhan*. Ce dernier enleva en 913 (1507) le Khorassan ou Bediez-zeman et périt à la bataille de Merw en 916 (1510); 3. l'oncle de Mohammed Scheïbékhan, *Koudjkoundji*, lui succéda et mourut en 936 (1529); 4. *Ebou Saïd*, son fils, mourut en 939 (1532); 5. le cousin de ce dernier, *Obeïdoullah*, mourut en 946 (1539); 6. *Abdoullah*, ne régna que six mois; 7. *Abdoullatif* mourut après quinze mois et non pas après douze mois, comme l'auteur le dit par erreur, en 961 de l'hégire et non en 963, comme le prétend le Mounedjimbaschi. Ici l'auteur a omis le prince Timour, cité dans la table du t. V; 9. *Pir Mohammed* céda le trône à son frère *Iskenderkhan* après avoir régné dix ans; 10. *Iskenderkhan* mourut en 978 (1570); 11. *Abdoullah* envahit le Khorassan en 995 (1586) et mourut après un règne de vingt-six ans, en 1004 (1596); 12. *Imam Kouli* abandonna le khanat à son frère Pir Mohammed en 1044 (1634); 13. *Pir Mohammed* suivit l'exemple de son prédécesseur et se rendit à la Mecque en cédant le trône 14. à *Abdoulaziz*. On voit combien est défectueuse cette table comparée à celle des t. VII et IX de cette histoire.

Dynasties des Khans de Crimée.

1. *Mengli-Ghiraï*, fils de Hadji-Ghiraï, monta sur le trône à Baghdjé-Seraï en 880 (1475) et mourut en 920 (1514); 2. *Mohammed-Ghiraï* périt dans la bataille contre les Nogaïs en 929 (1522); 3. *Ghazi-Ghiraï* régna jusqu'en 932 (1525); 4. *Seadet-Ghiraï* abdiqua après un règne de huit ans, en 932 (1532); 5. *Islam-Ghiraï* [1] ne régna que peu de temps; 6. *Sahib-Ghiraï* arriva au pouvoir en 949 (1542) et fut assassiné en 961 (1553); 7. *Dewlet-Ghiraï*, fils de Moubarek-Ghiraï et petit-fils de Mengli-Ghiraï, mourut en 985 (1577), et laissa dix-huit fils; 8. *Mohammed-Ghiraï* régna pendant sept ans et fut étranglé en 992 (1584); 9. *Islam Ghiraï*, son frère, régna quatre ans et mourut en 996 (1588); 10. *Ghazi-Ghiraï II* arriva au pouvoir en 1004 (1595) et fut destitué en 1007 (1598), pour ne s'être pas présenté à l'ouverture de la campagne contre l'Autriche; 11. *Feth-Ghiraï* ne resta sur le trône que quelques mois et fut assassiné par son prédécesseur *Ghazi-Ghiraï*; 12. ce dernier reprit le

---

[1] Ce khan a été omis par erreur dans les tables du tome V.

pouvoir et mourut en 1017 (1608), regretté en qualité de poëte[1] ; 13. *Selamet-Ghiraï* régna pendant trois ans et fut remplacé par son neveu en 1019 (1610); 14. *Djanibek-Ghiraï*, fils de Moubarek Ghiraï, assista au siége de Chocim et fut révoqué en 1032 (1633) 15. *Mohammed-Ghiraï*, fils de Séadet-Ghiraï, régna jusqu'en l'année 1037 (1627); 16. *Djanibek-Ghiraï* pour la seconde fois; il fut révoqué en 1046 (1636); 17. *Inayet-Ghiraï*, fils de Ghazi-Ghiraï le poëte, mourut en 1047 (1637); 18. *Behadir-Ghiraï*, fils de Selamet-Ghiraï, mourut en 1051 (1641); 19. *Mohammed-Ghiraï*, son frère, fut révoqué en 1054 (1644) ; 20. *Islam-Ghiraï*, frère aîné de ce dernier, mourut en 1064 (1654); 21. *Mohammed-Ghiraï* arriva au pouvoir pour la seconde fois et fut destitué en 1076 (1665); 22. *Aadil Ghiraï*, fils de Tschoban Dewlet-Ghiraï, fut destitué en 1082 (1671); 23. *Sélim-Ghiraï* fut révoqué en 1088 (1678); 24. *Mourad-Ghiraï*, c'est par lui que termine l'histoire de l'astronome Mohammed-Efendi en 1091 (1680). (Voyez les tables généalogiques de cette histoire.)

Les princes des douze dynasties qui se sont élevées sur les ruines des trônes des dynasties seldjoukides, sont, d'après le même auteur :

I. *La dynastie des princes de Karamanie.*

1. *Mohammedbeg*, mort dans une bataille en 678 (1271); 2. *Mahmoudbeg*, fut battu en 719 (1319) par Tschoban, général d'Ebou-Saïd; 3. *Yakhschibeg* son fils; 4. *Alaeddinbeg*, fils de Yakhschibeg; 5. *Alibeg*, fils d'Alaeddin ; il épousa la fille du sultan Mourad I en 792 (1389) et fut fait prisonnier un mois plus tard par Bayezid Yildirim; 6. *Mohammed beg*, assiégea Brousa; 7. *Mousabeg*, dont les deux neveux se réfugièrent auprès du sultan Mourad II qui leur donna en mariage deux de ses filles, et éleva sur le trône 8. *Ibrahimbeg* l'un d'eux; 9. *Pir Ahmedbeg*, complétement défait par Kedük Ahmed Pascha, général des troupes ottomanes.

II. *Les Kizilahmedlüs.*

1. *Schemseddin Timour*, gouverneur de Keïkhatou, se déclara indépendant en 790 (1391); 2. son fils *Schedjaaeddin* ; 3. *Aadilbeg*,

---

[1] D'après d'autres sources, il mourut un an plus tard.

fils de ce dernier ; 4. *Bayezidbeg Kotūruüm* (le perclus), contemporain de Bayezid Yildirim ; 5. *Isfendiarbeg*, fils d'Aadilbeg, beau-père du sultan Mourad II ; 6. *Ibrahimbeg*, fils d'Isfendiarbeg ; 7. *Ismaïlbeg* fils d'Ibrahimbeg ; 8. *Kizil Ahmedbeg*, frère du précédent.

III. Les fils de Perwané à Sinope.

1. *Mouineddin Mohammed*, mort en 696 (1296) ; *Mohaizibeddin Mesoud*, mort en 700 de l'hégire (1300).

IV. Les princes d'Aidin.

1. *Aidinbeg* ; 2. *Mohammedbeg*, son fils ; 3. *Isabeg*, fils de ce dernier.

V. Les princes de Saroukhan.

1. *Éliasbeg* ; 2. *Ishakbeg*, fils d'Éliasbeg ; 3. *Khizrschah*, fils d'Ishakbeg : ce fut avec lui que s'éteignit la dynastie, en 813 de l'hégire (1410).

VI. Les princes de Mentesché.

1. *Menteschébeg* ; 2. son fils *Yakoubbeg* ; 3. *Éliasbeg*, fils de ce dernier.

VII. Les princes de Kermian.

1. *Kermianbeg* ; 2. *Alischirbeg* ; 2. *Alischirbeg*, son fils ; 3. *Aalemschah*, fils d'Alischirbeg ; 4. *Alibeg*, fils d'Aalemschahbeg et beau-père du sultan Bayezid Yildirim ; 5. *Yakoubbeg*, fait prisonnier par Bayezid Yildirim, s'enfuit chez Timourlenk, et constitua héritier de son pays, avant sa mort, le sultan Mohammed II.

VIII. Les princes de Hamid.

1. *Felekeddin Hamid*, fondateur de la ville d'Eghirdir ; 2. *Houseïnbeg*, qui régnait en même temps que le sultan Mourad I.

IX. Les princes de Tekké.

1. *Tekkébeg*, gouverneur des sultans seldjoukides à Antalia, se rendit indépendant. Il eut pour successeur 2. *Osman Tschelebi*, qui fut tué par Hamzabeg en 830 (1426).

X. *Les princes de Karasi.*

1. *Adjlanbeg* régnait en même temps que le sultan Ourkhan, qui, profitant de la querelle survenue entre les fils d'Adjlanbeg, s'empara de tout le territoire de leur père.

XI. *Les princes de Djanik.*

1. *Kabadoghli;* 2. *Taschnioghli;* 3. *Djouneïdbeg;* 4. *Houseïnbeg.*

XII. *Les princes d'Alayé.*

1. *Latifbeg;* 2. *Kilidjbeg;* 3. *Arslanbeg;* ce dernier fut vaincu par Kedük Ahmed-Pascha en 866 (1461), et perdit dès lors son territoire.

Si l'on compare ce tableau, qui embrasse deux cent quarante-quatre dynasties, y compris les cinquante dynasties romaines, grecques, arméniennes et franques, avec les tables de Deguignes, on verra que ce dernier, qui énumère les diverses dynasties qui ont régné en Asie, en Afrique et en Europe, n'a cité qu'une centaine de ces dynasties orientales, et que l'histoire universelle des deux astronomes (c'est-à-dire de l'auteur arabe et du traducteur turc) nous fait connaître une centaine d'autres dynasties inconnues à Deguignes. Malgré cela, les tables arabes, turques et persanes sont encore incomplètes. Ainsi on voit qu'il manque dans le tableau des dynasties que nous venons d'énumérer, celle des princes persans dont il est question dans la préface du *Schahnamé* de Firdewesi, et dont l'un, par les encouragements qu'il a donnés aux savants, peut être considéré comme l'auteur de la première collection des histoires de l'ancienne Perse. On doit regretter également la lacune qui reste à combler dans les dynasties arabes, notamment dans celle des *Beni Ammar* de Tripoli en Syrie, qu'on ne doit pas confondre avec la dynastie du même nom qui a régné à Tripoli en Afrique, sur la côte des Berèbers, de même que l'incertitude qui règne dans nos histoires par rapport aux dynasties turques de Kastemouni et de plusieurs autres.

Ces diverses dynasties sont rangées, dans l'ouvrage de l'astronome, d'après les pays où l'islamisme s'est introduit, de la manière suivante:

En Anatolie régnèrent les douze dynasties que nous venons de citer; à Siwas régnèrent les *Beni Danischmends* (n° 110); à Mérâsch et à Elbistan, les *Beni Soulkadr* (n° 234); à Adana, les *Beni Ramazan* (n° 235).

En *Arabie*, où l'islamisme a pris naissance, régnèrent tour à tour, à la Mecque et à Médine, les *Beni Akhaïzar* (n° 79); les *Beni Mousa* (n° 100); les *Beni Haschim* (n° 162); les *Beni Kitadé* (n° 163); les *Beni Mohenna* (n° 164).

Dans l'*Yémen* régnèrent les *Beni Tabataba* (n° 80); les *Beni Salih* (n° 87); les *Beni Mehdi* (n° 158); les *Beni Eyoub* (n° 157); les *Beni Resoul* (n° 161); les schérifs *Hamziyin* (n° 188); les *Imams* (n° 186); les *Tscherkesses* (n° 239); les *marins turcs rebelles* (n° 240); les *Seïdiyé* (n° 241); les *gouverneurs ottomans* (n° 242).

A *Sébid* régnèrent: la première lignée des *Beni Siyad* (n° 47); la seconde lignée (n° 48); les *Beni Nedjah* qui, d'après les tables chronologiques de Hadji Khalfa (p. 163), régnèrent depuis 412-553 de l'hégire; les *Beni Tahir*, depuis 858-923 de l'hégire.

Avant la fondation de l'islamisme, régnèrent dans l'*Hadhramout* et dans l'*Ahkaf*, les *Beni Aad* (n° 5); dans l'*Yémen*, les *Beni Homaïr* (n° 6); les *Abyssiniens* (n° 7); les *gouverneurs persans, Meraziyé* (n° 8).

Dans le *Hedjaz*, les *Beni Djorhem* (n° 12); à *Bahreïn* et à *Hira*, les *Beni Lahm* (n° 9); en *Syrie*, les *Beni Ghazan* (n° 10); à *Diarbekr*, les *Beni Kendé* (n° 11); après Mohammed, la *Syrie* tomba au pouvoir des khalifs *Beni Ommeiyé* et *Abbas*; à *Haleb* régnèrent les *Beni Hamdan* (n° 60); les *Beni Merdas* (n° 105); les *Eyoubides* (n° 150); les *Ismaïlites* (n° 88); à *Hama*, les *Eyoubides* (n° 151); à *Himss*, les *Eyoubides* (n° 151); à *Baalbek*, les *Eyoubides* (n° 154); à *Damas*, les *Seldjoukides* (n° 108); les Atabegs de la famille *Tokteghin* (n° 121); à *Krak*, les *Eyoubides* (n° 153); à *Mossoul*, les *Beni Moseïyib* (n° 103); à Mossoul, les *Atabegs* de la famille d'Aksankor (n°ˢ 115 et 116). Ils y manquent.

Les *Beni Okaïl* qui, d'après Hadji Khalfa, régnèrent depuis 380-485 de l'hégire; à *Diarbekr*, les *Beni Merwan* (n° 102) et les *Akkoyounlüs* (n° 233); à *Bassra* et près des marécages, les *Beni Schahin* (n° 63) et une branche de cette tribu (n° 64); à *Hellé*, les *Beni Mezid*, appelés *Esed* par Hadji Khalfa; à *Hosenkeif*, les *Eyoubides* (n° 155); à *Mardin*, les *Beni Ortok* (n° 111); à *Holwan*, les *Beni*

Annaz (n° 94); à *Dinour*, les *Beni Hasnewiyés* (n° 93); à **Sindjar**, les *Atabegs* (n° 117) et leurs affranchis (n° 129); à *Djeziret*, les *Beni Hamdan* (n° 59), les *Beni Bouyé* (n° 90) et les *Atabegs* (n° 232); dans l'*Irak*, régnèrent, après les khalifs Beni Ommeïyé et Abbas, les *Ismaïlites* (n° 86); les *Beni Bouyé* (n° 91); les *Seldjoukides* (n° 106); les *Ilghazi* (n° 112); les *Djenghizides* (n° 155); les *Ilkhans Djelaïr* (n° 179). En *Perse*, régnèrent avant la fondation de l'islamisme, les dynasties des *Pischdadiens* (n° 1), des *Keyaniens* (n° 2); des *Aschkianiens* (n° 3); des *Sassaniens* (n° 4); depuis l'introduction de l'islamisme : les dynasties des *Beni Ommeïyé* et *Abbas*, et après cette dernière, dans les provinces de cet empire, savoir : dans l'*Azerbeïdjan*, les *Beni Bouyé* (n° 89); les *Beni Mousafir* (n° 98); les *Korakoyounlüs* (n° 231); les *descendans d'Ebousaïd*. Dans le *Khorassan* et l'*Irak*, régnèrent, d'après Hadji Khalfa (depuis 563-704); à *Arbil*, les *Atabegs* (n° 120); dans l'*Arran*, le *Beni Tschedad* (n° 99); à *Erzeroum*, les *Beni Salikiyé* (n° 113); *Erzendjan*, les *Beni Menkoutschek* (n° 114); dans le *Mazanderan*, les *Beni Djelawiyés* (n° 71); dans le *Taberistan*, les *Beni Bawendiyé* (n°s 69 et 70); à *Amoul*, la famille *Hasan* (n° 75) et celle de *Houseïn* (n° 76); à *Roustemdar*, la famille *Keyoumer*; d'après cet auteur, régnèrent dans le *Ghilan*, les *Beni Dabouyé* (n° 65); à *Rouyan*, les *Beni Badousian* (n° 66); à *Nour*, les *Beni Kiaous* (n° 67); à *Kedjewer*, les *Beni Iskender* (n° 68); dans le *Schirwan*, les *Schirwanschahs* (n° 236); dans le *Djordjan*, les *Beni Siad* (n° 89); dans le *Farsistan*, les *Beni Bouyé* n° 92); les *Beni Kakouyé* (n° 95); les *Atabegs*, de la famille d'Aksankor (n° 123); les *Mamlouks* de ces derniers (n° 124); les *Atabegs* de la famille *Salghar* (n° 125); les *Schoubankaria* (n° 132); les *Beni Indjou* (n° 181). Les *Beni Mozaffer* (n° 182); les *Saffewis* exercèrent vers cette époque une domination absolue sur toute la Perse et les dynasties qui s'y trouvaient. C'étaient : dans le *Khouzistan*, les *Beni Bouyé* (n° 91); les *Atabegs* (n° 126); les *affranchis* de ces derniers (n° 127); dans le *grand Loristan*, les *Beni Fazlouyé* (n° 140); dans le *petit Loristan*, les *Beni Khordjid* (n° 141); à *Hormouz*, les princes de cette île (189); dans le *Germszir*, les *Timourides* (210); dans le *Kerman*, les *Beni Elias* (n° 51); les *Beni Bouyé* (n° 91), et les *Seldjoukides* (n° 107); dans le *Ghardjistan*, les princes qui en ont pris le nom (n° 52); dans le *Djouzdjan*, les *Benï Ferighoun* (n° 53); dans le *Sedjistan*, les

Beni Saffar (n° 78); les *Beni Leïs* (n° 77); dans le *Khorassan*, les *Beni Tahir* (n° 49).

Les *Beni Saman* (n° 50); les *Beni Leïs* (n° 77); les *affranchis du sultan Sandjar* (n° 128), et la *famille de Toghatimour* (n° 180); à *Hérat*, les *Beni Kourt* (n° 147); à *Sebzewar*, les *Beni Serbedars* (n° 183); dans le *Khowaresm*, les *Beni Mamoun* (n° 54); les *Beni Sindjour* (n° 54); les *Khowaresmschahs* (n° 130), et les *Beni Scheïban* (n° 175); dans la *Transoxane*, les *fils de Tschaghataï* (n° 167); les *Beni Scheïbans*, issus des fils de Djoudji (n° 174); la *famille de Timour* (n°ˢ 203-209); dans le *Bedakhschan*, les *Timourides* (n° 212); en *Ferghana*, les *Timourides*, n° 213); à *Ghazna*, les *Beni Albteghin* (n° 56); les *Beni Seboukteghin* (n° 57), et les *Beni Ghour* (n° 142); à *Bamian*, les *Ghourides*, les *Euthalites*, leurs *affranchis* (n°ˢ 144 et 145); et les *Timourides* (n° 210); dans le *Turkestan*, régnèrent, avant la fondation de l'islamisme, les *Khakans* (n° 29); depuis la fondation de l'islamisme, les princes tatares et mongols (n° 30) régnèrent à *Bokhara* et à *Samarkand*; les *Djenghizides* dominèrent à *Karakoroum* (n° 165), en *Crimée* (n° 169), à *Bagdjéseraï* (n° 170); sur la *horde blanche* (n° 171); dans le *Deschtkipdjak* (n° 172), sur les *khans de Crimée* (n° 173), qui étaient Djenghizides; cette même famille régnait sur la Chine (n° 176). Dans l'*Inde* dominèrent les *Khouldjiyé* (n° 154); les *Timourides* à *Delhi*, (n°ˢ 214-220), à *Malva* (n°ˢ 221-222), à *Tschampour* (n° 223), et à *Goudjourat* (n° 224); dans le *Dekkan* (n° 224) régnèrent les *Behmenschahs* (n° 225); à *Dewletabad*, les *Nizamschahs* (n° 226); dans le *Telingana*, les *Koutbschahs* (n° 227), les *Aadilschahs* (n° 228), les *princes de Kaschghar* (n° 229) et les *princes de Kischmir* (n° 230). En *Égypte* régnèrent successivement : les gouverneurs des *Beni Ommeïyé* et des *Beni Abbas*, les *Beni Touloun* (n° 58); les *Beni Akhschid* (n° 61); les *Fatimites* (n° 82); les *Eyoubides* (n° 158); les *esclaves turcomans* de ces derniers (n° 159), et les *Mamlouks-tscherkesses* (n° 160); à *Kaïrwan*, régnèrent les *Beni Aghleb* (n° 45); à *Tahert*, les *Beni Roustem* (n° 72); à *Sedjelmesa*, les *Beni Medrar* (n° 73); à *Fez*, les *Beni Idris* (n° 74); à *Boudjayé*, les *Beni Hammad* (n° 85); à *Maroc*, les *Moulsemins* (n° 133), les *Mohawidwins* (n° 134), les *Beni Merin* (n° 187); sur les côtes nord de l'Afrique, régnèrent à *Mehdiyé* les *Beni Badis* (84); à *Telmesan*, les *Abdol-Wad* (n° 185), et les *schérifs de Maroc* (n° 243); à *Tripoli*, les *Beni Ammar* (n° 138); à *Tunis*, les *Beni Hafzs* (n° 135);

à *Djerbé,* les *Beni Sakaria* (136); à *Sewara,* les *Beni Kazi,* n° 137); à *Beskéré,* les *Beni Mezenni* (n° 139) ; en *Sicile,* dominèrent successivement les *Beni Aghleb* (n° 46), et les *Beni Kelb* (n° 83); en *Espagne,* régnèrent les *Beni Ommeïyé,* les rois de *Cordoue,* de *Séville,* de *Badajoz,* de *Tolède,* de *Zargoza,* de *Valence,* de *Murcie,* d'*Almeria,* de *Malaga* et de *Grenade* (n°s 33-42); les *Ben Hammoud* (n° 104), et les *Beni Ahmers* (n° 184).

APERÇU

DES CAPITULATIONS, DES TRAITÉS DE PAIX ET DE COMMERCE ET AUTRES CONVENTIONS CONCLUES PAR LES SOUVERAINS OTTOMANS,

DEPUIS LA FONDATION DE L'EMPIRE JUSQU'AU TRAITÉ DE KAINARDJÉ, EN L'ANNÉE 1774.

Sultan Osman I.

1. Premier traité conclu entre le sultan Osman I et le gouverneur grec d'Ouloubad, en l'année de l'hégire 707 (1307). Neschri, Idris, Seadeddin (dans cette histoire, t. 1, p. 90).
2. Capitulation de Brousa, stipulant un tribut de 30,000 ducats, conclue en 726 de l'hégire (1325).

Sultan Ourkhan.

3. Premier traité de paix conclu avec l'empereur de Byzance, Andronic-le-Jeune, signé près de Nicomédie et scellé par l'envoi mutuel de riches présens, en 734 de l'hégire (1333). Cantacuzène, 2, 24, p. 273.

Sultan Mourad I.

4. Paix conclue avec l'empereur byzantin Joannes, après la prise de Philippopolis, pour la durée de la vie de l'empereur, en 764 de l'hégire (1362). Phranzès, 1, c. 2.
5. Traité de protection conclu entre la république de Raguse et Mourad I, en 767 de l'hégire (1365). Engel, *histoire de Raguse*, p. 141; Ghebardi, p. 521 [1].
6. Premier traité de paix avec Lazar, despote de Servie, moyennant le paiement d'un tribut, conclu en 777 de l'hégire (1375). Neschri, Idris; Engel le place en 1388 : donc 13 ans trop tard.

---

[1] Gebhardi rectifie l'assertion de Rycaut qui dit que ce traité, signé en 1356, avait été accordé à la république par le sultan Ourkhan; mais le sultan Mourad régnait déjà depuis longtemps.

7. Traité d'alliance et convention de mariage conclus entre Mourad I et Sisman, kral de Bulgarie, en 777 (1375). Engel, *histoire de Bulgarie*, p. 559, et Chalcondyle, p. 11.
8. Premier traité de paix conclu avec le prince de Karamanie, en 788 (1386). Neschri, Seadeddin; dans Bratutti, p. 132.
9. Première capitulation conclue avec la république de Gênes, en 789 (1387). Voyez les *notices et extraits des manuscrits du roi*, t. XI, p. 59.
10. Confirmation du traité de paix servien et convention de mariage avec la sœur du prince servien Étienne, conclus entre ce prince et le sultan Bayezid, en 792 (1389). Engel, *histoire de Servie*, p. 357, et Ducas, I, ch. 4, p. 11.
11. Traité conclu avec Andronic, fils de l'empereur Joannes, stipulant le paiement annuel d'un certain nombre de quintaux d'or, en 792 (1389). Phranzès, 13.
12. Paix conclue avec le prince de Karamanie, par laquelle la rivière de Tscheharzembé fut fixée comme limite des deux états, en 793 (1390). Chalcondyle, p. 20; Idris, Solakzadé.
13. Traité d'alliance conclu avec l'empereur byzantin Joannes, après le renversement d'Andronic, stipulant un contingent de 12,000 hommes et le paiement annuel d'un tribut, en 794 (1390). Phranzès, I, ch. 13, et Chalcondyle, l. II, p. 18.
14. Premier traité conclu avec le prince de Valachie, stipulant le paiement d'un tribut, en 794 (1391). Mouradjea d'Ohsson, *tableau de l'Empire Ottoman*, t. 3.
15. Traité renouvelé avec l'empereur de Byzance, stipulant la construction d'une mosquée à Constantinople, l'établissement d'un kadi dans la ville et un tribut annuel, en 800 (1397). Ducas, chap. 15, p. 30.

INTERRÈGNE.

16. Traité d'alliance conclu entre le prince Souleïman et l'empereur byzantin Emmanuel, en 805 (1402).

Sultan Mohammed I.

17. Traité conclu entre la république de Venise et le frère du sultan Mohammed, Souleïman, stipulant en faveur de ce dernier un

tribut de 1,600 ducats pour la tranquille possession du territoire vénitien en Albanie[1] en 811 (1408). Laugier, V, p. 308.

18. Traité d'alliance conclu à Djemalé entre le prince de Karamanie et le prince Mohammed contre Souleïman, frère de ce dernier en 809 (1406). Seadeddin, Bratutti, p. 248.

19. Renouvellement du traité conclu avec Raguse en 811 (1408). Schimek, *histoire de Bosnie et de Raguse*, p. 98.

20. Traité d'alliance conclu à Constantinople entre Mohammed I et l'empereur byzantin Emmanuel, stipulant le transport en Europe des troupes turques destinées à réduire son frère Mousa; en 813 (1410). Chalcondyle, p. 57; Ducas, XIX, p. 51.

21. — 22. Capitulation conclue entre Mohammed I et Djouneïd, prince d'Ephèse et de Smyrne, renouvelée en 814[2] (1411). Seadeddin, Bratutti, p. 319.

23. Traité d'alliance renouvelé avec l'empereur Emmanuel en 816 (1413). Ducas, XX, p. 53; Chalcondyle.

24. Traité conclu entre Mohammed I et la république de Venise, pour protéger ses colonies, en 816 (1413). Laugier, V, p. 425.

25. Renouvellement du traité de protection accordé à la république de Raguse et stipulant que les guerres des Turcs ne regarderaient en aucune manière la république; signé en 817 (1414). Engel, *histoire de Raguse*, p. 157; Gebhardi place ce traité en 819 (1416).

26. Traité conclu entre Mohammed et le prince de Karamanie, après la première guerre de Karamanie, en 817 (1414). Ducas, XXII, p. 65.

27. Traité conclu entre Mohammed I et le prince de Karamanie après la seconde guerre de Karamanie, en 818 (1415).

28. Traité conclu entre Mohammed I et Adorno, le podestat génois

---

[1] Il n'est point question de ces 1,600 ducats dans le document que nous avons cité au t. 4 de cette histoire, seulement il y est dit que Venise payait pour la Nouvelle-Phocée (Focanuova) 500 ducats, pour Naxos (Nicsin) 200 ducats, etc.

[2] *Havendo poi rinovato e confirmato le capitulazione della pace.* On voit qu'il est question du renouvellement d'un traité. La date de la première capitulation conclue avec Djouneïd n'a pu être trouvée nulle part. Bratutti fait de Djouneïd *Gianid*, et d'Ayazsoulouk *Aia Sullut*.

à la Nouvelle-Phocée, en 819 (1416). Ducas, XXIV, p. 91.
29. Traité de paix conclu entre Mohammed I et le prince de Valachie, en 819 (1416). Chalcondyle, p. 58; Hadji Khalfa, Seadeddin, et Engel, *histoire de Valachie*, p. 164.
30. Traité de paix renouvelé avec Venise après la bataille de Gallipolis, le 5 djemazioul-akhir 819 (31 juillet 1416). Laugier, V, p. 438.
31. Traité conclu entre Mohammed I et Isfendiar, prince de Sinope, en 822 (1419). Chalcondyle, IV, p. 59.
32. Convention conclue entre Mohammed I et l'empereur Emmanuel, relative à l'entretien du prince Moustafa, le prétendant au trône d'Osman, fixé à 300,000 aspres par an, en 822 (1419). Chalcondyle, p. 65; Ducas, XXII, p. 67.

Sultan Mourad II.

33. Armistice conclu pour cinq ans entre Mourad II et le roi de Hongrie, Sigismond, en 824 (1421). Engel, *histoire de Hongrie*, II, p. 302.
34. Renouvellement du traité de paix avec le prince de Karamanie, en 824 (1421). Ducas, XXIII, p. 73.
35. Renouvellement du traité de paix avec le prince Isfendiar de Sinope, en 827 (1423). Neschri, Seadeddin.
36. Renouvellement du traité de paix avec le despote de Servie, en 828 (1424). Ducas, XXVIII, p. 105.
37. Traité de paix conclu avec l'empereur Joannes, stipulant la cession des villes situées dans le voisinage de Constantinople, et un tribut annuel de 300,000 aspres, signé par Lucas Notaras, le 3 rebioul-akhir 828 (22 février 1424). Ducas, XXIX, p. 109; Chalcondyle, l. V, p. 75; Phranzes, I, ch. 41.
38. Renouvellement de la paix avec le voïévode de Valachie, en 828 (1424). Ducas, XXVIII, p. 105.
39. Armistice conclu pour deux ans avec la Hongrie, 829 (1425). Engel, *histoire de Hongrie*, II, p. 313.
40. Renouvellement du traité de paix avec le prince de Mitylène, en 1829 (1425). Ducas, XXIX, p. 109.
41. Renouvellement de la paix avec les Génois, dans l'île de Khios, en 829 (1425). Ducas, *ibid.*
42-43. Renouvellement des capitulations conclues antérieurement

avec les chevaliers de Saint-Jean, à Rhodes, en 829 (1425): Ducas[1], *ibid.*

44. Renouvellement de la paix avec le prince de Karamanie, contre la cession du district de Hamid, signée en 830 (1426). Neschri, Idris.
45. Renouvellement de l'armistice avec la Hongrie, stipulant la cession de Galambaz, en 832 (1428). Engel, *histoire de Hongrie*, II, p. 324, *et de Servie*, p. 373.
46. Traité de paix conclu avec Georges Brankovich de Servie, stipulant le paiement d'un tribut annuel de 50,000 ducats, en 832 (1428). Engel, *histoire de Hongrie*, II, 324.
47. Renouvellement du traité de paix avec Venise, en 834 (1430). Ducas, XXIX, p. 112.
48. Traité de soumission de Yanina, daté du 10 silhidjé 835 (9 août 1431). Pouqueville, V, p. 271.
49. Renouvellement du traité de paix conclu avec Drakul, voïévode de Valachie, en 836 (1432). Ducas, XXIX, p. 113.
50. Renouvellement du traité conclu avec le despote de Servie, en 836 (1432). Engel, *histoire de Hongrie*, II, p. 335, *et de Servie*, p. 378.
51. Renouvellement du traité de paix conclu avec l'empereur Sigismond, à Bâle, en 837 (1433). Katona, XII, p. 623.
52. Renouvellement du traité de paix conclu avec le prince de Karamanie, en 838 (1434). Ducas, XXIX, p. 114, et Chalcondyle, p. 77. Hadji Khalfa.
53. Traité de paix conclu avec Wulk, despote de Servie, stipulant un tribut annuel de 25,000 ducats, en 843 (1439). Chalcondyle, p. 78.
54. Traité de paix conclu avec Néri, prince d'Athènes, en 847 (1443). Chalcondyle, p. 100, et Mézeray, I, p. 138.
55. Traité de paix renouvelé avec le prince de Karamanie, en 847 (1443). Seadeddin, Neschri, Ducas.
56. Renouvellement du traité de paix avec la Servie stipulant la cession des forteresses serviennes, en 848 (1444). Bonifinius et Engel, *histoire de Hongrie*, III.
57. Renouvellement du traité de paix avec Drakul, voïévode de Valachie, en 848 (1444). Ducas, XXXII, p. 122.

[1] Ni Ducas ni Vertot ne donnent la date de ces capitulations antérieures.

58. Traité de paix conclu avec le roi de Hongrie, Ladislas, stipulant la suzeraineté de la Hongrie sur la Valachie, sous la date du 14-15 rebioul-akhir 848 (31 juillet ou 1 août 1444). Engel, *histoire de Hongrie*, II, p. 74, et Ducas, XXXII, p. 422.
59. Renouvellement du traité de paix conclu avec l'empereur de Byzance, en 849 (1445). Chalcondyle, édit. de Bâle, p. 106.
60. Renouvellement du traité de protection conclu avec la république de Raguse, stipulant une augmentation du tribut, en 849 (1445). Gebhardi, p. 535, et Engel, *histoire de Raguse*.
61. Traité conclu avec Constantin, prince du Péloponèse, par lequel ce dernier se reconnaît tributaire, en 850 (1446). Chalcondyle, VII, p. 108.
62. Armistice conclu avec la Hongrie, pour sept ans, en 853 (1449). Engel, *histoire de Hongrie*, III, p. 145 et 147.

Sultan Mohammed II.

63. Renouvellement du traité de paix avec le despote de Servie, en 855 (1451). Ducas, XXXIII, p. 130; Chalcondyle, p. 170 [1].
64. Renouvellement du traité par lequel la Valachie se reconnaît tributaire, en 855 (1451). Ducas, XXIX, p. 114.
65. Renouvellement du traité de paix conclu avec le prince de Mitylène, en 855 (1451). *Ibid.*
66. Renouvellement du traité de paix conclu avec le prince de Khios, en 855 (1451). *Ibid.*
67. Renouvellement du traité de bonne amitié avec les Génois de Galata, en 855 (1451). *Ibid.*
68. Renouvellement du traité de paix avec les chevaliers de Rhodes, en 855 (1451). Vertot, *histoire de l'Ordre de Malte.*
69. Renouvellement du traité conclu avec Raguse, stipulant une augmentation du tribut qui, de 1,000 ducats, fut élevé à 1,500, en 855 (1451). Engel, *histoire de Raguse*, p. 175, d'après Razzi.
70. Renouvellement du traité de paix conclu avec l'empereur byzantin Constantin, stipulant une pension de 300,000 aspres pour le prince Ourkhan, en 855 (1451). Ducas, XXXIII, p. 230. Knolles, I, p. 230.

[1] D'après les histoires turques, cette capitulation fut renouvelée après la conquête de Constantinople en 858 (1453), sous condition du paiement d'un tribut de 30,000 ducats.

110 **CAPITULATIONS,**

71. **Renouvellement** du traité de paix avec le despote du Péloponèse, en 855 (1451). Chalcondyle, p. 118.
72. **Renouvellement** du traité de paix avec le prince de Karamanie en 855 (1451). Hadji Khâlfa et Chalcondyle, p. 118.
73. **Renouvellement** de l'armistice avec Hunyade, pour trois ans, en 855 (1451), *Ibid., ibid.*
74. **Lettre** de protection donnée par Mohammed II aux Génois résidant à Galata après la prise de Constantinople, datée du 24 djemazioul-ewwel 857 (2 juin 1453). Ducas, XLII, p. 176; Chalcondyle, p. 145, et Mezeray, I, p. 197.
75. **Traité** conclu entre Mohammed II et les deux Paléologues, despotes du Péloponèse, stipulant un tribut annuel de 10,000 ducats, en 857 (1453). Ducas, p. 172.
76. **Convention** faite avec le despote de Servie, stipulant un tribut annuel de 12,000 ducats, en 857 (1453). *Ibid.*
77. **Convention** faite avec le prince de Khios, stipulant un tribut annuel de 6,000 ducats, en 857 (1453). *Ibid.*
78. **Traité** stipulant le paiement d'un tribut annuel de 3,000 ducats à payer par le duc de Lesbos, en 857 (1453). *Ibid.*
79. **Traité** stipulant le paiement annuel d'un tribut, signé avec le prince Trabezoun, en 857 (1453). *Ibid.*
80. **Renouvellement** du traité de Raguse, par lequel la république s'engage à élever le tribut de 1,500 ducats à 3,000; puis à 5,000, en 857 (1453). Engel, *histoire de Raguse*, p. 175.
81. **Renouvellement** du traité avec la Servie, stipulant une augmentation du tribut de 12,000 ducats à 30,000, en 858 (1454). Neschri, Idris.
82. **Traité** de paix avec la république de Venise, dans lequel est compris le duc de Naxos, et confirmation du tribut payé par Venise pour ses possessions albanaises, signé le 20 rebioul-akhir 858 (18 avril 1454). Laugier, *histoire de Venise*, VII, p. 99; Marino, *Storia civile e policita del commercioveneto*, VI, p. 283.
83. **Renouvellement** du traité avec les despotes du Péloponèse, stipulant une augmentation du tribut de 10,000 ducats à 20,000, en 859 (1455). Chalcondyle, VIII, p. 150.
84. **Renouvellement** du traité avec le prince de Lesbos, et portant le tribut de 3,000 ducats à 4,000, signé au mois de moharrem 859 (août 1455). Ducas, XLIV, p. 187.

85. Traité de paix conclu avec le prince de Khios, stipulant un dédommagement de 300,000 ducats pour une galère coulée à fond, et un tribut de 10,000 ducats, en 860 (1456). Ducas, XLV, p. 190.
86. Traité signé avec Pierre, voïévode de Moldavie, stipulant un tribut annuel de 2,000 ducats, en 860 (1456). Engel, *histoire de Moldavie*, p. 131, d'après Cromer.
87. Traité conclu avec les despotes Démétrius et Thomas, au mois de silkidé 862 (octobre 1458). Chalcondyle, p. 142 et 143; Phranzès, IV, p. 16.
88. Traité conclu avec Iskenderbeg, le 13 ramazan 865 (22 juin 1461). Barletti et Knolles, I, p. 263.
89. Armistice signé pour deux ans avec les chevaliers de Rhodes, en 865 (1461). Vertot, *histoire des chevaliers de Malte*, II, p. 131.
90. Traité de paix conclu avec Ouzoun Hasan, négocié par sa mère, Sara, à Trabezoun, en 865 (1461). Chalcondyle et les historiens ottomans.
91. Traité de paix et d'alliance signé avec le duc de Lesbos, lors de la reddition de l'île, au mois de ramazan 866 (octobre 1462). Chalcondyle, X, p. 166.
92. Traité signé avec le roi de Bosnie, lors de la reddition de ses forteresses, en 867 (1463). Chalcondyle, X, p. 172.
93. Renouvellement du traité avec Raguse, stipulant une augmentation du tribut de 5,000 ducats à 8,000, en 875 (1471). Engel, *histoire de Raguse*, p. 186, d'après Prossi.
94. Traité signé avec le khan de Crimée qui se reconnaît vassal du Sultan, en 878 (1474). Hadji Khalfa.
95. Traité signé par Dario, le 20 schewwal 882 (25 janvier 1478), mais qui ne fut pas exécuté. *Archives de Venise.* Daru et Laugier, *histoire de Venise*, VII, l. 20, p. 348. Malatesta, dans Sansovino, par erreur en 1477.
96. Traité d'amitié conclu entre Ferdinand d'Aragon et Mohammed II, en 882 (1479). Sismondi, XI; Laugier, VII, l. 27, p. 318.
97. Armistice et traité de commerce conclus avec le grand-maître des chevaliers de Rhodes, par l'ambassadeur Sofian, en 883 (1479). Vertot, II, p. 165.
98. Confirmation de la capitulation avec la république de Venise,

signée le 23 rebioul-akhir, 884 (14 juillet 1480), en langue grecque. Aux archives de Venise.

99. Confirmation de la convention commerciale conclue en 886 (1481), déposée aux archives de Venise, en langue grecque.

Sultan Bayezid II.

100. Confirmation des priviléges de Raguse et diminution du tribut de 3,500 ducats à 3,000. Convention signée en 886 (1481). Engel, *histoire de Raguse,* p. 187.
101. Renouvellement de la capitulation avec Venise, stipulant la remise du tribut signée, le 7 silhidjé 887 (16 janvier 1482). Laugier, *histoire de Venise,* VII, p. 377.
102. Traité conclu entre le prince Djem et le grand-maître des chevaliers de Rhodes, au cas où le premier monterait sur le trône, le 5 redjeb 887 (20 août 1482). Caoursin, *histoire du siége de Rhodes.*
103. Traité de paix conclu entre le grand-maître des chevaliers de Rhodes et le sultan Bayezid au mois de schewwal 887 (septembre 1482). Caoursin.
104. Convention secrète signée entre Bayezid et le grand-maître de Rhodes, relative à la pension du prince Djem, montant à 45,000 ducats, en 887 (1482). *Ibid.*
105. Renouvellement de l'armistice avec le roi de Hongrie, Mathias Corvin, pour cinq ans, signé en 888 (1483). Katana, XII, p. 525.
106. Le premier traité avec Florence, dont il est question dans la capitulation signée entre le grand-duc et le sultan Souleïman, le Législateur; tombe probablement dans l'année 888 (1483).
107. Traité de paix signé avec Naples, stipulant la mise en liberté des prisonniers napolitains et la restitution de l'artillerie d'Otrante, au mois de safer 888 (1483). Marino Sanuto, *Guerra di Ferrara,* p. 71.
108. Renouvellement de l'armistice avec Mathias Corvin, pour trois autres années, signé en 893 (1488). Engel, *histoire de Hongrie,* III, p. 418.
109. Premier traité conclu avec la Pologne, entre Jagellon et Bayezid II, en 894 (1489). *Histoire de l'Empire turc.* Cromer, l. 39.
110. Traité de délimitation conclu entre la Porte et Venise, daté du 21

schâban 895 (10 juillet 1490); en grec, aux archives de Venise.

111. Traité de paix conclu entre le sultan d'Égypte et Bayezid II, sous la médiation du prince de Tunis, en 896 (1491). Hadji-Khalfa; Seadeddin; Mezeray, I, p. 303; Knolles, I, p. 299 et 355, se trompe lorsqu'il dit en 1487, ainsi que Drechsler, qui place ce traité en 1483.

112. Renouvellement de l'armistice avec la Pologne, pour trois ans, signé en 898 (1493). Solignac, IV, p. 162, d'après Cromer.

113. Renouvellement de l'armistice avec la Hongrie, pour trois ans, signé à Ofen en 900 (1495). Bonfinius. Dec., V, l. 5, p. 718.

114. Traité de paix conclu avec Fréderic de Naples, le 25 silkidé 903 (13 juillet 1498). Marino Sanuto *hist. di Venezia*, t. II, et aux archives de la maison I. R. d'Autriche.

115. Traité de paix conclu avec Venise. Ce traité étant basé seulement sur un document latin, et par conséquent captieux, fut conclu par Zanchani, sous le doge Augustin Barbarigo, le 2 schâban 904 (1499); *Pace dolosa*, dans Spandugino et Marino Sanuto; aux archives de Venise.

116. Renouvellement du traité de paix avec la Pologne, signé par un ambassadeur turc qui, d'après l'historien Miceliowita, arriva en Pologne le 25 février 1500, et fut congédié par la diète assemblée à Petrikau, le 15 janvier 1501; en 904 ou 905 (1499 ou 1500).

117. Traité de paix signé entre la Porte et Venise, stipulant la cession de Céphalonie contre la restitution de l'île de Santa Maura, le 3 djemazioul-akhir 907 (14 décembre 1502). Laugier, VIII, p. 146, et Daru, III, p. 203. La ratification seule de ce traité est insérée dans le *Guide diplomatique* avec la date 1503, ainsi que dans la chronique du neveu de Ducas. En 1501, année dans laquelle Laugier et Daru placent par erreur ce traité, Santa Maura n'était pas acquise. Ce document se trouve en langues grecque et turque, aux archives de Venise.

118. Ratification du traité de paix ci-dessus mentionné, en langue grecque, à laquelle est jointe la lettre de créance turque pour l'esclave Ali, datée du 3 safer 908 (8 août 1503). Aux archives de Venise.

119. Armistice conclu pour sept ans avec Ladislas, roi de Hongrie, par l'entremise des ambassadeurs vénitiens, en langue ser-

vienne; il est signé du 16 safer 908 (21 août 1503). Engel, *histoire de Hongrie*, III, p. 114.

120. Renouvellement du traité de paix avec la Hongrie, en 915 (1510). Istuanfi, t. IV, p. 37.
121. Renouvellement du traité de paix avec Venise, en 915 (1510). Marino Sanuto, chronique. Aux arch. de la maison I. R. de Vienne.
122. Renouvellement du traité de paix avec la Pologne, en 915 (1510). *Ibid*.

Sultan Sélim I.

123. Renouvellement du traité de paix avec Venise, par l'ambassadeur Dona, en 917 (1511). Aux archives de Venise.
124. Convention signée entre Sélim I et son père Bayezid, par laquelle ce dernier s'engage à ne point céder le trône, durant sa vie, à son fils Ahmed, en 917 (1511). Seadeddin, Solakzadé.
125. Renouvellement des priviléges de Raguse, stipulant une taxe de cinq pour cent à percevoir sur toutes les marchandises, en 918 (1512). Engel, *histoire de Raguse*, p. 196.
126. Traité de soumission dans lequel Bogdan, prince de Moldavie, se reconnaît tributaire de la Porte, conclu en 918 (1512). Engel, *histoire de Moldavie*, p. 162.
127. Le second renouvellement du traité avec Florence, cité dans le traité conclu sous Souleïman, tombe probablement dans l'année 918 (1512). Voyez le journal de Souleïman-le-Législateur.
128. Renouvellement du traité de paix avec Venise, signé par l'ambassadeur Giustiniani, le 16 schâban 919 (17 octobre 1513). *Chronique* de Marino Sanuto, et archives de Venise.
129. Renouvellement du traité de paix de Hongrie, signé avec la Porte, par Martin Czobor, pour trois ans, en 919 (1513). Engel, *histoire de Hongrie*, t. III, p. 161, d'après Sanuto, au mois de mars.
130. Renouvellement de l'armistice avec la Hongrie, pour une seule année, en 922 (1516). Engel, l. c., t. III, p. 192.
131. Renouvellement du traité de paix avec Venise, signé au mois de schâban 923 (avril 1516). Le document turc est déposé aux archives de Venise.
132. Renouvellement de la capitulation conclue avec le prince de Valachie, et stipulant un tribut annuel de 900 reichsdalers et un contingent de 600 jeunes gens, signé en 923 (1516). Engel, *histoire de Valachie*, p. 198.

133. Renouvellement de l'armistice conclu avec la Hongrie, pour un an, signé en 924 (1517). Engel, *histoire de Hongrie*, III, p. 194.
134. Renouvellement du traité de paix conclu avec Venise, stipulant un tribut de 8,000 ducats pour la possession de l'île de Chypre, signé le 12 ramazan 924 (17 septembre 1517). *Chronique de Marino Sanuto*. Archives de Venise.
135. Renouvellement du traité de paix avec la Hongrie, signé le 12 djemazioul-akhir 926 (31 mai 1519). Rapport de l'ambassadeur vénitien Bembo, dans la *chronique* de Marino Sanuto, et archives de la maison I. R. de Vienne.

Sultan Souleïman I.

136. Renouvellement des priviléges commerciaux des Ragusains en Égypte, signé en 927 (1520). Engel, *histoire de Raguse*, p. 198.
137. Renouvellement du traité de paix avec Venise, entre Marco Memmo et Souleïman-le-Grand, signé le 11 moharrem 928 (11 décembre 1521). Marino Sanuto, XXXII, et archives de Venise.
138. Convention relative aux priviléges commerciaux des Ragusains et à leur exemption des droits de douane, datée de 928 (1521). *Ibid.*, p. 199.
139. Convention conclue avec Bogdan, prince de Moldavie, en 928 1521). Cantemir, *histoire de l'Empire ottoman*, I, p. 199.
140. Prolongation du traité de paix conclu avec la Pologne, pour six autres années, signée au mois de moharrem 932 (novembre 1525). Marino Sanuto.
141. Traité conclu entre Souleïman I et Jean Zapolya, roi de Hongrie, le 20 djemazioul-akhir 935 (29 février 1528). Mouradjea d'Ohsson et Topoltyn.
142. Premier traité d'amitié avec le roi de France, François I, signé par Rinçon, en 939 (1532). Marino Sanuto, et *histoire de l'Empire ottoman.*
143. Renouvellement du traité de paix avec la Pologne, signé par Opalinsky, en 939 (1532).
144. Traité de paix conclu avec Ferdinand, en sa qualité de roi de de Hongrie, au mois de moharrem 940 (16 juillet 1533). Engel, *histoire de Hongrie*, IV, p. 29, dit en 1532, mais les documens déposés aux archives font connaître que c'est une erreur.

145. Renouvellement de la dernière capitulation avec Venise, en 941 (1534). Knolles, I, p. 426.
146. Traité de paix et d'amitié conclu avec la Perse, en 942 (1535). Knolles I, p. 527.
147. Première capitulation commerciale conclue entre la France et Souleïman I, en 943 (1536). Cette capitulation est citée dans toutes les autres.
148. Armistice conclu avec la république de Venise, pour trois mois seulement, en 946 (1539). Dans les archives de Venise, cet armistice porte la date du mois de djemazioul-ewwel 945 (août 1539). Laugier, IX, p. 556.
149. Traité de paix conclu avec la république de Venise, stipulant la cession de Malvalsia et de Napoli di Romania, et un tribut de 300,000 ducats, signé au mois de ramazan 946 (avril 1540). La minute de ce traité, déposée aux archives de Venise, est datée du mois de rebioul-ewwel 947 (juillet 1540), et la ratification du mois de silhidjé 948 (avril 1541).
150. Premier armistice conclu avec l'empereur d'Allemagne, Charles V et Ferdinand I, le 1er djemazioul-ewwel 954 (19 juin 1547 [1]). Sagredo, *nouvelle Porte ottomane*, p. 198; seulement on y remarque la fausse date du 7 octobre 1547.
151. Traité d'amitié conclu entre la Porte et Henri II, roi de France, en 960 (1553).
152. Capitulation de Pologne, renouvelée par Yaslowiecky, en 960 (1553).
153. Armistice conclu avec Ali-Pascha d'Ofen, par Verantius et Palyna, en 960 (1553).
154. Armistice renouvelé avec l'Autriche à Chalcédoine, en 961 (1554).
155. Traité de paix conclu avec la Perse, en 961 (1554). Les historiens ottomans et Cantemir I, p. 208.

---

[1] C'est là la véritable date de ce traité et non pas celle que lui donne Eichhorn, *histoire des trois derniers siècles*, III, p. 465. La date de 1504, fixée dans le *Guide diplomatique* d'après Struve, est également erronée ainsi que celle du 7 octobre; car la ratification du traité conclu avec Charles V porte la date du 1er octobre et le traité conclu avec Ferdinand I fut signé le 26 du même mois.

156. Armistice conclu avec l'Autriche, pour six mois, à Amassia. en 962 (1555). *Histoire ottomane*, VII.

157. Armistice conclu par Busbek, pour sept autres mois, en 964 (1557).

158. Renouvellement de l'armistice conclu par Busbek entre l'empereur et la Porte, en 969 (1562).

159. Renouvellement de la capitulation avec Florence en 970 (1563).

160. Ratification du traité de paix conclu avec Maximilien II, et concédé aux internonces Czernovicz, Albani et Czaki, en 972 (1565).

Sultan Sélim II.

161. Traité de paix conclu avec la république de Venise le 26 silkidé 974 (24 juin 1567) aux archives de Venise, I, p. 140.

162. Armistice conclu pour huit ans avec Maximilien II, le 18 schâban 975 (17 février 1568[1]).

163. Renouvellement de la paix avec la Pologne, le 26 moharrem 976 (21 juillet 1568). Rapport d'Albert de Wyss déposé aux archives I. R. de Vienne.

164. Traité de paix conclu avec la Perse en 976 (1568). Knolles, I, p. 565.

165. Renouvellement du traité de paix conclu avec la France, en 977 (1569). Rapport d'Albert de Wyss et Petis de Lacroix, Mémoires, I, p. 259.

166 et 167. Renouvellement du traité conclu avec la Russie en 980 (1570). On ne connaît pas la date du premier traité.

168. Paix conclue entre Moutaher, l'imam de Seïdiyé et Sinan-Pascha, le 7 moharrem 980 (20 mai 1570).

169. Traité de paix conclu avec Venise, stipulant la cession de l'île de Chypre, le 5 silhidjé 983 (7 mars 1573). Marino, *Storia civile e politica del commercio di Venezia*, VIII, p. 395, et Laugier, X, p. 287, d'après Marco Antonio Barbarico. Aux archives de Venise.

170. Traité conclu entre Ferhad-Pascha et Barbaro, relatif à la délimitation des frontières, en 981 (1573). Rycaut, II, p. 226.

---

[1] La date de cet armistice est indiquée par erreur dans le *Guide diplomatique* comme étant de 1567 au lieu de 1568, année où il fut signé.

171. Renouvellement de l'armistice conclu avec l'empereur Maximilien II, le 27 djemazioul-akhir 981 (24 octobre 1573).

Sultan Mourad III.

172. Renouvellement de l'armistice conclu avec l'empereur Maximilien II, le 2 schewwal 982 (9 octobre 1574).
173. Renouvellement de la capitulation conclue avec la république de Venise, en cinquante-six articles, le 1er djemazioul-ewwel 983 (8 août 1575). Actes de Venise aux archives de la maison I. R. à Vienne.
174. Renouvellement du traité de paix conclu avec Venise en 984 (1576). Archives de Venise.
175. Traité relatif à la délimitation de Scardona, Sebenico et Zara, conclu à la suite du traité de paix signé entre la Porte et Venise, en 984 (1576). *Fascicolo delle scritture Venete*, aux archives de la maison I. R., et Knolles, II, p. 227.
176. Renouvellement de l'armistice conclu avec l'empereur Rodolphe II, en 985 (1577).
177. Traité de paix conclu avec Étienne, roi de Pologne, le 14 djemazioul-ewwel 985 (30 juillet 1577). Knolles, I, p. 656.
178. Traité d'amitié conclu avec Florence, par l'envoyé Bongianni Gianfigliazzi[1], en 986 (1578).
179. Renouvellement de la capitulation commerciale conclue entre Mourad II et le roi de France, en 989 (1581). Une copie de ce traité se trouve dans la collection de l'Académie orientale de S. M. I. R.
180. Armistice conclu avec l'Espagne, pour une durée de trois ans, en 995 (1581).
181. Renouvellement de l'armistice conclu avec l'empereur Rodolphe II, le 27 silhidjé 991 (11 janvier 1584).
182. Renouvellement de l'armistice conclu avec le roi d'Espagne, en 995 (1587).
183. Renouvellement du traité de paix conclu avec le roi de Pologne, Sigismond, en 995 (1587). Knolles, I, p. 706.

---

[1] Ce traité se trouvait déposé dans les archives secrètes du vieux palais de Florence ; mais le 17 juin 1240 le comte de Richecourt l'en retira sans le restituer.

184. Renouvellement de la capitulation conclue avec la république vénitienne, et accordée par Mourad III au baile Lorenzo Bernardo, en 998 (1589). Aux archives de Venise.
185. Traité de paix conclu avec le schah de Perse, en 998 (1590 et non pas en 1588). Rycaut et Knolles, I, p. 707.
186. Renouvellement de l'armistice conclu avec l'empereur Rodolphe II, en 999 (1591).
187. Renouvellement de la capitulation polonaise, apportée à Constantinople par Zamoisky, le 30 rebioul-ewwel 1000 (15 janvier 1592).
188. Première capitulation commerciale conclue entre Mourad III et l'Angleterre, par l'envoyé Burton, en 1001 (1593). Mouradjea d'Ohsson, t. VIII, p. 479.

Sultan Mohammed III.

189. Renouvellement de la capitulation de Venise, accordée à Leonardo Donado, le 29 safer 1004 (3 novembre 1595). Actes de Venise déposés aux archives de la maison I. R. L'original se trouve aux archives de Venise.
190. Troisième renouvellement de la capitulation française, conclue entre Mohammed III et l'envoyé Germigny, en 1005 (1596). Mémoires du sieur Delacroix. Paris, 1684, I, p. 259.
191. Première capitulation conclue avec la Hollande, en 1007 (1598). Dumont, V, I, p. 558.
192. Renouvellement du traité de paix conclu avec la Pologne, en 1007 (1598). Naïma, I, p. 251.
193. Traité de commerce conclu entre Mohammed III et la Toscane, par Giraldi, en 1007 (1598).
194. Convention signée par Mohammed III, en faveur de la garnison française de Papa, au mois de schewwal 1009 (juin 1600).

Sultan Ahmed I.

195. Armistice accordé pour trois semaines, afin d'ouvrir le congrès qui devait régler les conditions de la paix à conclure avec l'Autriche, le 18 schâban 1013 (10 janvier 1604).
196. Quatrième renouvellement de la capitulation française, conclue avec Henri IV, par son ambassadeur, M. de Brèves, en 1013 (1604). Dumont, V, ch. 2, p. 39.

197. Renouvellement de la capitulation commerciale conclue avec l'Angleterre, en 1013 (1604). Voyez le *Guide diplomatique*.
198. *Nischan*, c'est-à-dire diplôme du sultan, formant treize articles qui stipulent plusieurs faveurs et priviléges pour les négocians et la navigation vénitienne; ce diplôme, accordé au baile Bon, est daté du 30 redjeb 1013 (23 décembre 1604). Rapport de l'ambassadeur vénitien, aux archives de la maison I. R.
199. Renouvellement de la capitulation vénitienne accordé à l'ambassadeur Zuane Mocenigo, au mois de redjeb 1013 (décembre 1604).
200. Convention arrêtée entre Ahmed I et Bocskaï, datée du 1er moharrem 1014 (19 mai 1605).
201. Armistice conclu entre le plénipotentiaire de Rodolphe II et le vizir Mourad-Pascha, le 9 moharrem 1015 (10 juillet 1606).
202. Traité de paix de Sitwatorok conclu entre Ahmed I et Rodolphe II, à la date du 10 redjeb 1015 (11 novembre 1606). Aux archives de la maison I. R. d'Autriche.
203. Renouvellement du traité conclu avec Sigismond, roi de Pologne, daté du 2 redjeb 1016 (23 octobre 1607). Naïma, I, p. 251; voyez aussi l'*Inscha* de Sari Abdallah-Efendi.
204. Convention de Neuhâeusel relative à l'exécution du traité de Sitvatorok, conclue le 21 silhidjé 1017 (21 mars 1608). Aux archives de la maison I. R. d'Autriche.
205. Convention signée le 5 rebioul-ewwel 1017 (19 juin 1608) relativement aux villages litigieux situés aux environs de Gran. Aux archives I. R.
206. Cinquième renouvellement de la capitulation commerciale conclue entre la Porte et la France, signé par M. de Savary, en 1018 (1609). Voyez le *Fezliké* de Hadji Khalfa.
207. Renouvellement de la capitulation accordée par Mohammed II aux habitants de Galata, en 1021 (1612).
208. Convention conclue entre la Porte et l'agent autrichien Michel Starzer, relative à la destitution et à l'exécution de Bathory, le 11 rebioul-ewwel 1021 (12 mai 1612).
209. Seconde capitulation conclue avec les Pays-Bas, le 7 djemazioul-ewwel 1021 (6 juillet 1612). Dumont, t. V, ch. 2, p. 205, et Knolles, I, p. 916.

210. Traité de paix conclu avec le schah de Perse, en 1022 (1613). Naïma, I, p. 295.
211. Sixième renouvellement de la capitulation conclue entre la Perse et la France, signé par l'ambasseur, M. de Cesy, en 1023 (1614). *Mémoires* du sieur de La Croix. Paris, I, p. 259.
212. Capitulation conclue avec le prince de Transylvsanie Bethlen Gabor, le 23 djemazioul-ewwel 1023 (1 juillet 1614). Naïma, I, p. 306.
213. Capitulation hongroise conclue avec Bethlen Gabor, en 1023 (1614). Naïma, I, p. 307, la donne en entier ainsi que la précédente.
214. Renouvellement du *Nischan schérif* accordé aux Vénitiens en 1604, au mois de rebioul-akhir 1024 (mai 1615). Voyez les actes vénitiens déposés aux archives de la maison I. R. d'Autriche.
215. Traité de paix conclu à Vienne, renouvelant celui de Sitvatorok, en 1024 (1615). Aux archives de la maison I. R.
216. Document rectifié du traité de paix de Vienne ; cette rectification eut lieu en 1025 (1616). Aux archives I. R.
217. Convention relative aux villages litigieux, servant de supplément au traité de paix de Vienne; elle est datée du 20 silkidé 1026 (19 novembre 1617). Aux archives I. R.
218. Traité de commerce conclu entre la Porte et Mathias Corvin, en 1026 (1617).
219. Traité conclu avec la Pologne, le 26 ramazan 1026 (27 septembre 1617). Naïma, I, p. 314, et Mezeray, II, p. 59.

Sultan Osman II.

220. Renouvellement de la capitulation vénitienne, par Francesco Contarini, en 1027 (1618). Aux archives de Venise.
221. Second renouvellement du traité de paix de Sitvatorok, signé à Komorn, le 2 rebioul-ewwel 1027 (27 février 1618). Aux archives I. R.
222. Convention de Vienne relative à la construction de plusieurs palanques, signée au mois de djemazioul-ewwel 1027 (juin 1618). Aux archives I. R.

223. Traité de paix de Seraw conclu avec la Perse, le 6 schewwal 1027 (26 septembre 1618). Rycaut et Knolles, I, p. 915.
224. Septième renouvellement de la capitulation commerciale conclue avec la France, en 1027 (1618). Knolles, I, p. 949; Baudier et Mezeray.
225 Traité de paix conclu à Chocim, entre Osman II et le roi de Pologne, Sigismond II, par ses ambassadeurs, Stanislas Zorawinsky, Chatelain de Betzk et Jean Sobiesky, grand-père du roi Jean III, en 1027 (1618).
226. Renouvellement du *Nischan schérif* ou diplôme commercial accordé aux Vénitiens, par le baile Moro Nani, en 1028 (1619).
227. Traité de paix avec la Pologne renouvelé devant Chocim, sur la base de celui que ce royaume avait conclu avec Souleïman-le-législateur, et stipulant un tribut de 40,000 florins en faveur du khan des Tatares, en 1030 (1621).
228. Renouvellement de la capitulation accordée à l'Angleterre[1], en 1031 (1622). Knolles, p. 967.

Sultan Mourad IV.

229. Traité de paix conclu avec la Pologne par l'ambassadeur Zbarawsky, le 17 rebioul-akhir 1032 (18 février 1623). Tytlewsky a défiguré le contenu de ce traité.
230. Renouvellement de la capitulation conclue avec Venise par l'ambassadeur Simon Contarini en 1033 (1624). Aux archives de Venise.
231. Renouvellement de la capitulation conclue avec la Pologne, en 1033 (1624).
232. Huitième renouvellement de la capitulation conclue avec la France en 1033 (1624).
233. Renouvellement de la capitulation conclue avec l'Angleterre, en 1033 (1624).
234. Renouvellement de la capitulation conclue avec Bethlen Gabor, en 1033 (1624).

[1] Le *Guide diplomatique* ne fait aucune mention de cette capitulation conclue par sir Thomas Roe; il parle cependant des pleins pouvoirs donnés en 1619 à l'ambassadeur Glower pour renouveler la capitulation de l'année 1606.

235. Renouvellement de la capitulation conclue avec la Hollande, en 1033 (1624).
236. Troisième renouvellement du traité de paix de Sitvatorok, conclu à Gyarmath en 1034 (1625). Aux arch. I. R.
237. Convention entre la Pologne et le khan des Tatares, stipulant un tribut de 40,000 écus, en 1035 (1626). Naïma, I, p. 443.
238. Traité conclu avec Bethlen Gabor, relativement au transport par voie de succession de la Transylvanie à Catherine de Brandenbourg, signé en 1036 (1627). Naïma, I, p. 450.
239. Quatrième renouvellement du traité de Sitvatorok, signé à Szœn, en 1036 (1627). Aux arch. I. R.
240. Confirmation de la possession de la Transylvanie en faveur de Bethlen Gabor au cas où sa femme mourrait avant lui, datée du 8 redjeb 1036 (25 mars 1627).
241. Traité conclu en sept articles avec la Pologne, relativement aux Cosaques, 1039 (1630). Naïma, I, p. 504.
242. Traité juré solennellement par Mourad II, avec les rebelles, le 9 silkidé 1041 (29 mai 1632).
243. Renouvellement de la capitulation conclue avec la Hollande le 21 schâban 1043 (20 février 1634). La copie de cette capitulation se trouve dans la collection de l'Académie orientale de Vienne.
244. Renouvellement du traité de paix conclu avec la Pologne, 1043 (1634). Naïma, I, p. 585.
245. Traité de paix conclu avec le schah de Perse, le 14 moharrem 1049 (7 mai 1639). Rycaut et Knolles, II, p. 45.
246. Convention avec Venise stipulant des dédommagements, signée le 15 rebioul-ewwel 1049 (16 juillet 1639).

Sultan Ibrahim.

247. Traité de paix conclu avec le roi de Pologne et renouvelé avec Ladislas VII en 1050 (1640). Voy. l'*Inscha* du reïs-efendi Mohammed n° 40 [1].

Mouradjea d'Ohsson place en l'année 1633 un renouvellement de la capitulation polonaise; mais ce renouvellement, ainsi que plusieurs autres de ses données historiques, paraît reposer sur une erreur, car ni les historiens

248. Renouvellement de la capitulation vénitienne en 1050 (1640), Aux arch. de Venise.
249. Renouvellement de la capitulation anglaise, le 24 redjeb 1051 (28 octobre 1641). Knolles, II, p. 172.
250. Renouvellement du traité de paix conclu avec le schah de Perse, 1052 (1642). Knolles, II, p. 53.
251. Cinquième renouvellement du traité de paix de Sitvatorok, signé pour la seconde fois à Szœn, le 28 silhidjé 1052 (19 mars 1642).
252. L'*Ahdnamé* transylvanien accordé à Rakoczy au mois de djemazioul-akhir, 1056 (juillet 1646). Voy. l'*Inscha* du reïs-efendi Mohammed.

Sultan Mohammed IV.

253. Sixième renouvellement du traité de paix de Sitvatorok, signé à Constantinople, le 20 djemazioul-akhir 1059 (1 juillet 1649).
254. Traité conclu avec le rebelle Ipschir-Pascha, en 1061 (1651).
255. Traité conclu entre la Pologne et le khan des Tatares le 15 moharrem 1063 (16 décembre 1653). Ce traité n'est à proprement parler qu'un renouvellement de ceux de Caminiec et de Zbaraw.
256. Renouvellement de la capitulation anglaise, en 1072 (1662).
257. Traité de paix conclu entre la Porte et l'empereur d'Autriche à Vasvar, le 6 moharrem 1074 (10 août 1664). Septième renouvellement du traité de paix de Sitvatorok.
258. Capitulation commerciale conclue entre la Porte et la république de Gênes en 1075 (1665). Rycaut, II, p. 165, et aux arch. de Turin.
259. Renouvellement de la capitulation polonaise, signé au mois de safer 1078 (août 1667).
260. Renouvellement de la capitulation hollandaise signé par Colier en 1078 (1668).
261. Traité de paix conclu à Candie avec la république de Venise,

ottomans, ni les archives n'en font mention. L'*Inscha* vénitien n° 4 cite un renouvellement de cette paix accordé en 1057 (1647) par Mohammed IV; mais il est apocryphe, car Ibrahim régnait encore dans cette année ; possible qu'il faille lire 1059 au lieu de 1057.

le 8 rebioul-akhir 1080 (5 septembre 1669). Dumont, VII, ch. 1, p. 119.

262. Convention conclue avec Pierre Doroszenko, l'hetman des Cosaques du Roseau-Jaune, de Barabasch et de Potkal, en 1080. Voy. l'*Inscha* du reïs-efendi Mohammed, n° 136.

263. Traité de délimitation conclu avec Venise le 20 djemazioul-akhir 1082 (24 octobre 1671). Knolles, II, p. 227.

264. Traité de paix conclu avec la Pologne à Boudjacs, le 25 djemazioul-akhir 1083 (18 octobre 1672). Dumont, VII, ch. 1, p. 212, et Knolles, II, p. 223.

265. Huitième renouvellement de la capitulation française, signé le 17 safer 1084 (3 juin 1673). Dumont, VII, chap. 1, p. 231, et Knolles, II, p. 236.

266. Renouvellement du traité de commerce avec l'Angleterre, le 8 silhidjé 1085 (5 mars 1675). Dumont, VII, ch. 1, p. 297, et Knolles, II, p. 245.

267. Traité de paix conclu avec Sobieski à Zuravna le 26 redjeb 1086 (16 octobre 1676). Dumont, VII, ch. 1, p. 325.

268. Renouvellement du traité de paix conclu avec la Pologne, stipulant la cession de la Podolie et de l'Ukraine, le 2 safer 1089 (26 mars 1677). Dumont, VII, ch. 1, p. 325, et La Croix, *Mémoires*, p. 216.

269. Renouvellement du traité de paix conclu avec la Pologne et signé à Constantinople, le 23 moharrem 1090 (6 mars 1678).

270. Renouvellement du traité de paix polonais, le 9 safer 1091 (12 mars 1679). Dumont, VII, ch. 1, p. 435.

271. Traité de commerce et de navigation conclu avec la Hollande, au mois de ramazan 1092 (octobre 1680). Dumont, VII, ch. 2, p. 4.

272. Traité de paix conclu avec la Russie à Radzin, le 4 moharrem 1093 (8 janvier 1681). Lévêques, *histoire de Russie*, IV, p. 112.

273. Renouvellement du traité de paix de Vasvar, signé à Constantinople, en 1093 (1681), ou huitième renouvellement de la paix de Sitvatorok.

274. Convention faite avec Emeric Tockoeli, signée le 6 schâban 1093 (10 août 1682). Dumont, VII, ch. 2, p. 40, ne la reproduit que très imparfaitement.

275. Neuvième renouvellement de la capitulation française, fait en 1095 (1684). Raschid, I, f. 116.

Sultan Souleïman II.

276. Traité conclu avec les états de Transylvanie, le 21 moharrem 1098 (7 décembre 1687).

Sultan Moustafa II.

277. Déclaration relative aux bases du traité de paix de Carlowicz, datée du 13 moharrem 1110 (22 juillet 1698).
278. Armistice conclu avec la Russie, le 22 redjed 1110 (24 janvier 1699). Dumont, VII, ch. 2, p. 446.
279. Traité de paix de Carlowicz conclu entre l'Autriche et la Porte, le 5 schâban 1111 (26 janvier 1699). Dumont.
280. Traité de paix avec Venise conclu à Carlowicz, le 5 schâban 1111 (26 janvier 1699). Dumont, VII, ch. 2, p. 454 et 458.
281. Traité de paix conclu avec la Pologne à Carlowicz, le 5 schâban 1111 (26 janvier 1699). Dumont, p. 451.
282. Convention préliminaire relative à la délimitation des frontières autrichiennes et turques, datée du 29 schewwal 1111 (23 avril 1699).
283. Traité relatif à la délimitation de la frontière de Syrmie, daté du 23 silkidé 1111 (12 mai 1699).
284. Ratification du traité de paix conclu avec Venise, à Carlowicz, ratifié par Daoud-Pascha en 1112 (1700). Aux archives de Venise.
285. Traité de paix conclu avec la Russie, pour 30 ans, le 6 moharrem 1112 (13 juin 1700). Koch, IV, p. 25, Schœll, XIV, p. 282, et l'acad. orient. de Vienne.
286. Traité relatif à la délimitation de la Bosnie et de la Croatie, daté du 8 safer 1112 (25 juillet 1700). Rapport de l'ambassadeur autrichien Oettingen, p. 93.
287. Convention faite avec l'ambassadeur turc à Vienne, et concernant l'extension de l'art. XII de la paix de Carlowicz; elle porte la date du 9 safer 1112 (26 juillet 1700).
288. Traité relatif à la délimitation de la Transylvanie et du Banat, daté du 2 schewwal 1112 (2 décembre 1700).

289. Traité conclu entre Ghazi-Ghiraï et les Tatares noghaïs, le 4 schâban 1113 (14 janvier 1701). Raschid, I, p. 256.
290. Traité général de délimitation telle que l'avait stipulée le traité de paix de Carlowicz, daté du 5 schewwal 1113 (5 mars 1701).
291. Traité de délimitation conclu par l'ambassadeur venitien Dolfini, en 1113 (1701). Aux archives de Venise.
292. Ratification du traité de paix de Carlowicz, datée du 14 silkidé 1113 (15 avril 1701). Ferrari, *not. ist. de la lege*, p. 14. Aux archives I. R.
293. Traité relatif à la fixation des frontières de Bosnie, daté du 29 rebioul-ewwel 1115 (12 août 1703).
294. Traité relatif à la délimitation de la Pologne, daté de l'année 1115 (1703). Aux archives I. R. La copie de ce traité fut remise par l'ambassadeur polonais à l'internonce autrichien qui l'envoya à sa cour le 4 octobre 1773.
295. Traité relatif à la délimitation des frontières vénitiennes, daté du 1 schâban 1115 (10 décembre 1703). *Fasc. ven.*, n° 38.

Sultan Ahmed II.

296. Convention faite avec la Russie, relative à la fixation des frontières, 4 redjeb 1117 (22 octobre 1705). Schœll, XIV, p. 387.
297. Renouvellement du traité de paix vénitien par le procurateur Ruzzini, en 1118 (1706). Aux archives de Venise.
298. Autre convention relative à la délimitation de Bosnie, datée du 13 moharrem 1211 (25 mars 1709).
299. Renouvellement du traité de paix russe, daté du 14 silkidé 1122 (4 janvier 1710).
300. Traité de paix conclu sur le Pruth avec Pierre-le-Grand, le 12 djemazioul-akhir 1123 (28 juillet 1711). Schœll, XIV, p. 288.
301. Diplôme accordé aux Tatares noghaïs, en 1123 (1711), les autorisant à s'établir en Bessarabie.
302. Renouvellement de la capitulation hollandaise, daté de l'année 1124 (1712).
303. Renouvellement de la capitulation commerciale que Mourad IV avait accordée à la république de Gênes, daté de l'année 1124 (1712). Aux archives de Turin.

304. Traité de paix conclu avec la Russie, pour vingt-cinq ans, le 9 rebioul-ewwel 1124 (5-16 1712). Schœll, XIV, p. 292.
305. Traité de paix renouvelé avec la Russie à Andrinople, pour 25 ans, le 30 djemazioul-ewwel 1125 (24 juin 1713). Schœll, XIV, p. 296.
306. Convention relative à la délimitation des frontières russes, datée de 1126 (1714).
307. Traité de paix conclu avec la Pologne, le 7 rebioul-akhir 1126 (22 avril 1714). Schœll, XIV, p. 279.
308. Convention rédigée en six articles entre Stainville et Maurocordato, stipulant que les troupes impériales ne franchiraient pas la rivière d'Alt, le 25 safer 1129 (8 février 1717).
309. Traité de paix de Passarowicz, conclu avec l'Autriche, le 22 schâban 1130 (21 juillet 1718). Schœll, XIV, p. 324.
310. Traité de paix conclu avec Venise, à Passarowicz, le 22 schâban 1130 (25 juillet 1718), Schœll, XIV, p. 330.
311. Traité de commerce conclu à Passarowicz, le 28 schâban 1130 (27 juillet 1718). Schœll, XIV, p. 328.
312. Traité déterminant la délimitation de la grande et de la petite Valachie, et basé sur le traité de paix de Passarowicz ; il est daté du 24 schewwal 1130 (20 septembre 1718).
313. Traité relatif à la délimitation de Bosnie, sur la Drina et l'Unna, daté du 16 silhidjé 1130 (10 novembre 1718).
314. Traité relatif à la délimitation de la Servie et du Banat, daté du 22 moharrem 1131 (15 décembre 1718).
315. Traité relatif à la délimitation de la Bosnie et de la Croatie, depuis la Nouvelle-Novi et le *Triplex Confinium*, daté du 8 silhidjé 1132 (11 octobre 1719).
316. Traité relatif à la délimitation des frontières vénitiennes, daté de 1133 (1720).
317. Traité de paix dit éternel conclu avec la Russie, le 15 moharrem 1133 (16 novembre 1720). Schœll, XIV, p. 299.
318. Confirmation du diplôme donné aux Tatares noghaïs, qui les autorise à s'établir en Bessarabie, datée de l'année 1134 (1721).
319. Traité de partage de l'empire persan, conclu entre la Russie et la Porte, daté du 2 schewwal 1136 (12-24 juin 1724). Schœll, XIV, p. 301, et Tschelebizadé, l. 39.
320. Traité de commerce et de navigation conclu entre l'Autriche et

le dey de Tunis, le 6 rebioul-akhir 1137 (23 décembre 1 2 5).
321. Traité de commerce et de navigation conclu entre l'Autriche et le dey de Tripolis, le 13 schâban 1138 (16 avril 1726).
322. Traité de commerce et de navigation conclu entre l'Autriche et le dey d'Alger, le 25 redjeb 1139 (18 mars 1727).
323. Traité relatif à la délimitation des frontières russes-persanes, daté du 28 rebioul-akhir 1139 (12-23 décembre 1727). Tschelebizadé, f. 129 et 136, Schoell; XIV, p. 311.
324. Traité de paix persan conclu avec Eschref à Hamadan, le 15 djemazioul-akhir 1140 (28 janvier 1728). Ranway.
325. Convention arrêtée entre les Tatares Noghaïs et les Moldaves, relativement à la fixation de leurs frontières respectives, au mois de silkidé 1140 (juillet 1728).

Sultan Mahmoud I.

326. Traité de paix conclu avec la Perse, le 12 rebjeb 1144 (10 janvier 1732). Soubhi, f. 40.
327. Le traité de paix conclu à Passarowicz, avec la république de Venise, est transformé en une paix éternelle par l'ambassadeur Simon Contareni, sous le doge Ruzzini, en 1145 (1733).
328. Paix ou armistice conclu entre Ahmed-Pascha et Tahmas Koulikhan, le 2 redjeb 1145 (19 décembre 1733).
329. Traité de paix conclu à Constantinople avec le schah de Perse Nadirschah, le 11 djemazioul-akhir 1149 (1736). Soubhi, f. 81 et 90.
330. Traité de commerce conclu avec la Suède, le 19 ramazan 1150 (10 janvier 1737). Schoell, XIII, p. 331.
331. Traité conclu avec Rakoczy, comme prince de Transylvanie, choisi par la Porte, le 14 schewwal 1151 (25 janvier 1738). Laugier, I, p. 118.
332. Préliminaires du traité de Belgrade, datés du 27 djemazioul-ewwel 1152 (1 septembre 1739). Schoell, XIV, p. 365.
333. Convention relative à l'exécution des préliminaires de Belgrade, datée du 3 djemazioul-akhir 1152 (7 septembre 1739). Schoell, XIV, p. 366.
334. Traité de paix de Belgrade conclu avec l'Autriche le 14 djemazioul-akhir 1152 (18 septembre 1739), Schoell XIV, p. 368.

335. Traité de paix conclu avec la Russie à Belgrade le 14 djemazioul-akhir 1152 (18 septembre 1739). Schoell, XIV, p. 382.
336. Convention de Nissa conclue avec la Russie relativement à la délimitation des frontières, le 29 djemazioul-akhir 1152 (3 octobre 1739). Schoell, XIV, p. 387.
337. Convention avec l'Autriche annexée au traité de paix de Belgrade signée le 3 schâban 1152 (5 novembre 1739), Schoell, XIV, p. 377.
338. Traité d'alliance conclu avec la Suède le 21 ramazan 1152 (28 décembre 1739). Schoell, XIII, p. 338, et XIV, p. 85.
339. Convention signée avec la Russie comme complément de celle de Nissa et du traité de Belgrade, le 7 ramazan 1152 (28 décembre 1739). Schoell, XIV, p. 388.
340. Traité d'amitié et de commerce conclu avec Naples le 17 moharrem 1153 (14 avril 1740). Rousset, XVIII, p. 7, et Soubhi, f. 73.
341. Capitulation française renouvelée pour la dixième fois, le 2 rebioul-ewwel 1153 (28 mai 1740). Schoell, XIV, p. 391.
342. Convention signée avec l'Autriche et servant de complément au traité de Belgrade, le 24 silhidjé 1154 (2 mars 1741); Schoell la place par erreur en 1740; voyez Laugier, II, p. 381.
343. Convention relative à la délimitation des frontières autrichiennes le long de la Save et de l'Unna, datée du 24 safer 1154 11 mai 1741).
344. Convention relative à la délimitation du Banat et de la Valachie, datée du 19 rebioul-ewwel 1154 (4 juin 1741).
345. Convention relative à la délimitation de la Transylvanie, datée du 13 rebioul-akhir 1154 (28 juin 1741).
346. Convention conclue avec la Russie et servant de complément au traité de Belgrade, le 25 djemazioul-ewwel 1154 (7 septembre 1741), Schoell, XIV, p. 390.
347. Convention relative à la délimitation des frontières russes, datée de l'année 1155 (1742). Soubhi.
348. Convention relative à la délimitation des frontières de Bosnie, datée du 13 silhidjé 1157 (18 janvier 1744).
349. Traité de paix conclu avec Nadirschah, le 17 schâban 1159 (4 septembre 1746), Izi, f. 82.
350. Renouvellement du traité de paix conclu avec la Russie, le 14 rebioul-ewwel 1160 (10 avril 1747), Izi, f. 121.

351. Prolongation à l'infini du traité de paix conclu avec l'Autriche à Belgrade, datée du 15 djemazioul-ewwel 1160 (25 mai 1747).
352. Traité de commerce conclu avec la Toscane le 15 djemazioul-ewwel 1160 (25 mai 1747).
353. Traité de navigation conclu entre le dey d'Alger et la Toscane le 15 schewwal 1161 (18 octobre 1748).
354. Traité de navigation conclu entre le dey de Tunis et la Toscane le 1er moharrem 1161 (23 décembre 1748).
355. Traité de navigation conclu entre le dey de Tripoli et la Toscane, le 7 safer 1162 (27 janvier 1749).
356. Convention conclue avec Venise et Raguse relativement à la libre navigation des navires ragusains dans le golfe vénitien, datée du 15 ramazan 1167 (6 juillet 1754).

Sultan Osman III.

357. Renouvellement du traité de navigation conclu entre le dey de Tripoli et le consul d'Autriche, M. de Conti, en 1168 (1755).
358. Premier traité d'amitié, de commerce et de navigation conclu entre la Porte et le roi de Danemarck, le 28 silhidjé 1168 (9 octobre 1756).
359. Traité de paix et de commerce conclu entre la Toscane et le dey d'Alger, le 28 silhidjé 1169 (28 juin 1757).

Sultan Moustafa III.

360. Traité de paix et de commerce renouvelé par la Toscane avec le dey de Tunis, le 12 rebioul-akhir 1170 (13 janvier 1758).
361. Traité de paix et de commerce renouvelé par la Toscane avec le dey de Tripoli en 1170 (1758).
362. Premier traité d'amitié conclu entre le roi de Prusse et la Porte le 20 schâban 1173 (29 mars 1761).
363. Convention relative aux subsides fournis par la Porte à l'Autriche, signée le 2 rebioul-ewwel 1183 (6 juillet 1771).
364. Armistice conclu avec la Russie sur terre et sur mer le 15 safer 1184 (30 mai-10 juin 1772), Schoell, XIV, p. 417.
365. Prolongation de l'armistice conclu avec la Russie, à la date du 20 redjeb 1184 (9 novembre 1772).

CAPITULATIONS,

Sultan Abdoulhamid.

366. Traité conclu avec la Russie à Kaïnardjé, le 20 rebioul-akhir 1186 (10-21 juillet 1774) et ratifié à Constantinople le 28 janvier 1775. Schoell, XIV, p. 425.

Le nombre des traités et des conventions ayant force de traité monte à quatre cents jusque vers la fin du dix-huitième siècle, et, jusqu'au traité d'Andrinople, à quatre cent vingt. Dans Martens, *Cours diplomatique*, et Schoell, *Histoire abrégée des traités de paix*, manquent les numéros suivans qu'on trouve dans notre tableau et dans le corps de cette histoire, savoir : 1, 2, 3, 4, 5, 6, 7, 8, 9, 10, 11, 12, 13, 14, 15, 16, 17, 18, 19, 20, 21, 22, 23, 24, 25, 26, 27, 28, 29, 30, 31, 32, 33, 34, 35, 36, 37, 38, 39, 40, 41, 42, 43, 44, 45, 46, 47, 48, 49, 50, 51, 52, 53, 54, 55, 56, 57, 58, 59, 60, 61, 62, 63, 64, 65, 66, 67, 68, 69, 70, 71, 72, 73, 74, 75, 76, 77, 78, 79, 80, 81, 82, 83, 84, 85, 86, 87, 88, 89, 90, 91, 92, 93, 94 *a*, 96, 97, 98, 99, 100, 101, 102, 103, 104, 105, 106, 107, 108, 109, 110, 111, 112, 113, 114, 115, 116 *b*, 118, 119, 120, 121, 122, 123, 124, 125, 126, 127, 128, 129, 130, 131, 132, 133, 134, 135, 136, 137, 138, 139, 140, 141, 142, 143, 144, 145, 146 *c*, 148, 149, 150. Le premier armistice conclu avec Charles V et Ferdinand date de l'année 1547 et non pas de 1544, comme le prétend par erreur Martens, d'après Struwe. De ces cent soixante-six traités dont parle l'*Histoire ottomane* dans les deux cent cinquante premières années de son existence, les collections des traités qui existent n'en contiennent que cinq (30, 65, 117, 147 et 150); encore trois de ces traités sur ces cinq portent-ils de fausses dates. Dans ces mêmes collections manquent encore les numéros suivans : 152, 153, 154, 155, 156, 157, 158, 159, 160, 163, 164, 165, 168, 171, 172, 174, 175, 176, 177, 178, 179, 180, 181, 182, 183, 184, 186, 187 *d*, 189, 190, 192, 193, 194, 195, 197, 198, 199, 200, 201, 203, 204, 205, 206, 207, 208, 210, 211, 212, 213, 214, 217, 218, 219, 220, 222, 224, 225, 226, 228, 229, 230, 231, 232, 233, 234, 235, 237, 238, 240, 241, 242, 244, 245, 246, 247, 248, 250,

a Dans Martens se trouve le n° 95, mais avec la fausse date de 1479.
b Le n° 117 porte dans Martens la fausse date de 1503.
c Il en est de même du n° 147 qui porte par erreur la date de 1535.
d Le n° 188, c'est-à-dire la première capitulation commerciale avec l'Angleterre, est placée par erreur dans Martens en l'année 1579 au lieu de 1566.

252, 254, 255, 256, 259, 260, 262, 264, 267, 269, 272, 275, 276, 277, 282, 283, 284, 287, 288, 290, 291, 292, 293, 294, 295, 297, 298, 301, 302, 303, 306, 308, 312, 313, 314, 315, 316, 318, 324, 325, 326, 327, 328, 329, 331, 343, 344, 345, 347, 348 a, 350, 356, 357, 358, 359, 360, 361, 362. Les collections des traités ne connaissent que quatre-vingt-six traités conclus avec la Porte depuis la seconde moitié du siizième siècle jusqu'à la paix de Kaïnardjé, mais il en existe trois cent soixante-six; notre liste cite par conséquent deux cent quatre-vingts traités et autres documens de plus que les collections qui ont été publiées jusqu'à ce jour.

a Le n° 349 porte dans Martens la fausse date du mois de janvier 1747 au lieu de septembre 1746.

LISTE

DES AMBASSADES ENVOYÉES A LA PORTE PAR CINQUANTE PUISSANCES EUROPÉENNES, ASIATIQUES ET AFRICAINES, COMPRENANT CELLES QUE LES SULTANS LEUR ENVOYÈRENT,

DEPUIS LA FONDATION DE L'EMPIRE OTTOMAN JUSQU'A LA PAIX DE KAÏNARDJÉ

(Énumérées dans l'ordre alphabétique des puissances).

I. *Angleterre.*

1. *William Harebone* ouvrit les premières négociations avec la Porte, en 1581.—2. *Edward Burton*, premier ambassadeur à Constantinople, signa la première capitulation avec la Porte, en 1593; Seidel, dans la relation de son ambassade (p. 80), parle de lui dès l'année 1596, bien qu'Istuanfi appelle l'ambassadeur anglais qui était à la bataille de Keresztes, *Ricardus*.—3. Les rapports des ambassadeurs vénitiens nous font connaître l'arrivée à Constantinople du second ambassadeur anglais, sir *Henry Billoé*, au mois de décembre 1506.—4. Ambassade de sir Thomas Glober (Knolles, p. 900).—5. L'ambassadeur anglais *Paul Pindar*, successeur de Glober, quitta Constantinople au mois de juillet 1619.—6. Ambassade de sir *John Eyries*.—7. Ambassade de sir *Thomas Roe*, en 1622, chargé de renouveler la capitulation et de négocier la paix entre la Porte et la Pologne.—8. Ambassade de sir *Peter Wich*, en 1632.—9. Sir *Sackville Grow*, ambassadeur du roi d'Angleterre.—10. Ambassadeur du parlement, sir *Thomas Bendish*, successeur de Sackville, ne fut reconnu qu'après une longue opposition de la part de ce dernier.—11. Ambassade de lord *Winchelsea*, chargé d'offrir au Sultan de riches présents de la part de Charles II, le 10 mai 1661.—12. Ambassade du chevalier *Harvy*.—13. Ambassade de lord *John Finch*, le 20 mars 1675.—14. En l'année 1684, lord *Sandwich* demanda en vain la permission de pouvoir se rendre à Constantinople.—15. Ambassade de lord *Chando*.—16. Ambassade du chevalier *Trumball*, en 1687.—17. Ambassade de sir *William Hussey*, chargé, en 1691, d'annoncer l'avénement de Guillaume III;

il mourut peu de temps après, et *Harbone*, qui devait le remplacer, tomba malade en route et mourut également.—18. Ambassade de lord *Paget*, en 1692; il négocia la paix de Carlowicz.—19. Ambassade du chevalier *Sutton*, en 1702.—20. Ambassade de *Worthley Montague*, en 1717.—21. Ambassade de *Stanyan*, en 1718, chargé en 1727 d'annoncer l'avénement de Georges II.—22. Ambassade de lord *Kiunoul*, en 1730.—23. Ambassade de lord *Fawkener*, en 1736.—24. Ambassade de *Porter*, l'auteur d'un ouvrage sur la Turquie, en 1755.—25. Ambassade de lord *Murray*, depuis 1768 jusqu'à la paix de Kaïnardjé.

II. *Autriche.*

1. Jean Hobordansky de Salathnok et Sigismond Weixelberger, premiers ambassadeurs de Ferdinand I près la Porte, en 1520.— 2. Ambassade du comte Lamberg de Styrie et de Nicolas Jurischitz, capitaine à Saint-Veit et à Güns, en 1530.—3. Ambassade du comte Lamberg de Styrie et du comte Nagorola, après la campagne de Güns. —4. Ambassade de Jérôme de Zara et de Cornelius Dupplicius Schepper, en 1533, chargés de renouveler la paix.—5. Ambassade du comte Nicolas de Salm et de Sigismond d'Herberstein de Styrie, au sultan Souleïman I, en 1541.—6. Ambassade de Jérôme Adorno, prévôt d'Erlau, et d'Edouard Cataneo, en 1544, chargés de conclure la paix. —7. En 1547, Veilwyck signa le premier traité entre Charles-Quint et la Porte; Malvezzy resta comme ambassadeur à Constantinople, et Justi de Argento porta dans cette capitale la ratification du traité de paix avec le premier présent honorifique. Malvezzy qui accompagna Justi di Argento en qualité de secrétaire resta à Constantinople avec le titre d'ambassadeur et fut jeté dans les Sept-Tours en 1552.—8. Ambassade d'Antoine Wranczy et de François Zay en 1553. Au retour de Malwezy, Wranczy, Zay et Auger Busbek négocièrent la paix comme ambassadeurs de Ferdinand I, en 1555.—9. Lorsque Wranczy et Zay eurent quitté Constantinople, Busbek y resta seul, en 1557.— 10. Dans la même année Albert de Wyss porta dans le camp ottoman quatre projets de paix et de riches présens pour le Sultan.—11. Après la mort de Ferdinand, Maximilien II envoya à Constantinople, en qualité d'internonce, l'interprète vénitien Czernovicz, en 1564, accompagné de Georges Albani et Achaz Csabi; Albani étant mort, Czernovicz et Csabi retournèrent à Vienne.—12. Ambassade de l'internonce hongrois Georges Hossutoti, qui fut emprisonné ainsi que l'ambassadeur

Albert de Wyss, en 1566.—13. En 1567 le Dalmate Wranczy et le Styrien Teuffenbach furent adjoints comme ambassadeurs au Belge Albert de Wyss et arrivèrent à Constantinople avec de riches présens; Albert de Wyss mourut en 1569.—14. Ambassade de Charles Rym d'Estbeck. Le secrétaire Haniwald apporte à Constantinople une lettre de l'Empereur; M. de Minkwitz s'y rendit deux fois, en 1569 et 1570, porteur du présent honorifique. Quatre ans plus tard, ce présent fut apporté par Philibert de Bruxelles. En 1575, ce fut le baron de Pregner, et en 1576 Wolf Simmich qui était accompagné de trois nobles styriens. Édouard Provisionali et le Carinthien M. d'Ungnad se rendirent à Constantinople chargés de la même mission en 1577.—15. Ce dernier y retourna l'année suivante et renouvela, comme ambassadeur, la capitulation, conjointement avec le résident Rym.—16. Ambassade de M. de Sinzendorf en 1578.—17. Ambassade de M. de Pregner en 1580. —18. Ambassade de M. Eytzing.—19. Ambassade de Henri et de Hartman de Lichtenstein en 1583. Dans leur suite se trouvaient Jean Lewenklau d'Amelbeuern, le premier Allemand qui ait écrit une *Histoire ottomane*, et Melchior Besolt, qui a laissé une description de cette ambassade et de la fête de circoncision des princes ottomans; ils étaient porteurs du présent honorifique. Ces présens furent transportés à Constantinople dans les années 1589 et 1590 par Jean Mollar de Reinek et Streins d'Ehrenreichstein.—20. Ambassade de Pezzen chargé de renouveler la paix, en 1590.—21. Ambassade du Bohême Fréderic de Khrekwiz en 1591. Dans sa suite se trouvaient l'apothicaire Seidel et le page Wratislaw de Mitrowiz qui, tous les deux, ont décrit la triste destinée de cette ambassade. Le baron de Popel fut le dernier qui porta à Constantinople le présent honorifique. Après la paix de Sitvatorok, l'empereur envoya à Constantinople le Styrien Adam de Herberstein et le Hongrois Jean Rymai, porteurs du traité de paix et de présens pour le Sultan.—22. Ambassade de Pietro Buonomo et d'Andreas Negroni en 1609. Michel Starzer, secrétaire de cette ambassade, fut laissé à Constantinople en qualité d'agent.—23. Ambassade du baron de Czernin en 1616 conjointement avec César Gallo.—24. Ambassade du président du conseil aulique, M. de Mollard, chargé de féliciter Osman II de son avénement en 1618. César Gallo resta à Constantinople en qualité d'ambassadeur, et lors de la chute du Sultan, Damiani se trouvait dans cette capitale en qualité d'agent.— 25. Ambassade de Kurz de Senftenau, chargé de féliciter Mourad IV sur son avénement; à son départ, il installa comme résident M. Sébastien Lustrier.—26. Ambassade de l'internonce Bologh Istuan et du baron de Kuefstein, chargés d'échanger les ratifications du traité de paix et de remettre les présens de l'empereur, en 1627.—27. Ambassade de Jean comte de Puchhaimb en 1634.—28. Ambassade de l'internonce baron de Kinsky, chargé de féliciter Mourad IV de la conquête de Bagdad.—29. Ambassade de l'internonce Iszdency après le renouvellement du traité de paix de Izon; à son départ, il laissa à Constantinople, comme ministre résident d'Autriche, M. Schmid, qui plus tard fut remplacé par le conseiller de la cour des appels, Alexandre de Greifenklau et l'abbé de Fœldwar, Georges Zeleptseny.—30. Seconde ambassade du baron de Czernin en 1644.—31. Le résident Schmid de Schwarzenhorn se fit reconnaître en 1641 comme internonce, et en 1653 comme ambassadeur.—32. Ambassade de M. de Beris en 1662 pendant que le Styrien Renninger remplissait à Constantinople les fonctions de ministre résident.—33. Seconde ambassade de Beris et du baron de Goes chargés de négocier la paix à Temeswar et à Belgrade en 1663.—34. Ambassade de Walther de Leslie, M. de Pettau et de Neustadtl, après la conclusion de la paix de Vasvar, en 1665. L'année d'après Casanova fut installé comme ministre résident à Constantinople. Lorsque Beris fut mort à Constantinople et Sattler nouvellement nommé résident à Belgrade, en 1673, Kindsberg accompagna comme résident l'armée du grand-vizir.—35. Kindsberg fut remplacé en 1678 par l'internonce Hoffmann; à la mort de ce dernier, J. Charles Terlings de Gussmann fut envoyé comme résident à Constantinople; celui-ci étant mort peu de temps après, le Consul général, M. de Khuniz, fut nommé à sa place.—36. En 1682, Albert de Caprara se rendit en qualité d'internonce à Constantinople, mais il revint à Linz peu de temps avant le siége de Vienne, et ce ne fut qu'après la délivrance de cette capitale que M. de Khuniz fut mis en liberté et qu'il quitta le camp turc.—37. Ambassade des comtes d'OEttingen et de Schlickh en 1699 : ces deux ambassadeurs négocièrent et conclurent la paix de Carlowicz.—38. après la conclusion de cette paix, OEttingen se rendit à Constantinople conjointement avec le comte Sinzendorf, chargé plus spécialement de présider à l'échange des prisonniers.—39. Ambassade de l'internonce M. Quarient de Rall, chargé de notifier l'avénement de l'empereur Joseph I; il laissa comme résident à Constantinople Léopold Talman.—40. Ambassade du comte de Wirmond, qui conclut avec Talman le traité de paix de Passarowicz en 1719. Fleischman conclut le traité de commerce entre les deux empires. Après le départ de Wirmond, M. de Dirling fut nommé ministre résident, et après lui le fils de Talman.—41. Ambassade de l'internonce Talman fils, chargé de féliciter Mohammed I sur son avénement, en 1732.—42. Ambassade du même en 1736, où il assista au congrès de Niemirow.—43. Ambassade du comte Ulefeld en 1740, après la conclusion du traité de paix de Belgrade; Henri de Penkler fut nommé, après le départ d'Ulefeld, en 1743, ministre résident.—44. Ambassade de l'internonce Henri de Penkler en 1747.—45. Ambassade du baron de Schachhaimb en 1755.—46. Seconde ambassade de Henri de Penkler en 1763. A son départ, il laissa, comme chargé d'affaires à Constantinople, M. de Brognard, en 1767.—47. Ambassade de l'internonce M. de Brognard; à la mort de ce dernier, M. Thugut se rendit à Constantinople d'abord comme chargé d'affaires, puis comme internonce.

III. *Bagdad.*

Ahmed Djelair, prince de Bagdad, envoie une ambassade au sultan Bayezid-Yildirim, en l'année 798 (1395) pour lui demander des secours contre le conquérant mongol Timourlenk (Feridoun, n° 175). Voy. encore au mot *Ilkhans*.

IV. *Bidlis.*

Schah Mohammedbeg, prince de Bidlis, envoie une ambassade au sultan Mourad II; ses lettres de créance et la réponse du Sultan se trouvent dans Feridoun, n° 103 et 104.

V. *Byzance.*

1. Ambassade de *Cantacuzène* à Ourkhan, relative au mariage de sa fille avec ce prince, en l'année 1346.—2. Ambassade de *Joannès Paléologue* au sultan Mourad I, pour demander l'admission de son fils Théodore dans l'armée turque; seconde ambassade de Joannès à Mourad I, relative à l'exécution du fils de ce dernier, Saoudji.—3. Ambassade de l'empereur *Manuel* au sultan Mohammed I pour le féliciter sur son avénement.—4. Ambassade de Démétrius Leontarios au sultan Mohammed II.—5. Ambassade de *Lachynes* et *Theologos Korax*, ambassadeurs de Manuel, au sultan Mohammed II, pour le

féliciter sur son avénement.—6. Ambassade de *Lachynes* ou *Lachanes* et de *Marcos Jagonis* au sultan Mourad II, en l'année 1422.—7. Ambassade de *Lucas Notaras* au sultan Mourad II, pour le féliciter de la réduction de son fils Djouneïd.—8. Ambassade de *Chalcondyle* au sultan Mourad III; le père de Chalcondyle avait déjà été ambassadeur de la veuve de Rainer, duc d'Athènes.—9. Ambassade de *Phranzes* et de *Marcos Paléologos*, ambassadeurs de l'empereur Constantin, au grand-vizir Ibrahim-Pascha. Phranzes fut envoyé quatre fois en ambassade.—10. Ambassade de *Constantin* au sultan Mohammed II, pour le féliciter de son avénement.—11. Ambassade de *Constantin* à Mohammed II, pour le prier de cesser la construction d'un château-fort sur le Bosphore.—12. Ambassades réitérées de *Ducas* l'historien à Mohammed II, par ordre du prince de Lesbos, son maître.

VI. *Danemarck.*

M. de Gåehler, premier négociateur danois à Constantinople, après avoir signé, en cette qualité, un traité d'amitié avec la Porte, prend le titre d'ambassadeur (1753) et fait accréditer, comme chargé d'affaires danois, M. Horn. M. de Gossel succède à ce dernier comme résident.

VII. *Égypte.*

1. *Tahir Ebou Saïd Tschakmok* annonce son avénement après la mort de Barsebaï en l'année de l'hégire 842 (1438).—2. *Hadji Ben Schaaban*, souverain de l'Égypte, envoie une ambassade au sultan Bayezid I, en l'année de l'hégire 803 (1400). (Feridoun, n° 167).—3. Ambassade d'Inal, sultan d'Égypte, à Mohammed II, pour le féliciter de la conquête de Constantinople. Ambassade de Mohammed II au sultan égyptien (Feridoun, n° 203); réponse de ce dernier (ibid., n° 206).—4. Ambassade égyptienne au sultan Bayezid II, en l'année 888 (1485).—5. Un ambassadeur égyptien annonce à la Porte le retour du prince Korkoud dans son gouvernement.—6. Ambassade du sultan égyptien *Ghawri* au sultan Sélim I, en l'année 920 (1514); les réponses du sultan *Ghawri*, aux messages de Sélim I, se trouvent dans Feridoun, n°s 265 et 266. *Aïdin*, voyez Smyrne. *Akoyounlü*, voy. Turcomans.

VIII. *Espagne*.

Dès l'année 1564, Franchi de Khios négocia avec la Porte un traité en faveur de l'Espagne, mais ce ne fut qu'en 1581 que Marigliano conclut un armistice pour trois ans. En l'année 1651, le Ragusain Alegretti vint à Constantinople chargé de négocier un traité d'amitié entre la Porte et l'Espagne. Enfin, en 1746, le comte Ludolf négocia un traité d'alliance entre l'Espagne et la Porte.

IX. *Florence*.

1. Le duc de Florence, Medicis, envoya le premier une ambassade au sultan Mohammed II, pour le remercier de l'extradition de Bandino.—2. En l'année 1538, un ambassadeur florentin arriva à Constantinople avec de riches présens pour le Sultan.—3. En l'année 1578, le chevalier don Bongiani Gianfigliazzi renoua à Constantinople les anciennes relations d'amitié, et laissa dans cette capitale le baile Marmoraio. A dater de l'année 1547, les internonces de l'empereur d'Allemagne sont en même temps les ministres plénipotentiaires de la Toscane.

X. *France*.

1. Flassan et Andréossi ne connaissent pas une ambassade antérieure à celle de Laforest, qui eut lieu en 1534 ; cependant l'ambassadeur vénitien Bragadino écrit de Constantinople dès l'année 1525, qu'un ambassadeur français était arrivé en Bosnie [1].—2. Cet ambassadeur ayant été assassiné chemin faisant, Jean Frangipani [2] vint l'année suivante pour demander satisfaction.—3. Le troisième ambassadeur français fut le capitaine Rinçon, qui complimenta Souleïman le législateur lors de sa marche sur Güns.—4. L'ambassadeur Laforest, qui con-

---

[1] Mémoires sur les premières relations diplomatiques entre la France et la Porte. *Journal asiatique*, t, X, p. 23.

[2] Andréossi, Constantinople et le Bosphore, p. 91. Paris, 1828, commet une grande erreur chronologique lorsqu'il dit que Frangipani avait accompagné le sultan Souleïman dans son expédition en Hongrie et que le jour de la bataille de Pavie (24 février 1525) il se trouvait à ses côtés. La bataille de Mohacz n'eut lieu qu'en 1526.

clut le premier traité d'amitié avec la Porte, arriva à Constantinople en 1536.—5. Marillac fut accrédité à Constantinople, en qualité de chargé d'affaires, en 1537.—6. Ambassade du Napolitain César Cantelmo, en 1539.—7. Rinçon, pendant son second voyage pour la Turquie, où il devait se rendre en qualité d'ambassadeur, fut assassiné en passant sur le territoire milanais.—8. Le capitaine Paulin, baron de la Garde, qu'Andréossi cite immédiatement après Rinçon, revint par Venise à Constantinople, à la suite de l'ambassadeur français Pellicier, que Flassan ni Andréossi ne paraissent connaître.—9. Ambassade de Gabriel d'Aramon, en 1547; ce fut pendant son ambassade que Pierre Gylle et Pierre Belon voyagèrent dans le Levant.—10. Ambassade de M. de Cadignac, en 1554.—11. Ambassade de M. de Lavigne, 1557.—12. L'ambassadeur Guillaume de l'Aube, chargé de féliciter Souleïman sur ses victoires, l'accompagna dans sa dernière campagne contre Güns.—13. Flassan et Andréossi ne le connaissent pas plus que l'ambassadeur français Gran Campagnes et son secrétaire Gran Rie, qui tous les deux s'efforcèrent de faire échouer le traité de paix que l'empereur Maximilien II était sur le point de conclure avec la Porte, en 1568.—14. L'ambassadeur Claude de Bourg, seigneur de Guérines, renouvela, en 1569, la capitulation française.—15. Flassan et Andréossi ignorent encore la mission du plénipotentiaire Grascinan qui, dans l'année 1571, revint à Paris pour remettre à Charles IX des lettres du Sultan et du grand-vizir, dans lesquelles la Porte réclamait l'intervention de la France.—16. Les rapports des ambassadeurs vénitiens mentionnent l'arrivée à Constantinople de l'ambassadeur M. de Persaslt, en 1572.—17. Trois ans plus tard, l'ambassadeur français, François de Noailles, évêque d'Acqs, négocia la paix entre la Porte et Venise.—18. Son frère Gilles de Noailles, abbé de l'Isle, lui succéda en 1574; il laissa à son départ, comme chargé d'affaires, le sieur Jugé.—19. L'ambassadeur M. de Germigny, baron de Germoles, arriva en 1579; Berthier, son successeur, mais seulement comme chargé d'affaires, arriva en 1585.—20. L'ambassade de Jacques Savary, seigneur de l'Ancôme, eut lieu dans la même année. —21. Ambassade de François Savary de Brèves, en 1589.—22. Il fut remplacé, en 1606, par François de Gontaut-Biron, baron de Salignac, auquel succéda, en 1611.—23. Achille de Harlay, baron de la Môle.—24. Ambassade de Philippe de Harlay, comte de Césy, en 1620.—25. Ambassade de Henri de Gournay, comte de Marcheville, en 1631.—26. Ambassade de Jean de la Haye, seigneur de Vautelet, en 1639 ; M. de Varennes, dont Flassan et Andréossi ne font aucune mention, arriva dans l'intervalle à Constantinople, chargé d'une négociation spéciale. Laforest, Blondel et Roboli succédèrent à Jean de la Haye, avec le rang de chargés d'affaires.—Puis, 27. Avec le rang d'ambassadeur, son fils Denis de La Haye.—28. Ambassade de Charles-François-Olivier de Nointel, en 1670 : de La Croix l'accompagnait en qualité de secrétaire d'ambassade ; enfin, pendant son ambassade, M. de Savanie vint négocier la paix.—29. L'ambassadeur Gabriel-Joseph de la Vergne de Guilleragues étant mort à Constantinople, en 1685, six ans après son arrivée dans cette capitale, M. Fabre prit la direction des affaires de la France près la Porte ; 29. ambassade de Pierre de Girardin, en 1686. A sa mort, son frère, l'abbé de Girardin, lui succéda en qualité de chargé d'affaires.—30. Ambassade de Pierre-Antoine de Castagnères de Châteauneuf, en 1689 : pendant son séjour à Constantinople, Charles, baron de Forriol, et le baron d'Argental, se rendirent au camp turc pour négocier la paix.—31. Ambassade de Pierre Puchot, comte Desalleurs, seigneur de Clinchamp, en 1711.—32. Ambassade de Jean-Louis d'Usson, marquis de Bonnac, en 1716.—33. Ambassade de Jean-Louis Picon, vicomte d'Andrezel, en 1724, mort en 1727.—34. Ambassade de Louis Sauveur, marquis de Villeneuve, en 1728.—35. Ambassade de Michel-Ange, comte de Castellane, en 1741.—36. Roland Puchot, comte Desalleurs, fils de l'ambassadeur Pierre Puchot, en 1747 ; Charles Gravier, comte de Vergennes, en 1755.—38. Guignart, comte de Saint-Priest, en 1768.

XI. *République de Gênes.*

1. Ambassade des Génois de Galata envoyée à Mohammed II, en 1451.—2. Ambassade du marquis Augustin Durazzo, chargé de négocier la première capitulation entre Gênes et la Porte, en 1666. Giustiniani, qui lui succéda comme résident, se suicida en 1672. Deux autres résidents, Morosini et Leonardo, depuis 1673 jusqu'à 1680.—3. Ambassade génoise en 1704.

XII. *Géorgie.*

1. Djanik, prince de Géorgie, envoya au sultan Sélim I les fils de Soulkadr.—2. Ambassade géorgienne en 1607.

XIII. *Hamid.*

1. Ambassade envoyée par Houseïnbeg au sultan Mourad I (Feridoun, n° 119).—2. Ambassade chargée de féliciter ce dernier sur la conquête de Nissa (Feridoun, 123).

XIV. *Hollande.*

1. Le premier ambassadeur hollandais, chargé de négocier une capitulation avec la Porte, arriva à Constantinople en 1612. Dix ans plus tard, il négocia avec la Porte en faveur de Bethlen Gabor. Ce ne fut qu'en 1668 que Colyer se rendit en Turquie avec le titre de ministre résident. Crook, qui lui succéda, fut tué dans un tremblement de terre à Raguse.—2. Ambassade de Colyer, en 1684.—3. Ambassade de Hemskeerke, chargé, en 1691, de négocier la paix entre l'Autriche et la Porte.—4. Après la mort de Colyer, en 1721, vient l'ambassadeur Cornélius Calcoen, qui resta jusqu'en l'année 1744.—5. Ambassade de Van Dedel, en 1766; à sa mort, en 1768, Weïker lui succéda en qualité de chargé d'affaires.

XV. *Hongrie.*

1. La première ambassade hongroise fut envoyée par le roi Sigismond au sultan Bayezid I, qui, après la bataille de Nicopolis, avait enfermé à Brouza l'ambassade que les confédérés lui avaient députée.—2. A son couronnement comme empereur d'Allemagne, il envoya une seconde ambassade au sultan Mourad II.—3. Ambassade d'Hunyade à Mohammed II, lors du siége de Constantinople.—4. Ambassade envoyée au sultan Bayezid II, en 1485.—5. L'ambassadeur hongrois Jaxich est assassiné en 1487.—6. Ambassade de Pierre More, en 1495.—7. Ambassade hongroise chargée de négocier la paix entre la Porte et la Pologne, en 1497.—8. Ambassade hongroise chargée de renouveler le traité de paix conclu entre la Hongrie et la Porte, en 1510.—9. Ambassade de Zapolya, en 1630. Voyez pour les ambassades suivantes au n° 2, *Autriche.*

XVI. *Les Ilkhans,* dans l'Azerbeïdjan.

1. Ambassade du prince Oweïs au sultan Mourad I, en 764 1362), pour le féliciter de la conquête d'Andrinople (Feridoun, n° 113.)

XVII. *Inde.*

1. Ambassade de Djihanschah au sultan Mourad II, chargée de le féliciter sur son avénement (Feridoun, n° 65).—2. Ambassade de Mohammedschah Bemen au sultan Mohammed II, chargée de lui remettre une lettre due à la plume du célèbre Khadjaï Djihan (Feridoun, n° 215).—3. Ambassade indienne à l'oceasion de l'avénement du sultan Bayezid II, en l'année 1485. Khodjaï Djihan, vizir de Behmenschah, et chargé de cet ambassade, fut arrêté en Égypte.—4. L'ambassadeur de Behadirschah, prince du Goudschourat, arriva à Constantinople avec le prince fugitif Bourhanbeg, pour demander à la Porte des secours contre Houmayoun, en 1536.—5. L'ambassadeur de Khourremschah rencontra le sultan Mourad IV à Mossoul, pendant son expédition contre Bagdad en 1538, et fut renvoyé l'année suivante du camp de Tebriz.—6. L'ambassadeur de Djihanschah, Hadji Mohammed, arriva à Constantinople en 1653, porteur de riches présens.—7. En l'année 1656, l'ambassadeur Kaïmbeg vint demander des secours au nom de Djihanschah pour reconquérir le Kandahar.—8. Ambassade indienne en 1716.—9. Arrivée à Constantinople de Seïd Atallah, ambassadeur du Grand-Mogol Nassireddin Mohammed, en 1747.

XVIII. *Saint-Jean* (chevaliers de).

Aussi longtemps que les chevaliers de Saint-Jean furent maîtres de Rhodes, ils envoyèrent de nombreuses ambassades aux Sultans ottomans. Les plus mémorables sont celles envoyées à Mohammed II, la 1re pour féliciter le Sultan sur son avénement,—la 2e pour obtenir un traité de commerce pour les côtes de Lycie et de Carie.—3. Ambassade du grand-maître d'Aubusson au sultan Bayezid II, relative à la pension du prince Djem.

XIX. *Kalmouks.*

1. Arrivée de Pehliwankouli, ambassadeur d'Asguka, khan des Kalmouks, chargé de féliciter Ahmed III sur son avénement, en 1711.

XX. *Karamanie.*

1. Les deux premières ambassades envoyées par les princes de

Karamanie eurent lieu dès le temps d'Ourkhan, en 741 (1340) (Feridoun, n⁰ˢ 59-62).—2. Ambassade d'Alibeg et de son père Alaeddin au sultan Mourad I, chargée de conjurer l'orage qui menaçait ces deux princes (Feridoun, n⁰ˢ 133 et 193).—3. Ambassade chargée de demander en mariage la princesse Néfisé, fille de Mourad I, en 780 (1378). (Feridoun, n⁰ˢ 125 et 126).—4. Ambassade chargée de féliciter le sultan Bayezid sur son mariage avec la princesse de Kermian.—5. Ambassade de Mohammedbeg, successeur d'Alibeg, au sultan Mohammed I.— 6. Ambassade d'Ibrahimbeg, prince Karamanie, de au sultan Mourad II (Feridoun, n⁰ 79 et 81).

XXI. *Kastemouni*.

Ambassade du prince de Kastemouni au sultan Bayezid I, à l'occasion de son mariage.

XXII. *Kermian*.

Ambassade du prince de Kermian à son gendre, le sultan Bayezid I (Feridoun, n⁰ 171).

XXIII. *Kasaks ou Cosaques*.

1. Les premiers ambassadeurs cosaques arrivèrent à Constantinople en l'année 1653.—2. Une seconde ambassade envoyée en 1654 offrit à la Porte un tribut de 40,000 écus.—3. L'ambassade des Cosaques rebelles sous leur hetman Koronka eut lieu en 1667.—4. Ginowski, l'ambassadeur de Chmielnicki, arriva plus tard (voy. T. 12).

XXIV. *Maroc*.

1. L'ambassade envoyée à Constantinople en 1617 par le prince de Maroc avait pour but de faire échouer le traité d'amitié que négociait le roi d'Espagne avec la Porte.—2. Ambassade chargée de féliciter le sultan Osman II sur son avénement, en 161.—93. Ambassade envoyée en 1695.—4. Ambassades envoyées par le prince Moulaï Abdoullah Ben Ismaïl, dans les années 1762 et 1767.

Mardin, voyez Ortokides.

XXV. *Maures*.

Ambassade des Maures au sultan Bayezid II.

XXVI. *Mentesché.*

Ambassade du prince de Mentesché au sultan Bayezid I, à l'occasion de son mariage avec la princesse de Kermian.

XXVII. *Milan.*

Ambassade envoyée au sultan Bayezid II par Luigi Sforza, en l'année 1494.

XXVIII. *Mozaffer*, prince du Farsistan.

Ambassade envoyée par schah Manssour au sultan Bayezid Yildirim, pour se concerter avec lui sur les opérations contre Timour Feridoun, n° 183).

XXIX. *Naples.*

1. Ambassade napolitaine chargée de conclure la paix avec la Porte, en 1479 (Marino Sanuto, *commentario della guerra di Ferrara*, p. 71). 2.—Ambassade napolitaine en 1485 (Guicciardini I).— 3. Ambassade d'Alphonse à Bayezid II, demandant des secours contre la France, en 1489.—4. L'ambassadeur Thomas Paléologue signe la paix avec la Porte en 1494.—5. Ambassade de Finochetti et de Rumiti, chargée de renouveler avec la Porte les relations anciennes, en 1740.—6. Ambassade du chevalier Majo, en 1743.—7. Ambassade du comte Ludolf, en 1750.

XXX. *Ortokides.*

Ambassade de Nassireddin, prince de Mardin, au sultan Mourad I (Feridoun, n° 101).

XXXI. *Ouzbegs.*

1. Ambassade d'Obeïdoullah, prince de Samarkand, au sultan Souleïman I.—2. L'ambassadeur de Borrakkhan, Koutlouk Fouladi, arrive à Constantinople pour se plaindre des Persans au sultan Souleïman I.—3. Arrivée de Seïd-Abdoulmennan, ambassadeur de Nezirkhan, chargé de demander des secours à la Porte, en 1649.—4. Ambassade d'Abdoulazizkhan en 1678.—5. Ambassade de Koutschouk Alibeg, envoyée par Es-Seïd Mohammed Behadirkhan, en 1704. —6. Ambassade du prince Ouzbeg, en 1706.—7. Le même en 1711.

XXXII. *Papes.*

Un seul pape, Alexandre Borgia, échangea des ambassades avec la Porte. Ces ambassades avaient pour objet l'extradition du prince Djem. L'ambassade que Sixte-Quint envoya en Asie était à proprement parler une mission, et ne s'adressait pas à la Porte.

XXXIII. *Perse.*

Les ambassades envoyées à la Porte par les souverains persans, depuis l'origine de la dynastie des *Safewis*, sont énumérées sous le titre des dynasties qui ont dominé sur cet empire (*voyez* Timour et ses descendans; les princes turcomans du Bélier-Blanc et du Bélier-Noir, les Ilkhans de l'Azerbeïdjan et les princes de la famille Mozaffer à Schiraz). Nous ne parlerons donc ici que des ambassades persanes qui ont eu lieu depuis l'avénement du sultan Bayezid II, contemporain d'Ismaïl-Schah, premier souverain de la dynastie Safewi. 1, Ambassade d'Ismaïl-Schah en 1501, dans la première année de son règne. —2. Ambassade d'Ismaïl chargée de présenter à Sélim I la tête de Scheïbekhan, en réponse au trois sommations que ce sultan lui avait envoyées (Feridoun, n° 252).—3. Ambassade envoyée par Ismaïl après la bataille de Tschaldiran, pour se plaindre de la captivité de ses ambassadeurs précédens, retenus à Demitoka (Feridoun, n° 258).—4. Ambassade d'Ismaïl, chargée d'offrir au sultan des présens et de négocier la rançon d'une de ses favorites, faite prisonnière à Tschaldiran (Feridoun, n° 428).—5. Ambassade d'Ismaïl au sultan Souleïman I à l'occasion de son avénement.—6. Ambassade du khan persan Oustadjlû, chargée d'offrir la paix, en 1535, pendant la première campagne de Perse.—7. Ambassade de Schahkouli, chargée de négocier la paix, en 1554.—8. Ambassade de Ferroukhzadbeg, en 1555.—9. Ambassades envoyées par le schah Tahmasip au sultan Souleïman I et Sélim, en 1559.—10. Ambassade de 1561.—11. Ambassade de Schahkouli Soltan, chargée de féliciter Sélim II de son avénement, en 1566.—12. Ambassade de Tokmak Soltan, chargée de féliciter Mourad III sur son avénement.—13. Ambassade du Daroga Maksoud auprès du serasker Sinan-Pascha, pendant la campagne de 1585. Deux autres ambassadeurs persans arrivèrent dans la même année, l'un à Tschildir, l'autre à Erzeroun.—14. L'ambassadeur Ibrahim fut emprisonné à Constantinople.— 15. Ambassade persane envoyée à Ferhad-Pascha en 1587.—16. Arrivée de quatre khans persans avec une suite de mille hommes et de quinze cents chevaux, en 1589.—17. Arrivée de deux ambassadeurs, dans les années 1592 et 1593.—18. Arrivée de l'ambassadeur Kerim, khan de Kazwin, peu de temps avant la mort de Mourad III.—19. Ambassade de Soulfikar, chargé par Schah Abbas de féliciter Mohammed II sur son avénement.—20. Ambassade de Karakhan, chargé par Abbas-le-Grand de porter à Constantinople les clefs de vingt-quatre grandes villes, en 1599.—21. Ambassade de Mahmoudkhan en 1603.—22. Ambassade de Kadikhan en 1612; dans cette même année une Géorgienne négocia la paix entre la Perse et la Porte.—23. Arrivée de Schemseddîn, porteur d'une lettre du Schah, en 1613, et d'un ambassadeur persan, en 1614.—24. Conclusion de la paix par l'ambassadeur Bouroun Kasim.— 25. Ambassade de Nedjif Koulibeg en 1621.—26. Ambassade d'un inconnu, en 1622.—27. Ambassade d'Aga Riza, chargé de féliciter Osman II sur son avénement.—28. L'ambassadeur Tokhtekhan négocia avec le grand-vizir Hafiz-Pascha en 1627.—29. Arrivée de Tahmasp Kouli Soltan à Constantinople, chargé de demander l'investiture du fils du schah comme gouverneur de Bagdad en 1628.—30. Ambassade de Kamranbeg en 1635.—31. Ambassade de Makssoudkhan, en 1637.— 33. Ambassade de Mohammed Kouli et de Saroukhan, chargés de négocier la paix, 1639.—34. Une seconde ambassade arriva dans la même année pour obtenir la ratification du traité de paix.—35. Ambassade de Mohammedkhan, chargé de féliciter le sultan Mohammed IV sur son avénement, en 1649.—36. Ambassade de Pirali en 1656.—37. Ambassade de Kelb Ali, chargé de féliciter Ahmed II de son avénement, 1692.—38. Arrivée d'un ambassadeur persan en 1695.— 39. Ambassade d'Aboul Mâssoum, khan du Khorassan, chargé de féliciter Moustafa II sur son avénement.—40. L'ambassadeur du schah Houseïn apporta les clefs de Bassra et de Kawarna.—41. Ambassade du Mirza Mohammed Mouminkhan en 1700.—42. Ambassade de Mourteza Kouli, khan de Nakhdjiwan, en 1706.—43. Le même ambassadeur se rendit à Constantinople en 1721.—44. Ambassade d'Abdoulazizkhan, envoyée par Eschref en 1725.—45. Ambassade de Mohammedkhan en 1728.—46. Arrivée à Constantinople de l'ambassadeur de Tahmasip, Riza Koulikhan, exilé à Lemnos en 1730.—47. Ambassade de Weli Mohammed-Koulikhan, chargé de féliciter Mahmoud I sur son avénement, en 1731.—48. Ambassades de Feth-Alibeg de Tebriz et d'Aliwerdi, dans la même année 1731.—49 Safi Koulikhan, l'ambassadeur du schah Tahmasip, signa la paix avec la Porte.— 50. Ambassade envoyée par Nadir Koulikhan.—51. Abdoulbakikhan annonce à la Porte l'avénement de Nadirschah, en 1736.—52. Ambassade chargée d'offrir la médiation de Nadirschah en 1739.—53. Ambassade extraordinaire d'un khan persan, en 1741.—54. Ambassade de Nezar Alikhan et de Mirza Seki, chargés d'annoncer l'expédition de Nadirschah contre Bagdad, en 1743.—55. Ambassade de Feth Alikhan en 1746.—56. Ambassade extraordinaire du khalife des khalifes Moustafakhan, en 1746.—57. Ambassade d'Abdoul-Kerim, khan de Kermanschahan, envoyé par Ali Kouli, neveu de Nadirschah, en 1748.— 58. Ambassade de Moustafakhan et de Mehdikhan, envoyés par l'usurpateur Ibrahim-Schah.

XXXIV. *Pologne*.

1. Ambassade de Wurocimoviecki, envoyée par Casimir, en 1476.— 2. Ambassade du roi Sigismond à Souleïman I, en 1525.—3. Ambassade d'Opalinsky en 1532.—4. Ambassade polonaise chargée de féliciter Souleïman I de la prise de Gran, en 1543.—5. Ambassades de Nicolas Bohousz et de ses successeurs, depuis 1449 jusqu'à 1553.—6. Ambassade de Brzowski en 1554.—7. Ambassade de Simou, staroste de Lemberg, en 1555.—8. Ambassade de Yaslowiecki en 1556.— 9. Ambassade de Nicolas Brzeski en 1563.—10. Ambassade de Schorowsky, chargé de féliciter le sultan Sélim II sur son avénement, en 1568. En l'année 1574, un Arménien, nommé Christophe, vint à Constantinople, porteur d'une lettre du roi de Pologne.—11. Ambassade de Taranowsky, chargé de féliciter Mourad III sur son avénement, en 1575.—12. Arrivée du nonce Saint-Marc Sobiesky, en 1577. —13. Ambassade de Paul Uchansky, annoncée par l'internonce Fodore. —14. Ambassade de Martin Lubomirski en 1592.—Meurtre de l'écuyer polonais Jean Podladoffsky.—Arrivée à Constantinople du nonce Slatofsky.—15. Ambassade de Zamoisky, chargé de renouveler la paix en 1597.—16. Ambassade polonaise en 1598.—17. *Idem* en 1609.— 18. Ambassade de Stanislas Zorawinsky et Jacques Sobiesky, chargés de conclure la paix en 1619.—19. Ambassade de Zbarawsky en 1622.— 20. *Idem* en 1625 et 1626.—21. Ambassade de Stanislas Suliszewsky en 1628.—22. Ambassade d'Alexandre Trzebinsky en 1634.—23. Ambassade d'Adalbert Miaskowsky en 1640.—Arrivée de Chmielecki; l'année suivante le nonce Nicolas Bieganowsky arriva à Constantinople chargé d'une mission spéciale.—24. Ambassade d'Albert Raziusky en 1656.—Arrivée de Nabiansky Bienensky et de Marius Jaskolsky.— 25. Ambassade de Szamowski en 1661.—26. *Idem* de Wisocky en

1672.—27. Arrivée de l'internonce Siekierzynski en 1674, et d'un autre.—28. Ambassade de Dombrowski en 1676.—29. Ambassade de Mysliszewski et de Kaczorewski, envoyés par Sobieski.—30. Ambassade de Korycki et Bidrciuski; ils signent la paix de Zurawna, que l'internonce Modrzaiowski et l'ambassadeur Gninski viennent confirmer en 1677.—31. Arrivée du résident comte Prosky, en 1678.—32. Arrivée du résident Spandocchi en 1679.—33. Prosky, résident pour la seconde fois.—34. Stanislas Rzewuski apporte, en 1699, la ratification du traité de paix conclu à Carlowicz par Malachowski.—35. Ambassade de Raphaël de Winiawa Leszczynski.—36. Ambassade de Gurski en 1705.—37. Ambassade du colonel Dominique de Jastrzsbiec Bekierski, envoyé par la confédération après l'ambassade du staroste de Sredz, François Golz, et du palatin de Mazovie, Stanislas Chomstowsky, qui étaient venus renouveler la paix de Carlowicz.—38. Arrivée de l'internonce Wilkomir Joannis Strutinsky en 1720.—39. Ambassade de Sulima Popiel en 1722.—40. Ambassade de Sierakowsky en 1734; il laissa, comme résident, son neveu Stadnicky.—41. Ambassade de Malujez en 1735.—42. Ambassade de Gorowski, envoyé par la confédération, en 1739.—43. Arrivée de l'internonce Benoe en 1743.—44. En 1755, Malczewski précéda l'ambassade du comte Mnizek.—45. Renvoi de l'ambassadeur Stankiewicz en 1766, et arrivée d'Alexandrowicz.—46. Ambassade du staroste Podorsoki, envoyé par la confédération, en 1768.—47. Ambassades de Potocki, Krasinski, Lasocki, Morosovich et Kosakowski.

XXXV. *Portugal.*

L'ambassadeur Odoardo Cataneo négocia en l'année 1544 la paix entre la Porte et le Portugal.

XXXVI. *Prusse.*

En l'année 1544, le négociateur Hauden arriva à Constantinople, chargé de conclure un traité d'amitié avec la Porte; en 1764, il revint avec le titre d'ambassadeur; plus tard il fut remplacé par M. de Zegelin.

XXXVII. *Raguse.*

Les ambassadeurs ragusains se rendirent d'abord tous les ans à Constantinople pour s'acquitter du tribut imposé à la république; plus tard, ils ne vinrent que tous les trois ans. Dans le grand nombre d'ambassadeurs ragusains envoyés par la république, il y en a deux qui méritent d'être cités : le premier, Nicolas Bona, mort chargé de chaînes en 1678; le second, Gozzi, son collègue, fut retenu en prison, bien que gravement malade.

XXXVIII. *Rebelles.*

Henri Bitter, ambassadeur des rebelles de Bohême, arriva à Constantinople en 1619 ; après lui vinrent Jean de Kœln et Samuel Gschim de Bezdiczy. Les ambassadeurs des rebelles d'Autriche, parmi lesquels se trouvaient MM. d'Engel et Starzer, arrivèrent dans la même année, et presqu'en même temps qu'eux Etienne Karlath, ambassadeur des rebelles de Hongrie. Dix ans avant l'arrivée de ce dernier, la Porte avait reçu un ambassadeur de Bocskai et d'André Gitzi.—Les agens de Rakoczy, Michel Maurer et Balthasar Sedesi, firent leur entrée dans Constantinople en 1644.—Arrivée d'Inczedi et de Bacovacsi, grand-maréchal de la cour de Zriny en 1664.—Arrivée d'Etienne Petscoczy et de Paul Szepesi en 1671 ; *idem* de plusieurs députés des rebelles hongrois en 1673.—Arrivée de Forgacs, Kendé, Petsy et Koubiny, et en 1674, de Szepesi, Radoczy et Petroczy.—Arrivée de Paul Szepesi et de Pandscho Houseïn en 1676.—Arrivée d'Etienne Komarosi et d'Etienne Posalaki, députés de Debreczin, en 1677 ; *idem* de Ladislas Kutasy, de quatre Hongrois du nom de Michel et de Rusaï Andréas.—Arrivée de Ghizi, de Redin et Dumoghi, envoyés de Tœkœil en 1682.—Arrivée des députés de Zriny et de Bathiany en 1683. Arrivée d'un second ambassadeur de Tœkœli en 1684.—Arrivée du dernier agent des rebelles de Hongrie, Tott, père de l'auteur des mémoires sur la Turquie.

XXXIX. *Russie.*

1. Le premier ambassadeur russe, Michel Plestcheïeff, arriva à Constantinople en l'année 1495.—2. Ambassade d'Alexis Golokvastoff, en 1499.—3. Ambassade de Tretjak Gubin, en 1521.—4. Ambassade de Jean Morosow, en 1523.—5. Deux ambassadeurs de Wassili, envoyés en 1529 ; mais ceux-ci ayant disparu, un troisième vint les réclamer.—6. Ambassade d'Adascheff, envoyée par Iwan IV.—7. Ambassade de Novosiltzoff, chargé de féliciter Sélim II sur son avénement, en 1570.—8. Ambassade russe en 1583, mais dont les histoires russes ne font aucune mention.—Arrivée de deux ambassadeurs du czar, en 1584.—10. Arrivée d'un Arménien, envoyé par le czar en 1585.—11. Arrivée d'un ambassadeur russe de retour d'une mission en Perse, en

1592 ; autre ambassadeur.—12. Ambassade russe chargée de féliciter Mohamed III sur son avénement, en 1595.—13. Ambassade russe chargée de féliciter Osman II sur son avénement en 1618.—14. Ambassade russe chargée de féliciter Moustafa II sur son avénement, en 1622.—15. Deux ambassadeurs russes mis à mort par Schahin Ghiraï, en 1624.—16. Ambassade envoyée à Constantinople en 1628.—17. Ambassade russe chargée de féliciter Ibrahim I sur son avénement en 1640.—18. Ambassade russe chargée d'excuser le meurtre du Tschaousch envoyé par la Porte à la cour de Russie, en 1642.—19. Ambassade d'Etienne Wassiliewitsch Telepneff et d'Alferi Kusovleff, chargés d'annoncer au sultan l'avénement d'Alexis-Michaïlowicz, en 1645.—En 1660, l'interprète Daniel Kononow arriva à Constantinople porteur d'une lettre du czar, et en 1666 Striaptschi Vasili Tiapkin. L'année suivante, Athanase Nestrow et Jean Wachraniew, vinrent demander à la Porte la réinstallation du patriarche. L'interprète Basile Daudow et le négociant Athanase Porosoukow se rendirent à Constantinople avec l'interprète David Schaidurow, en 1668.—Mission de Basile Daudow et de Nicephore Winiukow, en 1672.—Mission du négociant Manoli Iwanowich (archives d'Autriche et de Venise).—20. Ambassade de Basile Alexandre.—21. Ambassade d'Athanase Porosukow, de Starkow et de l'interprète Wolochanin, chargés d'annoncer au Sultan l'avénement du czar Féodor Alexiewitsch, en 1677.—22. Ambassade russe en 1678.—23. Ambassade de Nicéphore, en 1680. 24. Arrivée d'un internonce russe, précédant un ambassadeur extraordinaire, mais qui mourut en atteignant la frontière turque, en 1681 ; son secrétaire André Bokow vint seul à Constantinople.—25. Ambassade russe en 1686.—26. Ambassade de Prokop Boganowitsch Wosnitzinow, plénipotentiaire au congrès de Carlowicz.—27. Ambassade d'Ukraintzow, signataire de la paix de Carlowicz.—28. Ambassade russe en 1704.—29. Ambassade de Tolstoi, en 1709.—30. Ambassade d'Abraham Lapouschin, en 1712.—31. Ambassade d'Alexis Daschkow, en 1718.—32. Ambassade du comte Roumanzoff en 1725.—33. Nepluïeff, résident à Constantinople en 1729, succéda à Wisniakoff.—34. Ambassade du prince Scherbatoff.—35. Arrivée du résident Nepluïeff fils, en 1747.—36. Ambassade du prince Schachowskoï, chargé de féliciter Moustafa III sur son avénement, en 1756.—37. Ambassade du prince Daschkow, chargé d'annoncer au Sultan l'avénement du czar Pierre III, en 1767.—38. Ambassade du prince Dolgorouki, chargé d'annoncer l'avénement de Catherine II.

XL. *Schirwanschahs.*

1. Ambassade de Schirwanschah à Mourad II (Feridoun, n° 71).—2. Ambassade du sultan Khalil, prince du Schirwan, à Mourad II (Feridoun, n° 154).

XLI. *Servie.*

1. Ambassade de Lazar à Mourad I.—2. Ambassade du fils de Lazar au sultan Bayezid I, qui signe la paix avec les Ottomans.—3. Ambassade chargée de féliciter Mohammed I sur son avénement.—4. Ambassade envoyée, en 1425, à l'occasion de la rébellion de Djouneïd.—5. Ambassade envoyée pour renouveler la paix et féliciter Mohammed II sur son avénement.

XLII. *Suède.*

1. Arrivée de l'internonce Paul Strassburg en 1632.—Arrivée du négociateur Benoît Skith en 1652; et ambassade de Claude Sohalam en 1656.—2. Ambassade de Clas Ralams.—3. Ambassade de Wellik et Lilienkron.—4. Ambassades de Neugebauer, Poniatowski, Mayersfeld et Funk, ambassadeurs de Charles XII.—5. Ambassade de Hœpken et Carlson, chargés de négocier un traité d'amitié avec la Porte, en 1737.—6. Ambassade de Celsing en 1752.

XLIII. *Smyrne ou Aïdin.*

Ambassade de Hamzabeg, prince de Smyrne et d'Aïdin, au sultan Mohammed I, chargée de l'informer des mouvemens de son frère Mousa (Feridoun, n° 140).

XLIV. *Soulkadr.*

Ambassade de Souleïmanbeg, prince de Soulkadr, au sultan Mohammed I, lorsqu'à son retour de la campagne en Valachie, il fut porté à Brousa, grièvement blessé par suite d'une chute de cheval (Feridoun, n° 163).

XLV. *Timour.*

Les lettres de créance des cinq ambassadeurs envoyés par Timour au sultan Bayezid Yildirim, se trouvent dans Feridoun, n°° 173, 177, 179, 180 et 185.

XLVI. *Timour (ses fils et ses petits-fils).*

1. Ambassade de Schahrokh au sultan Mohammed I, après la

mort de Kara Yousouf en 823 (1420) (Feridoun, n° 159).—2. Ambassade de Schahrokh au même, en 828 (1424) (Feridoun, n° 145).— 3. Ambassade de Schahrokh-Mirza au sultan Mourad II (Feridoun, n° 73); l'ambassadeur fut Abdoulkhalil Bakhschi.—4. Ambassade de Schahrokh-Mirza au même, relativement à Kara Oulug, et au prince de Karaman, en 841 (1437)(Feridoun, n° 87).—5. Ambassade de Baïsankor Mirza, fils de Schahrokh, au sultan Mohammed II (Feridoun, n° 198).—6. Ambassade d'Abdollatif, fils d'Oulougbeg (Feridoun, n° 196).

XLVII. Transylvanie.

1. Ambassade de Nic. Orbay et François Bologh en 1568.—2. Ambassade de Pierre Egrud et Alexandre Kendi, ambassadeurs de Bathory, en 1574.—3. Ambassadeurs de Békes, Emeric Antalfy et Alexandre Tinodi, en 1574.—4. Ambassade de Mathias Nagy et Degy Janos, en 1577.—5. Ambassades envoyées par Bathory, en 1610.—6. Ambassade de Ferentz Balassi et Thomas Borsos, en 161.—27. Ambassade de Balassi, mort en 1621.—8. Ambassade de Bethlen Gabor et mort de son ambassadeur, en 1613.—9. Ambassade de Keresztessy, en 1625.—10. Ambassade de Miko Ferentz, en 1627.—11. Ambassade de Toldolagi, ancien plénipotentiaire au congrès de Sitvatorok, en 1627. 12. Ambassade de Rakoczy, en 1636.—13. Ambassade d'Etienne Keorossi, en 1640.—14. Ambassade de Jean Boris, en 1652.—15. Ambassades de François Szepessi, Nicolas Torday et Nicolas Keresztessi, en 1657.—16. Ambassade de Joannès Datzo et Gabriel Haller, envoyés par Apafy, en 1662.—17. Ambassade de Joannès Datzo, Ladislas Ballo et Valentin Rilvasi, en 1663.—18. Ambassade envoyée par Némes, en 1667.—19. Ambassade de Joannès Also.—20. Ambassade de François Rhédei, de Joannès Datzo, de Math. Ballo et de Mich. Czermeny, en 1671.—21. Ambassade de Georges Cappy et Christ. Pasko, ambassadeurs d'Apafy, auxquels se joignirent les six députés des trois nations, en 1677.—22. Ambassade de Sigism. Boier et Pierre Varda, en 1678.—23. Ambassade de Sig. de Laslo, chargé de remettre le tribut, en 1679; il était accompagné des agens Kerseli et J. Sarossi. —24. Ambassade de Ladislas Secha et Ladislas Vaida, en 1681.—25. Ambassade de Balth. Markhasi, Sig. Boier et Luilok, en 1689.—26. Ambassade envoyée par Tœkœli, en 1684.—27. Ambassade de Michel Teleki, Csaki et Jean Pop, envoyés par Rakoczy, en 1708.

XLVIII. *Turcomans*, c'est-à-dire princes de la dynastie du Bélier-Noir et du Bélier-Blanc.

A. *Dynastie du Bélier-Noir.*

1. Ambassade de Kara Yousouf à Bayezid Yildirim, lors de l'invasion de Timour (Feridoun, n° 169).—2. Ambassade de Kara Yousouf à Mohammed I, relative à sa lutte contre Schahrokh (Feridoun, n° 147). —3. Ambassade d'Iskenderbeg, fils de Kara Yousouf, au sultan Mohammed I (Feridoun, n° 149 et 150).—4. Ambassade de Kara Iskender, pour féliciter Mohammed I de sa victoire sur Kara Osman (Feridoun, n° 161).—5. Ambassade de Djihanschah Mirza, fils de Kara Yousouf, à Mohammed II (Feridoun, n° 211).—6. Ambassade de Djihanschah Mirza au même, lors de sa guerre contre Ouzoun Hasan (Feridoun, n° 221).

B. *Dynastie du Bélier-Blanc.*

1. Ambassade de Kara Youlouk, l'aïeul de cette dynastie, à Mourad I (Feridoun, n° 77).—2. Ambassade envoyée par le même à Mohammed I (Feridoun, n° 152).—3. Ambassade d'Alibeg, fils de Kara Youlouk, à Mourad II (Feridoun, n° 83).—4. Ambassade de Hamzabeg, fils de Kara Youlouk, à Mourad II (Feridoun, n° 85).—5. Ambassade de Djihanghir, fils d'Alibeg et petit-fils de Kara Youlouk, à Mourad II (Feridoun, n° 99).—6. Ambassade d'Ouzoun Hasan, à Mohammed II, envoyée après sa victoire sur Djihanschah, en 872 (1467) (Feridoun, n° 222).—7. Ambassade d'Ouzoun Hasan au même, après sa victoire sur Houseïn Baïkara, en 873 (1468) (Feridoun, n° 223).—8. Ambassade du même au même (Feridoun, n° 224).—9. Ambassade de Yakoub, fils d'Ouzoun Hasan, à Sélim I (Feridoun, n° 240).—10. Ambassade d'Elwend, petit-fils d'Ouzoun Hasan, à Sélim I (Feridoun, n° 242).

XLIX. *Uzbegs.*

1. Ambassade d'Obéïdoullah, prince de Samarkand, à Souleïman I. —2. Ambassade de Koutlouk Fouladi, envoyée par Barrakkhan, au même.—3. Ambassade de Seïd Abdoulmennan, envoyé par Nezirkhan, pour implorer les secours de la Porte, en 1649.—4. Ambassade envoyée par Abdoulazizkhan, en 1678.—5. Ambassade de Koutschouk Alibeg, envoyée par Es-Seïd Mohammed Behadirkhan, en 1704.—

6. Ambassade du Khan, envoyée en 1706.—7. Ambassade envoyée en 1711.

L. *Valachie.*

1. Ambassade des Valaques chargée de féliciter Mohammed I de son avénement.—2. Ambassade du Voïévode de Valachie chargée de féliciter le Sultan de sa victoire sur le rebelle Djouneïd, en 1425.— 3. Ambassade des Valaques chargée de demander la confirmation de Radoul comme Voïévode, en 1521.

LI. *Venise.*

1. Dès l'année 1408, Venise conclut un traité de paix avec Souleïman, fils du sultan Bayezid I.—2. A l'époque du règne absolu de Mohammed I, François Foscari renouvela avec lui le traité de paix.— 4. Ambassades envoyées pour féliciter sur leur avénement Mourad II et Mohammed II.—5. Ambassade de Marcel, chargé de renouveler la paix avec Mohammed II, après la prise de Constantinople.—6. Ambassade de Thomas Malipieri, en 1478.—7. Ambassade de Giovanni Dario, en 1479. Après avoir conclu la paix, Pietro Vettore fut accrédité comme baile de la république à Constantinople.—8. Ambassade de Melchior Trevisan, qui revint avec des reliques (*Commentarii della guerra di Ferrara di Mar. Sanuto*. Venezia 1828, p. 56).— 9. ambassade d'Ant. Veturini, lors de l'avénement de Bayezid II, en 1481.—10. Ambassade de Dom. Bolani et de Franc. Aurelio, chargés de ratifier la paix renouvelée, en 1483; Giov. Dario apporta l'acte qui autorisait l'exportation des moutons.—11. Ambassade d'Ant. Ferra et 13. de Giov. Dario, en 1487.—12. Ambassade d'And. Gritti, en 1497.— Ambassade d'And. Zanchani, chargé de renouveler la paix, en 1498. —14. Ambassade de Gritti et d'Alois Sagundino, en 1503.—15. Ambassade de Bart. Contarini et d'Al. Mocenigo, envoyé au Kaire auprès de Sélim I, en 1517.—16. Ambassade de Marco Memmo, chargé de renouveler la paix, en 1521. Le baile Pietro Bragadin fut remplacé en 1526 par Pietro Zen.—17. Ambassade de Mocenigo, en 1530.—18. Ambassade de Danieli di Federici, en 1536.—19. Ambassade de Tomaso Mocenigo, chargé de féliciter le Sultan de ses victoires sur la Perse; Orsini est nommé baile en 1537.—20. Ambassade de Piet. Zen; cet ambassadeur étant mort en route, Tomaso Contarini, âgé de 84 ans, lui succéda. Bernardo di Navagiero est nommé baile en 1552.—21. Ambassade de Ber. Trevisan, en 1554 et

1555.—22. Ambassade d'Ant. Barbarico, en 1556—23. Ambassade de Mart. de Cavalli, en 1559.—24. Ambassade d'And. Daudolo, en 1562. —25. *Idem* de Dan. Barbarico, en 1564.—26. *Idem* du secrétaire Bonrizo (*voyez* les relations déposées aux archives de la maison I. R. d'Autriche; il y manque les relations des bailes Soranzo et Barbaro; ce dernier succéda à Soranzo en l'année 1569).—27. Ambassade d'Al. Donado, en 1571; Giacomo Ragazzoni resta comme baile.—28. Ambassade d'And. Baduer, en 1572; Ragazzoni fut remplacé par Ant. Tiepolo.—29. Ambassade de Giacomo Soranzo, chargé de féliciter Mourad III sur son avénement, en 1575; le baile Ant. Barbaro fut remplacé en 1578 par Giov. Correr, auquel succéda en 1582 Giac. Soranzo, puis Maffeo Venier; Francesco Morosini fut nommé baile en 1485, et Lorenzo Bernardo en 1590 (les relations des bailes vénitiens présentent ici une lacune jusqu'en l'année 1609); le baile Moro en 1590; Zani, nommé en 1591, fut remplacé par Lipomani; le baile Veniero en 1595; Capello en 1596; Ottavio Bon en 1604; Mocenigo apporta les félicitations de la république à l'occasion de l'avénement d'Ahmed I; le baile Simon Contareni en 1612; Christ. Valier en 1614; Maro Nani en 1614. (Là se trouve une nouvelle lacune dans les relations déposées aux archives I. R. et qui va jusqu'à l'année 1634.)—30. Ambassade de Sim. Contareni en 1619.—31. Ambassade de Sim. Contareni, en 1624.—32. Ambassade de Veniero, en 1628.—33. Ambassade de Giov. Capello, en 1634.—34. Ambassade de Piet. Foscari, en 1637; Luigi Contareni fut nommé baile en 1638.— 35. Ambassade de Pietro Foscari, chargé de renouveler la capitulation, en 1641.—36. Ambassade de Capello, en 1652.—37. Ambassade du secrétaire Ballerino, chargé de négocier la paix, en 1657.—38. Ambassade d'And. Holz, en 1664.—39. Ambassade de Luigi Molino, qui se rendit auprès du Sultan alors à Larissa, en 1668.—40. Ambassade de Giavarino et de Padavino, chargés de négocier la paix, en 1669. —41. Ambassade de Giacomo Quirini, chargé de hâter l'échange des prisonniers, en 1672; Giov. Morosini fut nommé baile en 1676; Pietro Guirano en 1680, Giov. Battista Donà en 1682.—42. Ambassade de Capello, chargé de déclarer la guerre à la Porte, en 1684.—43. Ambassade de Lorenzo Saranzo, signataire du traité de paix de Carlowicz, puis ambassadeur à Constantinople, en 1699.—44. Ambassade de Carlo Ruzzini, chargé de renouveler la paix, en 1706; en 1725 le baile Gritti vient remplacer le baile Giovanni Emmo.—45. Ambassade d'Emmo Angelo, en 1732.—46. Ambassade de Sim. Contarini, chargé de transformer la paix de Carlowicz en une paix éternelle, en 1733; le baile Erizzo est remplacé en l'année 1745 par le baile Giov. Donado, Businello était alors secrétaire de légation.

AMBASSADES OTTOMANES

ENVOYÉES AUX PUISSANCES CI-DESSUS ÉNUMÉRÉES.

I. *Angleterre.*

Houseïn-Tschaousch se rendit en 1619 en Angleterre pour notifier l'avénement du sultan Osman II.

II. *Autriche.*

1. Ambassade de Memisch-Tschaousch, envoyé par le sultan Souleïman à l'empereur d'Allemagne, en 1585.—2. Ambassade envoyée par le même à l'empereur Ferdinand I.—3. Ambassade envoyée par le même et chargée de notifier à l'Empereur les victoires remportées sur les Persans, en 1549.—4. Arrivée du renégat allemand Mahmoud en Transylvanie, dans la même année.—5. Arrivée du renégat polonais Ibrahim Strozzeny à Francfort-sur-Mein, en 1562.—6. Ambassade du tschaousch Bali, chargé de féliciter Maximilien II sur son avénement, en 1564.—7. Ambassade d'Ibrahim Strozzeny, chargé de remettre la capitulation renouvelée, en 1568.—8. Arrivée à Prague en qualité d'ambassadeur, de l'interprète Mahmoud, chargé de remettre la capitulation renouvelée, en 1574.—9. Arrivée à Vienne du tschaousch Kambour, porteur d'une lettre du grand-vizir, en 1585.—10. Ambassade du tschaousch Moustafa, en 1589.—11. Ambassade de Soulfikarbeg, chargée de remettre les présens de la Porte pour l'archiduc Mathias, en 1603.—12. Ambassade d'Ahmed Kiaya, porteur du traité de paix de Sitvatorok, en 1609.—13. Ambassade d'Ahmedkiaya, plénipotentiaire au traité de Vienne.—14. Ambassade du chambellan Ahmed, chargé de notifier l'avénement de Moustafa I.—15. Arrivée d'un tschaousch chargé de féliciter Ferdinand II sur son avénement, en 1619.—16. Arrivée de Redjebbeg en qualité d'internonce, en 1627. —17. Arrivée de Rizwanaga, kiaya du précédent, en 1634, après le second traité de Szoen.—18. Arrivée du mouteferrika Ahmed, porteur d'une lettre du grand-vizir, en 1636.—19. Arrivée d'Osmanaga, porteur d'une lettre du sultan Ibrahim, en 1643.—20. Arrivée de Hasan, d'abord avec le titre d'internonce, puis avec celui d'ambassadeur,

en 1649.—21. Ambassade d'un écuyer tranchant, en 1653.—22. Arrivée d'un aga de Kœprülü, porteur d'une lettre pour l'empereur, en 1659.—23. Arrivée de Souleïman aga, chargé de féliciter l'empereur sur son couronnement, en 1659.—24. Arrivée du chambellan Yousouf, porteur de la ratification du traité de paix de Vasvar, en 1664.—25. Ambassade du beglerbeg Kara Mohammedaga, en 1664.—26. Ambassade de Soulfikar et de Maurocardato, plénipotentiaires au congrès de Carlowicz, en 1687—27. Ambassade extraordinaire d'Ibrahim-Pascha, en 1687.—28. Arrivée d'Ibrahim, en qualité d'internonce, en 1703.— 29. Arrivée du mouteferrika Ibrahim, porteur d'une lettre du grand-vizir au prince Eugène de Savoie.—30. Ambassade extraordinaire d'Ibrahim-Pascha, en 1719.—31. Arrivée de Moustafaaga, en qualité d'internonce, en 1732.—32. Ambassade d'Ali-Pascha, en 1740.—33. Arrivée de Khatti Moustafa, en qualité d'internonce.

III. *Bagdad.*

1. Ambassade envoyée en 740 (1339) par le sultan Ourkhan à Hasan Djelaïr.—2. Ambassade de Mourad I à Ahmed Djelaïr après sa victoire sur Alibeg, prince de Karamanie (Feridoun, n° 134).

IV. *Bidlis.*

La réponse de Mourad II à la lettre de Schah Mohammedbeg, prince de Bidlis, et apportée par Schemseddin de Rakka, se trouve dans Feridoun, n° 104.

V. *Byzance.*

Quoique les empereurs de Byzance aient envoyé bien plus fréquemment des ambassadeurs aux princes ottomans, que ces derniers n'avaient coutume de le faire, le sultan Ourkhan et plus tard Mourad I ont dû envoyer des ambassadeurs à Byzance, le premier lorsqu'il s'agit de son mariage avec la fille de Cantacuzène, le second lors de la rébellion de son fils Saoudji. Mohammed I avait également envoyé plusieurs ambassades à Constantinople pour négocier l'extradition de ses frères retenus par l'empereur. En 1410, il envoya à la cour byzantine le juge de Ghebizé, Fazloullah; et le prétendant Mousa députa à l'empereur Ibrahim, fils du grand-vizir Ali-Pascha, pour lui demander un tribut.

VI. *Égypte.*

1. Le sultan Bayezid I envoya, en l'année 797 (1394), une ambas-

sade au khalife d'Égypte, pour lui demander le titre de sultan.—2. Ambassade de Bayezid I, pour annoncer au sultan d'Égypte la victoire de Nicopolis sur les confédérés chrétiens, en 1396.—3. Ambassade envoyée par Mohammed I, de son camp d'Aïnégœl, en 1718 (1318) (Fer. n° 138).—4. Ambassade de Mourad II au sultan Eschref Bersebaï, envoyée après la prise de Selanik, en 1430 (Fer., n° 89); on y trouve aussi la réponse du souverain d'Égypte.—5. Ambassade envoyée par Mourad II, en 1436, pour réclamer la succession de Hadji Omer, mort en Égypte (Fer., n° 96).—6. Ambassade envoyée en 1439 par Mourad II au sultan Tschakmak, pour le féliciter sur son avénement et lui annoncer la prise de Semendra (Fer., n° 97, avec la réponse du sultan d'Égypte).—7. Ambassade envoyée par Mourad II à Melekol-Aziz, en 1443 (Fer., n° 93, et la réponse, n° 94).—8. Ambassade de Karadja-Pascha et du Kadiasker Roukneddin, envoyés par Sélim I au sultan Kanssou Ghawri (Fer., n° 262).—9. Ambassade envoyée par Sélim I à Toumanbeg, dernier sultan tscherkesse.—10. Ambassade de Moustafaaga au même.

VII. *Erzendjan.*

La lettre de créance du sultan Mohammed II au prince d'Erzendjan, se trouve dans Feridoun, n° 194.

VIII. *Espagne.*

1. Ambassade du tschaousch Ahmed, chargé d'annoncer l'avénement de Mohammed IV, en 1649.

IX. *Florence.*

1. En l'année 1487, le sultan Bayezid II envoya un ambassadeur à Laurent de Medicis avec de riches présens.—2. Ambassade du sandjakbeg de Seres, en 1624.

X. *France.*

Dès l'année 1569, l'interprète de la cour, Mahmoudbeg, ambassadeur de Sélim II, se rendit à la cour du roi de France.—2. A Mahmoudbeg succéda, dans la même année, Ibrahimbeg.—3. Ambassade d'un tschaousch, chargé de porter au roi une lettre du Sultan, écrite en faveur des Maures, 1617.—4. Ambassade de Houseïn-Tschaousch, chargée de notifier l'avénement du sultan Osman II, en 1619.—5. Ambassade du mouteferrika Souleïman, en 1669.—6. Ambassade de Mohammed Tschelebi, en 1720.—7. Ambassade de Mohammed Saïd, fils du précédent, en 1740.

XI. La république de Gênes, XII. la Géorgie, et XIII. le prince de Hamid, sont passés sous silence, l'histoire ottomane ne citant aucune ambassade envoyée à l'un ou l'autre de ces états.

XIV. *Hollande.*

Ambassade de Houseïn Tschaousch, chargé de notifier l'avénement du sultan Osman II.

XV. *Hongrie.*

1. Ambassade envoyée par Mourad II à Hunyade, en 1443.— 2. Ambassade de Bayezid II à Mathias Corvin, en 1487.—3. Ambassade turque chargée de remettre des présens au roi, en 1495.—4. Ambassade envoyée au roi Ladislas en 1497.—5. Ambassade envoyée à Ofen en 1510.—6. L'ambassadeur envoyé par Souleïman I, est tué par les Hongrois, en 1521.—7. Ambassade envoyée par Souleïman à la reine Isabelle, en 1540 (Voy. Transylvanie et Autriche).

XVI. *Ilkhans.*

Ambassade envoyée par Mourad II à l'Ilkhan Oweïs, en 763 (1361) (Feridoun, n° 110).

XVII. *Indes.*

1. Ambassade chargée par Mohammed IV d'annoncer à Djihan-Schah son avénement, en 1650.—2. Ambassade de Soulfikar dans l'Inde, en 1653.—3. Ambassade de Maanzadé Houseïn, fils de Fakhreddin, en 1656.—4. Ambassade chargée de notifier l'avénement d'Ahmed III.—5. Ambassade de Salim, en 1744.

XVIII. *Jean (Chevaliers de Saint-Jean).*

1. Ambassade du renégat Démétrius Sofian, envoyé par Mohammed II, aux chevaliers de Rhodes, en 1479.—2. Arrivée des ambassadeurs du prince Djem à Rhodes, en 1482.—3. Arrivée à Rhodes d'un ambassadeur porteur d'une lettre du Sultan, en 1500.

XIX. *Karamanie.*

1. Ambassade du sultan Ourkhan à Karamanoghli (Feridoun,

n° 53), et la réponse de ce dernier (n° 54).—2. Ambassade envoyée par Mourad I au prince de Karamanie après la prise d'Andrinople, de Felibé et de Zagra (Ferid., n° 114).—3. Ambassade de Mourad II au même, relative à son fils Saoudjibeg (Fer., n° 129).—4. Ambassade de Scheïkh-Pascha-Aga, envoyé par le sultan Mohammed I à Ibrahimbeg, en 848 (1444).—5. Ambassade envoyée au même par le sultan Mourad II, lors de l'apparition du prétendu sultan Moustafa (Ferid., n° 57).

XX. *Kastemouni.*

1. Ambassade de Mohammed II à Ismaïlbeg, prince de Kastemouni, chargée d'inviter ce dernier à la fête de la circoncision de ses fils (Ferid., n° 209) et la réponse (n° 210).

XXI. *Kermian.*

Ambassade chargée par Mourad I de demander la fille du prince de Kermian en mariage pour son fils Bayezid.

XXII. *Maroc.*

1. Ambassade envoyée à Mulaï Schérif Ismaïl en 1704.—2. Ambassade envoyée par Moustafa III, pour demander un astrologue, en 1773.

XXIII. *Naples.*

1. Ambassade de Bayezid II au roi Don Frédéric d'Arragon, chargée de réclamer les restes du prince Djem, en 1494.—2. Ambassade de Houseïnbeg en 1741.

XXIV. *Ortokides.*

Ambassade envoyée par Mourad II à Nassireddin Ortok, prince de Mardin (Feridoun, n° 101).

XXV. *Ouzbegs.*

1. Ambassade envoyée par Sélim I, chargée d'annoncer au khan des Ouzbegs, Obeïdollah, la conquête du Diarbekr, en 921 (1514) (Ferid., n° 259).—2. Ambassade envoyée par Souleïman au khan Abdolaziz.

L'histoire ne parle pas d'autres ambassades envoyées aux Ouzbegs.

XXVI. *Papes.*

Ambassade de Bocciardo, ambassadeur d'Alexandre VI, auprès du sultan Bayezid II.

XXVII. *Perse.*

1. Ambassade de Bayezid II à Ismaïl-Schah, en 1508.—2. Ambassade de Sélim I au même, chargée de déclarer la guerre (voy. les lettres de créance de quelques autres envoyés dans Feridoun, n°s 219, 250, 251 et 253). Sous le règne de Souleïman et de son fils Sélim, douze ambassadeurs furent envoyés au Schah Tahmasip pour demander l'extradition du prince Bayezid, savoir: de la part de Souleïman, 1. Sinanbeg; 2. Sofi Ali-Pascha; 3. le kapidjibaschi Hasan; 4. Kara Moustafatschaousch; 5. Khosrew-Pascha; 6. Pertew-Pascha; 7. Eliasbeg; et de la part du sultan Sélim I; 8. Tourakaga; 9. Kara Mahmoudaga; 10. le tschaouschbaschi Aliaga; 11. Mahmoudaga; et 12. Ourouschtuaga.—Mission de Khaïreddin-Tschaousch, envoyé par le grand-vizir Mourad-Pascha, en 1610.—Ambassade d'Indjilli-Tschaouch en 1615.—Ambassade d'un chambellan chargé de notifier l'avénement du sultan Osman II.—Ambassade de Saridjé Ibrahim en 1636.—Ambassade d'un bostandji en 1648.—Ambassade du tschaousch Abdounnebi en 1667. Ambassade du reïs-efendi Mohammed en 1697.—Ambassade de Mohammed-Pascha, en 1700.—Ambassade chargée de notifier l'avénement d'Ahmed III, en 1704.—Ambassade du rouznamedji Moustafa au Schah Tahmasip, 1726.—Ambassade de Raghib-Efendi, en 1732.—Ambassade de Mohammedaga à Nadir Koulikhan.—Ambassade de Houseïnaga, chargé de négocier la paix 1735.—Ambassade de Gendj-Ali-Pascha, en 1736.—Ambassade, de Moustafa-Pascha et de deux grands-juges, en 1739.—Ambassade de Neïli-Efendi de Mounif et de Nazif Moustafa-Efendi, en 1741.—Ambassade extraordinaire de Kesriéli-Pascha en 1744.—Seconde ambassade de Nazif-Efendi, en 1746.

XXVIII. *Pologne.*

1. Ambassade turque au roi Vladislas, en 1439.—2. Ambassade envoyée à Brzesc en 1478.—3. Ambassade chargée de renouveler la paix avec la Pologne en 1499 et 1500.—4. Ambassade d'Ibrahim en 1569.—5. Ambassade d'Ahmed-Tschaousch à Bothary en 1575.—6. Ambassade des tschaouschs Ahmed et Moustafa en 1576.—7. Ambassade du schaousch Ahmed en 1582.—8. Ambassade du tschaousch Hasan

en 1583.—9. *Idem* du tschaousch Moustafa en 1584.—10. *Idem* des tschaouschs Torghoud et Moustafa en 1587.—11. *Idem* de Schahinaga en 1634.—12. *Idem* du tschaousch Moustafa, en 1640.—13. Ambassade chargée de protester contre l'élection de Rakoczy en 1661.—14. Ambassade de Moustafaaga, en 1719.—15. *Idem* de Mounif Moustafa-Efendi, en 1737.—16. *Idem* d'Aliaga de Sistow, chargé de notifier l'avénement d'Osman III en 1754.—17. *Idem* de Mohammed-Pascha, chargé d'annoncer l'avénement de Moustafa III.

XXIX. *Prusse.*

1. Ambassade de Resmi Ahmed-Efendi, premier ambassadeur turc à Berlin.

XXX. *Raguse.*

Cette république, étant tributaire de la Porte, ne fut jamais honorée d'une ambassade, et ne reçut que des commissaires.

XXXI. *Rebelles.*

Bien que la Porte leur envoyât un grand nombre de tschaouschs et autres agens, aucun d'entre eux ne portait le titre officiel d'ambassadeur accrédité.

XXXII. *Russie.*

1. Ambassade d'Iskenderbeg de Menkoub au Czar Wassili, en 1521.—2. Ambassade turque en 1583.—3. Ambassade d'Arslanbaschi, chargé de féliciter Alexis Michaïlowicz sur son avénement, en 1644.—4. Arrivée d'un tschaousch à Moscou, pour raffermir la paix, en 1684.—5. Arrivée du chambellan Nischli Mohammedaga, porteur d'une lettre du Sultan pour le Czar, en 1722.—6. Ambassade de Mohammedbeg, de l'île de Crète, porteur d'une lettre du grand-vizir au chancelier de l'empire, en 1729.—7. Ambassade de Mohammed Saïd, fils de Mohammed Tschelebi, en 1731.—8. Ambassade de Derwisch Mohammed en 1755.—9. Le même, pour la seconde fois, en 1767.

XXXIII. *Schirwanschahs.*

Les lettres insérées dans le recueil de Feridoun (nos 71 et 192), ne font aucune mention d'une ambassade particulière en réponse aux lettres envoyées par Schirwanschah aux sultans Mourad II et Mohammed II.

XXXIV. *Servie.*

1. Ambassade de Saridjé-Pascha, chargé de conduire à Andrinople la princesse servienne Mara, fiancée du Sultan, en 1433. —2. Autre ambassade turque auprès du prince de Servie.

XXXV. *Suède.*

1. Ambassade du chambellan Mousaaga à Charles XII, pendant son séjour à Bender.—2. Mission du chambellan Yousoufaga, pour lui servir de guide, en 1714.—3. Ambassade de Moustafaaga en Suède, chargé de réclamer le paiement des dettes contractées par Charles XII, en 1727.—4. Ambassade de Mohammed Saïd, ayant le même but, en 1731.

XXXVI. *Tatares.*

1. Ambassade de Mohammed II au khan de Crimée Ahmed-Ghiraï, pour lui annoncer la prise de Constantinople, en 1475 (Feridoun, n° 237).—2. Ambassade chargée d'annoncer au Khan la victoire remportée sur Ouzoun Hasan.—3. Ambassade de Sélim I, chargée d'annoncer la conquête de Koumakh et de Soulkadr.—4. Ambassade chargée de notifier l'avénement du sultan Souleïman.

XXXVII. *Timour.*

Retour de l'ambassade envoyée par le sultan Bayezid Yildirim à Timour, en 1402.

XXXVIII. *Timour* (ses fils et petits-fils).

1. Ambassade d'Abdoul Khalil Bakhschi, envoyée par Mourad II à Schahrokh Sultan en 833 (1429), (Feridoun, n° 76).—2. Ambassade envoyée par Mohammed II à Houseïn Baïkara, pour lui annoncer la défaite d'Ouzoun Hasan (Ferid., n° 231).

XXXIX. *Transylvanie.*

1. Ambassade de Koubad Tschaousch en 1561.—2. Ambassade envoyée à Bathory lors du siége de Pleskow en 1580.—3. Ambassade de Yousouf Mouttaher à Bethlen Gabor, en 1625.—Ambassade du tschaousch Mohammedbegzadé à Rakoczy, en 1647. Nous ne parlons pas ici des nombreuses missions de tschaouschs envoyés en Transylvanie.

XL. *Turcomans.*

(*A*). *Dynastie du Bélier Noir.*

1. Lettre de Mourad I à Djihanschah Mirza, souverain de la Perse, après la troisième victoire remportée à Andrinople sur les Serviens (Ferid., n° 169).—2. Ambassade de Mohammed I à Kara Iskender, fils de Kara Yousouf, en 820 (1417) (Ferid., n° 151).—3. Ambassade de Mohammed I à Kara Yousouf, après la mise en liberté de Karamanoghli, en 1419 (Ferid., n° 156), et la réponse (n° 157).—4. Ambassade de Mohammed II à Kara Yousouf, lors du siége de Constantinople, en 1453 (Ferid., n° 188).—5. Ambassade envoyée par le même pour annoncer à ce prince la prise de cette ville (Ferid., n° 207).—Ambassade du même au même pour lui annoncer la conquête de la Morée (Ferid., n° 217).

(*B*.) *Dynastie du Bélier Blanc.*

1. Ambassade de Sélim I à Ferroukhzadbeg, en 920 (1514) (Ferid., n° 247).

XLI. *Valachie.*

En l'année 1461, Wlad, le tyran, fit subir les plus affreux tourmens aux ambassadeurs de Mohammed II, et, en l'année 1574, le voïévode Iwonia fit couper les oreilles, les lèvres et le nez aux envoyés ottomans.

XLII. *Venise.*

1. Ambassade turque à Venise en 1479.—2. Ambassade du sultan Bayezid en 1483 (Mar. Sanuto, *Comment. della Guerra di Ferrara*, p. 73).—3. Ambassade turque à Venise en 1484.—4. Ambassade de l'interprète Ali, chargé de remettre la ratification du traité de paix, en 1502.—5. Ambassade d'Ali, chargé de négocier des subsides, en 1510.—6. Ambassade de Semiz-Tschaousch en 1513.—7. Ambassade de Semiz, chargé d'annoncer la victoire de Tschaldiran en 1514.—8. Le même annonça l'année suivante la victoire remportée sur le prince de Soulkadr.—9. Ambassade du tschaousch Moustafa en 1518.—10. Autre ambassade en 1530.—11. Ambassade de Younisbeg en 1536.—12. Ambassadeur turc chargé d'annoncer la victoire remportée sur le schah de Perse, en 1549.—13. Ambassade d'Ali-Tschaousch, en 1563.—14. Ambassade de l'interprète Mahmoud en 1571. —15. Ambassade de Moustafa-Tschaousch, porteur de la capitula-

tion renouvelée en 1575.—16. Ambassade de l'interprète Ali, en 1580. —17. Ambassade de Hasan-Tschaousch en 1585.—18. Ambassade de Moustafa-Tschaousch en 1592.—19. Ambassade de Moustafa, chargé de notifier l'avénement du sultan Ahmed I.—20. Ambassade de Mohammed-Tschaousch en 1604. — 21. Ambassade d'Abdi Tschaousch et de David Tschaousch en 1606.—22. Ambassade du mouteferrika Ibrahim, en 1609.—23. Ambassade de Mohammed-Tschaousch, chargé d'annoncer l'avénement d'Osman II, en 1618.— 24. Ambassade chargée d'annoncer l'avénement de Moustafa I, en 1622.—25. Ambassade chargée d'annoncer l'avénement de Mourad IV, en 1623.—26. Ambassade chargée d'annoncer la prise de Bagdad, en 1639.—27. Ambassade envoyée à Venise après la paix de Carlowicz, en 1700.—28. Ambassade chargée d'annoncer l'avénement d'Ahmed III.—29. Ambassade envoyée à Venise après la paix de Passarowicz, en 1718.

APERÇU

DES DIVERSES TRIBUS TURQUES.

Les sept tribus principales des Turcs, dont parle le grand historien persan Reschideddin, et qu'Aboul-Ghazi n'a fait que copier, sont les *Oghouzes*, les *Ouïghoures*, les *Kanklis*, les *Kiptschak*, les *Karlouks*, les *Kaladjs* et les *Aghatscheris*. Nous voyons déjà dans Theophylacte (t. VII, p. 174) que, dans une lettre à l'empereur Mauritius, le khakan des Turcs s'intitule souverain de ces sept tribus. La première d'entre elles s'appelle : I. les *Oghouzes* ou *Ghouzes* ou *Ouzes*, que les Persans et les Arabes désignent aussi sous le nom de *Turcomans*, et que les Byzantins nomment *Koumans*; les Russes les nomment *Polowzes* (Polouzes ou Ouzes des champs), et les Allemands, par une mauvaise interprétation du mot *Polowz*, qu'ils considéraient être celui d'une couleur, *Valvi, Valbi, Volani, Gualani*, c'est-à-dire les Blonds; enfin les Arméniens leur donnent le nom de *Berziliens* ou Barzeliens; toutes ces dénominations paraissent d'autant plus arbitraires que cette tribu se donne à elle-même le nom de *Kounes*[1]. Aboul Ghazi nous donne d'après Reschideddin la division des vingt-quatre peuplades qui composent la grande tribu des *Oghouzes*, lesquels se disent descendans des six fils d'Oghouzkhan, dont chacun eut à son tour quatre autres fils.

II. Les *Kiptschaks*, c'est-à-dire les Patzinokites des Byzantins (voy. les *Annales de la littérature*, t. LXV, p. 14). Cette tribu

---

[1] Thunman, dans son traité intitulé : *De Comanis ab Hunnis plane diverso populo* (voy. *Act. societatis Jablonovianæ IV*, p. 142), présente les Chevalines ou Chevalisiens, comme étant le même peuple que les Vaans ; le même auteur confond ces derniers avec les Kanglis et les Petschenègues.

était divisée en huit districts ou peuplades dont il est fait mention dans Constantin Porphyrogénète.

III. Les *Kaladjs* ou *Kharledsj* des Byzantins. (Voy. *Origines russes*, p. 69, d'après le *Djihannuma*).

IV. Les *Karliks*, que les Turcs nomment, d'après Mirkhouand, les *Kharliks*.

V. Les *Kanklis*, c'est-à-dire les Kankar de Constantin Porphyrogénète.

VI. Les *Aghatsch Eri*, c'est-à-dire les hommes des bois, peut-être les Κοτξαγεροι de Theophylacte (liv. VII, ch. 8).

VII. Les *Ouïghoures*, qui parlent le turc; il est cependant possible qu'ils aient perdu leur langue primitive à l'instar d'autres peuples, comme, par exemple, pour n'en citer qu'un, les Bulgares, et qu'ils aient adopté l'idiome de leurs vainqueurs.

Il faut classer parmi les Oghouzes ou Turcomans les tribus suivantes, qui toutes ont donné naissance à des états distincts en Asie; 1. les *Ghaznewides*; 2. les *Seldjoukides*; 3. les *Beni Ortoks*; 4. les *Atabegs*; 5. les *Turcomans du Bélier Blanc et du Bélier Noir*; 6. les *Beni Akschids*; 7. les *Beni Toulouns*; 8. et 9. les tribus des *Mamlouks d'Égypte*.

Quant aux *Ottomans*, que les historiens européens ont jusqu'ici généralement considérés, mais à tort, comme Turcomans, ils appartiennent, VIII. à la tribu *Kaï*; ce sont les *Hoeiks* ou *Hoeihs* des Chinois, et ils forment une race bien distincte des *Oghouzes*. (*Origines russes*, p. 106, 120, 121, d'après le *Djihannuma*). Les Hoeihs ou Kaïs régnaient aussi dans le *Turkistan* (le *Touran* du Schahnamé et des historiens persans); les Ottomans sont donc des Turcs originaires du Turkistan, et non pas des Turcomans.

Les historiens chinois connaissent les Turcs sous le nom de *Hioungnou*, c'est-à-dire de Kounes (Ghouzes, Turcomans), et de *Tioukiou*, mot chinois mutilé, et signifiant *Turc*; ce nom ne doit donc pas être dérivé d'une montagne ou d'un casque qui s'appelle *toughoulgha* ou *toulgha*, et non pas *terk*, comme on l'a prétendu. (Voy. *Annales de la littérature*, t. LXVII, p. 14.) IX. Les *Tioukiou* des Chinois ne sont autres que les Turcs de l'Altaï, avec lesquels les empereurs de Byzance entretenaient des relations dès le sixième siècle de l'ère chrétienne. Ils étaient divisés en *Tioukious de l'est et de l'ouest* (Deguignes, t. I, p. 224 et 227), de même que les *Hioungnous* étaient divisés en Hioungnous du *nord* et au *sud* (Deguignes,

t. I, p. 215 et 218). Les deux dynasties des *Lao* ou *Karakitan* et des *Karakhataïs* ou *Karachitans* (Deguignes, I, p. 204 et 201), sont d'origine chinoise, bien qu'elles aient régné sur des Turcs.

X. Les *Khirkhiz* ou *Kirkizes*; il en est question dans Reschideddin et Aboulghazi.

XI. Les *Kimaks* ou *Koumouks* habitent aujourd'hui le Daghistan aux bords de la mer Caspienne, et se subdivisent en *Koumouks* et *Ghazi Koumouks*; le prince de ces derniers porte le titre de *Sourkhaï*, et celui des premiers s'appelle *Schemkhal*.

XII. Les *Betschnaks*, que les Byzantins confondent avec les *Kiptschaks* et les *Patzinakites*.

XIII. Les *Toulasis* (*Origines russes*, p. 107 et 123).

XIV. Les *Taghazghaz* paraissent être les mêmes que les *Taugas* des Byzantins, de même que les *Bazsarnes* qui habitaient les pays des Koumouks (*Origines russes*), sont probablement les *Bastarnæ* des Romains.

XV. Les *Medjreks*, dont les copistes ont fait Moharrika, sont les *Metschtereks* des Russes.

XVI. Les *Sari* ou *Serdkeran*, c'est-à-dire les *Kouwitschs*, d'après Mohammed Eli-Aoufi, contemporain de Melekschah et la source la plus ancienne.

XVII. Les *Kaïtaks*; ils se subdivisent en *Kaïtaks* et *Karakaïtaks*; leur prince porte le titre d'*Ousmaï*.

XVIII. Les *Karakalpaks*, c'est-à-dire les bonnets noirs, sont les *Tschernoklobouks* des chroniques russes.

XIX. Les *Odkeschs*; il en est fait mention dans la relation du voyage de l'interprète Selam, comme habitant au nord de la mer Caspienne, parmi les peuples de Gog et de Magog.

XX. Les *Monsoks*, que quelques historiens persans prétendentêtre les aïeux des Ghouzes. (Voy. le *Moukaddemé* de Scherefeddin de Yezd, à la bibl. imp. de Vienne, et le *Tarikhi Haïderi* à la bibl. roy. de Berlin.)

XXI. Les *Berenditschs* ou *Berendeïs*, souvent cités dans les histoires de Russie.

XXII. Les *Borosanes* ou *Barosites*, qui habitaient aux bords de la Rhsa ou Rha (le Wolga), et que Lehrberg, dans ses *Recherches sur l'Histoire ancienne de la Russie*, p. 61, croit être le même peuple que les Bertases.

XXIII. Les *Tatares de la horde d'Or*, qui plus tard se subdivisèrent en *Tatares* de *Wolhynie*, de *Sawolhynie*, du *Don*, de *Kesel*, de *Kasan*, d'*Astrakhan*, de *Crimée* et du *Boudjak*.

XIV. Les *Tatares Noghaïs* ou *Sayaïsk*, appelés aussi autrefois *Tatares Schibanski* ou *Tyioumenski*, habitaient originairement les plaines de la Sibérie au-delà de l'Oural. Les noms des tribus tatares qui habitent la Crimée sont énumérés dans l'histoire ottomane d'après le *Sebes-Seyar*. On y trouve, outre les neuf tribus principales des Noghaïs, savoir : 1. les *Edigous* ; 2. les *Manssours* ; 3. les *Orouks* ; 4. les *Mamïas* ; 5. les *Our Mohammed* ; 6. les *Kassais* ; 7. les *Tokouz* ; 8. les *Yedischeks*, et 9. les *Djembaïliks*, les tribus suivantes ; 10. les *Ischtouakoglis* ; 11. les *Youvarlaks* ; 12. les *Kataïs* ; 13. les *Kipdjaks* et *Yédisan* ; 14. les *Djariks* ; 15. les *Yourouldjés* ; Klaproth, dans son *Asia Polyglotta*, donne les noms des autres tribus turques qui errent dans les vastes plaines de la Russie, et Meyendorf, dans sa relation du voyage en Khiwa, ceux des tribus turcomanes qui habitent le Khiwa.

Tous les passages des historiens et des géographes turcs, persans et arabes, relatifs à l'origine des tribus turques, se trouvent réunis dans l'ouvrage intitulé : *Origines russes* (Saint-Pétersbourg, 1825). L'histoire la plus ancienne qui y est citée, est due au Persan Ahmed de Touz, et date de l'année 555 de l'hégire (1160). Mais, dans cette histoire, l'auteur ne parle que des *Petschenègues* comme de la seule tribu d'origine turque, et passe sous silence les *Bulgares*, les *Khazares*, les *Bertases*, les *Baghradjes* (Baghrations), les *Tatares*, les *Russes* et autres tribus inconnues. Trois siècles plus tard, en l'année de l'hégire 861 (1456). Schoukroullah écrivit sur le même sujet, et cent vingt-huit années après lui, l'historien turc Mohammed, mais qu'il faut prendre garde de considérer autrement que comme copiste [1]. Ce ne fut qu'après la publication des *Origines russes*, que je découvris un passage très curieux relatif à l'origine et la division des tribus turques, dans Djemaleddin Mohammed Aoufi, auteur de la *Collection des histoires et des traditions* [2]; cet ouvrage a été écrit pour Nizamoul Mülk, le célèbre grand-vizir du Seldjoukide Melekschah. Cette collection précieuse, qui contient quatorze cents contes ou histoires, a été

---

[1] *Origines russes*, p. 31, 44, 61.

[2] *Djamioul-Hikayat wé l'amioul riwayat*, littéralement, le collecteur des histoires et celui qui brille dans les traditions, c'est-à-dire dans la connaissance des traditions.

traduite trois fois en turc : la première fois par *Ahmet Jbn Arabschah*, le célèbre auteur de l'histoire de Timour, mort en 854 de l'hégire (1450); la seconde fois par le grand poëte *Nedjati*, mort en 914 (1508), et la troisième fois par *Salih Ben Djelal*, le frère du célèbre historien de Souleïman Kanouni, mort en 973 (1565). Cette dernière traduction est la meilleure et la plus complète, et c'est d'elle que la complaisance de M. le chevalier de Raab, interprète de l'ambassade d'Autriche, a tiré le passage suivant, relatif à l'origine des Turcs. Ce passage est assez complet et forme le document le plus ancien et le plus digne de foi de tout ce que les Turcs savent eux-mêmes de leur origine et de leur ancienne division en tribus ; il se trouve à la fin de l'ouvrage, au chapitre 75, qui a pour titre : *Aperçu sur le pays et le peuple des Turcs* [1]. Le voici dans toute sa simplicité.

« Les *Turcs* forment un peuple très nombreux dont les tribus s'étendent à l'infini. Les uns habitent les villes, les autres les déserts et les steppes voisins des lieux habités. L'une de ces tribus s'appelle les *Ghouzes*, qui se divisent en deux tribus, les *Ghouzes* proprement dits et les *Ourighoures*. Quelques autres de ces tribus sont établies dans le Khowarezm, et embrassèrent l'islamisme en honneur duquel elles élevèrent un grand nombre de monumens. Par la suite, ayant été vaincues par les infidèles, elles quittèrent leur première patrie et vinrent habiter des villes musulmanes. Depuis cette époque le nom de Turcs leur resta dans toutes ces villes. Peu à peu ils se multiplièrent dans les pays habités par les Musulmans, au point qu'ils se soulevèrent sous le règne du prince Djaghartekin, et leurs armées prirent possession du monde entier. C'étaient les princes des Serdjouks (Seldjoukides), dont les armées furent invincibles pendant quelque temps. Une partie des Turcs s'appelle *Kounes* ; ils habitaient d'abord un pays stérile qu'ils quittèrent ensuite à cause de son exiguité et du défaut de pâturages. Ils expulsèrent la grande tribu *Kaï*, dont ils prirent la place ; plus tard ils se rendirent maîtres du pays de *Sari* [2], dont les habitans s'établirent dans le pays des Turcs.

---

[1] *Turk wilayedinûn we ehlinûn sikrindedür*. Récits 1294, 1295 et 1296 d'Ibn Arabschah.

[2] *Sari*, dans le Mazanderan, aux bords méridionaux de la mer Caspienne.

Les *Ghouzes* envahirent ensuite le territoire des Petschenègues, situé aux bords de la mer Noire [1]. Un autre peuple des Turcs s'appelle les *Khirkhir* (Kirkizes); les *Songeri* habitent le territoire compris entre les *Meschreks* (Medjtereks) et les *Petschenègues*; plus au nord, sont les *Kimaks* (Koumouks), et à l'ouest les *Naama* et les *Sarih*. Les Kirkizes ont la coutume de brûler leurs morts, car ils sont tous ignicoles. Il existait chez eux un homme du nom de *Maaoun*, qui tous les ans, à un jour fixe, assemblait le peuple. On mangeait, on buvait, on chantait au son de la musique; puis au moment où l'assemblée s'échauffait, Maaoun tombait à terre privé de sentiment. Tout le peuple se pressait alors autour de lui pour le questionner sur l'avenir et s'il y aurait une année d'abondance ou de disette. Maaoun, toujours étendu à terre, répondait à leurs questions, et ils croyaient (que Dieu les ait en pitié!) qu'il disait vrai. — *Conte.* »

« Il existe dans le pays des Kirkizes quatre vallées arrosées de quatre rivières qui se jettent dans un fleuve. Dans les montagnes inaccessibles on voit des cavernes sombres. On raconte qu'un Kirkize, après avoir construit un petit navire, l'avait lancé à l'eau; et que pour voir où aboutirait le fleuve il avait navigué pendant trois jours et trois nuits au milieu des ténèbres, sans voir ni les astres ni la lumière du soleil et de la lune; qu'enfin, ayant revu le jour, il avait débarqué dans une plaine. Là, ayant entendu des pas de chevaux, il monta par précaution sur un arbre, d'où il pouvait voir ce qui se passait. Après avoir attendu quelque temps, il vit arriver trois cavaliers d'une taille gigantesque, suivis de chiens aussi grands qu'un bœuf. Les cavaliers, ayant vu l'homme perché sur l'arbre, le prirent pour un petit enfant, à cause de sa taille peu élevée, et en eurent pitié. Ils le descendirent de l'arbre, le mirent sur un cheval, lui donnèrent à manger, et ne purent se lasser de considérer sa petite taille : car ils n'avaient jamais rien vu de semblable. Enfin, l'un d'eux lui montra de loin le chemin qui conduisait au fleuve, où il retrouva son navire; le Kirkiz y monta et revint dans sa patrie par le même chemin qu'il avait pris naguère. Il raconta à ses compatriotes ce qu'il avait vu; mais comme nul d'entre eux ne connaissait ce peuple de

---

[1] Ici les copistes ont horriblement mutilé le texte, car on lit, au lieu de Pedjnak, *Yakkakiyé*, et la mer méotide où s'établirent les *Ghouzes* ou *Ouzas*, y est appelée *Ohine*.

géants dont il leur avait parlé, ils crurent qu'il leur avait débité un mensonge. Et moi aussi je n'ajoute aucune foi à ce récit. » Une autre peuplade des Turcs s'appelle les *Houwidjes*[1], qui habitent au pied de la montagne *Burkes* (Bours, c'est-à-dire le Caucase); cette montagne n'est autre que la montagne d'Or (Altountagh ou l'Altaï). Les *Houwidjes* s'étant révoltés par la suite contre un de leurs princes, ils passèrent dans le Turkistan et vinrent dans les pays habités par les Musulmans. Ils se divisent en neuf classes, dont trois sont des *tschengelis* (qui confectionnent des crochets), trois des *hischeklis* (peut-être *fischeklis*, artificiers), une des *bedawis* (Bedouins), une des *kehwaknew* (mineurs) et la dernière des *kimiaküus* (mineurs pour l'exploitation de l'or[2]). Ces neuf classes du peuple des *Houwidjes* n'ont pas de maisons; ils établissent leurs tentes dans les forêts et près des rivières. Leurs troupeaux consistent en chevaux, en bêtes à cornes et en moutons; ils n'élèvent pas de chameaux, qui ne peuvent vivre dans leur pays, et ils sont obligés d'acheter à haut prix le sel que leur apportent les négocians étrangers. Durant l'été tous se nourrissent de lait de jument, et pendant l'hiver, de viande salée séchée au soleil. La neige tombe avec abondance dans leur pays, et, pour s'en garantir, ils dressent des chaumières au milieu des forêts où ils se réfugient pendant l'hiver[3]. Le pays situé à la droite des Houwidjes est habité par les *Kimaks* (les Koumouks) qui forment trois tribus distinctes. Lorsque les négocians leur apportent des marchandises, ils ont coutume de ne point leur parler, ni en achetant ni en vendant. Les négocians déposent leurs marchandises, puis ils se retirent; aussitôt les Kimaks viennent mettre la va-

---

[1] Ce mot est mutilé dans le texte, où on lit *Hounahen*.

[2] L'auteur est ici plus complet que Schoukroullah et Mohammed Kiatib. (*Orig. russes*, p. 45 et 63), où on lit, au lieu de *Kewaknew*, Koukin, probablement du mot *kouhken* (les mineurs); et au lieu de *Kimiakün*, gumischken, les mineurs dans les mines d'argent.

[3] Ces *Sarihs* ou *Houwidjes* qui habitent à droite des Koumouks, sont les *Koubitschis* que les géographes persans appellent *sirhkiran* (les fabricans de cuirasses); on les trouve quelquefois cités sous les noms de *serkeran* et de *serdkeran*. (Voy. Klaproth, *Description des provinces russes situées entre la mer Noire et la mer Caspienne*, Berlin, 1814, p. 132 et 226.) Dans la traduction d'Ibn Arabschah, ils sont cités sous la dénomination de *Kerdeher*.

leur à côté des marchandises; à leur retour, lorsqu'ils voient que le prix n'a pas été accepté, ils ajoutent quelque chose et se retirent de nouveau. Ainsi vendeurs et acheteurs viennent et retournent alternativement, jusqu'à ce que des deux côtés on soit d'accord sur la conclusion du marché. Ils adorent le feu et l'eau, et sont infidèles. Leur jeûne ne dure qu'un jour dans l'année, et ils brûlent les cadavres de leurs morts. Tout près d'eux sont les *Marzarna*[1], qui vivent sous un chef particulier. Ce sont des nomades qui parcourent tous les pays environnans; ils préfèrent ceux où il pleut le plus fréquemment. Le territoire qu'ils habitent alternativement a sur un de ses côtés une étendue de trente journées de marche. Ils sont divisés en nombreuses tribus très populeuses. Au nord des *Mazsarnes* demeurent les *Khifdjaks* (Kipdjaks) et à l'ouest les *Khazares* et les *Slaves*; une tribu de ces derniers s'appelle les *Toulas*, une autre les *Terghaz*[2]. Ils confinent à l'Arménie et habitent les forêts et les broussailles, où le voyageur ne trouve aucune route tracée; aussi ne peut-il se diriger vers un endroit qu'en consultant les astres. Leur pays est vaste et très étendu, limité sur un de ses côtés par une grande chaîne de montagnes, le long de laquelle on trouve différentes tribus turques; l'une d'entre elles s'appelle les *Toulas*, une autre les *Gouz*. Lorsque leur prince monte à cheval, dix mille cavaliers le suivent, armés chacun d'une lance en fer longue de deux aunes. Si le roi descend de cheval, tous descendent et se rangent autour de lui; chaque cavalier plante sa lance en terre et y suspend son bouclier; ainsi le roi se trouve en un instant entouré d'un rempart de lances de fer qui le protége contre les attaques nocturnes de l'ennemi. Une autre tribu des *Khifdjaks* sont les *Berdas*. *Nedjour* est le nom d'une de leurs villes. Ils sont séparés des *Tscher* par des pays d'une étendue de quinze journées de marche, et reconnaissent pour leur roi celui des *Khours*[3] qui peut lever dix mille cavaliers indépendants et

[1] Dans la traduction on lit *Bazriyé*, ainsi que dans Schoukroullah (*Orig. russes*, p. 63); ce sont probablement les *Bastarnæ* des anciens.

[2] Les *Origines russes*, p. 47, ce nom est mutilé en *Kerghara*; les *Ghouzes* ne sont autres que les *Ouzes* du Kipdjak; mais comme de nouveau il est question un peu plus bas des Ghouzes, il paraît qu'il faut lire les Taghazghaz au lieu de Terghaz. (*Origines russes*, p. 64); ce sont les Ταύγας des Byzantins.

[3] Sans aucun doute les mots *Nedjour*, *Tscher* ou *Tschour* et *Khour* ne sont que les noms mutilés d'un même peuple.

ne reconnaissant l'autorité d'aucun autre chef. Dans chacun de leurs villages, il y a un vieillard qui décide de leurs affaires litigieuses, et dont les sentences sont sans appel. Les Khours vivent dans une inimitié perpétuelle avec les Bedjnacks qu'ils combattent sans cesse. Leur pays est riche en miel et s'étend dans toutes les directions à une distance de sept journées de marche. Ils sont divisés en deux castes; l'une a l'habitude d'inhumer les morts, l'autre de les brûler. Presque tous les arbres qui couvrent le territoire sont de l'espèce des *Haldj*. Les *Mahrikas* (Medjterikès ou Medjtereks), autre tribu turque, habitent un pays qui d'un bout à l'autre présente une surface de cent farasanges. Leur roi peut entrer en campagne avec 20,000 cavaliers, et aussitôt qu'il monte à cheval, tous le suivent avec leurs tentes. Leur territoire confine à la mer grecque (la mer Caspienne), mais leur siége principal se trouve au-delà de l'Oxus. Ils sont continuellement en guerre avec les *Slaves*, dont ils sont toujours vainqueurs; ils conduisent leurs prisonniers dans le pays de Roum, pour les vendre. Les *Slaves* forment un peuple très nombreux dont le pays est éloigné de treize journées de marche de celui des Bedjnaks; il n'y a aucune route tracée qui puisse y conduire le voyageur, qui tantôt doit traverser d'immenses déserts, tantôt se frayer un chemin à travers d'épaisses forêts. Ils vivent dans le voisinage des rivières, sous des arbres touffus; comme ils sont adorateurs du feu, ils livrent les cadavres de leurs morts aux flammes. Leurs terres ne produisent que du froment, et leurs boissons se préparent avec du miel. Ils sont armés de couteaux, de lances et de boucliers d'un travail exquis. Leur chef porte le titre de *Swiat*[1] et son substitut ou lieutenant celui de *Soundj*. Dans leur ville principale, appelée *Houran*, se tient tous les ans pendant trois jours consécutifs une foire, et le peuple y accourt en masse de tous les points. Les *Russes* habitent une île entourée des quatre côtés par la mer. Cette île s'étend dans toutes les directions, à une distance de trente journées de marche. L'intérieur est couvert de forêts et de broussailles. Le brigandage et le vol sont leurs principales occupations; ils vivent de ce qu'ils gagnent à la pointe du sabre. Si l'un d'eux meurt et qu'il laisse un fils et une fille, le fils hérite du sabre et la fille de tout le reste de la fortune du père. Ils disent au fils : Ton père a gagné cette fortune avec le tranchant de son sabre; c'est à toi de l'imiter; puis on lui remet le sabre,

---

[1] *Origines russes*, p. 48, et Charmoy, *Relation de Masondy*, p. 71.

unique héritage des biens du père. En l'année 300 de l'hégire (912), tous embrassèrent le christianisme ; dès lors, il leur fut défendu de faire fortune par les armes et ils remirent le sabre dans le fourreau ; mais comme ils ne connaissaient aucun métier pour assurer leur existence, la porte du gain se ferma sur eux ; ils furent en désarroi, car c'en était fait de leur bien-être. L'envie les prit d'embrasser l'islamisme et de se faire musulmans, afin de combattre les Infidèles et de s'enrichir par la vente des prisonniers de guerre, ces ventes étant légitimement autorisées par la loi du Prophète. Leur roi s'appelait *Pouladmir* (Wladimir), de même que les rois du Turkistan portent le nom de *Khakan,* et ceux des Bulgares *Bataltar*[1] ; le nom des rois russes est donc *Pouladmir*. Pouladmir dépêcha quatre ambassadeurs à son parent, le schah de Khowarezm, pour le prier de lui envoyer quelques légistes qui l'instruisissent dans la loi du Prophète et convertissent tout son peuple à l'islamisme. Lorsque les ambassadeurs eurent exposé l'objet de leur mission, Khowarezmschah se réjouit beaucoup de la demande des Russes ; il traita les ambassadeurs avec la plus grande distinction, les fit revêtir d'habits d'honneur, et envoya des légistes en Russie pour instruire le roi, l'armée et toute la nation dans l'islamisme ; en même temps, il leur permit d'envahir le pays des Infidèles et de leur faire la guerre. Les ambassadeurs retournèrent dans leur patrie, et Pouladmir embrassa avec tout son peuple l'islamisme. Aussitôt ils ne songèrent plus qu'à envahir par terre et par mer les pays des Infidèles ; sur mer ils capturèrent leurs vaisseaux, sur terre ils brûlèrent leurs villes et leurs villages ; peu à peu, s'étant fortifiés beaucoup, ils déclarèrent la guerre à toutes les nations voisines et leur pays devint un des plus puissants parmi ceux des autres peuples. Il faut remarquer seulement qu'ils n'ont pas de chevaux et que leurs armées se composent uniquement de fantassins. S'ils avaient des chevaux, ils soumettraient tous les autres pays, car c'est une nation très brave. Voici l'histoire abrégée du Turkistan ; entrer dans de plus longues explications exigerait trop de paroles. Les mœurs et les usages de ces peuples varient à l'infini ; le noble courage, la grandeur, la dignité et la puissance de leurs princes dépassent toutes les bornes de l'imagination. »

La traduction fidèle de ce passage, tiré de l'ouvrage le plus ancien

---

[1] Le *betboyas* des Byzantins. Engel, *Histoire des Bulgares*, p. 252 et 262.

parmi ceux qui jusqu'ici ont été connus et qui contiennent quelques détails sur les tribus turques, complète les extraits puisés dans des ouvrages arabes, persans et turcs ayant rapport à l'origine des Russes ; on les trouve en entier dans les *Origines russes*. Le conte relatif à la conversion de Wladimir-le-Grand, l'Apostolique, à l'islamisme, a été inconnu jusqu'à ce jour et peut servir à étendre le cercle des traditions romantiques qui nous ont été transmises sur lui [1]; ils méritent autant de foi que celles que nous possédons sur Charlemagne.

---

[1] Karamsin, *Histoire de Russie*, t. 1, à la fin du chapitre IX.

APERÇU

DES INSTITUTIONS PUBLIQUES CRÉÉES PAR LE SULTAN MAHMOUD II,

ET DES CHANGEMENS LES PLUS IMPORTANS OPÉRÉS PAR CE SOUVERAIN DANS L'ADMINISTRATION DE L'EMPIRE.

L'aperçu des améliorations les plus importantes opérées sous le dernier règne dans l'Empire Ottoman n'appartient pas, il est vrai, au cadre que nous avons tracé à cette histoire, pas plus que l'histoire des dynasties turques qui ont existé antérieurement à la fondation de cet empire par Osman I. Mais, si l'auteur s'est cru obligé de donner dans le premier livre un aperçu rapide de l'histoire des Seldjoukides, il croit bien mériter de ses lecteurs, de ceux surtout qui ont suivi avec une attention soutenue les innovations progressives de Mahmoud II, et dont le nombre va toujours en augmentant, en mettant sous leurs yeux celles qui par leur nature ont eu la plus grande influence sur la destinée nouvelle de la Turquie. A part même cette considération, l'aperçu que nous allons donner ne laisse pas de jeter un jour plus grand sur la diversité qui existe entre certaines institutions de création récente et celles d'autrefois; de plus, il servira à prévenir la confusion entre les institutions anciennes et modernes.

L'ouvrage sur la *constitution et l'administration de l'Empire Ottoman*, publié longtemps avant cette histoire, aurait besoin d'une refonte totale, si aujourd'hui on voulait s'en servir comme d'une source authentique des institutions de cet empire; cette refonte même, si les innovations continuent à marcher avec la même rapidité, aurait le sort de tant d'autres ouvrages statistiques, dans lesquels ce qui a été vrai au moment où ils ont été imprimés, ne l'est plus au moment où ils sont lus.

Les premiers changemens et les plus importans sont, sans contredit, ceux opérés dans l'administration turque il y a quarante-cinq ans par Sélim III. Ces changemens, connus sous la dénomination de *Nizami djedid* (les nouvelles institutions), avaient eu lieu surtout dans les ministères de la guerre et des finances ; ils ont servi de base aux innovations progressives du sultan Mahmoud II.

L'historiographe Nouri, dont l'histoire embrasse les six dernières années du siècle passé, et appartient par conséquent à la période de l'histoire ottomane qui suit le traité de Kaïnardjé, nous a laissé sur le *Nizami djedid* les détails les plus complets. Nous ne parlerons ici que des changemens opérés par Mahmoud II depuis son grand coup d'état, la destruction des Janissaires. Cette milice turbulente, après s'être longtemps opposée avec une aveugle obstination à toutes les innovations émanées du souverain, paya par sa destruction complète les crimes de tant de rébellions et de tant de révolutions qui ont ensanglanté les règnes des sultans précédens.

Les institutions publiques et les réformes de Mahmoud II s'étendent sur toutes les branches de l'administration, à l'exception des dignités et des emplois des oulémas, dont l'organisation primitive n'a subi jusqu'à ce jour que peu de modifications. C'est à cette circonstance qu'il faut attribuer en partie le bonheur inouï avec lequel le Sultan défunt put opérer ses réformes, sans éprouver une grande opposition de leur part.

Les dignités et emplois de l'Empire ottoman formant la première section, dont nous avons donné le tableau à la page 3 de ce volume et qui comprend les dignités et les emplois de la loi, existent encore dans toute leur pureté primitive. Il n'en est pas de même de la seconde section, qui présente le tableau des fonctionnaires de la cour et de l'État. De grands changemens se sont opérés, surtout parmi les fonctionnaires de la cour intérieure et extérieure, c'est-à-dire du Seraï et du Harem. Pour éviter toute répétition, nous renvoyons le lecteur, pour ce qui est encore vrai aujourd'hui, au tableau précité des dignités et des emplois de l'Empire ottoman, et nous nous contenterons d'énumérer ici seulement celles des institutions et des réformes qui ont signalé les années 1833 et 1834. Les innovations faites méritent surtout notre attention depuis la publication des *Tables des événemens*, c'est-à-dire de la *Gazette turque*; car cette publication est en elle-même une des innovations les plus grandes et les plus importantes. Ces réformes sont consignées avec les plus grands détails dans la *Gazette d'État* turque, tandis que le *Moniteur ottoman*, journal français, publié à Constantinople, n'en donne que des extraits très incomplets. L'historien à venir de l'Empire ottoman, s'il ne peut consulter les sources turques, ne saurait donc offrir un travail beaucoup meilleur que les autres écrivains qui ont traité de l'histoire de la Turquie, sans avoir puisé dans les annales nationales.

Tous les emplois dans l'Empire ottoman portent, d'après les historiens nationaux et les sources officielles, les dénominations qui suivent : 1. les emplois scientifiques (*menasibi ilmiyé*), c'est-à-dire les dignités et les emplois des corps judiciaire et enseignant; 2. les emplois de la plume (*menasibi kalemyé*), c'est-à-dire les emplois de la porte du grand-vizir, du defterdar, du diwan et de la chambre (trésor) ; 3. les emplois militaires (*menasibi seifiyé*), c'est-à-dire les emplois de l'armée et de la flotte; 4. les emplois de la cour, c'est-à-dire du Seraï et du harem, appelés emplois de l'intérieur (*menasibi khassa*); 5. les gouvernemens (*eyalet*). Comme ce que nous avons dit, dans le tableau n° 1 de ce volume, sur la première et la dernière classe de ces emplois existe encore aujourd'hui à quelques changemens insignifians près, ce qui nous reste à dire ne se rapporte qu'aux employés de la porte du grand-vizir, attachés à celles du defterdar et du serasker, ou, en d'autres termes, qu'aux employés des ministères de l'extérieur et de l'intérieur, ces deux ministères dépendant de la porte du grand-vizir; enfin à ceux appartenant aux départemens des finances et de la guerre. D'un autre côté, comme dans le tableau précité il n'est pas question des voïévodies, qui figurent aujourd'hui dans les listes d'investitures des gouvernemens, pas plus que des diverses classes de muderris qui sont comptées parmi les dignitaires de la loi, il est nécessaire de faire connaître les réformes qu'ont subies ces emplois, ainsi que les changemens qui ont été opérés parmi les fonctionnaires du Harem et du Seraï. Deux autres réformes concernent la *monnaie* et les *fêtes*.

L'aperçu que nous donnons ici comprendra donc : I. les *emplois du diwan*, c'est-à-dire les emplois des ministères de l'extérieur, de l'intérieur et des finances; II. les *emplois militaires* ou *l'armée;* III. les *emplois de la cour;* IV. les *gouvernemens* et les *voïévodies;* V. les *emplois de la loi;* VI. les *monnaies* et les *mesures;* VII. les *fêtes et le cérémonial qu'on y observe.*

I. *Les emplois du diwan, c'est-à-dire les emplois des ministères de l'extérieur, de l'intérieur et des finances.*

L'ordonnance insérée dans le n° 75 de la *Gazette d'État*, à la date du 26 schewwal 1249 de l'hégire (8 mars 1834), divise les emplois du diwan en quatre classes; ceux qui y appartiennent portent le signe distinctif de leur classe. Ce signe, attaché à leur emploi, se transmet de main en main et doit être distingué de la décoration dite de la gloire (*nischani iftikhar*), qui est toute personnelle; toutefois, le même khattischerif ordonne que les décorations d'honneur, divisées en quatre classes, ne puissent être données que dans la proportion du rang des quatre classes des employés, de telle sorte qu'un employé de la quatrième classe ne peut recevoir une décoration plus élevée que celle qui est attachée à sa classe, c'est-à-dire du quatrième degré, de même qu'un employé de la première classe ne peut recevoir une décoration moindre que celle de la première classe. Ce réglement, dont on ne pourrait trouver un autre exemple qu'en Chine, est des plus singuliers, car il fait supposer qu'un employé de la quatrième classe ne peut en aucun cas se distinguer plus qu'un employé d'une des classes supérieures, et ces derniers moins que les employés des classes inférieures.

Les emplois du diwan, dont le nombre est aujourd'hui de quarante-cinq, sont divisés en quatre classes, comme suit:

PREMIÈRE CLASSE.

1. Le *kiayabeg* (ministre de l'intérieur).
2. Le *defterdar* (président de la chambre, c'est-à-dire du trésor).
3. Le *reïs-efendi* (ministre de l'extérieur ou des affaires étrangères).

SECONDE CLASSE.

1. Le *tschaouschbaschi* (maréchal de l'empire).
2. Le *nischandjibaschi* (secrétaire d'état pour le chiffre du Sultan).
3. L'*ewkasi houmayoun naziri* (inspecteur des fondations pieuses de l'empereur).
4. Le *Dharabkhane naziri* (inspecteur des monnaies).
5. Le *Moukataa naziri* (inspecteur des fermages).
6. Le *Massarifat naziri* (inspecteur des dépenses).

DES INSTITUTIONS PUBLIQUES.

7. Le *Topkana wé khoumbara naziri* (inspecteur des fonderies des canons et des bombes).

8. Le *Mouhimmati harbiyé naziri* (inspecteur de l'arsenal).

9. Le *Baroutkhané naziri* (inspecteur des fabriques de poudre).

10. Le *Schaaïr emini wé zakhiré naziri* (l'intendant de l'orge et inspecteur des provisions de bouche [1]).

11. Le *Ihtisab naziri* (inspecteur des prévôts du marché).

12. Le *Bouyouk rouznamedji* (chef de la chambre du journal, c'est-à-dire du teneur du grand-livre du trésor).

13. Le *Mouhassebei ewwel moutessarifi* (chef de la première chambre des comptes).

14. Le *Haremein mouhasebedji* (chef de la chambre des comptes pour les deux saintes villes de Médine et de la Mecque; cet employé est chargé des fonctions de l'ancien second defterdar).

15. Le *Djeridi naziri* (inspecteur des listes des sujets, c'est-à-dire du cadastre ou du bureau statistique [2]).

16. Le *Dümrük emini wé moutbakh emini* (l'intendant de la douane et de la cuisine impériale; il a donc une double fonction).

TROISIÈME CLASSE.

1. Le *Wakaanouwis wé takmini wekaaï naziri* (historiographe de l'empire et l'inspecteur de la *Gazette d'État.*

2. Le *Bouyouk teskeredji* (grand ou premier maître des requêtes).

3. Le *Koutschouk teskeredji* (petit ou second maître des requêtes).

4. Le *Mektoubdji* (secrétaire du cabinet du grand-vizir).

5. Le *Teschrifatdji* (le maître des cérémonies).

6. Le *Beïlikdji* (grand référendaire).

7. Le *Ameddji* (le secrétaire du cabinet du reïs-efendi).

8. Le *Kiayabeg kiatibi* (le secrétaire du cabinet du ministre de l'intérieur).

---

[1] Les intendans s'appellent *émin*, et les inspecteurs *nazir:* on voit par là que ces employés sont à la fois intendans et inspecteurs.

[2] Le nom de cette place, créée seulement depuis quelques années, n'a aucun rapport avec le *djirid* (jeu de lances et de javelots); il dérive du mot arabe *djeridet* qui signifie une troupe de chevaux. Dans la chancellerie qui le reconnaît pour chef, se trouvent déposées les listes de tous les sujets de l'Empire ottoman; elle doit donc être considérée comme le bureau statistique de cet empire.

9. Le *Diwani houmayoun terdjümani* (interprète de la Porte).

10. L'*Anatoli mouhasebedjisi* (chef de la chambre des comptes d'Anatolie ; il remplit en outre les fonctions de l'ancien troisième defterdar).

11. L'*Asakiri montzsouré kiatibi* (secrétaire de la guerre).

12. Le *Harir naziri* (inspecteur de la soie).

13. Le *Djiziyé mouhazsili wé kozsabaschi* (receveur de la capitation et chef des bouchers).

14. Le *Tersané moudiri* [1] (le chargé d'affaires de l'arsenal).

15. L'*Enbieï khazsa moudiri* (le chargé d'affaires des bâtimens de la cour, c'est-à-dire l'inspecteur des constructions du Seraï).

QUATRIÈME CLASSE.

1. *Haremeïn moukataadjisi* (chef de la chancellerie des fermages des deux saintes villes de la Mecque et de Médine ; il est chargé en outre de gérer les affaires qui, autrefois, faisaient partie des trois chancelleries suivantes : *a*) la chancellerie *baschmoukataa*, c'est-à-dire des fermages généraux ; *b*) la chancellerie *Khazsler moukataasi*, c'est-à-dire les fermages des biens de la couronne; *c*) la chancellerie du *tarikdjilik*, c'est-à-dire du bureau des dates).

2. Les *Baschbakikouli* (employés dans la chancellerie du trésor public); ils sont chargés en outre de l'expédition des billets de la capitation.

3. Le *Doukhan-gümrighi emini* (l'intendance de la douane du tabac).

4. Le *Sedjriyé emini* (l'intendant du vin [2]).

5. L'*Esham moukataadjisi* (chef de la chancellerie des fermages).

6. Le *Mewkoufatdji* (chef du bureau des taxes).

7. Le *Maliyé teskeredjisi* (maître des requêtes du fisc).

8. L'*Aklami sebaa khodjasi* (chef des sept chancelleries). Voici les noms de ces sept chancelleries qui, aujourd'hui, se trouvent réunies sous un seul chef: *a moukabeleï piadé* (le contrôle de l'infanterie);

---

[1] Le titre *mouhdir*, c'est-à-dire qui fait marcher quelque chose, par exemple un moulin, est de création toute récente et correspond au mot *faiseur*.

[2] Ce titre est nouveau, mais l'emploi est ancien ; l'intendant du vin s'appelait autrefois *scherab emini*. Ce titulaire a aujourd'hui une chancellerie particulière dans le defterkhané.

b) *rouznameï koutschouk* (le contrôle du petit journal); c) *tezkereï kalaaï bouyouk* (le contrôle du grand maître de requêtes des forteresses); d) *tezkereï kalaaï koutschouk* (le contrôle du petit maître de requêtes des forteresses); e) *moukataaï saliané* (le contrôle des fermages annuels); f) l'emploi du *serghi naziri* (préposé des poids et mesures); g) celui du *kiaghad enderoum emini* (de l'intendant des papiers intérieurs ou des archives).

9. Le *koutschouk ewkaf mouhasebedjisi* (chef de la chambre des comptes des petites fondations pieuses); il remplit en outre les fonctions qui relevaient autrefois des quatre anciennes chancelleries du trésor, savoir : des chancelleries des fermages de Constantinople, de Brousa, de Valona et de Rhodes.

10. Le *Piskopos moukataadjisi* (chef des fermages des évêques).

11. Le *kiaghad biroun emini* (l'intendant des papiers extérieurs ou des archives).

Par suite de cette réforme, quatorze des anciennes chancelleries du trésor, qui étaient présidées autrefois par autant de chefs distincts, ont cessé d'exister. Mais cette réforme, si l'on en excepte la première classe, qui comprend les trois premiers ministres d'état, ne laisse pas que d'être peu systématique. En effet, six emplois qui n'ont aucun rapport avec les ministères d'état se trouvent, par elle, mêlés aux sept emplois des secrétaires d'état d'autrefois, savoir : les deux maîtres de requêtes, le grand-maître des cérémonies, le grand-référendaire et les trois secrétaires du cabinet du grand-vizir, du reïs-efendi et du kiayabeg. Aujourd'hui, l'historiographe et rédacteur de la *Gazette d'État* est supérieur en rang à ces sept hauts fonctionnaires, et si l'on y compte l'interprète de la Porte, leur nombre se monte à huit; tous ces fonctionnaires doivent former une classe à part. Mais six d'entre eux ne font nullement partie du ministère proprement dit, ce sont : le chef des fermages d'Anatolie, l'inspecteur de la soie, le receveur de la capitation, le chargé d'affaires de l'arsenal, l'inspecteur des constructions du Seraï et le secrétaire de la guerre.

La même ordonnance a rayé de la liste des emplois du diwan les deux écuyers et le grand-chambellan, comme officiers appartenant à la cour; les secrétaires des tschaouschs et les écrivains feudataires du diwan, comme faisant partie de la maison du grand-vizir : enfin le préposé des poids et mesures, qui relève du trésor public.

L'uniforme pour ces quatre classes de fonctionnaires du diwan a été réglé de la manière suivante : pour les trois premiers *ministres d'état de première classe :* des surtouts couleur d'azur [1], à collet bleu de ciel richement brodé; les boutons en or; la poignée du sabre garnie de pierres précieuses et marquée du signe distinctif de leur emploi, c'est-à-dire du chiffre du Sultan. Les *employés de la seconde classe* portent des surtouts couleur d'azur; le collet couleur violette, richement brodé; boutons en or; la poignée du sabre garnie de pierres précieuses. Les huit premiers fonctionnaires de cette classe portent le même signe distinctif que ceux de la première classe, c'est-à-dire le chiffre du sultan entouré de brillans; tous les autres, à commencer par l'inspecteur des fabriques de poudres, portent le chiffre du Sultan entouré de roses seulement. Les *fonctionnaires de la troisième classe* portent le même surtout que ceux des deux premières classes, à cette exception près, que les collets sont de couleur bleu-vert (couleur d'eau, *mayireng*) et les boutons en argent; la poignée du sabre est de vermeil et sans pierres précieuses; les signes distinctifs de leur emploi sont garnis, en haut et en bas seulement, de joyaux. Les *fonctionnaires de la quatrième classe* portent des surtouts de drap noir; le collet et les paremens sont de la même couleur; les boutons en argent, et le signe distinctif de leur emploi est garni, en haut seulement, de joyaux, et en bas de quelques diamans.

Les trois premiers ministres s'appellent, ainsi que nous l'avons dit ailleurs, *ridjal*, c'est-à-dire les hommes, ou *erkian*, c'est-à-dire les colonnes de l'empire; tous les autres fonctionnaires du diwan portent le titre de *khodjagian*, c'est-à-dire les seigneurs du diwan. Ce dernier titre est cependant donné quelquefois sans que celui qui le reçoit soit en place. Pour distinguer ces titulaires des fonctionnaires en activité, le khattischérif de Mahmoud II ordonnait que le signe distinctif de la classe à laquelle les titulaires appartenaient serait garni, seulement dans sa partie supérieure, de joyaux, et doré dans sa partie inférieure. Si l'un de ces titulaires reçoit la *décoration de la gloire*, il ne peut en recevoir d'autre que celle qui est déterminée pour la classe à laquelle il appartient. Les décorations des huit premiers emplois de la seconde classe consistent en diamans, celles des huit autres en roses.

Cette ordonnance se termine par quelques réflexions sur l'abus qu'on avait fait jusqu'à ce jour du titre de *khodja*, et enjoint aux autorités compétentes de n'accorder ce titre honorifique, attaché à tous les em-

---

[1] Le mot turc *setri* est le mot mutilé de *surtout*; ainsi les Francs, qui avaient pris des Turcs le kaftan, le leur ont rendu sous la forme du *surtout*.

plois du diwan, qu'avec la plus grande circonspection, et seulement à ceux qui en ont été reconnus dignes.

La date de ce khattischerif mérite de fixer notre attention sous un double rapport, car on y lit : « Fait le 26 schâban, mardi, à quatre heures vingt minutes, comme l'heure jugée la plus propice pour sa promulgation. » Les astrologues de tous les siècles et de tous les pays doivent se réjouir de ce que leur science prospère et fleurit toujours à Constantinople; quant à la date de ce document, nous observons de nouveau que les Turcs commencent à compter leur jour au coucher du soleil, en sorte que leur mardi commence le lundi soir : par conséquent le commencement du jour du 26 schâban correspond au lundi soir 7 janvier. On voit donc qu'il faut compter l'année de l'hégire du 16 juillet et non pas du 15 juillet, comme un grand nombre d'auteurs l'ont fait jusqu'à ce jour. Le soleil s'était couché à Vienne le 7 janvier 1834 à 4 heures 21 minutes et à Constantinople à 4 heures 31 minutes 32 secondes : l'heure jugée propice pour la promulgation de ce khattischerif était, suivant notre calcul, à 4 heures 40 minutes 32 secondes du soir.

Outre les douze charges d'inspecteurs qui sont citées dans la liste des emplois du diwan, il y a encore un grand nombre d'autres charges d'inspecteurs; mais aucun de ces derniers ne porte le titre de seigneur du diwan; ce sont le *fes naziri*, inspecteur des bonnets des soldats; le *sou naziri*, inspecteur des aqueducs, qui réside au village de Belgradkoe, près Constantinople; *Boghaz naziri*, l'inspecteur du Bosphore, résidant à Fanaraki; *Galata naziri* (autrefois *Galata woiwodasi*), inspecteur des faubourgs de Galata et de Pera : il remplit en même temps les fonctions d'inspecteur de la chancellerie du port qui se trouve dans le bâtiment connu sous le nom de magasin de plomb. Autrefois le chef de cette chancellerie s'appelait *liman naziri*, c'est-à-dire inspecteur du port. (Pour les autres inspecteurs, voyez la liste p. 50 de ce volume.)

La chancellerie des postes (*menzil kalemi*) a été réformée en même temps que les chancelleries dont nous avons parlé plus haut. La gestion de ce département est confiée aujourd'hui à un adjoint de la poste (*menzil khalfasi*); la place de *schehr emini*, c'est-à-dire d'intendant de la ville, a été abolie. Les autres intendans (*emini*) sont, outre les quatre dont il a été fait mention dans la liste des seigneurs du diwan, les *intendans de la douane et de la cuisine*, ceux de la *douane du tabac* et des *archives d'état*; le *touz emini* ou intendant du sel; le *sandouk emini*, ou intendant des caisses des marchandises, place insignifiante de la douane; l'*anbar emini*, ou intendant des greniers à blé, qui relève de l'inspecteur des provisions de bouche, etc., etc.

II. *Les emplois militaires, ou l'armée.*

Les troupes régulières ne s'appellent plus, comme sous Sélim III, les troupes du *nizami djedid* (de nouvelle organisation); elles portent aujourd'hui le titre d'*asakiri mansourei Mohammediyé*, c'est-à-dire les armées victorieuses de Mohammed. La garde du Sultan, pour la distinguer des troupes de ligne, s'appelle *asakiri khazsaï schahané*, c'est-à-dire les troupes particulièrement royales ou troupes de la maison impériale. Le généralissime de toute l'armée porte le titre de *serasker-pascha*. Immédiatement après lui, vient le capitaine des gardes où *beglerbeg wezir* qui s'intitule *mouschiri asakiri khazsa*, c'est-à-dire conseil des troupes de la maison impériale.

L'armée est divisée, suivant ses armes, en *piadé* (infanterie), en *souwari* (cavalerie), *topdji* (artillerie), *laghoumdji* (mineurs), *khoumbaradji* (bombardiers), et *baltadji* (pionniers). Les divisions de l'infanterie et de la cavalerie ont reçu le nom de *ferik*, et les régimens celui d'*alaï*. Chaque régiment, commandé par un *miri alai* ou colonel, est divisé en quatre bataillons (*tabour*); chaque bataillon en huit compagnies (*boulouk*): les chasseurs, commandés par un *binbaschi* ou major, forment la quatrième compagnie. La compagnie sous les ordres d'un *yüzbaschi* ou capitaine est formée sur huit rangs, chacun de dix hommes qui obéissent à un *onbaschi* ou caporal. Les trois dénominations de *binbaschi* (commandant de mille hommes), de *yüzbaschi* (commandant de cent hommes) et d'*onbaschi* (commandant de dix hommes), viennent de l'ancienne organisation des armées mongoles, telle qu'elle existait déjà du temps de Djenghizkhan et de Timour. Les autres officiers sont: les *tschaouschs*, espèce d'officiers d'ordonnance chargés de porter les ordres des chefs; chaque compagnie en compte quatre, qui sont commandés par un *baschtschaousch*; deux *moulazims* ou lieutenans et un écrivain (*boulouk emini*) par compagnie. Chaque *tabour* ou bataillon compte deux *kolagasi* ou adjudans-majors; celui de l'aile droite s'appelle *sagh kolagasi*, et celui de l'aile gauche *sol kolagasi*; un *seksenlik kolagasi* ou adjudant placé par son rang au-dessus du lieutenant, enfin un *sandjakdar* ou porte-drapeau qui, bien que ne recevant qu'une paie de lieutenant, a le rang de capitaine.

L'état-major d'un régiment se compose du colonel (*mir alaï*), du lieutenant-colonel (*kaïmakambeg*), et du commissaire ou de l'économe du régiment, appelé *alaï emini*, c'est-à-dire intendant du régiment. La cavalerie seule a des sous-lieutenants (*moulazim wekili*), et des vice-caporaux (*onbaschiwekili*). Les simples soldats portent le nom de *nefer*, et la musique du régiment *mehterkhané*.

On ignore encore le montant de la solde que reçoivent le serasker-pascha, le capitaine ou général de la garde et les *ferik* paschas ou généraux de division. Quant aux généraux de brigade (*miri liwa pascha*), qui commandent à deux régimens [1], ils reçoivent une paie mensuelle de 2,500 piastres et trente-deux rations; les colonels (*miri alaibegs*), 1,200 piastres et seize rations; les lieutenans-colonels (*kaïmakambegs*), 900 piastres et douze rations; les économes des régimens (*alaï eminibegs*), 800 piastres et dix rations; les majors (*binbaschis*), 750 piastres et huit rations; les adjudans-majors (*kolagasis*), 400 piastres et quatre rations; les capitaines (*yüzbaschis*), 180 piastres et une ration; les chefs d'escadron, 200 piastres et la ration; les capitaines en second (*yüzbaschis wekili*), 180 piastres et une ration; les lieutenans d'infanterie (*moulazims*), 120 piastres, et ceux de cavalerie, 140 piastres; les sous-lieutenans de cavalerie, 120 piastres; l'adjudant, 80 piastres; les *baschtschaouschs* ou sergens-majors d'infanterie, 50 piastres, et ceux de cavalerie, 60 piastres; les *tschaouschs* ou messagers du régiment, 50 piastres; les fourriers ou écrivains de la compagnie (*boulouk emini*), 40 piastres; les *onbaschis* ou caporaux, 36 piastres; les vice-caporaux de la cavalerie, 36 piastres; les soldats cavaliers, 24 piastres, et les fantassins, 20 piastres.

Le *mouschiri asakiri khazsa*, ou général de la garde impériale, tient la première place au Seraï; il a sous ses ordres le général de division de la garde, appelé *feriki asakiri khazsaï schahané*, qui remplace l'ancien bostandjibaschi, le corps des bostandjis ayant été dissous par un khattischérif de Mahmoud II. Outre le *mouschir* de la garde, il y a un second pour l'artillerie, qui porte le titre de *mouschiri topkhaneï aamiré*, c'est-à-dire conseil de l'artillerie royale. Les places de

---

[1] La brigade (*liwa*) correspond donc pour le rang aux anciens sandjaks.

toparabadji, de *laghoumdjibaschi,* de *khoumbaradjibaschi* et de *djebedjibaschi,* ont cessé d'exister ; les officiers qui les remplacent aujourd'hui s'appellent *nazir.* Ainsi la place de l'ancien djebedjibaschi est dévolue à l'inspecteur du matériel de la guerre (*mouhimati harbiyé naziri*). La place de l'ancien *miri alem,* ou porteur de l'étendard sacré, a été également abolie.

L'institution militaire la plus récente est celle des milices du pays, espèce de garde nationale qui s'appelle *redif,* c'est-à-dire ceux qui se suivent; nom qui a été pris des légions des anges qui se suivent sans interruption. Les gardes de police du serasker-pascha portent le nom de *khawazses;* un supplément très étendu, joint à la *Gazette d'État* de Constantinople, nous fait connaître tous les détails de leur organisation. Cette garde, composée de cent cinquante hommes, est divisée en trois compagnies, chacune de cinquante hommes, et commandée par un *moulazim* ou lieutenant. Chaque troupe de dix hommes est commandée par un *basch nefer* (chef de file). Le *tchaousch* qui leur est adjoint reçoit une paie mensuelle de 40 piastres ; le *basch nefer,* de 30 piastres ; le soldat, de 20 piastres, et le lieutenant, de 120 piastres. Ils sont chargés de la garde dans la salle du diwan et à la porte du serasker-pascha qu'ils accompagnent tous les fois qu'il sort à cheval. Ils se relèvent toutes les vingt-quatre heures, en sorte que cinquante hommes sont toujours de service à la porte. Ce sont, à proprement parler, les trabans du diwan ; car la garde militaire au palais du serasker-pascha est composée de troupes de ligne et de seghbans. Ces derniers suivent, ainsi que les khawazses, le serasker toutes les fois qu'un incendie éclate à Constantinople. Le commissaire-rapporteur ou prévôt près la porte du serasker-pascha s'appelle *tomrouk agasi;* la prison où sont enfermés ceux qui ont été arrêtés pour une contravention contre les réglemens de police s'appelle *tomrouk odasi.* Un secrétaire (*tomrouk kiatibi*) rédige le procès-verbal et en perçoit le droit, fixé à 10 piastres. Sur la même feuille de ce procès-verbal, sont mentionnées la paie du prévôt de police et de ses agens, ainsi que les taxes dues pour l'arrestation et les frais de prison. Ainsi le secrétaire reçoit une paie mensuelle de 600 piastres ; son aide, 150 piastres ; le premier gardien, chargé de signaler les incendies, reçoit, soit pour le jour, soit pour la nuit, 75 piastres ; ses trente-deux aides, chacun 15 piastres ; les sept aides joints aux seghbans, chacun 60 piastres ; les gardiens des clefs de la ville, chacun 20 piastres ; le gardien des échelles (*nerdubandji*), et la femme chargée de la surveillance des filles de mauvaise vie (appelée *koldji khadoun*), 100 piastres; l'aide de cette dernière, 80 piastres; le prix des chambres pour ceux qu'elle a reçus chez elle est fixé à 40 piastres; le geôlier de la prison (*mahbou schané kapoudjisi*) reçoit 60 piastres par mois; ses trois aides, chacun 40 piastres; les droits du bureau des prisons s'élèvent, par mois, à 50 piastres; les dépenses pour le charbon sont fixées à 25 piastres; les 40 pains fournis tous les jours à la prison, à 120 piastres; les soins donnés aux prisonniers et autres dépenses accidentelles, à 750 piastres.

III. *Les emplois de la cour.*

De toutes les réformes opérées par Mahmoud II, celles qui ont eu lieu dans les emplois de la cour sont sans contredit les plus importantes. Il n'y a plus de *seigneurs de l'étrier*, ni de *bostandjibaschi*, ni de *salahores*; avec eux ont disparu le *silihdaraga* (premier porteur d'armes), le *tschokodaraga* (premier valet de chambre), le *dülbendaga* (gardien du turban), l'*ibrikdaraga* (gardien de l'aiguière), le *binischagasi* (seigneur des cavalcades), le *kahwedjibaschi* (chef des cafetiers), le *toufenkdjibaschi* (premier gardien du fusil impérial), le *berberbaschi* (le chef des barbiers) et le *serrkiatib* (le secrétaire du cabinet du sultan); cette dernière place est dévolue au capitaine général de la garde, de même que les fonctions de l'ancien *bostandjibaschi* sont remplies aujourd'hui par le général divisionnaire de cette même garde. Dans la chambre intérieure, c'est-à-dire dans la première et dans la seconde chambre du trésor, ont été abolies les places suivantes: celles de l'*anakhtaraga* (gardien des clefs), du *tschantadji* (porteur de la bourse impériale), du *sergohjschdi* (gardien des plumes de héron), du *kapanidji* (gardien de la pelisse d'état), du *bülbüldjibaschi* (premier gardien des rossignols), enfin celle du *toutoutdjibaschi* (chef des gardiens des perroquets). Il n'y a plus aujourd'hui que deux chambres dans le Seraï, savoir: la chambre intérieure (*khaneï khassa*) et la chambre du trésor (*khazineï houmayoun*); les deux autres chambres, c'est-à-dire la troisième et la quatrième (*kilar odasi* et *seferli odasi*), ont également été abolies. Les trente pages de la première chambre, qui obéissent à deux officiers, sont aujourd'hui chargés de la garde de la salle où est déposé le manteau du Prophète (*kirkaï scherife odasi*); chacun de ces pages n'est de service que tous les quinze jours.

Ils ne s'appellent plus comme autrefois les seigneurs de la chambre intérieure, mais serviteurs du vêtement de la félicité (*kirkaï seadet khademesi*), et leur chef porte le titre de *khaneï khassa deri khademé*. La place d'écrivain du trésor impérial n'existe plus non plus ; le premier secrétaire du trésor s'appelle aujourd'hui *baschkati*, le second secrétaire *moulazim kiatib* (secrétaire adjoint) ; les chambellans (*kapidjibaschis*) ont été réduits au nombre de trente ; il n'y a parmi eux aucune distinction de rang résultant de leurs années de service. Les eunuques blancs, qui autrefois s'appelaient *kapou agalar*, portent aujourd'hui le titre d'*akagalar*, c'est-à-dire les seigneurs blancs, et leur nombre est de cent. Les *baltadjis* (fendeurs de bois ou valets du Séraï) ont été conservés ainsi que les *sülüflü baltadjis* du Harem, c'est-à-dire les eunuques blancs à boucles flottantes. La garde des archers (*solaks*) a été abolie, et celle des *peïks* (hallebardiers) qui porte des panaches verts a été réduite à deux cents hommes. Le nombre des cuisiniers du Seraï (*aschdjis*) se monte à cinq cents hommes. Le corps des *begkoz* ou gardiens des noyers, dont le service consistait, ainsi qu'il est dit au n° 35 de la *Gazette d'Etat*, à garder les tapis et à les porter les vendredis ou dans les jours de cavalcade du Sultan, à la suite du kislaraga [1] et du trésorier du Séraï. Quant aux emplois des eunuques, les noms seuls ont été changés ; ainsi l'ancien *kapou khassekisi* s'appelle aujourd'hui *haremeïn kapou tschokadari*, c'est-à-dire le valet de chambre des deux saintes villes de la Mecque et de Médine, accrédité à la Porte ; le *baschkapouoghlan* a conservé son titre.

IV. *Les gouvernemens avec les voïévodies qui en dépendent.*

L'administration intérieure de la Turquie est divisée en trois classes, savoir : les gouvernemens, les sandjaks et les voïévodies. Ces deux derniers ne sont à proprement parler que des parties du gouvernement d'une province et duquel elles ont été détachées pour être données arbitrairement à tel ou tel possesseur d'un gouvernement ou pour être administrées par des sandjakbegs ou des voïévodes spéciaux. Quant au système suivi dans l'administration des provinces, il se présente sous deux formes : la première est celle où les gouvernemens et les

---

[1] Ce dignitaire a été conservé dans ses fonctions par Mahmoud II, et continuait à porter le titre honorifique d'aga de la maison de la félicité.

sandjaks sont donnés à des gouverneurs ou à des sandjakbegs qui, au lieu de tenir compte à l'état des revenus de leur province, n'ont qu'à verser annuellement au trésor une somme déterminée; la seconde consiste en ce que les sandjaks ne sont donnés pour ainsi dire qu'en fermage, et l'administrateur est tenu de rendre compte de sa gestion. Les possesseurs d'un sandjak se distinguent en possesseurs réels (*moutezsarif*), et en possesseurs temporaires ou administrateurs substitués (*moutesellim*). Si le gouverneur d'une province est, par une faveur spéciale, investi du gouvernement d'un second sandjak, il prend, par rapport à ce dernier, le titre de *mouhazsil* (percepteur des impôts). *La Gazette d'État*, n° 86, datée du 16 rebioul-ewwel 1250 (23 juillet 1834), explique la position relative des *moutezsarifs*, des *moutesellims* et des *mouhazsils* ainsi qu'il suit: « Bien que les » sandjaks d'Akseraï et de Begschehr se trouvent en possession du » trésor des fermages et qu'ils aient été administrés jusqu'à ce jour » par des moutesellims, les circonstances ont nécessité leur sépara- » tion de celles des provinces qui sont administrées par des moutesel- » lims et par la haute faveur de l'empereur; ils ont été donnés » comme *mouhazsillik* (perception des impôts) au gouverneur actuel » de Karamanie, Elhadj Ali-Pascha. En conséquence, le brevet du » nouveau mouhazsil a été signé par la Sublime-Porte le 12 rebioul- » ewwel 1250 (19 juillet 1834), et cette nomination a reçu son exé- » cution, en faisant revêtir le titulaire du manteau d'état (*harwané*) » à collet brodé d'or. Que tout le monde le sache. »

Dans chaque *tewdjihat* ou liste d'investiture des hauts fonctionnaires, on voit figurer des sandjaks qui ont été détachés d'un gouvernement et donnés tantôt à différens gouverneurs à titre de *mouhazsillik*, tantôt adjugés au trésor à titre de *moutesellimlik*. Dans les listes d'investiture les plus récentes, insérées dans la *Gazette d'État* de Constantinople, figurent également les voïévodies : ce qui n'avait jamais eu lieu auparavant. Les régisseurs des fermes de l'État s'appellent aussi quelquefois *emin* ou intendans. La liste d'investiture des gouvernemens pour l'année de l'hégire 1249 (1833-1834) (voir la *Gazette d'État*, n° 27, datée du 27 ramazan) contient, il est vrai, 32 gouvernemens; mais comme les gouvernemens du *serasker pascha*, du *mouschiri asakir* et du *mouschiri topkhané* n'existent que de nom et qu'ils n'administrent aucune province; comme d'ailleurs la province d'Alger est aujourd'hui une possession française, il n'y a en réalité que 28 gouvernemens, savoir :
1. *l'Abyssinie* et *Djidda*, avec la dignité de *scheïkhol-harem* de

la Mecque[1]. —2. Le *gouvernement du kapitan pascha*, c'est-à-dire l'Archipel. — 3. La *Roumilie*. — 4. *Damas*. — 5. *Bagdad*. — 6. *Schehrzor*. — 7. *Bassra*. — 8. L'*Egypte*[2]. — 9. *Haleb*. — 10. La *Bosnie*. —11. *Safed*, *Saïda* et *Beïrout*.—12. *Tripolis*, en Syrie. — 13. *Erzeroum*. — 14. *Siwas*. — 15. *Silistra*. — 16. *Candie*. — 17. *Trabezoun*. — 18. La *Karamanie*. —19. *Adana*; c'est un mouhazsillik de même que *Siwas*[3]. — 20. *Diarbekr*. —21. *Rakka*. — 22. *Merdsch*. — 23. *Tschildir*. — 24. *Karss*. — 25. *Wan*. — 26. *Mossoul*. — 27. *Tunis*. — 28. *Tripolis*.

Les trente-un sandjaks suivans forment des gouvernemens particuliers indépendants des gouverneurs des provinces que nous venons de citer : 1. *Jérusalem* et *Nablous*[4].—2. *Widin* et *Nicopolis*.—3. *Tirhala*.—4. *Yanina*.—5. *Delwino*.—6. *Awlonia*.—7. *Scutari*. —8. *Ilbestan*.—9. *Okhri*. (Ces trois derniers sont des *mouhazsilliks*. —10. *Semendra*.—11. *Karahissar*.—12. *Mentesché*.—13. *Aïdin*. Ces trois derniers sont des *mouhazsilliks*).—14. *Bigha*, avec la place de commandant du Bosphore.—15. *Kaïssariyé*.—16. *Selanik*.—17. *Tschoroum*.—18. *Tekké*. (Ces trois derniers sont des *mouhazilliks*. — 19. *Ouskoub*.—20. *Güstendil*. — 21. *Perzerin*.—22. *Klis*.—23. *Swornik*.—24. *Hersek*.—25. *Dukagin*.—26. *Canée*. —27. *Akschehr*.—28. *Retimo*.—29. *Alayé*.—30. *Gonia*.—31. *Angora*. En examinant le tableau contenant la division géographique des provinces turques annexé à ce volume, on voit quel désordre règne dans la classification de ces sandjaks, appartenant les uns aux provinces d'Asie, les autres aux provinces d'Europe.

Les sandjaks qui, dans la *Gazette d'État*, prennent le titre de voïévodies, sont au nombre de cinquante, savoir : 1.*Mikhalidj*.—2. *Edrenos*, au pied de l'Olympe, près Brouza.—3. *Karahissar*.—4. *Lefké*. —5. *Kokdjé*.—6. *Kirmendjik*, —7. *Midjajldik*, dans l'ancien sand-

---

[1] Ce gouvernement est encore très-problématique et son existence dépendra d'un traité définitif à conclure entre la Porte et Mohammed Ali.

[2] Ce gouvernement n'est que nominatif; à plus forte raison celui d'Abyssinie et de Djidda.

[3] La possession de cette province étant trop nécessaire à la sûreté de la Syrie, le vice-roi d'Égypte paraît décidé à ne point la céder à la Porte. Il ne faut donc compter que 26 provinces au lieu de 28.

[4] Ces sandjaks, étant tombés au pouvoir de Mohammed-Ali, figurent nominativement dans cette liste statistique. Les événements peuvent seuls décider de leur classement.

jak de *Khoudawendkiar.*—8. *Edremid.*— 9. *Ayazmend.*— 10. *Tschandrali.* —11. *Emroudabad.*—12. *Karadjaschehr*, dans le sandjak d'*Eskischehr.* — 13. *Giwa.*—14. *Tarakli.*—15. *Sifrikissar.* (Ces quatre dernières voïévodies sont toutes situées dans le sandjak de Khoudawendkiar.—16. *Tomanidj.*—17. *Kolnik.*—18. *Biledjik*, dans le sandjak d'Eskischehr. — 19. *Akhissar.* —20. *Kouribazar Naalli.* —21. *Kisoud.*—22. *Koutaz.*—23. *Wirankousch.*—24. *Sógüd.*— 25. *Kermasti.*—26. *Yarhissar.*—27. *Yaïlakabad.*—28. *Seraïdjik.* —29. *Karamoursal.*—30. *Aïwaldjik.*—31. *Kisildjé.*—32. *Touzla.* 33. *Aïdindjik.*—34. *Modania.*— 35. *Ayasch*, dans le sandjak d'Angora. — 36. *Somaoum Kirghaghadj.* — 37. *Begschehr.*—38. *Ainékol*, près de Kemlik.—39. *Bazardjik.* — 40. *Manias*, dans le sandjak de Karasi. — 41. *Gólbazar.*—42. *Kelembe.*— 43. *Karasinit Zsuzsigürlighi.*—44. *Yanghadidj*, dans le sandjak de Karasi.—45. *Zsindüghi.*—46. *Bergama.*—47. *Ayouroundi.*—48. *Keresoun.*— 49. *Tshandaralü.*—50. *Bazarkoui.*

V. *Emplois et dignités de la loi.*

Nous avons déjà donné plus haut la liste des juges avec leur rang hiérarchique. Il ne nous reste donc plus qu'à dire quelques mots des muderris et de leurs candidats, d'autant plus que nulle part on ne les trouve cités d'après leurs grades, et qu'au milieu de tant de réformes leur institution primitive est demeurée intacte.

Les étudians portent communément le titre de *sokhta*, ou mieux *soukhté*, les *brûlés*, c'est-à-dire brûlant de l'amour des sciences. Dans le royaume de Maroc, ils s'appellent *thalb* ou *thalib*, c'est-à-dire ceux qui demandent la science, et en Perse, *danischmends*, c'est-à-dire doués de science. Le mot *danischmend* a été défiguré par des auteurs européens, dont les uns en ont fait *tanisman*, et les autres *talisman*; ainsi l'homme érudit s'adonnant à la science que l'ignorance peut considérer comme le talisman le plus réel, a été confondu partout avec la science elle-même. Aujourd'hui les *famuli* des kadiaskers et des grands-oulemas portent à Constantinople le titre de *danischmends*, espèce de gens qui ne peuvent prétendre à aucun avancement dans la carrière législative, et qui se contentent des premiers rudimens de la science législative.

Dès qu'un étudiant a passé l'examen à la satisfaction de ses professeurs, il prend le titre de *moulazim*, mot qui signifie littéralement *adjoint*; car chacun d'eux choisit pour patron un oulema de considération et de renom; toutefois il convient de rendre ce mot par celui de candidat pour les emplois législatifs. Les diplômes des candidats émanent de la chancellerie du moufti, et sont conçus dans des termes que nous reproduisons textuellement :

« *Moulazimet* ou diplôme de candidat pour Esseïd Abdallah Khou-
« loussi, fils d'Esseïd Osman, natif de Constantinople.

« Le susdit molla ayant donné la preuve de son aptitude, son nom
« a été inscrit dans nos registres par l'ordre de son éminence le su-
« blime scheïckh de l'islamisme, qui ennoblit actuellement le cousin
« du fetwa et orne le siége de la religion : lui qui décide des diffi-
« cultés religieuses les plus épineuses, et qui donne le véritable ton
« aux muscles d'une perspicacité certaine; l'unique de son temps
« pour la sagesse et les nobles qualités, l'unique aussi dans ce
« monde pour le maintenir dans un état constant de perfection. Ce
« protocole a été dressé par les ordres de Son Eminence le gracieux
« Seigneur que Dieu a doué d'une nature magnanime et des plus
« hautes qualités; qui résout les difficultés qui s'élèvent entre peu-
« ples; le plus savant des hommes, le meilleur de ceux qui existent :
« que le roi des rois, le Tout Vénéré (Dieu), le comble de ses
« grâces : lui l'heureux, le gracieux et le magnanime Elhadj Khalil
« Efendi (que Dieu ajoute dans l'éternité à ses honneurs!) »

Outre ce diplôme signé du moufti, les moulazims reçoivent un second diplôme dont les lignes diminuent progressivement et forment
ainsi un triangle dont la pointe est terminée par le sceau du kadiasker.
En voici la teneur :

« Mewlana Ismaïl, fils d'Ali de Trabezoun. »
« Comme le susdit molla est un des demandeurs des sciences
(*thalebi ouloum*, et comme à ce pauvre (c'est-à-dire l'écrivain du diplôme) la place de grand-juge de Roumilie
a été donnée pour la seconde fois, à la date du 28
silkidé de l'année de l'hégire 1171, et que le molla
a passé dignement son examen, il a été
nommé moulazim par ordre de
Son Éminence le moufti, le
plus savant de son épo-
que, et inscrit comme
tel dans nos regis-
tres, etc. »

Lorsque le temps fixé pour le *moulazimet* s'est écoulé, le candidat entre dans la dernière classe des médrésés, dont les revenus étaient originairement de 40 aspres par jour. Les employés de cette classe ne jouissent encore d'aucun rang dans la hiérarchie des médrésés ; car le premier rang commence seulement avec la classe des *kharidjst* ou les extérieurs. La seconde classe s'appelle *hereketi kharidj*, c'est-à-dire ceux qui sortent des extérieurs ; la troisième, *dakhil*, c'est-à-dire les intérieurs ; la quatrième, *hereketi dakhil*, c'est-à-dire ceux qui sortent du rang des intérieurs ; et la cinquième, *mouzileï sahn*, ou celui qui atteint bientôt le champ ; c'est-à-dire celui qui entre bientôt dans une des huit médrésés de la mosquée de Mohammed II. L'avancement dans chacune de ces classes vaut au titulaire une augmentation de 20 aspres par jour. La sixième classe est appelée les *huit du champ ;* la septième, les *soixante ;* la huitième, *hereket-altmischlu*, c'est-à-dire qui sortent de la classe des soixante ; la neuvième, *mouzileï souleimanyié*, ou ceux qui entrent bientôt dans la médrésé de Souleïman Kanouni ; enfin ceux qui font partie de la dixième portent le titre de muderris souleïmaniyé : n'importe qu'ils soient attachés à une des cinq médrésés de cette mosquée, ou à l'école des traditions (*darolhadis*).

Lorsque les muderris ont passé par ces dix classes, ils entrent dans la carrière des *mollas* ou juges. Les huit places inférieures de juge sont celles d'Eyoub, de Galata, de Scutari, de Jérusalem, de Haleb, de Yenischehr, de Selanik et de Smyrne. La seconde classe se compose des quatre mollas d'Andrinople, de Brousa, d'Egypte et de Damas ; la troisième, des juges de la Mecque et de Médine ; la quatrième, du juge de Constantinople et de ses collègues qui l'avaient précédé dans cette fonction ; la cinquième, du grand-juge d'Anatolie ; la sixième, du grand-juge de Roumilie. Chacun des deux kadiaskers est assisté d'un reïs-efendi chargé de l'expédition des bérats et des diplômes d'installation ; cet emploi est peu connu et a été ignoré de Mouradjea d'Ohsson lui-même. Il existe donc à Constantinople trois reïs-efendis : celui de la Porte ou ministre des affaires étrangères, et les deux dont nous venons de parler. La septième classe, l'unique et la plus élevée parmi les juges, est celle du scheïkh de l'islamisme, c'est-à-dire du moufti.

Tel est l'ordre hiérarchique des grands-mollas ou dignitaires de la loi du premier rang. Quant aux mollas du second, du troisième et du quatrième rang, voy. p. 5 et suivantes de ce volume.

Toutes les fois que les titulaires avancent d'un grade, ils reçoivent un nouveau diplôme d'installation (*rouous*). Voici la formule adoptée pour les diplômes délivrés aux *muderris kharidjs* ou extérieurs :

« Comme Ahmed Raschid Efendi, fils d'Aabidinbeg Efendi, mo-
« dèle des savans qui recherchent la vérité, en augmentant sa science
« est sorti des médrésés des quarante et mérite de l'avancement, un
« ordre de son éminence le scheïkh de l'islamisme, Mewlana Scheïkh-
« zadé Eseïd Abdolwahhab Efendi, lui a conféré le rang de mu-
« derris extérieur à la quatrième medrésé de Yousouf-Pascha. Fait le
« 29 djemazioul-akhir 1247. »

La *Gazette d'Etat*, n° 88, sous la date du 18 rebioul-akhir 1250 (24 août 1834), nous fournit quelques détails sur les examens qu'ont à subir les moulazims pour entrer dans la classe des *kharidjs* ou extérieurs. Elle nous fait connaître que le nombre de *sept*, consacré par les Pythagoriciens, l'est également pour les cours des étudians turcs : *Et studiis annos septem dedit.* (*Hor.* ép. II, 2, 82.)

« Comme Sa Majesté, qui protège différentes sciences et connaissances, qui encourage les savans et les hommes instruits, que Dieu, le seul glorieux, le tout puissant, le maintienne sur son trône aussi longtemps que les livres existeront, et que le mérite ne soit honoré que par lui! a de tout temps dirigé ses efforts vers les progrès des sciences qui ajoutent à la splendeur de l'empire et de la foi et ennoblissent le peuple et l'humanité, on a procédé cette année à l'examen de quatre-vingt-quinze moulazims (candidats) demandant de la science, qui ont passé les sept années de candidature voulue (*moulazimet*). Ces examens pour la place de professeurs ont eu lieu, conformément aux ordres de Sa Majesté Impériale, et sous la présidence du scheïkh de l'islamisme, son éminence l'heureux Mekki Efendizadé Moustafa Aassim Efendi, vendredi le 17 rebioul-ewwel 1250 (24 juillet 1834|), à la porte du Fetwa, où il a été disputé sur le second chapitre de l'ouvrage rhétorique *Motawwel*. Ces examens ont été terminés dans l'espace de huit jours, en présence des six examinateurs (*moumeyiz*) choisis parmi les professeurs du seraï impérial. Deux de ces candidats appartenaient à la classe des *éminents*, six à celle des adhérents à *l'éminence*, six autres au premier grade de la première classe, trente et un au second grade de première classe et trois au troisième grade de la première classe. Tous ces candidats et vingt-trois fils des oulémas ont reçu, conformément à la volonté impériale, leurs diplômes d'installation sous la date du 27 du même mois, et leurs souhaits ont ainsi été exaucés. » Viennent ensuite les noms des soixante-dix-sept mérés conférées par ce décret.

Les maîtres des écoles primaires (*mekteb*) s'appellent *khodjas*, titre qui est commun aussi aux professeurs attachés au seraï. L'ordonnance insérée dans le n° 9 de la *Gazette d'État* et datée du 27 redjeb 1247 oblige les khodjas de la Porte d'instruire les employés des chancelleries dans les sciences philologiques suivantes: 1. La grammaire. — 2. La syntaxe. — 3. L'étymologie. — 4. L'ordonnance du discours. — 5. La division du discours. — 6. La science tropologique. — 7. La métrique. — 8. La rime. — 9. La poésie. — 10. L'art épistolaire. — 11. La doctrine consistant à défendre le Koran contre le scepticisme. — 12. La calligraphie. — 13. L'anthologie. — 14. L'histoire.

Outre les khodjas de la Porte, la *Gazette d'État* parle encore de six *khodjas* attachés au seraï impérial, savoir : 1. Le khodja de la bibliothèque du seraï impérial. — 2. Le khodja du trésor impérial. — 3. Le khodja du seraï de Galata. — 4. le khodja de la chambre intérieure des pages. — 5. Le khodja de Galata seraï. — 6. Le khodja du kislaragasi. A côté de ces trois classes de professeurs, de maîtres d'école et d'instructeurs de la Porte et du seraï, il existe des professeurs attachés à trois autres colléges qui sont : l'école des ingénieurs fondée sous Sélim III; l'école d'architecture, et l'école de médecine, fondées par Mahmoud II. L'ordonnance relative à l'organisation de l'école d'architecture se trouve au n° 78 de la *Gazette d'État*, sous la date du 17 schewwal 1249 (27 février 1834). Elle est divisée en quatre classes, et reconnaît pour chef le *moudiri ebnieï khazsa*, c'est-à-dire le premier directeur des constructions publiques. La première classe se compose de trente *khalfas* ou inspecteurs des constructions; la seconde, de vingt *moulazimi khalfa* ou aides des précédens; la troisième et la quatrième classe, de *schaghirds* ou élèves. Ces derniers suivent les cours d'arithmétique, de géométrie, de dessin, de grammaire et de syntaxe.

Dans le n° 83 de la *Gazette d'État* du 11 moharrem 1250 (11 mai 1834), se trouve l'ordonnance relative aux quatre hôpitaux militaires des troupes régulières (*asakiri manzsuré*), de la garde (*asakiri khazsa*), de l'artillerie (*topkhane*); le quatrième est situé à Maldépé. Sous les règnes précédens, ces hôpitaux, où l'on enseignait la médecine, comptaient soixante-trois membres, dont trente s'appelaient *mouawin tabibs* ou aides-médecins, et trente-deux *djerrahs* ou chirurgiens ; le soixante-troisième était le professeur. Aujourd'hui, ils sont divisés en quatre classes d'élèves qui, partagés en sections de neuf à neuf, reconnaissent chacune pour chef un *onbaschi* ou décurion. La première classe, qui est la plus élevée, et non pas comme chez nous la dernière, est composée de quarante *schaghirds*, recevant une solde mensuelle de 100 piastres. On y enseigne la physique et la chimie. Le professeur de cette classe a 800 piastres par mois. La seconde classe, composée également de quarante *schaghirds*, ne reçoit que 50 piastres pour chacun; le premier khodja 750, le second 500 piastres. Ils enseignent l'anatomie, la physiologie, la thérapeutique et l'art des médicamens. La troisième classe ne compte que vingt élèves; leur professeur est chargé d'enseigner la grammaire, la syntaxe et les langues étrangères; il reçoit une solde mensuelle de 300 piastres. La quatrième classe compte comme les deux premières quarante *schaghirds*, et la solde du professeur qui leur apprend à lire et à écrire est de 200 piastres. Le signe distinctif des professeurs et des élèves présente un cœur avec ses artères gravé sur une plaque de cuivre, d'argent ou d'or, suivant le rang que chacun d'eux occupe.

VI. *Les monnaies et les mesures.*

Le règlement concernant les nouvelles monnaies se trouve inséré au n° 67 de la *Gazette d'État* ottomane, datée du 9 djemazioul-ewwel 1249 (28 septembre 1833). Ce règlement fixe la valeur du ducat (khaïriyé) à 20 piastres, et le demi-khaïriyé à 10 piastres. Le ducat appelé *foundouk*, pesant une drachme, est fixé à 32 piastres; le *demi-foundouk* à 16 piastres, et le *roubi*, qui représente le quart de cette pièce, à quatre carats 8 piastres. Le ducat *istamboli* vaut 24 piastres; le *demi-istamboli*, pesant six carats, 12 piastres; et le quart *d'un istamboli*, à trois carats, 6 piastres. Le ducat *roumi* vaut 48 piastres, et le *demi-roumi* 24 piastres. L'ancien ducat *roumi* a cours pour 56 piastres; le nouveau ducat *adli* pour 15 piastres, et l'ancien *ducat adli* pour 16 piastres 1/2. Le ducat égyptien (*ser mahboub*, pesant douze carats, vaut 20 piastres 10 paras; le *demi-ser mahboub*, pesant six carats, 15 piastres 5 paras; le *quart* de cette même pièce, pesant trois carats, est de 5 piastres; enfin le ducat appelé *kirklik khaïriyé* vaut 40 piastres. Il y a donc sept espèces de ducats nationaux, à ne point compter les demies et les quarts de ducats, qui ont cours dans l'empire ottoman, savoir: les ducats *khaïriyé, foundouk, istamboli, roumi, adli, ser mahboub* et *kirklik khaïriyé*.

Les mesures de grandeur ont été calculées d'après les degrés de l'équateur. Chaque degré est de 60 milles; chaque mille est de 1000 *kouradjs*; le *kouradj* est long de 2 aunes et 1/2 (*arschin*); l'*arschin* est de 2 pieds, le pied de 12 pouces, le pouce de 10 lignes : ainsi six pieds turcs équivalent à 7 pieds de France.

VII. *Les fêtes et le cérémonial qu'on y observe.*

Le cérémonial qu'on observait autrefois dans les marches solennelles et dans les félicitations que les hauts dignitaires ont coutume d'offrir au Sultan à l'occasion des deux grandes fêtes du ramazan, a subi de nombreuses modifications. Si d'un côté il a été simplifié, de l'autre côté il a été étendu à plusieurs dignités et emplois de création récente. L'innovation la plus importante est celle de la création du sérasker pascha et du *nazir eddewlet* ou inspecteur de l'empire, dont l'autorité et le cercle d'activité ont naturellement dû porter de graves atteintes à ceux du grand-vizir. Le n° 77 de la *Gazette ottomane*, daté du 27 rebioul-ewwel 1249, contient l'ordonnance qui règle le cérémonial des deux fêtes du baïram. Il y est dit que les félicitations qui ont lieu à l'occasion de ces fêtes, commenceront à être faites à l'avenir d'abord au seraï impérial, puis à la porte du grand-vizir, du moufti et du serasker pascha, dont la porte a remplacé celle de l'ancien aga des janissaires. La même ordonnance enjoint aux vizirs qui jusqu'alors avaient coutume de précéder à cheval le grand-vizir jusqu'à l'Alaïkoeschk (pavillon des marches solennelles) après avoir accompagné le Sultan de la mosquée au seraï, de l'y attendre pour lui offrir leurs hommages, de se rendre immédiatement à la Porte et d'y rester jusqu'à l'arrivée du premier ministre. Les vizirs ou paschas à trois queues de cheval et les *ridjals* ou ministres du Sultan y occupent les salles qui leur sont destinées. Le grand-vizir, en revenant du seraï impérial, se rend à la salle d'audience (*arzoda*), où il reçoit les félicitations de l'assemblée, qui en le quittant se transporte en corps, d'abord à la porte du moufti, ensuite à celle du serasker pascha. Aussitôt après le départ des ministres, le grand-vizir entre dans la salle du diwan (*diwan khané*) où l'attendent les quatre classes des employés de la porte, qui de là vont féliciter le moufti et le serasker pascha. Les seigneurs de l'étrier et les chambellans qui, le premier jour de la fête, sont de service au seraï, se rendent, après avoir été admis à la salle d'audience pour féliciter le Sultan, non pas chez le grand-vizir, mais chez le moufti et le serasker pascha. Le second jour du baïram, le grand-vizir est tenu de se transporter, au lever du soleil, à la porte du moufti, qui ne peut manquer de lui rendre immédiatement sa visite. A son retour de la Porte du premier ministre de l'empire, le moufti reçoit les félicitations des grands juges titulaires, qui en sortant de chez lui vont féliciter le grand-vizir.

Les grands mollas, à commencer par le rang de juge de la Mecque jusqu'à celui de juge de Scutari, ainsi que les grands muderris (les *huit*, les *soixante* et ceux de la Souleïmaniyé), se présentent quatre heures plus tard à la Porte du grand-vizir. Les mollas qui sont introduits les premiers dans la salle d'audience, après avoir été parfumés, sont invités à prendre le café. Dès qu'ils se sont retirés, le grand-vizir se rend à la salle du diwan, où les deux grands juges titulaires et les deux premiers muderris lui offrent leurs félicitations, sans que préalablement leurs noms soient lus à haute voix, comme cela avait eu lieu avant la promulgation de l'ordonnance sus-mentionnée. Une heure avant cette visite, les scheïkhs des mosquées du Sultan se rendent d'abord chez le grand-chambellan et de là chez le moufti. Les *kesedars* (payeurs), les *khalfas* (aides dans les bureaux), les *saïms* (secrétaires jouissant de fiefs) et les autres employés de la porte du grand-vizir, offrent leurs félicitations le même jour dans la salle du diwan. L'usage qui autrefois voulait que les commissaires d'instruction des fondations pieuses de la Mecque, de Médine et d'autres villes présentassent leurs félicitations le second jour de la fête, a été aboli; et comme ils appartiennent à une des quatre classes des employés de la Porte, ils sont admis à présenter leurs vœux le premier jour de la fête.

Dans les marches solennelles, on ne voit figurer de la première classe des employés de la Porte que le defterdar et le reïs-éfendi; ceux de la seconde classe se composent des inspecteurs des fondations pieuses (*ewkaf*), des inspecteurs des fermages (*moukataa*), de ceux de l'artillerie (*topkané*), des fabriques de poudre (*barout khané*) et de l'arsenal (*djébékhané*). L'ordre à observer dans les marches solennelles a été déterminé ainsi qu'il suit dans le n° 22 de la *Gazette ottomane*. — 1. Le premier et le second *telkhissdji* (référendaire du serasker pascha). — 2. Les deux aides de l'*ameddji efendi* (secrétaire du cabinet du reïs-efendi). — 3. Le payeur du reïs-éfendi et du beğlikdji (chancelier). — 4. L'interprète du diwan et le premier aide du mektoubdji (secrétaire du cabinet du grand-vizir). — 5. Les chefs de la chancellerie des fermages et de la douane du tabac. — 6. Les chefs des bouchers et le directeur des constructions. — 7. Le secrétaire-maître des revues de la garde du corps et l'inspecteur des seïds.—8. Le secrétaire du kiayabeg et le secrétaire-maître aux revues des troupes régulières.—9. Le beglikdji et l'ameddji du diwan.—10. L'intendant de la cuisine impériale et le premier référendaire.—11. L'inspecteur de l'artillerie et celui des fabriques à poudre.—12. L'inspecteur de la monnaie et celui des armes.—13. L'inspecteur des bureaux du cadastre et l'intendant de l'arsenal.—14. L'inspecteur des provisions de bouche et celui de la police.—15. L'inspecteur des fermages et celui des dépenses.—16. L'inspecteur des fondations pieuses de l'empereur et le secrétaire d'État pour le chiffre du Sultan.—17. Le reïs-efendi et le tschaouschbaschi.—18. Le kiayabeg (ministre de l'intérieur) et le premier defterdar, ministre des finances.—19. Deux pages de la première chambre.—20. L'historiographe de l'empire, l'inspecteur et rédacteur en chef de la *Gazette d'État* et de l'imprimerie avec le second imam du seraï.—21. Le *reïsoul-oulema*, c'est-à-dire l'ancien des oulemas et le premier imam.

Le n° 84 de la *Gazette d'État*, daté du 9 safer 1250 (juin 1834), contient l'ordonnance qui prescrit l'ordre à suivre à l'occasion des fêtes nuptiales de la princesse Hebetoullah, qui durèrent treize jours consécutifs. Le premier jour, la marche solennelle était ainsi réglée :
—1. Les gardes à cheval, suivis de deux de leurs lieutenans.—2. Les seigneurs du diwan de quatrième classe, accompagnés de deux lieutenans de la garde à cheval.—3. Les seigneurs du diwan de troisième classe, accompagnés de deux lieutenans.—4. Les seigneurs du diwan de seconde classe.—5. Les seigneurs du diwan de première classe, accompagnés de deux lieutenans.—6. Les chambellans et deux lieutenans.—7. Le grand-chambellan et le second écuyer.—8. Le sandjakbeg de Tekké et le grand-écuyer, suivis de deux lieutenans.—9. Les troupes régulières, infanterie et cavalerie.—10. Les généraux et les lieutenans-généraux de l'artillerie, des bombardiers et de la garde, suivis de deux lieutenans.—11. Les sandjakbegs de la flotte.—12. Les paschas à deux queues de cheval.—13. Les paschas à trois queues de cheval (vizirs), suivis de deux lieutenans.—14. Le second imam.—15. Le chef des émirs et le juge de Constantinople.—16. Les grands-juges de Roumilie et d'Anatolie.—17. Les paschas gouverneurs d'Aïdin et de Yanina.—18. Les paschas de Seres et de Selanik.—19. Les paschas de Karamanie et de Tirhala.—20. Les paschas de Widin et de Roumilie.—21. Le kapitan-pascha et le premier conseiller de guerre de la garde (*mouschiri khassaï*

schahané).—22. Le serasker-pascha.—23. Le grand-vizir et le moufti. —24. Le kapou-tschokadar (valet de chambre de la Porte des deux sanctuaires) [la Mecque et Médine], et son aide; tous les deux eunuques.—25. Un kiaya de la sultane Hebetoullah et le premier secrétaire des deux sanctuaires.—26. Un second kiaya de la fiancée et son premier eunuque.—27. Les deux secrétaires du trésor (tous les deux eunuques).—28. Le carrosse de la Sultane.—29. Le kislaraga et l'inspecteur de l'intérieur du seraï (*enderouni*) *houmayoun nazirt*.—30. Une voiture de la Sultane.—31. Les voitures des sœurs du Sultan, des sultanes Esma et Hebetoullah.—32. Celles des princesses filles du Sultan.—33. Celles des *kadines* du Sultan précédent et de la sœur de l'ancien kapitan-pascha Houseïn.—35. Les femmes des harems, des vizirs et des ministres qui, durant la fête, étaient invitées et traitées somptueusement au seraï.—36. Les voitures des odalliks (esclaves favorites), escortées par une troupe d'eunuques à cheval.—37. Les colonels des troupes régulières et des gardes du corps, avec la chapelle de musique.—38. Le gros de la garde à cheval.

Le n° 84 de la *Gazette d'État ottomane* contient, d'un bout à l'autre, la description des fêtes qui ont précédé ou suivi les noces de la princesse, bien que dans un des numéros précédens on en eût déjà publié le programme.

La *Gazette d'État turque*, qui sans contredit est une des innovations les plus utiles et les plus importantes de Mahmoud II, fournira au continuateur de l'histoire ottomane les matériaux les plus précieux : mais il faut qu'il se donne la peine de puiser à la source, et non dans le *Moniteur ottoman*, qui ne reproduit l'original que très imparfaitement. Elle contient un grand nombre de notices topographiques qui ne peuvent qu'enrichir une nouvelle édition de l'ouvrage souvent cité : ***Constantinople et le Bosphore***.

EXPLICATION

DU PLAN DE CONSTANTINOPLE ET DE SES FAUBOURGS, AVEC LEURS DIVISIONS EN QUARTIERS.

—

Le plan de Constantinople, tel qu'il figure dans l'Atlas de l'empire ottoman, ne doit pas être considéré comme entièrement neuf; au contraire, il se trouve déjà annexé à l'ouvrage topographique intitulé : *Constantinople et le Bosphore*. Nous remarquons toutefois qu'il contient de plus tous les quartiers, non seulement de la ville, mais aussi ceux des huit faubourgs, savoir : de Scutari, d'Eyoub, de Khasskoeï, de Kasim-Pascha, de Fündüklü, de Topkhané, de Galata et de Pera. Cette division en quartiers ne se trouve indiquée dans aucun des ouvrages topographiques qui traitent de la Turquie, ni sur aucune des cartes qui ont paru sur cet empire, et à ce titre le plan que nous venons de joindre à l'histoire ottomane ne peut qu'être agréable aux personnes qui, voyageant en Turquie, désirent s'orienter dans les quartiers et dans les rues de Constantinople et visiter les huit cent soixante-dix-sept mosquées dont nous donnerons une description rapide au commencement du tome XVIII de cet ouvrage.

La première idée de la confection du plan de Constantinople avec les noms de ses quartiers, nous a été fournie par la lecture de la *description de Constantinople,* due à Sekeria-Efendi. Malheureusement le nombre des quartiers y est tellement exagéré, que le lecteur le moins attentif ne peut douter un instant de l'infidélité de l'écrivain. Ainsi, il cite pour Constantinople, Topkhané et Scutari, 3,423 quartiers habités par des Musulmans, 4,580 habités par les Grecs et des Arméniens, et 3,584 par des Juifs : ce qui présenterait un total de

10,587 quartiers. Que dire, lorsqu'on saura que le nombre des quartiers de la ville et des faubourgs ne dépasse pas le chiffre de 450 ?

Pour rétablir la vérité, il fallait recourir aux registres déposés dans les diverses juridictions (*mehkemé*) de la capitale; mais c'était là une entreprise des plus difficiles, et il a fallu à mon ami, M. de Raab, interprète de l'ambassade d'Autriche, une constance d'efforts inouïe pour vaincre ces difficultés et pour me procurer les extraits de ces registres.

La possession de ces registres aurait été d'une utilité bien faible encore pour les voyageurs, car il s'agissait de déterminer la position topographique de chacun de ces quartiers, si, à ma prière et par amour de la chose, M. de Wallenbourg, alors secrétaire d'ambassade et agent impérial de Moldavie, ne s'était pas dévoué à un travail aussi pénible que fastidieux. M. de Wallenbourg a bien voulu se charger de déterminer, soit par lui-même, soit par l'intermédiaire de quelques autres personnes, la position véritable de chacun des quartiers indiqués dans l'ouvrage de Sekeria-Efendi; c'est lui encore qui a déterminé la position respective des quartiers reconnus dans le plan dressé d'avance à cet effet.

Les îles des Princes, qui, à proprement parler et malgré leur proximité de la capitale, ne peuvent être considérées comme partie intégrante du plan, ont déjà été énumérées dans l'ouvrage intitulé : *Constantinople et le Bosphore*. Les noms de ces îles y figurent dans toute la pureté de la langue nationale. Il n'en est pas de même des noms turcs des îles de l'Archipel, que nos cartes omettent entièrement ou qu'elles ne donnent que singulièrement mutilés. Le lecteur géographe et les historiens ne sauraient donc nous en savoir mauvais gré; nous donnons ici les noms turcs de quelques-unes des îles de cet archipel, afin de compléter ceux qui se trouvent déjà mentionnés dans le tome XXXIV des *Annales de la Littérature*. Voici les noms de ces îles :

1. Agio Strati,   en turc, *Bozbaba* (le père de la glace).
2. Aïnos.   *Aïnos.*
3. Amorgo.   *Yamourghi.*
4. Anaphos.   *Anasia adassi.*
5. Andros,   *Andria.*
6. Antipaxos.   *Antoubakscha.*
7. Capo Gallo.   *Portokali adassi.*
8. Caprero.   *Boïnouz adassi* (l'île de la Corne).

9. Caso.   en turc, *Tschobanlik* (le territoire des Pâtres).
10. Cerigo (Cythera).   *Tschoka adassi.*
11. Cerigotto (Aigilia).   *Sigilié.*
12. Cervi (?).   *Pascha adassi.*
13. Khalké (Chalki).   *Herké.*
14. Khero.   *Odounludjé* (l'Abondante en bois).
15. Khinara.   *Ardischdjik.*
16. Khios.   *Sakiz.*
17. Clistene.   *Meïs.*
18. Cosinissa.   *Yassidjé.*
19. Chypre.   *Kibris.*
20. Gaiteronisi (Patrocleia).   *Himeran* (les Anes).
21. Delos (grande et petite).   *Ssighirdjikler* (les deux petits).
22. Heraklia.   *Kinali ada* (île sur laquelle croit la henna).
23. Hydra.   *Djamlidja* (île de Verre).
24. Hyethusa.   *Khorschid.*
25. Ikaria.   *Ahi keria.*
26. Imbros.   *Imrouz.*
27. Ipsara.   *Ipsara.*
28. Kalymne.   *Ghelmez.*
29. Kephalonia (Cephalonie).   *Kéfalonia.*
30. Kolouri (Salamis).   *Harem adassi.*
31. Korfou.   *Korfouz.*
32. Kourzolari.   *Kousch adalar.*
33. Lantha (Lebynthos).   *Kotscha papas* (le Vieux-Moine).
34. Lemnos.   *Ilmeli.*
35. Leria (Leros, Lero).   *Ileros.*
36. Makri.   *Kara doghan baba.*
37. Macronisi (Helene).   *Beberdjik.*
38. Mitylène.   *Midülü.*
39. Mycène.   *Mokené.*
40. Naxos.   *Nakhscha.*
41. Négrépont (Eubée).   *Egripos.*
42. Nio.   *Ania.*
43. Nisari (Nisyros).   *Indjirli* (l'Abondante en figues).
44. Nisyra.   *Ouzounadassi* (l'Ile-Longue).
45. Paros.   *Bara.*
46. Pathmos.   *Batnos.*

EXPLICATION

47. Paxo (Paxos).   en turc, *Paskcho.*
48. Pharmatusa.   *Fornaz.*
49. Pinthenesia.   *Piadé Adassi* (l'île des Piétons).
50. Piskopia (Episcopi).   *Illeghi.*
51. Pontiko.   *Mallou Kilissé* (la Riche-Eglise ou les Deux-Eglises.
52. Poros (Calavria).   *Owadjik adassi.*
53. Prodano (Prote).   *Poradna.*
54. Rhodes.   *Rhodos.*
55. Samos.   *Ssoussam.*
56. Samothraki.   *Semendrek.*
57. Santa Maura (Leucadia).   *Lefkadé.*
58. Santorin.   *Santorin.*
59. Sapienza.   *Spienkhé.*
60. Scarpanto.   *Koyé* (c'est-à-dire appartenant au village),
61. Skiros.   *Ichkiri.*
62. Spezzia.   *Ssouloudja* (l'aqueuse).
63. Stampalia.   *Istanbolia.*
64. Stankhio.   *Istankhoi.*
65. Symnos.   *Soumbeki.*
66. Syra (Sira).   *Gœgerdjinadassi*(l'île des pigeons
67. Tenedos.   *Bosdja adassi.*
68. Thasos.   *Taschouz.*
69. Thermia.   *Dersi Kiassi* (le rocher du Tailleur).
70. Tineh.   *Istendil.*
71. Vasiliko.   *Palusia adassi.*
72. Zante.   *Saklissé.*
73. Zea.   *Morted* (l'Apostate).

TABLEAU

DES QUARTIERS DE CONSTANTINOPLE.

1. *Daoud Pascha.*
2. *Oweïs,*   dans le voisinage d'Ali-Pascha.
3. *Yeni Bayezid,*   —   de Daoud-Pascha.
4. *Esirdji Kémal,*   —   de Kédük-Pascha.
5. *Kourouk Mahmoud,*   —   du marché Odabaschi.
6. *Kodja Pascha,*
7. *Serradj-Ishak,*   —   de Kadrigha Limani.
8. *Nesli Khatoun,*   —   de la porte d'Andrinople.
9. *Kaziasker Mohammed Efendi,*   —   de Khosrew-Pascha.
10. *Moufti Ali Tschelebi,*   —   de la Sélimiyé.
11. *Arabdji Bayezid,*   —   de Kodja Moustafa-Pascha.
12. *Akdjemseddin,*   —   de Yenibaghdjé.
13. *Hadjé Khatoun,*   —   de Kodja Moustafa Pascha.
14. *Eregli,*   —   de Schehr Emini.
15. *Mouhiyeddin,*   —   de Salih-Pascha.
16. *Kidjedji Piri,*   —   de Yenibaghdjé.
17. *Tschiraghi Hasan,*   —   des Sept-Tours.
18. *Dabbagh Younis,*   —   de la Sélimiyé.
19. *Ibn Meddas,*   —   de Salih-Pascha.
20. *Ouroudj Ghazi,*   —   d'Akseraï.
21. *Ouskouni,*
22. *Güldjami* (la mosquée des Roses).

EXPLICATION

23. *Kizil Minaré*,   dans le vois. du Minaret rouge.
24. *Daye Khatoun*,   — de Timour-kapou (c'est-à-dire la porte de fer).
25. *Koumdjikbaschis*, — de Laleli-Tscheschmé.
26. *Soghanaga*,   — de la Vieille Monnaie.
27. *Alipaschaï-Aatik*, — c.-à-d. quartier du vieil Ali-Pascha.
28. *Sokhte Khatib*,   — de l'ancienne porte de l'Aga des janissaires.
29. *Kawghadjidédé*,   — de la Sélimiyé.
30. *Abdes-selam*,   — du Bezestan (marché).
31. *Ahmed-Kiaya*,   — d'Awretbazari.
32. *Darol-Hadis* (l'école des traditions). — de Scheïkh-Wefa.
33. *Fatima Sultane*, — de Topkapou (la porte du canon).
34. *Sari Mousa*,   — de Molla Kourani.
35. *Yawaschdjé Schahin*, — d'Ouzoun Tscharschou.
36. *Bazarddjedid* (le nouveau bazar), — de Bouyouk Tscharschou.
37. *Djamdji Ali*,   — de Schehzadé.
38. *Belbanaga*,   — de Schehzadé.
39. *Schehsouwar*,   — de Kadrigha-limani.
40. *Scheremet Tschaousch*, — de Molla Kourani.
41. *Houseïnaga*,   — de Parmak-kapou.
42. *Baklali*,   — d'Akseraï.
43. *Kodja Khaïreddin*, — d'Odoun Kapousi (la porte du Bois).
44. *Ouskoubi*,   — de l'Aya Sofia.
45. *Enim Sinan*,   — de Kędük-Pascha.
46. *Mourad-Pascha*, — d'Akseraï.
47. *Alembeg*,   — d'Akseraï.
48. *Kepenekdji*,   — de la fontaine Diwoghli.
49. *Emini Djou* ou *Arpa Emini*, — de Yenibaghdjé.
50. *Hadji Koutschouk*, — de Mahmoud-Pascha.
51. *Kiziltasch*,   — de Laleli-Tscheschmé.
52. *Akbiik*,   — d'Akhorkapou (la porte de l'écurie).
53. *Mimarsinan*,   — de Yenibaghdjé.
54. *Djâferaga*,   — de Schehr Emini.
55. *Kodja Moustafa-Pascha*,
56. *Ibrahimtschaousch*, — du Mewlewikhané, près de Yeni-Kapou.

DU PLAN DE CONSTANTINOPLE.

57.	*Kaïm-Aga,*	dans le vois.	d'Edrené Kapou.
58.	*Defterdar Ahmed Tschelebi,*	—	de Yenibaghdjé.
59.	*Tschiraghi Hamza,*	—	de la Sélimiyé.
60.	*Sidi Omer,*	—	de la porte de Siliwri.
61.	*Ibrahim-Pascha,*	—	de Koumkapou.
62.	*Kazandji Saadi,*	—	d'Akseraï.
63.	*Hadji Ewlia,*	—	du Mewlewikhané, près de Yenikapou,
64.	*Kiatib Moussliheddin,*	—	de Yenibaghdjé.
65.	*Kalenderkhané,*	—	de Schehzadé.
66.	*Oudjibeg,*	—	d'Egrikapou.
67.	*Khodja Khalil Attar,*	—	d'Ounkapan.
68.	*OErdek Kassab,*	—	de Yenibaghdjé.
69.	*Houseïnaga,*	—	d'Akseraï.
70.	*Segbanbaschi,*	—	de Serradjkhané (marché des selliers).
71.	*Tschakiraga,*	—	d'Akseraï.
72.	*Khodja Piri,*	—	de Parmakkapou.
73.	*Melek Khatoun,*	—	du Mewlewikhané.
74.	*Molla Aschki,*	—	d'Egrikapou.
75.	*Khodja Khaïreddin,*	—	de Yenibaghdjé.
76.	*Karabasch Houseïn,*	—	de Yenibaghdjé.
77.	*La petite Aya Sofia,*		
78.	*La Souleïmaniyé,*		
79.	*Khodja Hamza,*	—	d'Odounkapou.
80.	*Kürekbaschi,*	—	de Topkapou.
81.	*Mounedjim Saadi,*	—	de Schehr Emini.
82.	*Harem Tschaousch,*	—	de Yenibaghschehr,
83.	*Mouhtesib Iskender,*	—	de Karagoumrouk (la douane).
84.	*Abdi Tschelebi,*	—	de Soulù Monastir.
85.	*Djouibar,*	—	de Khodja-Pascha.
86.	*Tarsous,*	—	de Yenibaghdjé.
87.	*Aksaki,*	—	d'Ali-Pascha.
88.	*Samanwiran,*	—	du Marché long.
89.	*Kiatib Kaïm,*	—	de Wlangabostan.
90.	*Toklidédé,*	—	d'Aïwanseraï.
91.	*Toptaschi,*	—	de Maadjoun Iji Kaïm.
92.	*Ouzounschedjaa,*	—	du Peikkhané.
93.	*Hadji Mouhieddin,*	—	d'Edrené Kapou.
94.	*Moussliheddin,*	—	d'Altimermer.
95.	*Molla Kourani,*		
96.	*Khodja Kasim,*	—	de Belat.

EXPLICATION

97. *Djezeri Kasim-Pascha,* dans le voisin. de Mahmoud-Pascha.
98. *Alti boghdja,* — de Kazi-Tscheschmesi.
99. *Sir Khalifé,* — de Maadjoundji-Kaïm.
100. *Merdjanaga,* — d'Eskiseraï.
101. *Hadji Hasanzadé,* — Djerdjertscharschou.
102. *Kapitan Sinan-Pascha,*— de Yenibaghdjé.
103. *Ibrahim-Pascha,* — d'Ouzountscharschou.
104. *Kassab Elias,* — de l'abord de Daoud-Pascha.
105. *Sifrikor,* — de Djouhé Ali.
106. *Yel deïghirmeni.* — de Kodja Moustafa-Pascha.
107. *Mirakhor,* — des Sept Tours.
108. *Sandjak Khaïreddin,* — de Kodja Moustafa-Pascha.
109. *Hadji Elias,* — d'Egrikapou.
110. *Khodja Khaïreddin,* — de Koutschouk Karaman.
111. *Molla Scheref,* — de Yenibaghschehr.
112. *Djami Sirek,*
113. *Sokhte Sinan,* — de Yenibaghschehr.
114. *Mimar Ayas,* — de Serradjkhané.
115. *Dœlgerzadé,* — de Serradjkhané.
116. *Tschakarakdji Kemal,* — du Marché Ssarigürz.
117. *Yaouzzadé,* — du magasin aux farines.
118. *Birindji Sinan,* — de la mosquée de Mohammed II.
119. *Khouïbar,* — d'Awretbazari (le marché des femmes).
120. *La mosquée de Bayezid II,*
121. *Aaschik-Pascha,*
122. *Kiatib Khosrew,* — d'Aaschik-Pascha.
123. *Kiatib Mossliheddin,* — de Belat.
124. *Karaki,* — des anciennes casernes des janissaires.
125. *Mismari djedjau,* — de la Sélimiyé.
126. *Abdi Soubaschi,* — de la Sélimiyé.
127. *Djamdji tscheschmesi,* — de la Sélimiyé.
128. *Scheïk Resmi,* — de Kasi tscheschmesi.
129. *Khizr Tschaousch,* — de Belat.
130. *Firouzaga,* — de Kirktscheschmé (les quarante fontaines).
131. *Firouzaga,* — de l'Atmeïdan (l'hippodrome).
132. *Nischandji-Pascha,* — de la Sélimiyé.
133. *Mimar Kemal,* — de la vieille Monnaie.
134. *Sofiler,* — d'Akseraï.
135. *Djebedjibaschi,* — de la Sélimiyé.

136. *Mouhieddin*, vois.   de Belat.
137. *Eminbeg*,   — de Kedük-Pascha.
138. *Seghbanbaschi*,   — des quarante fontaines,
139. *Alipascha eski*,   — de Sindjirlükapou.
140. *Hadji Ferhad*,   — d'Aaschik-Pascha.
141. *Serradj Doghan*,   — de Schehr-Emini.
142. *Abdoullahaga*,   — de Petit Wlanga.
143. *Khodja Ghayazeddin*, — d'Agakapou.
144. *Mesih-Pascha*,   — de Laleli-Tscheschmé.
145. *Schakiraga*,   — de Mesih-Pascha.
146. *Toridede*.   — de Molla Kourani.
147. *Tawaschi Souleïman*, — de Koumkapou.
148. *Mesih-Pascha*,
149. *Saris Timourdji*,   — d'Odounkapou.
150. *Kassab Timourkhan*, — de Sirek.
151. *Mimar Sinan*,   — de la mosquée de Mohammed II.
152. *Khodjagi*,   — d'Ouzountscharschou.
153. *Khandji Karagœz*,   — de Siliwri Kapou.
154. *Karagi*,   — de Hawadjé-Pascha.
155. *Magnesia Tschelebi*, — de l'Atbazari (le marché aux chevaux).
156. *Schakiraga*,   — d'Edrené Kapou.
157. *Djanbaziyé*,   — d'Awretbazari.
158. *Diwani Ali*,   — de Kedük-Pascha.
159. *Moufti Ali*,   — de Sirek.
160. *Sinan-Pascha*,   — de Güldjami.
161. *Kidji Khatoun*,   — d'Awretbazari.
162. *Ishakaga*,   — d'Akhorkapou.
163. *Hadji Housein*,   — de Psamatia.
164. *Beidjigez*,   — de Tscheharschenbé-Bazari (marché du mercredi).
165. *Hadjibeïram*,   — de Djerrah-Pascha.
166. *Khizrbeg*,   — du magasin aux farines.
167. *Iskenderaga*,   — de Topkapou.
168. *Deniz Abdal*,   — de Schehr Emini.
169. *Serghirden*,   — du magasin aux farines.
170. *Mahmoud-Pascha*,
171. *Tschradji Mouhiyeddin*, — de la Mohammediyé.
172. *Dabbaghzadé*,   — de la fontaine d'Altaï.
173. *Hasan Khalifé*,   — de Yenibaghdjé.

EXPLICATION

174. *Djamikenisé,* dans le voisin. de Kazï-Tscheschmé.
175. *Dülbendji Hosameddin,* — de Nischandji.
176. *Molla Khosrew,* — du Bezestan.
177. *Güngormez,* — de la mosquée d'Ahmed II.
178. *Türbedar Kemal,* — de Schehzadé.
179. *Schatirdji Ahmed,* — de Kedük-Pascha.
180. *Eleïn Kiaya,* — de Yenïkapou.
181. *Derwisch Ali,* — de la douane.
182. *Kaghadjidédé,* — d'Akseraï.
183. *Bidjakdji Alaeddin.* — du magasin aux farines.
184. *Kassab Aouz* ou *Aiwas,*— de Khosrew-Pascha.
185. *Yakoubaga,* — d'Ekschi Karatout.
186. *Kodja Ali,* — d'Egri-Kapou.
187. *Takhta Minaré,*
188. *Scheïkh Ferhad,* — de Mosselataschi.
189. *Molla Akhweïn,* — d'Ali-Pascha.
190. *Baba Hasan Alemi,* — de Schehzadé.
191. *Djanbaziyé,* — de Kodja Moustafa-Pascha.
192. *Woinok Schedjâ,* — de Scheïkh Wéfa.
193. *Sari Nassouh,* — Maadjoundji Kaïm.
194. *Tschiwizadé,* — de Top Kapou.
195. *Emin Noureddin,* — de Schehzadé.
196. *Kodja Kasim,* — de Moustafa-Pascha.
197. *Düzdariyé,* — du Peïkkhané.
198. *Kiatib Moslihaddin,* — d'Akseraï.
199. *Kiatib Sinan,* — de la mosquée du Nischandji.
200. *Moustafabeg,* — des nouvelles casernes des janissaires d'autrefois.
201. *Kefelli,*
202. *Elwanzadé,* — de Khodja-Pascha.
203. *Sari Bayezid,* — de Scheïkh Eboul Wéfa.
204. *Maadjoundji Kasim,* — de Daoud-Pascha.
205. *Khadidjé Sultane,* — d'Edrené Kapou.
206. *Dayé Khatoun,* — de Mahmoud-Pascha.
207. *Ehmekdji Ali,* — de Molla Kourani.
208. *Bostandji,* — de Kadrighalimani.
209. *Terdjüman Younis,* interprète de Souleïman Kanouni.
210. *Djeradji Kara Mohammed,* — du magasin aux farines.
211. *Nischandji-Pascha,* — de la porte du Sable.

212. *Kiatib Mourad*, dans le vois. de Yeni kapou.
213. *Molla Kourani*, — du vieux seraï.
214. *Molla Khosrew*, — de Sckeïkh Wéfa.
215. *Ouzoun Yousouf*, — du marché de l'Odabaschi.
216. *Sahaf Souleiman*, — de Kodja-Pascha.
217. *Tschoukour Bostan*, — de la Sélimiyé.
218. *Simkisch*, — de Schehr Emini.
219. *Efzalzadé*, — de Keseken.
220. *Kalidjé Hasan*, — de Mahmoud-Pascha.
221. *Imam Ali naallü Mesdjid*,
222. *Kürekdjibaschi*, — d'Awretbazari.
223. *Nakklbend*, — de la mosquée du sultan Ahmed.
224. *Elhadj Houseïn*, — de Belat.
225. *Koutschouk Yasidjé*. — de Parmakkapou.
226. *Weled Karabasch*, — de la porte de Siliwri.
227. *Kiatib Schemseddin*, — d'Aliaga.
228. *Molla Khosrew*, — de Güldjami.
229. *Baba Khaki*, — de Sirek.
230. *Bayezid Aga*, — de Top Kapou.
231. *Eski Moustafa-Pascha*, — d'Aïwansérai [a].

[a] Dans cette liste manquent les numéros que voici inscrits sur le plan de M. de Wallenbourg : 12. *Tschinarlu Tscheschmé*; 13. *Salma Tomrouk*; 23. *Kesmé Kiaya*; 26. *Yeni Kapou*; 39. *Tabakyonous*; 70. *Sultan Mahallesi*; 71. *Sarmadjik*; 72. *Tekirseraï*; 76. *Gallas*; 77. *Serradjrouyan*; 81. *Yenitschitschek*; 83. *Scheïkh Resmi*; 96. *Abadji*; 105. *Müknezi Tschelebi*; 107. *Hadji Ferhad*; 110. *Ayaspi*; 112. *Hadji Hasanzadé*; 117 *Haïder-Pascha*; 124. *Hassirbeg*; 129. *Yaghdjizadé*; 133. *Scheikhol Islam Kapousi*; 139. *Seinel*; 141. *Takhtolkalaa*; 146. *Bezestan Djedid*; 147. *Tschatalkhani*; 148. *Tschengel Hamami*; 157. *Médrésé*; 160. *la Vieille Monnaie*; 161. *Osmaniyé*; 162. *Wezirkhan*; 163. *Dikillitasch*; 164. *Goïrek-Pascha*; 168. *Naallü Mesdjid*; 171. *Yéré Batansérai*; 172. *Walidé*; 173. *Balikbazar*; 174. *Bayhdjé-kapu*; 179. *Demür-kapou*; 180. *Salküm Soyoud*; 181. *Adji Mosslouk*; 182. *Tschig Aliaghlou*; 183. *Adji Hamam*; 184. *Akar Tscheschmesi*; 185. *Sari Demirdji*; 189. *Peikkhané*; 193. *Yeschil Touloumba*; 194. *Atmeidan*; 200. *Kabassakal*; 204. *Sultane Esma*; 207. *Kondozkalé*; 208. *Bouyouk Hamam*; 209. *Kadrighaliman*; 210. *Bostandji Ali*; 213. *Yeni Kapou*; 214. *Boudroun Djami*; 216. *Ermeni*; 217. *Wlangabostan*; 228. *Bülbülaga*; 229. *Scheikhol Islam Aatik*; 230. *Rughib-Pascha*; 232. *Kinalidedé*; 234. *Kharadjkhané*; 235. *Bozdogan Kemer*; 246. *Islambey*; 247. *Horhor*; 248. *Djelal Tscheschmesi*; 250. *Nouridédé*; 253. *Deli Awret*; 254. *Deli Awret bazar*; 256. *Kodja Tschinar*; 257. *Isa Kathoun*; 259. *Ghidji Khatoun*; 260. *Ahmed Kiaya*;

EXPLICATION

Quartiers du faubourg de Scutari.

1. *Sinan-Pascha* ou Ihsaniyé,
2. *Sélimiyé,*
3. *Mirakhor*, dans le voisinage de l'Ayazma.
4. *Ayazma,*
5. *Saladjak,* — de l'Ayazma.
6. *Roum Mohammed-Pascha,* — de Schemsi-Pascha.
7. *Hamzafkh,* — de Hedayi Efendi.
8. *Ahmed Tschelebi.* — de Hedayi Efendi.
9. *Keftsché,* — de Toghandjiler.
10. *Tawaschi Hasanaga,* — de la Vieille Poste.
11. *Souleïmanaga,* — du Grand Abord.
12. *Kérédé,* — de la nouvelle mosquée de la Walidé.
13. *Gülzam Khatoun,* — du Mehkemé.
14. *Kara Daoud-Pascha,* — du Mehkemé.
15. *Boulghourli,* — de Tschaouschdéré.
16. *Touighar Hamza,* — de Tschinar.
17. *Dorbali,* — de Touighar.
18. *Ewlia Kodja,* — de Kouschoghli Yokouschi.
19. *Tenbel Elhadj Mohammed,* — de Djingané Fourouni.
20. *Hadjé Housna Khatoun,*
21. *Solak Sinan,* — de Bülbüldéré.
22. *Khaireddin Tschaousch,*— de l'Atbazari (marché aux chevaux).
23. *Selami Islam* et *Kézéré,*
24. *La Vieille Walidé,*
25. *Schedjaabaghi,* — de Selami.
26. *Dabbaghler,* dans le voisinage de Toptaschi.

263. *Bayezid Djédid;* 267. *Etyemez;* 272. *Karakoeï;* 274. *Moustafabeg;* 275. *Kodja Tschinar;* 277. *Hekkimoghli Ali-Pascha;* 278. *Tschilinghir;* 279. *Tschitschekdji;* 280. *Maldji;* 285. *Hadji Aiwat;* 288. *Arabdji Bayezid;* 289. *Mescheliü Mesdjid;* 290. *Kourt Mohammed;* 291. *Ismail-Pascha;* 294. *Narlü Kapou;* 295. *les Sept-Tours;* 296. *Addjad;* 297. *Hadji Karagoez;* 298. *Seidi Omer;* 299. *Weled Karabasch;* 300. *Reschid-Pascha;* 302. *Melek Khatoun;* 303; *Hadji Ewlia;* 306. *Agadjserai;* 307. *Toz Kaparan;* 308. *Nassouh-Pascha;* 309. *Nakasch-Pascha;* 310. *Baroutkhané;* 311. *Tatlü Koei;* 316. *Djiwizadé;* 317. *Loutfi-Pascha;* 318. *Bayezid Aga.*

27. *Mourad Reïs,* dans le voisinage de la Mosquée Walidé Djinli.
28. *Arkié dji Elhadj Djáfer,* — de la Vieille Walidé.
29. *Arkié dji Elhadj Mohammed,* — d'Aladja Minaré.
30. *Tschaouschbaschi,* — de la Mosquée Djinli.
31. *Kaziasker,* — de la Vieille Walidé.
32. *Diwidjiler,* — de Khirmenlik.
33. *Karadja Ahmed Sultan,*
34. *Yeni Mahalé,* — des jardins Kéféré.
35. *Bazarbaschi,* — de la Mosquée Djinli.
36. *Aschdjibaschi.* — de Karadja Ahmed Sultan [a].

Quartiers du faubourg d'Eyoub.

1. Dogmedjeler.
2. Bülbüldéré.
3. Sal Mahmoud-Pascha.
4. Sultane Walidé.
5. Bostandji Iskélé.
6. Bouyouk Iskélé.
7. Defterdar Iskélé.
8. Tschamlikdjiler.
9. Otakdjiler.
10. Nischandji-Pascha.
11. Moudjawir.
12. Seraï Selwleri.
13. Tschorbadji.
14. Topdjiler.
15. Ermeni.
16. Aïnali Kawak.
17. Bahriyé.
18. Eyoub.

Quartiers du faubourg de Khasskoeï.

1. Bouyouk Iskélé.
2. Piri-Pascha.
3. Sakizagadji.
4. Aïnali Kawak.
5. Khalidjioghli.
6. Südlüdjé.
7. Ahmed-Pascha.
8. Karaagadj.
9. Djamiogü.
10. Tschiksaloun.

[a] La carte de M. de Wallenbourg contient encore les noms suivans : 2. *Sultan depesi;* 3. *Bülbüldéré;* 4. *Gümisch Araidji;* 5. *Tschinatscheschmesi;* 10. *Nouh Kapousi;* 11. *Akyapu;* 12. *Baghlerbaschi :* 13. *Djinili Djami;* 15. *Tschaouschdéré;* 18. *Kawakserai;* 20. *Orta;* 22. *Dugmedjeler;* 24. *Inadiyé;* 25. *Atbazar;* 26. *Toubouldjiler;* 27. *kizlaraga;* 28. *Yeni-Tscheschmé;* 29. *Ahmediyé;* 30. *Eski-Mehkémé;* 31. *Eski-Hamam;* 32. *Ibrikdjami;* 34. *Schemsi-Pascha;* 35. *Oundjiler;* 50. *Hambarlar;* 51. *Oegüzimam;* 52. *Kawak.*

EXPLICATION DU PLAN DE CONSTANTINOPLE.

Quartiers du faubourg de Kasim-Pascha.

1. Kasim-Pascha.
2. Tabaklar.
3. Sindjirlü Kouyoun.
4. Koulaksiz.
5. Koutschouk Pialé.
6. Bouyouk Pialé.
7. Barout Khané (la fabrique à poudre).
8. Tataragasi.
9. Hadji Houseïn.
10. Hadji Ahmed.
11. Déré Itschi Hamami.
12. Ouzounyol.
13. Koulouk Djami.
14. Okmeïdan.
15. Sinan-Pascha.
16. Tatawla ou St. Dimitri.

Quartiers du faubourg de Galata.

1. Tscheschmé Meïdani.
2. Arabdjami.
3. Azabkapou.
4. Sultan Bayczid.
5. Kemen Resch.
6. Kara Moustafa.
7. Hamami Djedid.
8. Bercketzadé.
9. Hadji Ahmed.
10. Laleli.
11. Adjiktscheschmé.

Quartiers du faubourg de Péra ou de Begoghli.

1. Agadjamisi.
2. Kouloghli.
3. Yeni Mahallé, près Galataseraï.
4. Tschoukourdjami.
5. Depébaschi.
6. Tekké (le Monastère des Mewlewis).

Quartiers du faubourg de Topkhané.

1. Yazidji.
2. Schahkouli.
3. Koumbarabaschi.
4. Khandakbaschi.
5. Karabasch.
6. Bostandji.
7. Sirkedji Mesdjidi.
8. Amellü Mesdjidi.
9. Toumtoum.

Quartiers du faubourg de Fündüklü.

1. Firouzaga.
2. Djihanghir.
3. Kakhandji.
4. Ayas-Pascha.
5. Kabatasch.
6. Fündüklü.
7. Dereïtschi.
8. Aïné Tschelebi.
9. Altschakdan.
10. Salibazari.
11. Sakabaschi.
12. Tschaouschbaschi.
13. Defterdar.
14. Yemekbaschi.
15. Khatouniyé.

VOCABULAIRE

DES MOTS TURCS QUI SE TROUVENT DANS LES SEIZE VOLUMES DE CETTE HISTOIRE, ET QUI MANQUENT GÉNÉRALEMENT DANS LES DICTIONNAIRES.

A

Aadet, l'usage.
Aar fo dasi, salle d'audience.
Aaschiret, la souche, la tribu, le tronc.
Aaschr, la dîme, et la dixième partie du Koran.
Aaschri dit, la dîme du sang.
Aaschoura, la fête du deuil (*Houseïni*), et le jour de la délivrance.
Abak, taxe d'esclaves échappés.
Abba, vêtement (étoffe dont les Arabes se servent pour manteaux).
Abbayi, grande housse ou housse de cérémonie.
Abdal, le boudéla des Grecs modernes.
Abdal. (Voyez *Santon*.)
Addan, mesure des Arabes pour mesurer les champs.
Adjemoghlan, recrue des janissaires.
Aga, chef (du vieux mot turc *aka*).
Agabasi, espèce d'étoffe indienne.
Aghadj-kaouni, pepin de l'ananas.
Aghayani biroun, les agas extérieurs.
Aghayani enderoun, les agas intérieurs.
Aghir zerbeft, étoffe forte et brodée.

Aghiz lik, embouchure.
Aïblik, tribut honteux.
Aïlak tschadiri, tente de la justice, c'est-à-dire des exécutions dans l'armée.
Aïnali, ducat turc.
Aïné, le miroir.
Ayak diwan, le divan à pied, mais qui est tenu à cheval.
Ayak naïbi, le substitut du juge de Constantinople, remplissant les fonctions de juge du marché.
Ayan, le primat, grands propriétaires de terres.
Ayin, usages et coutumes des gouvernemens.
Akdjé, le quart d'un dirhem d'argent.
Akindjis, les coureurs, les batteurs d'estrade.
Akkiam, dresseur de tentes (Αγιάδες).
Akkiambaschi, le chef des dresseurs de tentes.
Aladjalü, vêtement large.
Alaïbaschi, colonel.
Alaïtschaouschi, tschaouschs qui précèdent les marches solennelles.
Alil, invalides.
Alinlik, frontal.
Alkisch, bénédiction et souhait qu'on adresse aux grands.
Allamé, le savant.

Altmischlü, les Soixante (muderris attachés aux mosquées).
Altounkakma, incrusté d'or.
Amanet, les gages.
Amedji efendi, le secrétaire du cabinet du reïs-efendi.
Amelmandé, les vétérans.
Anakhtar agasi, le gardien des clefs.
Anbarlar emini, l'intendant des magasins de l'arsenal.
Arabadji, le cocher.
Araba ischtirasi, louage des voitures.
Arkakhané, maison de la sueur (prison).
Arpa emini, inspecteur de l'orge.
Arpalik, argent d'orge.
Arzi mahzar, supplique générale.
Arslan, le lion.
Arslangrousch, piastre turque.
Arousané, taxe des fiancés.
Asas, les hommes du guet.
Asasbaschi, le lieutenant de police, l'officier du guet.
Aschdji, le cuisinier.
Aschdjibaschi, le premier cuisinier des janissaires.
Aschri dit, la dîme du sang.
Asiab, taxe des moulins.
Asma kourek, taxe des rameurs.
Assnaf, les corporations.
Atakdjé, taxe des chevaux.
Atalik, le vizir du khan des Tartares.
Atlas ketresiz, satin de l'espèce la plus légère.
Atlas zarli, satin à fleurs.
Atma, l'épervier.
Atmadji, chasseur à l'épervier.
Atmadjibaschi, chef des chasseurs à l'épervier.
Atméïdan, place des chevaux.
Atschik, battre de l'or.
Aw agasi, le grand-veneur, aujourd'hui *awdjibaschi*.
Awariz, impôt de la flotte; droit de corvée; impôts extraordinaires.

Awarizi diwaniyé, impôts du diwan.
Azab, les libres ou batteurs d'estrade à pied.
Azabs, les Ἀζαπίδες des Byzantins, fantassins réguliers.

B

Babi dewlet, la sublime Porte de l'empire.
Bacht, la fortune.
Badewa, une espèce d'étoffe.
Badié, autre espèce d'étoffe.
Badj, le péage.
Bad ou *hawa*, le vent et l'air; produits accidentels.
Bagh, taxe sur les vignes.
Baïrakdar, porte-étendard, enseigne.
Bairam on *beïram*, fête de sacrifice dans l'islamisme.
Bakiyé, espèce de taxe.
Bakirdji, ouvriers en métaux.
Baldjik, garniture supérieure; poignée d'une masse d'arme.
Balik-khané, maison des pêcheurs.
Balik emini, l'intendant des fermages des pêcheurs.
Balyemez, grand canon de siége.
Baltadji, fendeur de bois.
Bareta, le bonnet rouge des bostandjis.
Baroutkhaneï naziri, inspecteur des moulins à poudre.
Baschaga, premier eunuque.
Baschbakikouli, employé de la chancellerie du trésor public.
Baschbogh, dignité équivalente à celle de *serdar* ou chef d'armée.
Basch khasseki, premier volontaire.
Basch eski, le chef et doyen des anciens.
Baschkapouliaga, chef du guet.
Basch karakoulloukdji, le premier garçon des cuisines.
Baschlik, le frontal d'un cheval.

Basch mouezin, le chef des crieurs à la prière.
Basch mouhasebesi, chancellerie générale des comptes.
Baschmoukabeledji, premier contrôleur.
Baschmoukataa, chancellerie générale des fermages.
Basch zilakhschor, premier écuyer.
Baschtarda, vaisseau amiral.
Baschtschaousch, chef des messagers d'état ou premier *tschaousch*.
Baschtschokadar, premier valet de chambre.
Basskin, surprise, incursion que les Persans et les Turcomans désignent sous le nom de *tschapou*.
Bassma dôgmé, la sonnerie d'une pendule.
Bedaloschka, espèce de canon.
Bedar, espèce d'étoffe.
Bedeli Beldar, argent de libération.
Bedeli djiziyé, libération de la capitation.
Bedeli fouroun, libération de l'impôt mis sur les fours.
Bedeli ordou, libération de l'impôt des campemens.
Bedeli timar, libération de l'impôt des fiefs.
Beglikdji, le référendaire d'état.
Beglik kalemi, l'expédition des firmans ; archives des pièces d'état.
Beglik kalemi hesedari, le payeur de la première section de la chancellerie d'état.
Beïtoul-iz, la maison de l'honneur.
Beyaz som, franges d'argent.
Beli, beli, certainement, certainement ; les hanches, nom de plusieurs défilés.
Bend, digue de la vallée ; lien.
Benek, espèce de riche étoffe.
Bennak, taxe des habitans.
Berat, diplôme d'investiture.
Berberbaschi, le chef des barbiers.

Beschli, garde du corps à cheval du grand-vizir.
Beschlik, monnaie turque de cinq piastres.
Bezestan, le marché couvert de Constantinople, construit par Mohammed II.
Betschkiari, ouvrages fabriqués à Vienne.
Bidaat, innovations.
Bidaati khinzir, taxe des cochons.
Bidaati khawé, nouvelle taxe du café.
Bidjakdjiler, couteliers.
Bürdhek, par ton honneur ; terme d'assertion.
Bilan reschmé, chaînette.
Bila resm, sans cérémonie.
Bilfil, en activité d'emploi.
Bilwekalet, provisoirement ; substitut.
Binar emini, inspecteur des constructions.
Binaton naasch, l'essieu du char de combat.
Binbaschi, colonel commandant 1000 hommes.
Bindikié, balles et fusils.
Binischpeschgiraga, second gardien de la nappe impériale.
Birs, mot arabe qui se retrouve dans *Birsbert* et *Birsnimrad*.
Bismillah, au nom de Dieu.
Boghaz naziri, l'inspecteur de la navigation sur le Bosphore.
Boyama, mouchoir en soie de forme carrée, à larges raies d'or, qu'il est d'usage de donner en présent à son hôte.
Bokdji, mangeurs d'ordures ; sobriquet des Arméniens.
Borek, bonnets ; pâtés.
Bostan ayoughi, l'effroi des oiseaux.
Bostandji, gardes des jardins impériaux.
Bostandjibaschi, chef des gardes des jardins impériaux.
Boukhourdandji, le gardien de l'encensoir.

Boudela. (Voy. *Abdal.*)
Boulouk, régiment des janissaires.
Bouloukbaschi, chef d'un régiment, colonel, chef d'escadron.
Bour, espèce d'étoffe de soie couleur de pistache.
Bouroudj, château fort.
Bouyouk imrakhor, le premier écuyer des écuries impériales.
Bouyoukoda, la grande chambre (le trésor).
Bouyoukrouzname, chancellerie du registre général.
Bouyouk tezkeredji, le grand maître des requêtes.
Bouyourouldi, ordonnances.
Boukaa médrésé, écoles défendues.
Bulbuldji, gardien des rossignols.
Buroundjik, la mousseline.
Burounsiz, sans nez, surnom d'un *tschaouschbaschi.*
Buza, boisson d'orge fermentée; défendu.

C. Voyez KH.

D.

Dajol-douat, l'enrôleur des enrôlans.
Dakhil, allié, protégé.
Dalkaoul, le bas flatteur.
Dalkilidj, les téméraires.
Daresch schifa, hôpital.
Dari seadet, la maison de la félicité, c'est-à-dire le harem.
Daroga, premier magistrat civil d'une ville persane; le δάρηγας des Byzantins.
Daron-nedwet, la maison du conseil, la maison communale.
Daroul hadiss, école des traditions.
Daroul-kirayet, la salle destinée à l'explication du Koran.
Darousch-schifa, maison de santé.

Dedjdjal, l'Antechrist.
Defigham, sans succès.
Defter, le Διφθέρα des Grecs.
Defterdar, le teneur de livres, président de la chambre (du trésor).
Defterdar kapousi, la porte du defterdar.
Defterdari schikki ewwel, premier defterdar.
Defterdari schikki salis, troisième président du trésor.
Defterdari schikki sani, second président du trésor.
Defter emini, l'intendant du trésor.
Defterlü, libéré de services militaires.
Deli, les téméraires, connus sous le nom d'enfans perdus.
Delibaschi, chef de la garde du corps à cheval du grand-vizir.
Delikanli, fous de sang, c'est-à-dire téméraires.
Delikiral, roi fou, surnom de Bathory.
Delilan, guides.
Delileragasi, aga des enfans perdus (volontaires).
Demdit, droit du sang.
Demürbasch, tête de fer, surnom de Charles XII de Suède.
Demürtasch, pierre de fer (nom d'un château fort).
Derbendji, gardien d'un défilé.
Derbendiye, droit perçu pour le passage d'un défilé.
Derbendn azareti, place d'inspecteur des défilés.
Derdest, provisoire.
Derdestiyet, firman accordant une possession provisoire.
Dérémé, les champs.
Deri seadet, la porte du harem.
Derzi, tailleur.
Dewedji, chancelier.
Dewr, impôt d'un district.
Dewrkhouan, lecteur du Koran entier.
Dhad, la lettre; dispute sur la prononciation de cette lettre.

Diba, espèce de riche étoffe; livrée brochée d'or et d'argent.
Dillik, garniture inférieure; le fond.
Diloghlan, les jeunes de langues.
Dimas, taxe des terres.
Dimas moukataasi, fermage en nature.
Dimi, étoffe d'or.
Dimi diba, étoffe d'or très forte.
Dirlik, entretien, pension.
Diwan, assemblée des dignitaires de la loi; conseil d'état; pelisse d'état (oustkürk).
Diwan-efendi, secrétaire de légation.
Diwan houmayoun kalemi, chef de la chancellerie d'état impériale.
Diwani houmayoun tscherdjimani, interprète de la Porte.
Diwan rakhti, harnais de diwan.
Diwan tschaouschi, tschaousch du diwan.
Diwitdar, grand prince, grand-vizir du sultan d'Égypte; teneurs d'étriers.
Dizdar, commandant.
Dizghin, les brides.
Djadou, magicien; sorcière.
Djamii, celle qui réunit, c'est-à-dire la mosquée du vendredi.
Djanbaz, danseurs de corde, saltimbanques, les τάπεξιν de Chalcondyle.
Djebayet, droit des collecteurs.
Djebekhanedjibaschi, l'inspecteur de la salle d'armes.
Djebekkhané naziri, l'inspecteur des armuriers.
Djebedjis, les armuriers.
Djebedjibaschi, général des munitions de guerre.
Djebelli, pages armés des grands.
Djelb, Mamlouks, peut-être du mot *Cœlebs*.
Djelli, écriture en gros caractères.

Djemaat, troupe de janissaires.
Djenabet, amende.
Djenbé, essence de l'Inde.
Djerdedji, commissaire des vivres, chargé d'approvisionner la caravane des pèlerins.
Djerrah, chirurgien.
Djezaïr ihrami, étoffe de laine fabriquée à Alger.
Dschetedji, batteurs d'estrade, les Τζιστάριες des Byzantins.
Djewiz, la noix.
Djigha, ornement de tête en or.
Djindjibaschi, chef de quatre-vingts pages.
Djiziedar, percepteur de la capitation.
Djiziet, capitation.
Djoumaa, congrégation; *djimaa*, coït.
Djoumhour, république.
Djourm ou *djenabet*, amendes.
Djounda, le beaupré; *baschdardim djaoundsi*, le beaupré du vaisseau-amiral.
Djouzkhouan, lecteur d'une partie du Koran.
Dokundi, les terrassemens.
Donüm, le boisseau.
Doschürme, levée des esclaves chrétiens.
Dolma, citrouilles remplies de viande.
Donanma, illumination de la ville.
Douadji tschaousch, le tschaousch féliciteur.
Dubet (*duvet*), étoffes du Thibet.
Dulbend, turban.
Dulbendaga, gardien du turban.
Dulbenddar, porteur du turban.
Dwer hawli, couverture de table ou de lit.

E.

Ebniyeï khassa naziri, inspecteur des constructions de la cour.

Eger khaschessi, couverture de la selle.
Ehli zinmet, les obligés.
Eyalet, gouvernement de province.
Elest, le traité dit de soumission des créatures envers leur créateur.
Elwan, les gants.
Elwan pisto, les pistolets de poche.
Elwan tschouboukli, riche étoffe rayée de différentes couleurs.
Emia silah, le grand porte-épée en Egypte.
Emin, nom de Gabriel.
Emin, intendant.
Emini ahkiam, intendant des ordres.
Emini fetwa, directeur de la chancellerie du moufti.
Emini kiaghadi biroun, intendant des archives de l'extérieur.
Emini kiaghadi enderoun, intendant des archives de l'intérieur.
Emir akhor, grand écuyer (en Egypte).
Emir khazinedar, grand-trésorier (en Egypte).
Emirol-hadj, prince des pèlerinages.
Emirol-kebir, grand prince.
Emirol-moumenin, prince des vrais croyans.
Emiroloumera, domination du prince des croyans sur les khalifes.
Emniyet, sûreté.
Enbar, bassin pour les navires; hangar.
Enderoun agaleri, valet de chambre.
Enselik, muserolle.
Erbaïn, la quarantaine ascétique; collection de quarante traditions.
Erkian kurki, la pelisse de maître.
Erzen, le même mot qu'Οροσάγγαι des Grecs, les Worthies persans.

Erzi, les terres et leurs différentes espèces.
Erzi miri, fief.
Eschkindji, troupes en service actif.
Eschref, les notables.
Eschrefi, ducats d'Egypte.
Esedi, écus du lion, piastre légère.
Etmeïdan, place des bouchers.
Etmekdjibaschi, chef des boulangers.
Ewaïl, origines.
Ewamiri adalet, ordres dits de justice.
Ewkasi houmayoun naziri, inspecteur des fondations pieuses du sultan.
Ewladi fatihan, enfans de la conquête; les rayas servant de conducteurs des chariots; la milice du pays; les volontaires.
Ewlia, les saints.
Ewrengschahi, espèce d'étoffe indienne.
Ewskaf naziri, inspecteur des fondations pieuses.

F.

Fakir, moine mendiant.
Fakir ou *hakir*, un homme de néant.
Falié, la lumière d'un fusil ou d'un canon.
Faliedji, ouvrier dont le métier consiste à percer les lumières des canons.
Faris, cavalier.
Feddan, mesure des Arabes pour mesurer les terres.
Felar, espèce de vêtement à la mode des *Tscherkesses*.
Fellah, le paysan, le laboureur.
Ferik, une division (nouvelle dénomination des troupes régulières organisées en divisions).
Ferman, ordonnance du sultan; il y en a de plusieurs espèces, savoir: 1. *teckid ferman*, ordonnance urgente; 2. *istilam ferman*,

ordonnance qui enjoint aux fonctionnaires de l'état de faire leur rapport sur un sujet donné; 3. *tahsil ferman*, ordonnance relative à la rentrée de l'impôt; 4. *tewdjih ferman*, ordonnance d'investiture; 5. *sabt ferman*, ordonnance de mise en possession; 6. *daawet ferman*, ordonnance d'invitation; 7. *tedjdid ferman*, ordonnance de renouvellement.

Ferradje, pelisse à larges manches.

Fes naziri, inspecteur des bonnets.

Fethnamé, bulletin, lettre de victoire.

Firkata, frégate.

Fitildji, ouvrier chargé de confectionner les mèches à canons.

Foundoukli, nouveau ducat égyptien: ducat de 150 à 160 aspres.

Fouta, tablier.

G.

Gedikli saïm, employés de la Porte jouissant d'un fief.

Gedikli zouama, serviteurs de la Porte.

Gedikli tschaousch, tschaousch jouissant d'un fief.

Gelaté, taxe des bacs, impôt valaque.

Germsoud, satin fort.

Gez, pointe d'une flèche; mesure pour le jet des flèches.

Gezenghin, (voyez le registre principal).

Ghaddaré, un sabre qu'on attache à la selle.

Ghalatat, d'où vient le mot galimatias. Voy. au mot *maghlata*.

Ghalebé diwan, diwan assemblé à l'occasion des troubles.

Gharibé, le Καρπιδες des Grecs.

Ghaschiyet, la housse.

Ghaza, la lutte sainte.

Ghazi, vainqueur; combattant pour la foi, le champion.

Ghilal, la fourniture de blé faite par l'Egypte.

Ghradja, des yeux noirs et pénétrants.

Ghoubar, petits caractères.

Ghoulamiyé, taxe des garçons.

Ghoureba, des étrangers.

Giaoures Καθουριδες, surnom injurieux donné aux chrétiens.

Gœgoumbaschi, le porteur du flacon.

Gœk teneki, plantation du cotonnier.

Gœnüllü, courageux, volontaires.

Gœnüllü gemilleri, navire de corsaire.

Gœz, chantier pour les vaisseaux.

Gülkhané, maison de rose du seraï.

Gülscherbeti, sorbet de rose.

Gümischkhané, mines d'argent.

Gürzghiran, joueur de flûte

Gumrük emini, intendant de la douane.

Guwaré, impôt sur les abeilles.

H.

Hadidi, le forgeron.

Hadjfé, le bouclier.

Hadji, les pèlerins.

Hadjibol-houdjab, le grand-chambellan égyptien.

Haïdoud, un Heiduque.

Hakk, la vérité, la justice, Dieu.

Halwa, confiture préparée avec du miel; il y en a sept espèces principales que voici : 1. *keten halwasi* (qui s'effile comme du chanvre); 2. *saboun halwasi* qui ressemble au savon; 3. *soulabiyé halwasi*, d'où dérive le *sillabub* des Anglais; 4. *ollü halwasi*, le halwa des morts, ainsi nommé parce qu'il est offert seulement à l'occasion des funérailles; 5. *sousam halwasi*, préparé de sésam ; 6. *kataif halwasi*, ayant la forme de bâton de sucre; 7. *büschminé halwasi*, prononcez : *büschmaniyé*, halwa floconneux préparé en hiver avec le ketenhalwa.

Halwadji, confiseur.

Halwa sohbeti, fête des halwa.

Halwet, assemblée où l'on offre des lauriers.

Hamam, le bain.

Harami, le filou, le voleur chez les Bédouins.

Haré, étoffe chatoyante de soie.

Harem, vestibule des mosquées, synonyme avec le *dari seadet*, appartement des femmes ; le sanctuaire.

Haremeïn dolabi, boîtes sacrées qui se trouvaient dans les deux saintes villes de la Mecque et de Médine.

Harir naziri, inspecteur des soies.

Harwani, le manteau espagnol, qui forme aujourd'hui le vêtement de gala.

Haschischet, la jusquiame, d'où dérive le mot *haschischin*, les Assassins.

Haoudedj, litière portée par des chameaux.

Hedayayé, taxe des présents.

Heïhat, les steppes.

Hekimbaschi, le médecin du sultan et du seraï.

Hereket kharidj, grade extérieur dans les places des muderris.

Hereket dakhil, grade intérieur dans les places des muderris.

Hidjret, émigration (et non pas la fuite du prophète).

Hifz ou hirazet, la garde, la défense.

Himayet ou sianet, la protection.

Himar, l'âne.

Himemi hakkanyé, soins véritables.

Hintow, chariot.

Hissa, la part de quelqu'un à un fief.

Hokkabaz, le bateleur.

Holwani kira, l'impôt des villages d'Egypte.

Houboubat naziri, inspecteur des grains.

Houdjab, le chambellan en Egypte.

Houkouk, les droits, les impôts.

Houkoumet, un sandjak héréditaire.

Houmaï, le vautour royal.

Houmayoun, impérial et royal.

I.

Ibka fermani, ferman de confirmation.

Ibrikdar, teneur de l'aiguière.

Ibrik ghoulami, gardien de la chambre.

Ignelik, la lumière du canon.

Ihsariyé, taxe d'assignation.

Ihtisab-aga, le prévôt du marché.

Ihdiyé, taxe des fêtes.

Ihram, manteau du pèlerin.

Ihramdjibaschi, le chef des gardiens des serviettes.

Ikilik, pièce valant deux piastres.

Ikindji altmischli, un des grades des muderris dont les émoluments sont de 60 piastres.

Ikindji tschokadar, second valet de chambre.

Imalé, la consonnance.

Imam, chapelain de l'armée; prêtre qui récite la prière dans la mosquée.

Imamet, droit des imams.

Imaret, cuisine pour les pauvres.

Imdadi seferiyé, contribution de guerre.

Imrakhor, écuyer (grand et petit).

Irsaliyé, droit des fournitures introduit par Ahmed pascha Tarkhoundji; envoi du tribut annuel d'Egypte à Constantinople.

Iskemlé agasi, le seigneur du tabouret, c'est-à-dire le commissaire chargé d'installer les princes de Transylvanie, de Moldavie et de Valachie.

Iskemlé tschaousch, les tschaouschs attachés aux princes de Valachie, de Moldavie, et au khan des Tartares.

Islambol, plénitude de l'Islamisme.

Ispendjé, taxe des esclaves.

Ispendjé kiagadi, billet de libération du cinquième de la taxe des esclaves.

Isprawnik, capitaine d'un district.

Istambol kadisi ou *efendisi*, juge de la capitale.

Istanbollü, ducat turc.

Istiklal, indépendance.

Istirad, excursion.

Istoffa, étoffe.

Itschagaler, officier de la maison.

Itsch mehter, concierge de la chancellerie.

Itsch mehterbaschi, tapissier du trésor.

Itschoghlan, page.

Itsch tschokadar, valet de chambre de l'intérieur.

Izelotta, voyez *solata*.

K.

Kaan, prince de l'armée.

Kabin, concubinage.

Kabza, la poignée de l'épée.

Kadah, mesure de six boisseaux.

Kadiol-koudhat, grand-juge en Egypte.

Kadi ou *kazi*, un juge.

Kadiasker, grand-juge; juge ordinaire d'armée.

Kadin, femme, madame.

Kadr, la sainte nuit où fut envoyé le Koran.

Kafes, la cage; appartement grillé des femmes.

Kaftan, vêtement de dessus.

Kaftanagasi, le gardien des kaftans.

Kaftanbeha, taxe des kaftans.

Kaftandjibaschi, le chef des gardiens des kaftans chargés d'en revêtir les dignitaires.

Kaghadi biroun emini, l'intendant des papiers de l'extérieur (des archives).

Kaghadi enderoun emini, l'intendant des papiers de l'intérieur (des archives).

Kakreman, l'homme de la vengeance.

Kahwé, le café.

Kahwé asskisi, moulin à café.

Kahwedji, le cafetier.

Kahwedjibaschi, le chef des cafetiers.

Kahwé yamaghi, l'aide du cafetier.

Kaï ou *kei*, empereur.

Kaïm, le sacristain des mosquées.

Kaïnardje, le bouillonnement d'une source, le jet d'eau.

Kakma, travail ouvré; *altoun kakma*, incrustation en or.

Kalaa kiayasi, administrateur d'une forteresse.

Kalabi, le siége d'une selle.

Kalaï, une espèce d'étoffe.

Kalaïkoz, la noix du Vénitien.

Kalarasch, un courrier valaque.

Kalemiyé, les droits de la chancellerie.

Kalem kiari, gravé.

Kaleska, la moitié d'une voiture de gala.

Kalewi, le turban de cérémonie des vizirs.

Kalewi ou *kallawi*, le turban de cérémonie du grand-vizir.

Kalgha, successeur des khans de la Crimée.

Kalidjé, le tapis.

Kalieta, une galiote.

Kallwi (voy. ci-dessus).

Kamtschi, un otage.

Kanara, boucherie des moutons.

Kandjabasch, navire rostral.

Kantouret, persan, manteau royal flottant.

Kanoun, le canon; ordonnance; loi fondamentale.

Kanoundji, gardien des lois fondamentales de l'empire.

Kanouni, législateur, surnom de Souleïman-le-Grand.

Kanounnamé, le droit ou livre canonique.

Kapan, un magasin; *oun-kapan*, le magasin aux farines.

Kapanidja, la pelisse des sultans.

Kapanidjadji, le gardien des pelisses d'état.

Kapidji, le gardien, le concierge.

Kapidjibaschi, le chef des gardiens des portes du seraï, le chef des chambellans.

Kapidjiler, le portier.

Kapidjilerbaschi, le chambellan.

Kapidjiler boulouk baschisi, le chef caporal des gardiens des portes du seraï.

Kapidjiler kiayasi, le grand-chambellan.

Kapitana, le vaisseau amiral.

Kapouaga, grand-maître de la cour.

Kapou kouli, esclaves de la Porte.

Kapouliaga, le guet.

Kapouoghlan, les eunuques, gardiens des portes du harem.

Kapouoghlan kiayasi, chef des eunuques.

Kapoutschaouschleri, le tschaousch de la Porte.

Kapoutschokadar, valet de chambre de la Porte.

Kara, noir; surnom qui, depuis le règne d'Osman I, est considéré comme un présage de bonheur.

Karaghrousch, écu impérial, *solota réal*.

Karakoulaghi, oreille noire.

Karakoulak, l'once.

Karakouloukdji, la garde.

Kara moursal, sorte de navire turc.

Karat, mesure turque.

Karawanseraï, auberge publique.

Kaschak, étrille.

Kassabaschi, le chef des coupeurs de viande.

Kassabiyé, taxe des bouchers.

Kataïf, pâtées de sucre.

Katamiech, surnom des Mamlouks, les *Catamites* des Anglais et le χαταμιτοτάδες des Byzantins; courtisans.

Katana, hussard, le χτανος des Grecs modernes.

Katifé kinlü, un fourreau d'épée recouvert de velours.

Kauk, un bonnet.

Kawasbaschi, le lieutenant de la garde.

Kédé, étage.

Keï, empereur.

Keïf, la santé; l'ivresse de l'opium.

Kelan, d'où dérive le mot anglais *gallant*, agréable, brave.

Kelbé, droits égyptiens.

Kemschab, le satin; étoffe de soie façonnée.

Kepenek, la redingote; vêtement de dessus.

Keraké, vêtement de dessus de cérémonie à manches longues et larges, fabriqué de *schalli* d'Angora et bordé de broderies aux extrémités.

Kerasté naziri, inspecteur des bois.

Kerdjali, une sorte de tabac.

Kesédar, le payeur de la chancellerie d'état.

Kistané karasi, les orages de l'équinoxe, d'automne et de printemps.

Ketabet, taxe des écrivains.

Ketresiz ou *Kitresiz*, espèce de satin.

DES MOTS TURCS.

Ketschoda, le maître de la maison.
Ketsché, le bonnet de feutre des janissaires.
Khaberdji tschaousch, le tschaousch annonciateur.
Khadimoul haremeïn, serviteur de deux saintes villes.
Khaftan agasi, l'aga du kaftan ; il est envoyé annuellement à la Mecque avec la caravane des pèlerins, en qualité de commissaire, chargé de remettre au schérif des vêtemens d'honneur.
Khaftan akdjesi, argent du kaftan.
Khakham, le rabbin.
Khalifé, titre du fils du gouverneur persan à Bagdad ; successeur; aide.
Khamdest, le bousilleur.
Khamsiyet, taxe du cinquième.
Kkaradj, la capitation ; l'impôt foncier.
Kharadji moukasémé, impôt industriel.
Khardji mouwazaf, taille réelle.
Kharar, espèce de sacs.
Kharbeddjibaschi, chef des muletiers.
Khartawi, espèce de turban.
Khazs, les biens de famille, du trésor et de la couronne.
Kasseki, volontaire chez les janissaires et les bostandjis.
Khasseki, l'intime, la favorite.
Khassoda, la chambre intérieure.
Khassodabaschi, chef de la chambre intérieure.
Kkatabet, droit des prédicateurs.
Khatayi, étoffes en soie.
Khatib, le prédicateur, du mot grec χατηπης.
Khatt-scherif, dans l'origine ce mot signifiait l'impression de la main trempée dans l'encre ; plus tard. les pièces émanées du cabinet du Sultan.

Khawass, les biens de la couronne.
Khaziné, le trésor ; siége de la selle.
Khazinébaschi yamak, premier aide du trésorier.
Khasinédar, trésorier.
Khazinédarbaschi, trésorier du séraï.
Khaziné yamaghi, aides du trésorier.
Khaziné kiayasi, substitut du trésorier.
Khaziné mandé, échu au trésor.
Khilaat behasi, taxe des vêtements d'honneur.
Khirkaï schérifé, le vêtement du prophète.
Khodja, le précepteur du Sultan ; l'instructeur d'un régiment.
Khodjagian, le chef des chancelleries ; les seigneurs de la chambre et du Diwan.
Khorasani, turban bouffant et rond des légistes.
Khoudamiyé, taxe des domestiques.
Khoudjré, le cabinet.
Khoumbarakhané naziri, inspecteur des bombardiers.
Khounkiar, le roi des Allemands.
Khounkari destar, la mousseline la plus fine.
Khourzé, pilules de musc.
Khoutbé, prière pour la conservation du souverain.
Kiah, taxe de fauchage.
Kiaya, substitut ; procureur ; majordome ; grande-maîtresse du harem.
Kiayabeg, ministre de l'intérieur ; le grand-maître de la cour attaché à une ambassade.
Kiaya khatoun, administratrice du harem.
Kiayayeri, l'agent des janissaires.
Kiam, la bride.
Kiamil, le parfait.
Kiatib, l'écrivain du trésor.

Kiatibi, les secrétaires.
Kiatiblikden gelhmé, descendans des écrivains.
Kibti, les Bohémiens.
Kilaboudan, κλαπωτός, de la soie filée.
Kilar, la cave; troisième chambre de la cour.
Kilardji, confiseur.
Kilardjibaschi, grand-sommelier ; chef des confiseurs ; chef de la troisième chambre de la cour.
Kin, le fourreau du sabre.
Kir at, un cheval blanc.
Kirma, caractères rompus.
Kischlak, droit d'hivernage.
Kisilbasch, tête rouge, sobriquet donné aux Persans.
Kislaragasi, premier chef du harem.
Kitabkhané, bibliothèque.
Kitabdji, bibliothécaire.
Kitabdjibaschi, premier bibliothécaire.
Klidi, la clef.
Kodosch, un entremetteur.
Koïrouk, la queue d'une fourrure.
Kokoleda, le manteau des capitaines de vaisseaux turcs, orné de boutons et de rubans.
Koküz takhta (le cadran).
Konakdji, préparateur des quartiers de l'armée (quartier-maître).
Koepridji, gardien des ponts.
Korkoulik, le bassinet du fusil.
Korsan, les Mamlouks.
Koz, la noix.
Kozalak, l'étui à cachet.
Kozbegdji, littéralement, gardiens des noyers : ils forment un corps de cinquante à soixante serviteurs du séraï, qui autrefois portaient dans les marches publiques des vêtemens et des tapis. Ce corps fut dissous sous le règne de Mahmoud (voyez du reste les gazettes de Constantinople et de Smyrne).
Kosébaschi, inspecteur de la chambre des pages.
Kostek, l'enrayure.

Kotschek, la solde des troupes s'élevant à 7 aspres par jour.
Kouka, bonnet orné de plumes des officiers des janissaires.
Koulagouz, guide (dérivé du mot grec κολαγούσης).
Koulagouz yamaghi, aide du guide.
Koulagouz tschaousch, un tschaousch (fourrier) servant de guide.
Koulkiaya, procureur des esclaves, premier lieutenant général des janissaires.
Koulladé, collier ; collier du cheval.
Koulpou, l'anse d'un vase.
Koultouk wezirleri, les vizirs de l'épaule.
Kouloukdji, les manœuvres.
Koum kakma, incrustation d'or en formant un champ de sable.
Koundakdji, artificier.
Kourd, le loup.
Kourekdji, le préposé au mesurage des blés.
Kourekdji akdjesi, taxe des rameurs.
Kouridji, gardes du corps en Perse; volontaire; inspecteur des forêts (Voy. *kouroudji*).
Kouridjibaschi, chef des gardes persanes.
Kourischdji ou *kirischdji*, fabricant d'arcs, surnom donné à Mohammed I.
Koursi, la chaire du prédicateur.
Kouroudji, garde du corps des schahs de Perse; vétérans; les prétoriens de Perse.
Kouroultaï kuriltaï, la diète chez les Tatares.
Kouschak, la ceinture.
Kouschoufiyé, taxe en Égypte.
Kouskoun, la sangle.
Koutschouk ewkaf, petite chancellerie des fondations pieuses.
Koustchouk oda, la petite chambre.
Kowanos, la ruche d'abeilles.
Kürk, la pelisse; il y en a plu-

sieurs espèces, savoir : 1. *Kapanidja*, la pelisse d'état du sultan et du khan des Tatares, et qui est garnie, sur le dos, de fourrure de zibeline; 2. *Oust kürk*, la pelisse d'état ordinaire, à manches étroites; 8. *Erkian kürki*, la pelisse des ministres, pelisse d'état à larges manches, portée autrefois par les ministres turcs et donnée aux ambassadeurs le jour de leur audience du Sultan; 4. *Konstosch kürki*, pelisse d'hermine à manches étroites; 5. *ferradji kürki*, pelisse à larges manches, servant de vêtement de dessus; 6. *Seraser kürki*, pelisses de cérémonie et à manches larges des vizirs, du moufti et des voïévodes de Moldavie et de Valachie; 7. *Mouwahidi kürki*, pelisse à quatre manches portée autrefois par les oulemas et les ministres à l'occasion de la fête du Baïram; les deux manches de derrière étaient ou liées sur le dos, ou pendaient le long du dos.

Kürkdji, le tanneur.

L.

Laal, balasse.
Laghoumdjibaschi, le général des mineurs.
Lahika, clause additionnelle.
Lala, le précepteur.
Lebédar, un vase à embouchure étroite.
Lesez, le trimestre.
Lewend, troupes irrégulières; milices; soldats de marine.
Lewend firkatalari, vaisseau des troupes marines.
Lidjam ou *likam*, le mors.
Luledjibaschi, chef des gardiens des pipes à tabac.

M.

Maadendji, le mineur.

Maadjoundjibaschi, le chef des gardiens des confitures.
Maani (ilm-ol), la science du style.
Maarifet, perception extérieure.
Mabeïndji, le μεσάζων des Grecs; un rapporteur subtil, internonce du seraï.
Maghalata ou *maglata*, le galimatias.
Mahaziri akliyé, inconvénients rationnels.
Mahfil, le cimetière des crieurs à la prière.
Mahmudiyé, actions honteuses.
Mahramadji, gardiens des mouchoirs.
Makaad, étoffe qu'on étend sur le sofa.
Makdem, le turban des tschaouschs.
Makhdourat, les voilées (les femmes).
Makhridj molla, le muderris candidat pour une place de molla.
Mahhzen, magasin.
Makksouré, tribune du sultan réservée dans la mosquée.
Maktouou, les arrhes.
Maliyé tezkeredjisi, le référendaire du fisc.
Malikiané, fermage à vie; possession en forme de propriété.
Mangalaï, l'avant-garde de l'armée mogole.
Mantik, la logique.
Maouna, navire de transport
Marbend, dentier de loup.
Mariol, sobriquet d'un farceur; recrue.
Martabani, la porcelaine de Chine.
Martolos, soldats d'une colonie militaire établie sur les frontières.
Massandra, cloison.
Massdariyé, impôts arbitraires.
Masshaf, les saintes écritures envoyées du ciel.
Masslahatgouzar, les hommes d'affaires.

Massraf naziri, inspecteur des dépenses.

Masstabé, la terrasse des crieurs à la prière.

Mataradjibaschi, porteur du flacon à eau.

Matlabdji, teneur des rôles pour les places de juges.

Matrakdji, timbalier.

Medresé, la haute école; la chaire publique.

Medreseï tibb, l'école de médecine.

Medj, l'épée.

Mefrouzoul-kalem maktououl kadem, affaire mise de côté dans la chancellerie et libre de taxes.

Mehdi, le précurseur du jugement dernier.

Mehkémé, le pouvoir judiciaire.

Mehter, dresseur de tentes.

Mehterbaschi, général des dresseurs de tentes; le maître de la chapelle de musique.

Mehter kiayasi, second inspecteur de la chapelle de musique.

Mehter tschaouschi, tschaousch de la chapelle.

Mekteb, école préparatoire.

Mektebi irfan, école de philosophie.

Mektoub, lettres d'affaires.

Mektoubdji, secrétaire du cabinet du grand-vizir.

Melek, l'ange.

Menassibi diwaniyé, les emplois du Diwan.

Menassibi ilmiyé, les emplois scientifiques.

Menassibi kalemiyé, les emplois de la chancellerie.

Menassibi scheriyé, les emplois de la loi.

Menassibi seïfiyé, les emplois militaires.

Menssoukhat bedeliyesi, espèces de taxes.

Meschaaladji, porteur de torches.

Meschchiyet, taxe des Scheïkhs.

Meschhed, le tombeau.

Mesdjid, petite mosquée; lieu de la prière: de là le mot espagnol *mezquita*, et le mot mosquée.

Mest, les soques.

Mewkoufatdji ou *mewkoufati*, chef de la chancellerie des taxes.

Mewlid, panégyrique sur la naissance du prophète.

Mewloudiyé, poëme à l'occasion de la naissance d'un enfant.

Miftahaga, le gardien des clés.

Mihfel ou *mahfil*, estrades pour les crieurs à la prière.

Mihman, l'hôte.

Mihmandar, l'introducteur des étrangers, l'hôte.

Mihrab, le maître-autel, la niche du sanctuaire.

Mihri mouedjel, la dot.

Mihri mouedjel, le présent de mariage.

Mikyas, le Nilomètre dans l'île Rhaouda en Egypte.

Mihmaraga, l'architecte.

Mimarbaschi, directeur des galeries et des échafaudages; inspecteur des constructions.

Minaré, tour en forme de colonne des mosquées.

Minber, la chaire du prédicateur du vendredi; prière du vendredi: discours prononcés devant le Sultan tous les vendredis.

Minder, le coussin, le siége du sofa.

Miftahoghlan, le gardien des clefs.

Miri akhor ou *mirakhor*, le grand-écuyer.

Miri aalem, l'enseigne de l'étendard de l'empire.

Mirza, un prince du sang chez les Persans.

Miroul-aalem, le porte-drapeau.

Missirli, ducat égyptien.

Mizab, la gouttière en or de la mosquée de la Mecque.

Mizabiyé, taxe pour l'arrosement des champs.

Mizan, la balance.

Mizban, le maître-d'hôtel.

Mohassil, percepteur des impôts.

Mokademm, préposé à la presse des matelots.

Molla, légiste.

Mosselliman, les affranchis.

Motamededdewlet, le premier ministre chez les Persans.

Motezélé, les schismatiques.

Mouadjélé, loyer payable à l'instant même.

Mouamélé, droit censuel.

Mouarif, hymne chantée le vendredi.

Moubaschir, le commissaire.

Moubaschiriyé, droits des commissaires.

Moudakhélé wé mouarafa, moukhalefet wé moumanaat, immixtion et charge, résistance et obstacle.

Moudebbir wé moudebber, celui qui conseille et celui qui a reçu un conseil.

Mouderris, professeur.

Moudir, littéralement celui qui fait marcher quelque chose ; le faiseur, l'agençant: c'est le nom donné à plusieurs emplois institués par Mahmoud I ; de ce nombre est l'*ebniyeï khassa moudiri*, qui remplace aujourd'hui l'ancien inspecteur des constructions (*mimaraga*).

Moudjéwwezé, turban d'état en forme de cylindre.

Moudjtehid, interprétateur de la loi.

Mouebbed, éternisé.

Moueyid, fortuné.

Mouezzin, le crieur à la prière.

Moufettisch, l'inquisiteur.

Moufti, légiste qui décide.

Mouft moudjà naïm, lits de repos donnés sans rétribution.

Mouhasebé, la chambre des comptes ; l'une des deux premières chambres des finances.

Mouhasebedji, chef de la chancellerie principale des comptes.

Mouhafiz, le commandant d'une forteresse ; chef des troupes chargées de la défense des frontières.

Mouhassil, percepteur des impôts.

Mouhassilik, bureau des percepteurs de l'impôt, ou l'action, la méthode de lever les impôts.

Mouhawéré, dispute.

Mouhimmati harbiyé naziri, inspecteurs des préparatifs de guerre.

Mouhimmat naziri, inspecteur des munitions de guerre.

Mouhzir, appariteur des janissaires ; lieutenant des janissaires.

Mouhziraga, l'huissier.

Mouhzirbaschi, chef des huissiers.

Mouhtesib, le lieutenant, l'inspecteur du marché ; prévôt.

Mouid, co-répétiteur.

Moukabelé, le contrôle, le contrôleur.

Moukataa, les fermes ; les biens de l'état.

Moukatib wé moukateb, celui qui fait une description et la description en elle-même.

Moukialemé, l'entretien.

Moulazim, les aspirans, les candidats aux places de juges ou de mouderris ; les aides ; les candidats à un fief.

Moulazimbaschi, chef des candidats pour les places de receveurs et d'administrateurs.

Moultan, molleton.

Moultizim, le fermier.

Moumdji, le volontaire.

Moumeyiz, le gardien du sceau ou réviseur des écrits d'affaires.

Mounakascha, la querelle ; la lutte.

Mounakkasch, brodé.

Mounazéré, la dispute, la querelle.

Mounadjibaschi, l'astronome de la cour.

Mounschi, le secrétaire du diwan.

Mounschiat, un modèle pour les lettres.
Mourabaha, l'usure.
Mourafaa, la procédure criminelle.
Mourde, la taxe mortuaire.
Mourina, (esturgeon).
Mourtezik, un employé recevant sa solde d'une fondation pieuse *(wakf)*.
Mourouriyé, espèce de taxes.
Mousafir daïma, toujours victorieux (ces mots se trouvent dans toutes les lettres écrites de la main du Sultan et dans le *Toughra*).
Mousafirodasi, la salle des étrangers.
Mousakéré, la persuasion.
Mouschavéré, le conseil.
Mouschebbek, en forme de filet.
Moussahib, le confident.
Moussilaï Isahan, candidats pour les places des Huit; adjoint des Huit attachés à la mosquée du sultan Mohammed.
Moussileïsouleïmaniyé, candidats pour les places de professeurs près la Souleïmaniyé, attachés à la mosquée du sultan Souleïman.
Moutalebé, la demande.
Moutbakh emini, l'intendant de la cuisine impériale.
Mouteferrika, fourrier de la cour et de l'état.
Moutekaïdin, les troupes congédiées.
Moutessarif, possesseur réel d'un sandjak.
Moutesellim, l'administrateur provisoire d'un sandjak au nom d'un beg; commissaire chargé de prendre possession d'un gouvernement; substitut d'un sandjakbeg; le *deputy* des Anglais.
Moutenasiboul aadha, l'homme ayant les membres bien proportionnés.
Mouwazené, taxe des chariots; impôt arbitraire.
Mühürdar, gardien du sceau.
Mülk, propriété réelle.

Müschdedji, celui qui apporte une heureuse nouvelle; c'est le titre de deux commissaires chargés de conduire à la Mecque la caravane des pèlerins et de remettre au Scherif la *sourre*, c'est-à-dire le présent ou l'argent donné par le Sultan pour être distribué aux pauvres.

N.

Naalbeha, taxe des fers à cheval.
Naalbend, le maréchal des étendards.
Naalbendbaschi, chef des forgerons des étendards.
Naat, hymnes à la louange du prophète.
Naatkhouan, chanteurs d'hymnes.
Nafé, le renard.
Nahw, la syntaxe.
Naïb, substitut des juges.
Nakiboul eschraf, le chef des émirs descendans du prophète.
Nazaret, place d'inspecteur; droits des inspecteurs.
Nazir, inspecteur de la fête de circoncision; il y a un grand nombre de Nazirs.
Natour, inspecteur.
Naoura, le créateur; le *nora* des Espagnols.
Nebak deschtiban, la taxe des païens.
Nefir, la levée des troupes.
Nerké, cercle formé par les chasseurs Tatares pour pousser le gibier vers un endroit déterminé.
Newyafté, impôt nouveau.
Newrouz, commencement du printemps.
Newzouhour, une nouvelle mode.
Nihayetoul-nihayet, l'ultimatum.
Nimten, une jaquette.
Nizaalü, litigieux.

Nisami djedit, le nouvel ordre, la nouvelle ordonnance.
Nischan, le signe; le présent de noces donné par le fiancé.
Nischandjibaschi, secrétaire pour le chiffre du sultan; secrétaire d'état.
Nischan yaghlighi, le mouchoir des fiançailles.
Noureddin, second successeur du khan de Crimée.
Nouzoul, fournitures en nature.

O.

Oba, la tente de guerre.
Oda, le régiment des janissaires.
Odabaschi, capitaine; chef d'une chambres des janissaires.
Odalik, une jeune personne : chez les persans, *schebistan*.
Odjak, un régiment de (foyer) janissaires.
Odjakaglari, les seigneurs du foyer.
Odjaklik, biens héréditaires de famille; gouvernemens héréditaires.
Odjaklü, l'homme qui fait partie d'un foyer des janissaires.
Oghri, voleur d'enfans.
Okalé, le magasin pour les marchandises.
Orta djami, la mosquée du régiment.
Orta eltschisi, ambassadeur extraordinaire du second rang.
Ortakdji, dresseur de tentes.
Osman, le briseur d'os.
Otagha, la décoration d'honneur.
Otak, la tente de cérémonie.
Otakdjibaschi, le quartier-maître-général.
Otourak, l'invalide.
Oulak, courriers.
Oulema, les legistes.
Ouloufedji, cavaliers soldés, les Ἀλλοφάτοδες des Grecs.
Ouloufeli, les fonctionnaires soldés.

Oummol khabaïs, mère de la bassesse (c'est-à-dire le vin).
Oumouri mülkiyé, affaires du gouvernement.
Oun kapan magasin aux farines.
Our, le feu.
Ourf, turban de forme ronde des oulemas; turban de gala; turban de forme bouffante.
Ouskok, les fugitifs; nom d'une bande dalmate du temps de Souleïman Kanouni; Cosaques.
Ouskouf, bonnet de forme cylindrique.
Ousta, officiers des bostandjis.
Ousti adjik, le radeau.
Oustkürki, pelisse d'état ou du diwan; pelisse de dessus. (voy. *Kürk*).

P.

Pafté, les agrafes.
Païelü, le titulaire.
Palé, espèce de couteau ou de poignard.
Palude, gelée d'amandes.
Pandoulbaschi, capitaine des Pandoures.
Pandouré, les Pandoures.
Para, monnaie de trois aspres.
Pascha, gouverneur.
Paschmalik, les épingles ou argent de voile et de pantoufles de sultanes.
Patrona, second vaisseau amiral.
Patscha, les pattes des fourrures.
Patschagouni, le jour des pieds de mouton où le fiancé se rend au bain.
Pehliwan, le héros de la sainte lutte.
Peïk, la garde du corps, les lanciers.
Peïwend, la chaîne des pieds.
Pendjé, le chiffre ou la signature.
Pendjik, taxe des esclaves.
Perdélé, un baudrier persan.
Périschani, le turban du peuple.

Perwané, le papillon; les ordres du cabinet, munis du sceau à papillon.
Perwané keman, une espèce d'arc.
Peschghiraga, gardien de la nappe.
Peschghiroghlan, dresseur de la nappe.
Peschkeschdjiaga, le maître des présens.
Pesendkiari, espèce d'étoffe.
Pest, bas; il signifie aussi une certaine modulation du son.
Piadé, piéton; fantassin.
Postnischin, littéralement qui est assis sur une peau, c'est-à-dire les derwischs.
Potdari, espèce de schâle.
Poul, paillettes.
Poulidjewiz, le noyer.
Pounedar, châle servant de turban.
Pouschedar, espèce d'étoffe brodée pour turbans.
Pousghil ou *pouskil*, la houppe.
Pouskoul, les franges.
Pouskourmé, fougasse.
Poutedari, espèce d'étoffe.

R.

Rahat lokoumi, espèce de sucrerie.
Rakht, les harnais.
Rakhtwanaga, le gardien des litières.
Rast, juste, droit; ce mot signifie aussi une certaine modulation des sons.
Reft, impôt arbitraire.
Reïs, chancelier d'état.
Reïs-efendi, chancelier de la maison impériale, chancelier d'état; ministre des affaires étrangères.
Reïs-kesedari, le reïs-efendi payeur.
Reïsoul koutab, le sécretaire d'état pour les affaires étrangères.
Reïsoul mouderrisin, le chef des recteurs, c'est le titre honorifique du chef des muderris de la mosquée Sélimiyé.
Reïsoul-oulema, le doyen des légistes.
Reschmé, le naseau.
Resm, droits ou redevances en en argent; il y en a douze espèces.
Resmi aarous, taxes des fiancés.
Resmi aghil, taxe pour le pacage des bestiaux.
Resmi aghnam, taxes pour les moutons.
Resmi asiab taxe des moulins.
Resmi beïder, taxe des tanneurs.
Resmi deghirmen, autre espèces de taxe des moulins.
Resmi dænoum, censive ou taxe.
Resmi doukhan, taxe du tabac à fumer.
Resmi esiran, taxe des prisonniers.
Resmi ferrasch, taxe de balayage; cette taxe n'est prélevée que dans les ports de mer.
Resmi kaza, taxes judiciaires.
Resmi kischlak, taxe des quartiers d'hiver.
Resmi kowan, taxe des ruches aux abeilles.
Resmi koudoum, taxe d'arrivage; cette taxe n'est usitée que dans les ports de mer.
Resmi menschour, taxe des diplômes, usitée seulement dans les ports de mer.
Resmi riaset, service seigneurial; taxe usitée dans les ports de mer.
Resmi taghyir, droit de changement; taxe usitée dans les ports de mer.
Resmi tewsii, taxe de dispensation, taxe usitée dans les ports de mer.
Resmi tschift, taxe de mesurage.
Rewafiz, l'hérétique.
Rial ou *riala*, piastre forte, écu d'Espagne; écu de l'empire

Ridjal, un ministre.
Rikaa, écriture employée dans les suppliques.
Rikiab, la présentation des ministres à l'étrier du Sultan.
Rikiabdar, le teneur d'étrier.
Rizayi, une espèce de châles.
Ristchal, choses bouillies.
Robb, chien de mer.
Rouesa, les magnats.
Rouhi izafi, ajouté à l'existence.
Rouzi elest, le jour du pacte de soumission des âmes.
Rouznamé, nom d'une des deux premières chambres du ministère des finances.
Rouznamedji, teneur du grand-livre, ou du journal.
Rousoumi scheriyé, impôts légitimes.
Rouous, ordonnance d'installation.
Rouous kalemi kesedari, le payeur de la troisième section de la chancellerie d'état.

S.

Sabitan, un officier.
Sadé, compagnie de cent hommes (chez les Tatares).
Sagardji, gardien des furets.
Sagardjibaschi, chef des gardiens des furets; lieutenant-général des janissaires.
Sahid, l'ermite.
Saïban, la tente d'ombre.
Saka, le porteur d'eau.
Sakabaschi, le chef des porteurs d'eau.
Sakhirebeha, argent pour les provisions de bouche.
Sakhiredjiaga, contrôleur des provisions.
Saki, du mot Σάκας, l'échanson.
Sakirbaschi, le récitateur de la prière chez les derwischs.
Saksi, la porcelaine de Saxe.
Salahor, l'écuyer.

Salariyé, chancellerie des fournitures en nature.
Salghoun djelel, taxe des troupeaux.
Saliané moukataasi, chancellerie des émolumens des fonctionnaires d'état.
Sandjak, le drapeau à une seule queue de cheval.
Sandjakbeg, le prince du drapeau.
Sandjakdar, le porte-drapeau.
Sandjakschérif, l'étendard du prophète.
Sarabkhané emini, l'intendant de la monnaie impériale.
Sarbanbaschi, le grand-chancelier.
Sarbzen, un gros canon.
Sarf, un vase; ce mot signifie particulièrement la soucoupe d'argent des tasses à café turques et qui chez les grands est ornée de pierres précieuses.
Saridjé, les milices irrégulières en Asie.
Sarli atlas, le satin à fleurs.
Sarradjbaschi, le gardien du seraï.
Satal (situla), l'abreuvoir des chevaux.
Schagird, l'apprenti dans les chancelleries; le copiste.
Schahbender, consul-général.
Schahin, le faucon blanc.
Schanhindji, le fauconnier.
Schahtiyé. Voyez *schehtiyé*.
Schakka, le billet.
Schalbend, le turban à châle.
Schalbend potdari, le turban.
Schalli sof, étoffe pour shâll.
Schamaïlnamé, le signalement d'une personne.
Schans, la redoute.
Scharklü, un secrétaire.
Schatir, les fauconniers, les coureurs.
Schehtiyé, navire de transport à deux mâts.
Schehrboli, une bulle de sucre.

Schehnamedji, auteur d'histoires turques rimées; auteur d'un livre royal.

Schehr emini, inspecteur de la ville; commandant de la ville.

Schehrengiz, révolte de la ville (poëme).

Schehreng, étoffe persane (le Σαράγγες des Grecs).

Scheïkh, prédicateur; ascète contemplatif; le vieux; le gris (de ses cheveux blancs).

Scheïkol-schouyouk, le scheïkh des scheïkhs; chef du couvent de Salaheddin en Égypte.

Schekerpara, schekerboli; pièce de sucre.

Schemaadandji, gardien des flambeaux.

Schemlé, châle négligemment tourné autour de la tête; turban de deuil.

Scherabdar, la taverne.

Scherab emini, l'intendant du vin.

Scheranpolik, les fascines.

Scherbet, le sorbet.

Scherbetji, le préparateur du sorbet.

Scherbetdjibaschi, le chef des préparateurs du sorbet.

Scheri, les lois religieuses.

Schii, les apostats; les hérétiques.

Schikesté, écriture persane; Voyez *Rika*.

Schileï kernanki, gilets de Nankin.

Schinschirlik, l'appartement des sabres où se trouvent les princes.

Schinekdji, le valet.

Schiré, taxe du vin nouveau.

Schirmahi, travaillé en forme d'écailles.

Schiweï kadr, la malice de la destinée.

Schoukla, bonnet de dessous.

Schoukoufedjibaschi, le maître fleuriste.

Schouné, la grange.

Schoutourban ser boulouk, chef de chameliers.

Sebaa, sept; il signifie aussi les bestiaux.

Sebilkhané, établissement d'une fontaine; une fontaine.

Sedjadé, le tapis pour la prière.

Sedjadedji, gardien du tapis pour la prière.

Seferli, cavaliers.

Seghban, gardiens des chiens; chasseurs.

Seghban (atlü), chasseurs à cheval.

Seghbanbaschi, premier lieutenant-général des janissaires.

Seheb ou *dheheb*, l'or.

Seïbek, nom d'un bonnet et d'une espèce de messiers ou de gardes champêtres en Anatolie et dans l'Aïdin.

Seïd, parent ou descendant du prophète; une des dignités de la loi.

Seïnpousch, une housse.

Seïs, palefrenier.

Seïsbaschi, chef des palefreniers.

Selamaga, littéralement, seigneur de félicitation; commissaire d'installation.

Salamagasi, le maître du salut.

Sélimi, turban de forme ronde de l'invention du sultan Sélim (voy. *Yousoufi*).

Semerrüd koupé, eau d'émeraude (émeraude d'une parfaite pureté).

Senberek, petit canon porté à dos de chameau.

Senberekli, garni; *S. yakout*, garni de rubis.

Sendik, un esprit fort.

Sensar, la fouine.

Sepet, échu.

Seraïagasi, premier inspecteur du seraï.

Seraïdar, inspecteur.

Seraser, des sabres à lames non polies.

Serasimé, le tournoiement.

Serasker, serdar, baschbogh,

général en chef, synonyme avec *sipehsalar*.
Serbafté, étoffe d'or brodée.
Serbestiyet, la liberté, idée que les Turcs expriment par enveloppe de la tête.
Serdar (voy. ci-dessus).
Serde, le riz jauni.
Serdengetschdi, les volontaires.
Serdewa, la martre.
Sergotsch, la plume de héron portée sur la tête (voy. *sorghoudj*).
Serhatlü, soldats des frontières.
Serhengan, messager d'état.
Serhengani diwan, les tschaouschs ou messagers du diwan.
Seri mimaran khassa, l'architecte de la cour.
Serkerdé ou *baschbogh*, général d'un faible corps d'armée.
Serkötsch, ivrogne.
Serkoula, le Σερκούλλα des Byzantins.
Ser mahboub, le ducat de prédilection; ducat de 110 à 120 aspres.
Serradj, le palefrenier.
Serradjibaschi, le chef des palefreniers.
Sertrasch, un barbier.
Sertscheschmé, chef des enrôleurs; enrôleurs de troupes irrégulières et leurs officiers; officiers des corps francs.
Sewayi kiarkhané, étoffes des fabriques de Sewayi.
Shawl, les châles : il y en a plusieurs espèces, dont voici les principales : 1. *Fermaïsch*, les châles à raies; 2. *Koschédar*, châles à palmes dans les quatre coins; 3. *Kesedar*, châles avec une seule raie large de deux à trois doigts; 4. *Tschar*, châles longs ordinaires, ornés aux deux extrémités d'une palme; 5. *Tonlouk*, *idem*, sans palmes, mais entièrement ornés de fleurs; 6. *Peritaous*, châles à queue de paon des couleurs les plus brillantes; 7. *Boghdja*, châles carrés présentant au milieu une corbeille de fleurs.
Siam, les grands-feudataires.
Siamet, un grand fief; fief de cavalerie; fief militaire.
Sikakoul, étoffe indienne.
Silahschor, armurier; écuyer.
Silkhalasa, le dôme.
Silihdar, les cavaliers; les porteurs d'armes ou de l'épée.
Silihdaraga, aga des porteurs d'armes.
Simourgh, le triple faucon du Zendawesta.
Sindjab, l'écureuil de Sibérie.
Sindjirbaf, étoffe à chaînette.
Sindjirbaftehleri, les anneaux à chaîne.
Sindjirli, le ducat à chaîne.
Sindjirlik, le ducat à chaîne (de Turquie).
Sindjirli schérif, vieux ducats d'Egypte.
Sinebend, la ceinture.
Sipahi, cavaliers; fils des notables; cavaliers feudataires; camarades; janissaires à cheval.
Sipehsalar, général de cavalerie.
Sirali ou *Tschibüklü*, mude rayé.
Sireng, le Σαράγγης des Grecs.
Sirkiatib, le sécrétaire du sultan.
Soffa, estrade, sofa.
Sofista, sophisme.
Sofradji, le laquais de la table.
Sofradji baschi, le chef des laquais de table.
Sogoud, le pâturage.
Sokhté, nom des étudians.
Solota, izelote; réal; karaghrousch; écu à chaîne.
Soma, la charge du chameau.
Sorbet oghlan, gardien du sorbet.
Sorghodjdji, gardien des hérons.
Sorghoudj, le héron.
Soukhté (*thalib*), les étudians.
Souleïmaniyé, muderris attaché à la mosquée du sultan Souleïman.
Soultanoul berreïn, seigneur de deux hemisphères.

Soumn, monnaie de huit, le huitième.
Sounna, la parole du prophète.
Sounni, celui qui suit les traditions en paroles et en actions.
Souraaldji, tireur rapide ou habile.
Souri katan, les noces de la circoncision.
Sourrnamé, le livre des noces.
Sourré. Voyez *Ssourré*.
Sourssat. Voyez *Ssourssat*.
Souwari moukabeledjizi, chef de la chancellerie pour le contrôle de la cavalerie.
Ssadak, la dot, synonyme avec *muihri moadjel*.
Ssadefkiari, incrusté de nacre.
Ssadri Anatoli, le grand-juge d'Anatolie.
Ssadri Roum, le grand-juge de Roumilie.
Ssadjak, les franges.
Ssadjaklü, couvert de broderies.
Ssaghdidj, le paranymphe.
Ssaghri, le chagrin (espèce de cuir).
Ssah, littéralement : c'est juste; signe ou cachet de confirmation; formule usitée dans les expéditions du reïs-efendi.
Ssahan, titre des muderris attachés à la mosquée du sultan Mohammed.
Ssahra, les steppes.
Sshahranischin, habitans des steppes; nomades.
Ssalma, chameau de la caravane des pèlerins, chargé de marchandises.
Ssalma déwé, chameau de louage.
Ssalma kouli tschokadari, la troupe chargée de la garde de la caravane.
Ssalma tschokadari, espèce de commissaire de police ou d'employé de la justice.
Ssamssoundji, les gardiens des dogues.
Ssamssoundjibaschi, chef des gardiens des dogues; second lieutenant-général des janissaires.
Ssandjaklou, espèce d'étoffe indienne.
Ssandouk emini, l'intendant de la caisse de l'armée.
Ssarf, grammaire.
Ssaridjé, des fusiliers ramassés à la hâte; troupes irrégulières; milices indisciplinées; chasseurs démontés; chasseurs.
Ssarikdjibaschi, gardien des turbans.
Ssarrafiyé, taxe des lettres de change.
Ssighinak, le refuge.
Ssirma, de l'or filé.
Ssirt, le dos d'une fourrure.
Ssof ou *Ssouf*, le chalon, étoffe de laine.
Ssoya, l'agrafe du sabre.
Ssoyi pafteleri, agrafes ordinaires.
Ssolak, garde du corps composée d'arquebusiers.
Ssom, de l'or natif et de l'argent natif.
Ssomdjirid, ruban d'or.
Ssom djoubouklü, rayé d'or.
Ssomoun, espèce de pâtisserie.
Ssoubaschi, préfet de la ville: lieutenant de police.
Ssouf, le chalon.
Ssoukouk, formulaires de pièces juridiques.
Ssou naziri, inspecteur des constructions hydrauliques.
Ssourré, présent honorifique pour la Mecque.
Ssourssat, fournitures en nature.
Ssouyatar, caporal.
Ssouyoldji, architecte hydraulique.
Ssyrma, brodé d'or.
Sülfti baltadji, les eunuques blancs.
Süridji, ceux qui rassemblent l'armée.
Swert, les trimestres pour le paiement des impôts.

T.

Taalik, écriture persane couchée.
Taalimnamé, le livre d'exercice.
Taarifat, définitions.
Taatil, rendre nul, inutile.
Tabak Eskisi, le gardien de la porcelaine.
Tabib, le médecin.
Tabiyesi, le bastion.
Tabkour koulanib, la sangle avec les brides.
Tabla, la garde de l'épée.
Tablkhanat, chapelle d'Egypte.
Tablzen, tambour.
Takhtrewan, gardien des litières.
Tadj, la couronne, synonyme du mot turban.
Tadjik, les Allemands; les Δάδικαι des Grecs.
Taghar, mesure de vingt kilos.
Tahir, l'homme d'une conscience pure.
Tahwil fermani, ferman d'assignation.
Tahwil kalemi, ferman ou expédition des investitures.
Tahwil kalemi kesedari, le payeur de la seconde section de la chancellerie d'état.
Tahwil kiagadi, assignations.
Taïndjar, le Ταχαγτζάριος de Pachymères.
Takrir, les mémoires de la Porte.
Takriz, louange, apologie.
Tapkour, la sangle.
Tapou, le fermage, l'amende.
Tarakli, étoffe pour matelas de la fabrique de Tarakli.
Tarikh, fixation des dates; chronograme; histoire.
Tarikhdjikalemi, la chancellerie des dates.
Tasch, le bois de la selle.
Taschkhané, l'enchâssure d'une pierre précieuse.
Tataragasi, le chef des courriers de l'état.

Tatbikdji, gardien des sceaux de tous les juges de l'empire.
Tatjib, la faveur, ou mieux la satisfaction.
Taoukdjibaschi, chef des marchands de volailles ou chef du marché aux volailles.
Tawad, magnats de Mingrélie.
Tawaschi, commissaires d'enrôlement chez les Tatares; eunuques.
Tawassout, la médiation.
Tawkhané, établissements chargés de pourvoir à l'entretien des étrangers.
Tearrouf ou *Teebid,* publication du haut de la chaire; louange du sultan dans la prière du vendredi, faite du haut de la chaire (voy. *Khoutbé.*)
Tebilé, les bains chauds.
Tefsir, science interprétative du Koran.
Teftisch, recherche, instruction.
Tegelti, la housse.
Tekalifi schakka, impôt extraordinaire.
Tekalifi ourfiyé, impôts arbitraires.
Tekaoud fermani, ferman accordant une pension.
Tekeffoul, la garantie.
Tekelti, le coussin de la selle (voy. *Tegelti*).
Tekiyé, le monastère.
Tekmilé, l'accomplissement, la plénitude.
Telkhissat, un référé.
Telkhissadji, le référendaire.
Telli, broché; *telli atlas,* satin fort.
Telli schalbend potdari, turban à fleurs rouges et vertes.
Telli sandal, espèce de satin.
Telli sousi, étoffe de soie brodée de fleurs d'argent et d'or.
Telli tschaousch, les tschaouschs du diwan, qui portent des cannes ornées d'anneaux en argent.
Telli tschitschekli, des fils d'or formant des fleurs.

Teltschekmé büründjik, mousseline d'or.
Temgha, le droit du timbre.
Temghali, timbré; argent battu.
Tenûjik, la taxe des esclaves.
Tené dirla-tel-gelel-li, refrain des chansons (notre tra-la-la).
Tenzou, pastille du seraï; tente de musc.
Terakhi fermani, ferman stipulant une augmentation d'appointements.
Terazou, l'aéromètre.
Terawih, prière extraordinaire faite pendant les nuits du mois des jeûnes.
Terdjiman scheikhi, le scheikh des interprètes.
Terenghebin, la manne.
Terwih, la prière des jeunes; louange de la toute puissance de Dieu.
Terzané émini, l'intendant de l'arsenal.
Tesbih, la louange de Dieu en prononçant la formule *soubahanallah*; le rosaire; le chapelet.
Teschrifat, le cérémonial.
Teschrifatdji, le maître des cérémonies.
Teschrifatdji khalfasi, l'aide du maître des cérémonies.
Teschrifatdji kesédari, le payeur du maître des cérémonies.
Teskéré, billet remis par un pascha aux personnes qui lui présentent des suppliques.
Teskérédji, le secrétaire du diwan; le maître des requêtes.
Teskerelü, les fiefs donnés par la Porte contre un billet du pascha.
Teskeresiz, des fiefs donnés par un gouverneur, sans qu'il ait préalablement demandé l'autorisation de la Porte.
Tetimmé, constructions supplémentaires.
Tewdjihat, liste des investitures des divers emplois de l'état.
Tewdjihati diwaniyé, liste des investitures des divers emplois de la Porte.
Tewdjihati ilmiyé, liste des investitures des divers emplois des Oulemas.
Tewdjihati wouzera, liste des investitures des gouverneurs.
Tewdji fermani, ferman d'investiture.
Tewkii, confirmation de l'événement; expédition.
Tewkil, taxe d'autorisation.
Thalbé, taxes égyptiennes.
Thalib, *Thalibé*, les étudians.
Timar, les petits fiefs; les fiefs de cavalerie.
Timarkhané, maison des fous.
Timarlü, petits feudataires.
Timour, le fer.
Tirdesté, un faisceau de flèches.
Toghandji timar, fiefs des fauconniers en Europe.
Toghandji, les fauconniers.
Toksihiridli, le lacet.
Tola, un cheval aubère.
Top, la balle.
Toparabadjibaschi, général du train.
Topkané-naziri, l'inspecteur de la fonderie des canons.
Topdjibaschi, général de l'artillerie.
Topkapou, la porte de la ville.
Topouz, la masse d'armes du généralissime.
Topouzlik, la corde servant à suspendre la masse d'armes.
Torba Akdjesi, l'argent qu'on porte sur soi; la saccoche.
Trabezan, le treillage.
Tschab, le calibre du canon.
Tschadirœkdjeci, l'argent de la tente; taxe.
Tschadir Mehterbaschi, chef des dresseurs de tentes.
Tschakar, espèce d'épervier.
Tschakilpidasi, espèce de pâtisserie.
Tschakirdji, le chasseur d'épervier.

DES MOTS TURCS.

Tschakirdjibaschi, le chef des chasseurs d'éperviers.
Tschakdirdjitimari, fiefs des chasseurs d'éperviers.
Tschalik, les janissaires rayés des rôles.
Tschalta, espèce de ceinturon indien.
Tschamadjirdji, gardien du linge.
Tschantadji, porteurs des sacs d'argent.
Tschaousch, le messager d'état, fourrier des troupes.
Tschaouschbaschi, maréchal de l'empire, maréchal de la cour.
Tschaouschler Emini, inspecteur des Tschaouschs.
Tschaouschler Kesedari, payeur du maréchal de la cour.
Tschaouschler Kiatibi, secrétaire des Tschaouschs.
Tschardak, tourelle en bois.
Tscharkadji, le voltigeur.
Tscharkadjibaschi, le commandant des voltigeurs.
Tschaschnéghir, l'écuyer tranchant.
Tchasnéghirbaschi, le premier écuyer tranchant.
Tschatma, l'argent des vêtements; du velours brodé; nom des coussins de velours de la fabrique de Brousa.
Tschelebi, le gentilhomme; le galant seigneur.
Tschelenk, la décoration qui est attachée au turban.
Tschelloukdji, le planteur de riz.
Tschenberli, blanchi.
Tschéprast, les aiguillettes.
Tscheri, la troupe (de la *yenitscheri* ou la nouvelle troupe).
Tcherki, la tente de gala, d'État.
Tscheschmé, la fontaine dans l'intérieur du harem; la source.
Tschetedji, *Tschetedjibaschi*, le chef des escarmoucheurs; chef de l'avant-garde de la caravane des pèlerins.
Tschift, la censive.
Tschiftbozan, autre espèce de cens.
Tschimschirlik, le jardin de buis.
Tschirnagh, la barque.
Tschit, espèce d'étoffe; calicot.
Tschodars, les Tokhares ou Tatares.
Tschokadar, le valet de chambre, le valet favori; porteur du porte-manteau.
Tschoka terlik, le suaire.
Tschœrek, espèce de patisserie de forme ronde.
Tschorbadji, préparateur de la soupe; colonel des janissaires.
Tschoubouklou, étoffe rayée.
Tschounkar, oiseau de chasse.
Tufenkhane-naziri, inspecteur de la fabrique des fusils.
Tufenkdji, fusiliers.
Tufenkdjibaschi, chef des gardiens du fusil, colonel des fusiliers.
Tughan, le faucon (falco lanarius).
Tughandji, fauconniers.
Tughandjibaschi, chef des fauconniers.
Tughra, le chiffre du sultan.
Tughrali, ducats d'Égypte.
Tulumbaschi, pompiers.
Tuman, nom d'un corps d'armée de 10,000 hommes chez les Tatares.
Turbé, le tombeau.
Turnakdji, gardien des grues.
Turnakdjibaschi, chef des gardiens des grues; lieutenant-général des janissaires.
Tutudji, gardien des perroquets.
Tutundji, gardien du tabac à fumer.
Tutundjibaschi, chef des gardiens du tabac à fumer.
Tuzdji, explorateur du sel.
Tuz-naziri, inspecteur des salines.
Tuzukat, nom du code de Timour.

U. Voyez Ou.

W

Waïz, le prédicateur.
Wakf, fondation pieuse, biens de famille inaliénables.
Wali, les gouverneurs.
Walidé, la sultane mère.
Wassi, le patron ou le tuteur.
Wefa, croissance satisfaisante.
Wekaï-nouwiz, l'historiographe de l'Empire.
Wekaleti moutlaka, le plein pouvoir.
Wekili-khardj, le receveur des cuisines ; officier des provisions chez les janissaires ; directeur du harem ; maître cuisinier ; contrôleur.
Weledesch, taxe des enfants.
Weledi-maanewi, l'enfant du cœur, de l'âme.
Wenedik kiari, un caleçon d'une riche étoffe vénitienne.
Wezir, un pascha à trois queues de cheval, chef de la Porte, ministre d'Etat.
Woïnak, des chrétiens servant comme palefreniers.
Wouzera, les vizirs.

Y.

Yafté, l'inventaire.
Yaya, synonyme de *piade*; le fantassin; le piéton.
Yayabaschi, capitaines des fantassins.
Yak kapan naïbi, substitut des chefs préposés aux magasins d'huile et de beurre.
Yaldüz, ducat fort.
Yali agasi, l'aga des plages (chez les Tatares de Crimée).
Yanko, l'écho et le nom de Jean.
Yapouk, la couverture de dessous.
Yarakli, gros-de-Naples.
Yasak kouli, esclave de la défense, c'est-à-dire exécuteur des hautes œuvres.
Yazidji akdjé, droit des écrivains.
Yeghen, l'aide.
Yemischdji, le fruitier.
Yemischdjibaschi, l'inspecteur des fruits.
Yeni tscheri, la nouvelle troupe.
Yeni tscheri efendisi, le secrétaire inspecteur des troupes.
Yeschemi khatayi, jaspe oriental.
Yilan, le naseau du harnais.
Yildirim, la foudre ; surnom du sultan Bayezid.
Yilkhan, le souverain d'un pays.
Yoular, le licou d'argent.
Yousoufi, nom d'une forme de turbans.
Youwadji, chasseurs des nids d'oiseaux.

CALENDRIER

DES DATES LES PLUS MÉMORABLES DE L'HISTOIRE OTTOMANE, DEPUIS LA FONDATION DE L'EMPIRE JUSQU'EN L'ANNÉE 1774.

JANVIER.

1—1539. Les Turcs paraissent devant Castelnuovo.
1623. Grande rébellion des janissaires.
1634. Exécution du moufti Akhizadé Houseïn.
1753. Ordonnance prescrivant à tous les métropolitains de retourner dans leur diocèse.
1768. Noces de Schah sultane, fille de Moustafa III, avec le nischandji Mohammed Emin-Pascha.
2—1578. Ouzdemir Osman-Pascha est nommé serasker des troupes destinées contre le Schirwan.
1642. Naissance du sultan Mohammed IV.
1683. Les queues de cheval annonçant la campagne contre Vienne sont plantées devant la porte du palais d'Andrinople.
1748. Noces de la sultane Sobéïdé, fille de Mahmoud I, avec Souleïman-Pascha.
3—1668. Défaite du beg égyptien Yousouf par le schérif Mahmoud, à Yenbou.
1750. Elévation de Mohammed-Emin, gendre du sultan Moustafa III, à la dignité de grand-vizir.
1772. Arrivée du khan des Tatares à Schoumna.
4—1604. Ahmed I ceint le sabre dans la mosquée d'Eyoub.
1610. Départ d'une nouvelle couverture pour la Kaaba, fabriquée à Constantinople.
1718. Rakoczy est admis à l'audience du sultan Ahmed III.
1761. Naissance de Sélim III.
5—1401. Timour défait l'armée d'Egypte sous les murs de Damas.
1574. Mourad III ceint le sabre dans la mosquée d'Eyoub.
1641. Hasan-Pascha exige un tribut des habitans de la Styrie, avec menace de leur faire couper le nez en cas de refus.
1700. M. de Châteauneuf conduit M. de Ferriol, son successeur, à l'audience du sultan.
6—1595. Incendie de Silistra par les Turcs.
1675. Plaintes du patriarche

grec contre M. de Nointel et les catholiques de Jérusalem.
1725. Arrivée à Constantinople du comte de Roumanzoff, porteur de la ratification du traité de partage de la Perse.
1749. Construction du bassin de Beschiktasch.
7—1747. Distinction accordée par le sultan au khan des Tatares, Sélim-Ghiraï.
8—1569. Lala Moustafa est nommé dernier vizir de la coupole.
1743. Arrivée de Benoé à Constantinople en qualité d'internonce de Pologne.
1750. Rumeurs à Constantinople, provoquées par une éclipse du soleil.
1757. Déclaration de la Suède que, comme alliée de la France, elle veut maintenir la paix.
9—1623. Daoud-Pascha est étranglé.
1748. La galère du kapitan-pascha est conduite à Malte par des esclaves chrétiens révoltés.
1764. Destitution du khan Krimn-Ghiraï.
10—1604. Armistice conclu avec l'Autriche pour trois semaines.
1680. Arrivée des députés transylvaniens chargés de remettre le prix du sang pour le meurtre d'une troupe de sipahis.
1732. Paix conclue entre la Porte et Nadir-Khouli-Kan.
1741. Frédéric II, de Prusse, notifie son avénement au prince de Moldavie.
1767. Naissance du prince Mohammed, second fils de Moustafa III.

11—1495. L'extradition du prince Djem est accordée par le pape.
1584. Renouvellement de la paix avec l'Autriche.
1653. Assemblée générale des oulemas pour détourner les attaques dirigées contre le catéchisme de Birgheli.
1715. Les queues de cheval sont plantées en signe de guerre contre Venise.
12—1528. Lasczy est admis à l'audience d'Ibrahim-Pascha.
1621. Exécution du prince Mohammed, frère d'Osman II.
1647. La cathédrale de Retimo est changée en mosquée par le sultan Ibrahim.
1755. Destitution du moufti Mourteza et nomination de Wassaf Efendi.
13—1732. Relique transportée du Seraï à la mosquée d'Eyoub.
1741. Conférence d'Ulefeld, chargé de négocier la reconnaissance de Marie-Thérèse comme reine de Hongrie.
1751. Le tewdjihat ou mutations et nominations parmi les gouverneurs de l'empire.
14—1574. Mutinerie des janissaires.
1622. Retour d'Osman II à Constantinople, de la campagne contre la Pologne.
1729. Combat livré entre les Russes et les Turcs sur le Kour.
1766. Naissance de la princesse Beïgkhan.
15—1670. Wani, imam de la cour, est nommé gouverneur.
1681. Inondation de la Mecque par suite d'une lavasse.

1683. La tente du sultan est dressée devant Andrinople en signe de guerre contre l'Autriche.
1755. Porter, ambassadeur anglais, est insulté par le reïs-efendi.
16—1482. Renouvellement de la capitulation vénitienne.
1595. Mort du sultan Mourad III.
1668. Les pluies et la neige forcent Ahmed Kœprülü d'abandonner les tranchées de Candie.
1758. Moustafa III marie sa sœur Aïsché au vizir Silihdar Mohammed-Pascha.
17—1475. Défaite des Turcs en Moldavie.
1639. Retraite de Mourad IV de Bagdad à Diarbekr.
1733. Le pascha de Bagdad marche à la rencontre des Persans.
1736. Kœnigsegg renouvelle les plaintes formulées par la Russie contre la Porte.
18—1595. Arrivée de Mohammed III à Constantinople.
1680. Le baile Cuirano achète une audience du grand-visir.
1744. Convention avec l'Autriche relative à la frontière sur l'Unna.
1749. Fondation d'une Mosquée.
19—1634. Préparatifs pour la campagne contre Fakhreddin Maanoghli.
1690. Les ambassadeurs turcs à Vienne remettent au cardinal Colloniz de nouvelles propositions de paix.
1742. Visite de la bibliothèque d'Aya-Sofia par Mahmoud I.
1747. Ambassade de Kesrieli-Pascha en Perse.
20—1569. Divan à cheval tenu par Sélim II.
1740. Traité d'alliance conclu avec la Suède.
1758. Destitution du reïs-efendi Abdi, et nomination d'Emin Efendi, puis de Kaschif Mohammed Efendi.
21—1646. Exécution de Yousouf Pascha, conquérant de Canée.
1664. Capitulation de Presnitz.
1684. Le reïs efendi Telkhissizadé est pendu.
1717. Combat du prince de Moldavie contre les hussards impériaux et leur expulsion du pays.
22—1517. Bataille livrée entre Sélim I et Toumanbai, sultan des Mamlouks, à Ridania.
1699. Avant-dernière conférence du congrès de Carlowicz.
1707. Destitution du moufti Sidik Mohammed et nomination d'Abdoullah.
23—1604. Circoncision du prince Ahmed I.
1699. Dernière conférence du congrès de Carlowicz.
1767. Grand incendie à Constantinople.
1769. Départ de Balta du khan des Tatares.
24—1699. L'ambassadeur russe signe le traité de paix de Carlowicz.
1703. Destitution du grand-vizir Daltaban-Moustafa-Pascha, et nomination de Rami Mohammed-Pascha.
1732. Arrivée de Bonneval à Constantinople.
1741. Mort du prince Bayezid, frère de Moustafa III.
25—1622. Illumination de Constantinople après la

campagne de Pologne.
1676. Les Franciscains perdent les lieux saints à Jérusalem.
1726. Arrivée de l'ambassadeur persan Abdoulaziz à Constantinople.
1738. La Porte reconnaît Rakoczy en qualité de prince de Transylvanie.
26—1479. Paix conclue entre la Porte et Venise.
1655. Le rebelle Ipschir, grand-vizir, reçoit l'aga Souleïmanaga député des janissaires.
1749. Audience de congé de l'ambassadeur vénitien, Venier.
1758. Destitution du moufti Damadzadé Feïzoullah et nomination de Mohammed Salih.
27—1593. Les sipahis envahissent tumultueusement le divan.
1647. Bataille navale de Négrepont et mort du kapitan-pascha.
1698. Divan assemblée pour exécuter les propositions faites de paix sous la médiation de l'Angleterre.
1703. Exécution du grand-vizir Daltaban Moustafa-Pascha.
1769. Les queues de cheval sont plantées en signe de guerre contre la Russie.
28—1484. Débarquement de l'ambassadeur du prince Djem à Rhodes.
1630. Khosrew Pascha se met en marche de Mossoul pour envahir la Perse.
1646. Ammarzadé arrive à Napoli de Romania avec des secours.
1725. Mort de Pierre-le-Grand.
29—1523. Naissance du prince Mohammed, fils de Souleïman le Législateur.
1699. L'ambassadeur impérial, OEttingen demande l'autorisation de construire une église à Péra.
1701. Bataille contre les Arabes de Bassra, livrée par Daltaban-Pascha.
30—1665. Départ pour Vienne de l'ambassadeur Kara Mohammed-aga.
31—1517. Massacre de 800 Mamlouks au Kaire.
1566. Arrivée de Hossutoti, ambassadeur impérial, à Constantinople.
1700. Entrée solennelle de l'ambassadeur turc, Ibrahïm-Pascha, dans Vienne.

FÉVRIER.

1—1606. Ahmed I, habillé en rouge, préside un tribunal de mort.
1707. Destitution du moufti Paschmakdjizadé et nomination de Sidik Mohammed.
1736. Nadirschah invite les princes de l'empire et l'armée à choisir un souverain.
1747. Renvoi du khan Sélim-Ghiraï.
2—1451. Mort de Mourad II.
1637. Destitution du grand-vizir Mohammed-Pascha et nomination de Beïram-Pascha.
1742. Noces de la sultane Aazsima, fille d'Ahmed III.
3—1528. Audience de congé accordée par Souleïman I à Laszky.
1669. Un pirate toscan est poursuivi par le sultan Mohammed IV.
1682. Départ de Vienne du

CALENDRIER DES DATES.

comte Caprara pour Constantinople.
1750. Grand incendie à Constantinople.
4—1565. Audience accordée aux nonces de Maximilien II.
1619. Nomination de Gratiani comme prince de Moldavie.
1739. Arrivée de Gorowsky, ambassadeur de la confédération polonaise.
1773. Séparation du congrès de Fokschan.
5—1451. Départ de Mohammed II de Magnésie.
1483. Le prince Djem quitte Nizza.
1623. Rébellion des Janissaires.
1741. Exécution de l'interprète Ghika.
6—1474. Warasdin incendié par les Turcs.
1521. Mort de Ghazali, beg des Mamlouks.
1632. Grande rébellion à Constantinople.
1695. Mort du sultan Ahmed II.
1748. Mort de Hafiz Moustafa, premier imam du sultan Mahmoud I.
7—1451. Arrivée de Mohammed II à Geliboli.
1578. Marigliano remet à la Porte un projet de paix avec l'Espagne.
1725. Mahmoud, l'Afghan, extermine la famille des Saffis en Perse, et Roumanzoff remet ses lettres de créance comme ambassadeur de l'impératrice Catherine I.
8—1679. Résolution prise dans le diwan, de construire un fort à l'embouchure du Dnieper.
1689. Entrée de l'ambassadeur turc à Vienne.

1700. Entrée solennelle du comte OEttingen à Constantinople.
1717. Convention conclue entre Maurocordato et Stainville.
9—1451. Mohammed II monte sur le trône à Andrinople.
1632. Le grand-vizir Hafiz-Pascha, gendre de Mourad IV est assassiné dans une révolte.
1640. Mort de Mourad IV.
1695. Khattischérif mémorable de Moustafa II, dans lequel il blâme le mauvais gouvernement de ses prédécesseurs.
10—1688. Le moufti Mohammed-efendi, est destitué par les rebelles.
1689. Première conférence des ministres autrichiens avec le plénipotentiaire turc près de Vienne.
11—1482. Le prince Djem retourne de la Mecque au Kaire.
1644. Exécution du kapitan-pascha Pialé.
1653. Audience accordée à l'ambassadeur indien Seïd Mohammed.
1681. Paix conclue avec la Russie à Radzin.
1695. Schehbaz-Ghiraï envahit la Pologne avec 70,000 Tatares.
12—1489. Le prince Djem s'embarque à Toulon.
1689. Seconde conférence avec l'ambassadeur turc à Vienne.
1713. Charles XII est réduit et fait prisonnier par les janissaires.
1726. Grand conseil assemblé pour discuter la réponse à faire à Eschref, l'Afghan.
13—1545. Oweïz, gouverneur d'A-

rabie, s'empare de Taaz.
1681. Naissance du prince Souleïman, fils de Mohammed IV.
1673. Les queues de cheval sont plantées en signe de guerre contre la Pologne.
14—1668. Morosini propose la capitulation de Candie.
15—1577. Arrivée à Constantinople d'Ulric de Kœnigsberg, chambellan de l'archiduc Erneste, chargé de remettre le présent d'honneur.
1689. Troisième conférence de l'ambassadeur turc dans la maison de campagne près de Vienne.
1733. Nadirschah se retire de Bagdad.
1751. Mort du Miri-Alem, Khalil.
16—1567. Entrée à Constantinople de l'ambassadeur persan Schahkouli.
1595. Troisième destitution de Sinan Pascha et nomination de Ferhad-Pascha à la dignité de grand-vizir.
1760. Mort du savant moufti Ismaïl Aassim.
17—1568. Paix conclue entre Sélim II et Maximilien II.
1638. Mourad IV fait mettre à mort son frère Kasim.
1653. Grand conseil assemblé pour examiner l'état des finances.
1689. Quatrième conférence de l'ambassadeur turc près de Vienne.
18—1623. Paix conclue avec la Pologne.
1695. Bataille navale devant l'île Spolmadori et défaite des Vénitiens.
1689. Cinquième conférence de l'ambassadeur turc près de Vienne.
1703. Naissance du sultan Ahmed III.
1718. Nomination des plénipotentiaires impériaux pour le congrès de Passarowicz.
19—1405. Mort de Timour.
1711. Les queues de cheval sont plantées en signe de guerre contre la Russie. Campagne sur le Pruth.
1732. Arrivée à Vienne de Yousouf Khodja, ambassadeur du dey de Tunis.
1747. Mort du célèbre scheïkh Noureddin.
20—1538. Khaïreddin Pascha (Barberousse) envoie son rapport sur sa dernière campagne dans la Méditerranée.
1568. Audience accordée à l'ambassadeur impérial par le grand-vizir Mohammed Sokolli.
1738. Réponse du grand-vizir au cardinal Fleury.
21—1483. Arrivée du prince Djem à Roussillon.
1635. Mourad IV fait dresser son camp à Scutari.
1695. Les Vénitiens abandonnent Khios.
1750. La maison du moufti Saïd est menacée d'être dévorée par les flammes.
22—1424. Paix conclue avec Venise pendant l'interrègne et confirmée par le sultan Souleïman.
1495. Entrée du prince Djem à Naples à la suite des Français.
1689. Sixième conférence de l'ambassadeur turc près de Vienne.
1716. Grandes fêtes à Constantinople, provoquées par la conquête de la Morée.
23—1638. Départ de Mourad IV pour la campagne de Perse.

CALENDRIER DES DATES.

1653. Grand tremblement de de terre à Constantinople.
1718. Destitution du kapitan-pascha, Ibrahim Kiaya.
24—1495. Mort du prince Djem par le poison.
1552. Toth est repoussé de Szigeth.
1688. Le grand-vizir Siawousch-Pascha, est tué dans une rébellion et la fille de Kœprülü insultée par les rebelles.
1732. Destitution du moufti Paschmakdjizadé et nomination de Damadzadé Scheïkh Mohammed-Efendi.
1733. Topal Osman-Pascha est installé comme serasker et sipehsalar.
25—1655. Les agas vont à la rencontre du grand-vizir, le rebelle Ipschir-Pascha.
1701. Korna rendue aux Ottomans par les Arabes.
1732. Grand conseil assemblé à Constantinople pour discuter les bases de la paix avec la Perse.
26—1618. Détrônement de Moustafa I et avénement d'Osman II.
1667. Bataille navale gagnée dans les eaux de Canée par Grimani et Molino sur la flotte égyptienne.
1670. Ratification du traité vénitien conclu lors de la reddition de Candie.
1692. Audience accordée à l'ambassadeur persan Kelbi Ali.
1695. Ordres qui enjoignent au commandant de Khios, nouvellement reconquise, de ménager les habitans de l'île.
27—1539. Retour à Constantinople de Souleïman-Pascha, gouverneur de l'Yémen.
1618. Arrivée de M. de Mollard, ambassadeur d'Autriche, à Constantinople.
1656. Rébellion des Janissaires à Candie.
1748. Les hospodars de Valachie et de Moldavie sont permutés.
28—1545. Odoardo Cataneo, nommé ambassadeur, part pour Constantinople.
1578. Exécution de Cantacuzène.
1655. Mariage du grand-vizir Ipschir Pascha, avec la sultane Aïsché.
1728. Conférences du khan des Tatares et du pascha d'Oczakow pour régler les affaires des Noghaïs.
29—1528. Traité d'alliance conclu entre le sultan Souleïman et Zapolya.

MARS.

1—1679. Mohammed I se rend d'Andrinople à Constantinople.
1736. Les Russes commencent le siége d'Azof.
1763. Le grand-vizir Raghib pose la première pierre d'une bibliothèque
1770. Incendie à Constantinople.
1771. Arrivée devant Touldja d'un corps d'armée russe, commandé par le général Weissmann.
2—1689. Septième conférence des plénipotentiaires turcs dans la maison de campagne près Vienne.
1703. Rapport du grand-vizir fait au sultan à l'occasion du printemps.

1741. Signature de la convention relative à la délimitation de l'Unna.
- 1770. Mort de Pirizadé Osman Efendi.
3—1497. Destitution du grand-vizir Daoud-Pascha et nomination de Hersek Ahmed Pascha.
1677. Départ de Constantinople de l'ambassadeur de Chmielnicki, pour annoncer aux Cosaques la nomination d'un nouvel hetman.
4—1489. Débarquement de Djem à Civita Vecchia.
1695. Nomination du grand-vizir Emas Mohammed à la place du defterdar Ali-pascha.
1745. Mort du moufti Moustafa et nomination de Pirizadé Mohammed.
1749. Ouragan d'équinoxe.
5—1518. Départ de Damas du sultan Sélim I.
1656. Commencement de la rébellion dite du Platane sur l'hippodrome.
1683. Incendie du magasin de plomb de Galata.
1741. Arrivée à Beschiktasch des éléphants amenés par l'ambassadeur persan.
6—1711. Consécration de la mosquée fondée à Scutari par la mère d'Ahmed III.
1724. Noces de trois filles d'Ahmed III.
7—1560. Les Espagnols devant Djerbé.
1573. Paix conclue avec Venise.
1582. Elévation de l'Esclavon Ibrahim à la dignité de beglerbeg de Roumilie.
1715. Les queues de cheval, plantées à l'entrée de la Porte en signe de guerre contre Venise, sont transportées à Daoud-Pascha.
8—1403. Mort de Bayezid I.
1604. Naissance du prince Mohammed, fils d'Ahmed I, et, dans l'année suivante, naissance de deux autres princes.
1646. Soumission volontaire de Kisamo.
1668. Convoi turc défait devant Candie par les Vénitiens.
1736. Nadir se déclare souverain de la Perse.
9—1621. Mort du grand-vizir Tschelebi Ali Pascha.
1648. Destruction de la flotte vénitienne sous les ordres de Grimani.
1764. Rémission des présents envoyés au sultan par Frédéric II de Prusse.
10—1644. Le grand-vizir Mohammed-Pascha arrive de Damas à Constantinople.
1701. Daltaban-Pascha installe Ali-Pascha comme gouverneur de Bassra.
1728. Les tribus persanes de Houweïzé se rangent sous la domination ottomane.
11—1591. 30,000 ouvriers sont employés à creuser un canal à Nicomédie.
1644. Exécution du kapitan-pascha Piali.
1671. Audience accordée à M. de Nointel par le grand-vizir Kœprülü Ahmed-Pascha.
1741. Réception faite à Constantinople à l'ambassade persane.
12—1681. Mohammed IV retourne d'Andrinople à Constantinople.
1689. Huitième conférence des plénipotentiaires turcs

CALENDRIER DES DATES. 253

dans la maison de campagne près Vienne.
1711. Marche des corps de métiers à l'occasion du départ de l'armée pour la campagne du Pruth.
1732. Destitution du grand-vizir Osman-Pascha et nomination d'Ali Hekkimzadé.
13—1489. Entrée de Djem à Constantinople.
1680. Refus faits à l'ambassadeur russe de remettre en personne au grand-vizir la lettre du Czar.
1694. Destitution du grand vizir Bükli Moustafa et nomination du defterdar Ali-Pascha.
1727. Le corsaire Andronaki est fait prisonnier.
14—1589. Surprise de Thourzo.
1632. Les rebelles de Constantinople demandent à voir le prince héritier du trône pour s'assurer de son existence.
1738. Les ministres des puissances maritimes de l'Europe conseillent au grand-vizir de presser la fixation du lieu du congrès.
1759. Naissance de la princesse Hebetoullah.
15—1536. Exécution du grand-vizir Ibrahim-Pascha chargé du siége de Vienne.
1578. Audience accordée à Cugnaletta, négociateur espagnol.
1639. Départ de Mossoul de l'armée ottomane sous les ordres du grand-vizir.
16—1643. Exécution de Faïk, descendant de Tourakhan.
1689. Neuvième conférence de l'ambassadeur turc près de Vienne.
1747. Pirizadé et son beau-fils, Osman Molla, sont exilés à Geliboli.
17—1693. Destitution du grand-vizir Elhadj Ahmed-Pascha et nomination de Bükli-Moustafa.
1710. Irruption des Kalmouks dans la Crimée.
18—1529. Ibrahim - Pascha est nommé grand-vizir.
1561. Souleïman I investit son petit-fils Mourad du gouvernement de Magnésie.
1633. Exécution de Deli-Yousouf-Pascha.
1683. Dix mille Janissaires défilent sous les murs de Vienne.
1727. Traité de paix conclu entre l'Autriche et Alger.
19—1642. Renouvellement du traité de paix conclu avec l'Autriche à Szon.
1733. Célébration de la nouvelle année (newrouz) par Nadirschah.
1748. Mort du savant Neïli Ahmed Efendi.
1755. Frédéric II renouvelle ses propositions d'un traité d'amitié.
20—1529. Audience de congé accordée aux ambassadeurs de Ferdinand I.
1634. Le nouveau kœschk élevé près du palais de Scutari est achevé et les queues de cheval plantées.
1653. Révocation du grand-vizir Tarkhoundji et nomination de Derwisch-Mohammed.
1654. Entrée triomphale du serasker, de retour de sa campagne contre Venise.
1664. Ordonnance qui enjoint aux employés des chancelleries de se rendre à l'armée.
21—1452. Construction du château

européen construit à l'entrée du Bosphore.
1590. Paix conclue avec la Perse.
1655. Ipschir-Pascha offre des présens au sultan à l'occasion du newrouz.
1692. Destitution du grand-vizir Arabadji Ali.
1748. Envoi au dey d'Alger de quelques canons nouvellement fondus.

22—1643. Naissance du prince Ahmed, fils d'Ibrahim, et exécution du grand-vizir Kara-Moustafa.
1731. Destitution du silihdar Mohammed-Pascha et nomination de Kabakoulak.

23—1592. Révocation de Ferhad-Pascha, et nomination de Siawousch-Pascha.
1739. Révocation de Yegen Mohammed-Pascha et nomination d'Aouzzadé Mohammed-Pascha.

24—1627. Entrée à Haleb du grand-vizir Khalil-Pascha.
1731. L'aga des Janissaires est grièvement blessé par les rebelles.
1738. Le grand-vizir reçoit l'étendard sacré des mains du sultan.

25—1401. La ville de Damas est saccagée par Timour.
1525. Rébellion des janissaires.
1699. Installation de Dewlet-Ghiraï, fils de Sélim-Ghiraï, comme khan de Crimée.

26—1634. Entrée dans Constantinople du comte Puchaimb, avec défense de déployer son drapeau.
1728. Conférence du reïs-efendi avec le résident russe Wischniakoff.

27—1668. Départ de Mohammed IV d'Andrinople pour Larissa.
1755. Destitution du grand-vizir Moustafa-Pacha, et arrivée à Constantinople du nouveau grand-vizir Ali-Pascha Hekkimzadé.

28—1478. Zorzi est envoyé à Corfou.
1739. Le kaïmakam du grand-vizir Aouz-Pascha plante les queues de cheval en signe de guerre.
1741. Arrivée de l'ambassadeur russe, comte Roumanzoff à S. Stefano.

29—1598. La ville de Raab est enlevée aux Turcs.
1724. Sixième conférence des ministres ottomans et russes, sous la médiation de l'ambassadeur français.
1761. Premier traité d'amitié conclu entre la Prusse et la Porte.
1764. Élévation de l'interprète Ghika à la dignité de prince de Moldavie.

30—1533. Mort de la mère du sultan Souleïman, Hafssa Khatoun.
1600. Rébellion des janissaires.
1649. Arrivée à Constantinople de l'internonce Schmid de Schwarzenhorn et audience accordée à l'ambassadeur Ouzbeg, Abdoulmenan.
1668. Audience acordée aux ambassadeurs cosaque et russe.
1741. Audience accordée à l'ambassadeur persan.
1765. Destitution de Moustafa Bahir-Pascha, et nomination de Mouhsinzadé-Pacha.

31—1758. Mariage de la sultane Saliha, âgée de 43 ans,

avec le grand-vizir Raghib-Pascha.
1760. Fondation de la mosquée Laleli.

AVRIL.

1—1565. Départ de la flotte de Constantinople pour Malte.
1638. Départ de Mourad pour Eriwan.
1755. Destitution du grand-vizir Mohammed Saïd, et nomination de Moustafa-Pacha.
1770. Les queues de cheval sont plantées à Babataghi en signe de guerre contre la Russie.
2—1603. Débarquement en Europe du rebelle Deli Houseïm.
1633. Destitution du gouverneur d'Egypte, Khalil-Pacha.
1741. Exécution de Gendj Ali-Pascha.
1761. Audience accordée à Rexin, ministre de Frédéric II.
3—1580. Irruption des Turcs à Hatwan.
1589. Rébellion des janissaires dans le Divan.
1596. Mort du grand-vizir Sinan Pacha.
1624. Miri Houseïn, l'ancien grand-vizir est étranglé.
1678. Audience accordée aux ambassadeurs russes après l'échec de Cehryn.
1722. Audience de congé accordée à l'ambassadeur persan Mourteza Koulikhan.
4—1634. Discours prononcé par Puchaimb en présence du sultan.
1744. Audience de congé accordée à l'ambassadeur hollandais Calcoen.
1748. Arrivée à Constantinople de l'ambassadeur persan Abdoulkérim.
1771. Touldja se rend aux Russes.
5—1538. Bataille livrée sous les murs de Napoli de Romania.
1560. Départ de la flotte sous les ordres de Pialé Pascha.
1578. Le vizir Serasker Moustafa part pour prendre le commandement des troupes destinées contre la Perse.
1738. Distinction accordée par le sultan au grand-vizir Mouhsinzadé.
1746. Révocation du moufti Hayatizadé et nomination de Piri-Efendi.
6—1453. Mohammed II paraît avec son armée devant Constantinople.
1628. Destitution du grand-vizir Khalil-Pascha.
1720. Réception faite à Constantinople à l'ambassadeur impérial, comte Wirmond.
1735. Marche de Nadirschah sur Karss.
1767. Un vaisseau de guerre est lancé à l'eau.
7—1646. Les Vénitiens bombardent Ténédos.
1665. Introduction du *tesbih* (du *Te Deum.*).
1680. Mort du poète lyrique Baki.
1742. Ali Hekkimzadé est nommé grand-vizir pour la seconde fois.
1745. Le Kalgha et le Noureddin de Crimée sont traités avec magnificence à Constantinople.
8—1492. Marche de Bayezid II sur Sofia.

1598. Fondation de la mosquée de la mère du sultan Mohammed III.
1634. Départ de Mourad IV pour Andrinople.
1646. Combat livré aux Vénitiens près des citernes dans l'île de Crète et prise de l'étendard de Saint-Marc.
1654. Mort de Matteo Bessaraba.
1735. Mort de Rakoczy à Rodosto.
9—1588. Audience accordée à Bourdon.
1708. Noces des deux filles d'Ahmed III.
10—1704. Départ de la flotte pour la Mer-Noire, sous les ordres du kapitan-pacha Osman.
1731. Départ de Constantinople de l'étendard sacré.
1738. Départ de l'ambassadeur polonais Stadnicki.
1747. Renouvellement de la paix éternelle conclue avec la Russie.
11—1694. Mariage de la princesse Oumm-Koulsoum avec le vizir Osman-Pacha.
1757. Révocation d'Aouni et nomination du reis-efendi Eboubekr.
12—1538. Conquête de Nadin par les Turcs.
1652. Audience accordée à l'ambassadeur transylvanien Boris.
1697. Audience accordée à l'ambassadeur persan, Aboul-Maassoum.
13—1460. Mohammed II se met en marche pour la seconde campagne dans le Péloponèse.
1517. Le sultan égyptien Toumanbaï est pendu.
1635. Exécution du prince des Druses, Fakr-Eddin.
1689. Dixième conférence des ambassadeurs turcs dans la maison de campagne près de Vienne.
1770. Grand incendie à Constantinople.
14—1394. Timour défait Tokatmisch sur le Terek.
1513. L'armée de Sélim Ier est défaite par celle de son frère Ahmed.
1566. Débarquement de Pialé-Pascha dans l'île de Rhodes.
1639. Onzième conférence des plénipotentiaires turcs à Vienne.
1740. Signature d'un traité d'amitié avec Naples.
1771. Prise de Giurgewo par les Turcs.
15—1453. Retour de la flotte à Constantinople.
1642. Naissance du prince Souleïman II, fils de Mohammed IV.
1678. Déclaration de guerre contre la Russie.
1711. Propositions de paix faites par le prince Eugène.
1738. L'ambassadeur Villeneuve reçoit les pleins pouvoirs nécessaires pour négocier la paix.
6—1571. Moustafa-Pascha passe la revue de ses troupes sous les murs de Famagoste.
1672. Nomination d'Etienne Bétreïtschak comme voïévode de Moldavie.
1712. Renouvellement de la paix avec la Russie.
1719. Départ de Rakoczy pour Rodosto.
1724. Décision rendue par le moufti portant que tous ceux qui en faisant leurs prières se tournaient vers le Kaaba, ne pouvaient

pas être considérés comme infidèles.
1751. Un corsaire est conduit en triomphe dans le port de Constantinople.
17—1570. Départ de la flotte sous les ordres de Pialé-Pascha.
1704. Ordres relatifs à la construction d'un fort sur les frontières de Syrie.
18—1454. Paix conclue entre Mohammed II et le despote de Servie.
1638. Exécutions ordonnées par Mourad II à Boulawadin.
19—1512. Arrivée de Sélim Ier à Constantinople.
1515. Marche de Sélim Ier sur Koumakh.
1761. Naissance de la princesse Schahsultane.
1770. Marche des Russes sur Tripolizza.
20—1514. Sélim I passe d'Europe en Asie.
1719. Rébellion des troupes à Widdin.
21—1584. Nomination d'Islam Ghiraï comme khan de Crimée.
1740. Mahmoud I assiste à la lecture des traditions de Bokhara.
22—1766. Tremblement de terre à Constantinople.
23—1514. Manifeste de Sélim I au schah Ismaïl.
1526. Marche de Souleïman sur la Hongrie.
1543. Départ de Souleïman pour la guerre de Hongrie.
1639. Arrivée de l'ambassadeur persan Mohammed Koulikhan.
1726. Départ des commissaires russes et turcs chargés de la délimitation des frontières dans le Schirwan.
1767. Révocation du moufti Durrizadé et nomination de Welieddin Efendi.
24—1513. Bataille de Yenischehr entre Sélim I et Ahmed.
1584. Départ de Constantinople du khan Islam-Ghiraï.
1680. Exécution d'une femme adultère.
1744. Révocation du reïsefendi Raghib et nomination de Taoukdji Moustafa.
25—1479. La paix conclue entre Mohammed II et Venise est promulguée dans cette république.
1512. Détrônement de Bayezid.
1583. Osman-Pascha marche contre les Persans.
1600. Bataille livrée aux rebelles d'Asie.
1656. Mort du defterdar Mohammed-Pascha et du grand-vizir Siawousch.
1684. Promulgation, dans l'église Saint-Marc, de l'alliance conclue entre l'Autriche et Venise.
1771. Le général Weissmann fait sauter les fortifications d'Isakdji.
26—1532. Marche de Souleïman I sur Güns.
1651. Perte d'un grand vaisseau au moment où il fut lancé à l'eau.
1667. La flotte ottomane débarque à Candie.
1769. Le prince Galitzin passe le Dniester.
1770. Hossameddin est nommé kapitan-pascha.
27—1402. Naissance de Tschoki, petit-fils de Timour.
1567. Sélim II reçoit le serment de fidélité des grands dignitaires de l'empire.

1646. La sortie de la garnison d'Apricorne est repoussée.
1713. Exécution du grand-visir Ibrahim Khodja.
1731. Les Arméniens schismatiques et catholiques apparaissent au diwan.
1771. Les queues de cheval sont plantées à Babatagh.
28—1578. Le grand-vizir Moustafa marche contre la Perse.
1649. Un message de Venise offre la démolition de la Canée et de Retimo.
1688. Cornaro s'empare de Knin.
29—1641. L'internonce Iszdency arrive à Constantinople.
1734. Abdoullah Kœprülü négocie la paix avec la Perse.
1741. Fête donnée à l'ambassadeur persan.
1765. Bahir Moustafa-Pascha est décapité.
30—1585. Audience donnée à un Arménien en qualité d'ambassadeur russe.
1637. Exécution du khan de Crimée, Inayet-Ghiraï.
1645. Départ de la flotte pour Candie.
1669. Grand incendie à Ofen.
1672. Départ de Mohammed IV d'Andrinople.
1697. Les tentes impériales sont dressées devant Andrinople.
1769. Attaque malheureuse des Russes contre Chocim.

MAI.

1—1423. Mourad II envahit le Péloponnèse.
1484. Bayezid III entre en Moldavie.
1466. Souleïman marche sur Szigeth.
1616. Convention entre la Porte et l'Autriche.
1640. Audience de l'ambassadeur turc à Vienne.
1649. Départ de la flotte pour l'île de Crète.
1741. Fête brillante donnée en l'honneur de l'ambassade persane.
2—1629. Départ de Khosrew-Pascha pour Scutari.
1670. Mohammed IV se rend de Selanik à Andrinople.
1688. Moustafa est nommé grand-vizir en remplacement d'Ismaïl-Pascha.
1770. Massacre des Turcs à Navarin.
3—1481. Mort de Mohammed II.
1706. Ali de Tschorli est nommé grand-vizir à la place de Baltadj.
1736. Prise d'Azof par les Russes.
1756. Installation du grand-visir Moustafa.
1771. Déclaration de la Porte relative au manifeste qu'elle avait lancé contre la Pologne.
4—1421. Mohammed I relègue son frère à Akhissar.
1481. Korkoud est proclamé gouverneur à Constantinople.
1713. Destitution du moufti Ebézadé et nomination d'Abdallah Mohammed.
1738. Audience de Villeneuve chez le grand-vizir pour négocier la paix.
5—1648. Les tranchées sont ouvertes devant Candie.
1700. Audience de l'ambassadeur polonais Leszynski.
1721. Fête brillante à Constantinople.

1769. Le prince Prosorowski défait Abaza, pascha de Tekké.
6—1482. Djem se rend du Caire à Haleb.
1682. M. de Guilleragues se soustrait à la prison des Sept-Tours.
1767. Pierre III de Russie offre à la Porte de conquérir pour elle le Banat.
7—1649. Le kapitan-pascha chasse la flotte vénitienne des Dardanelles.
1664. Neutra est reprise par les Impériaux.
1698. Déclaration remise par Mauro Cordato au congrès de Vienne.
8—1559. Mohammed Sokolli marche sur Koniah.
1655. Rébellion des troupes contre Ipschir-Pascha.
1656. L'exécution des rebelles est résolue dans le diwan.
1726. Abdourrahman Kœprülü marche contre les tribus Schikaki et Schahwesen.
1751. Azadkhan, l'Afghan, est défait par Tahmouras.
9—1583. Bataille de Beschdepé.
1621. Osman II marche contre la Pologne.
1654. Départ de la flotte.
1760. Le kapitan-pascha Abdoul-Kérim est décapité.
10—1576. Entrée solennelle de Mourad III à Constantinople.
1592. Sikeria Efendi est nommé moufti en remplacement de Bostanzadé.
1655. Exécution du grand-vizir Ipschir-Pascha.
1689. Deuxième conférence à Vienne.
1701. Première leçon donnée au fils de Moustafa II.

1732. Réception du grand-visir Hekkimzadé à Constantinople.
11—1603. Les trois frères du khan des Tatares sont graciés.
1632. Mourteza reçoit la main de la veuve de Hafiz-Pascha.
12—1612. Convention conclue avec Starzer contre Bathory.
1682. Entrée dans Constantinople de l'ambassadeur d'Autriche, Kaprara.
1724. Prise d'assaut de Khoï par les Turcs.
13—1654. La flotte ottomane quitte l'Hellespont pour aller à la rencontre de celle de Venise.
1689. Antoine Dwornik, prince de Valachie. Treizième conférence de l'ambassade turque dans la maison de plaisance près Vienne.
1715. Audience accordée par le prince Eugène au mouteferrika Ibrahim.
1738. L'ambassadeur Peysonnel détermine le grand-vizir à insister pour la démolition des fortifications d'Azof.
14—1478. Marche de l'armée turque sur Scutari.
1560. Défaite de la flotte chrétienne par Pialé Pascha.
1595. Rébellion des Janissaires.
1639. Arrivée de l'ambassadeur persan, chargé de conclure la paix.
1664. Le grand-vizir Ahmed Kœprülü passe le pont d'Essek.
1676. Grand diwan tenu sur la place Atmeïdan à Constantinople.
1715. Le Sultan part avec l'é-

tendard sacré pour marcher contre les Vénitiens.
15—1458. Marche de Mohammed II contre la Grèce.
1517. Sanaa est pillée par Bersebaï.
1543. Les Hongrois sont battus près de Sexart.
1552. Ahmed beg arrive sous les murs de Temeswar.
1569. Prise d'Aaden par les Turcs.
1574. Départ de la flotte chargée de réduire le dey de Tunis.
1622. Commencement de la rébellion contre Osman II.
16—1570. Départ de la flotte sous les ordres du kapitan pascha.
1693. Tumulte dans la grande mosquée de Constantinople.
1709. Mariage de la princesse Fatima, fille d'Ahmed, avec le silihdar Ahmed-Pascha.
1758. Combat livré par Raghib-Pascha aux Mamlouks.
17—1579. Le kapitan-pascha Ouloudj est envoyé à Karss.
1639. Signature et ratification du traité de paix conclu avec la Perse.
1667. Départ d'Ahmed Kœprülü de Canée.
1731. Abdi-Pascha est nommé kapitan à la place de Djanum-Khodja.
18—1464. Giustiniani transporte les Grecs de Lesbos à Nègrepont.
1482. Le prince Djem offre la paix par l'entremise d'Ahmed-Pascha.
1570. Paix conclue avec Moutaher, imam des Seïdiyé.
1622. Les Janissaires et les Sipahis se réunissent pour demander la déchéance du sultan Osman II.
1632. Exécution du grand-vizir Redjeb-Pascha.
1653. Le grand-vizir Derwisch-Pascha prend possession du nouveau palais de la Porte.
1690. Ouragan terrible à Constantinople; cinq cents hommes sont noyés en moins d'une heure.
19—1515. Arrivée de Sélim I sous les murs de Koumakh.
1565. La flotte turque est en vue de Malte.
1622. Rébellion des troupes sur l'Hippodrome.
1665. Mohammed II se rend à Demotika.
1711. Les gouverneurs des provinces sont passés en revue par Ahmed III.
1736. L'armée russe se rassemble sur le Dnieper.
1755. Naïli succède dans le grand-viziratà Ali-Pascha Hekkimzadé.
20—1481. Arrivée de Bayezid II à Constantinople.
1586. Noces de la sultane Risché avec le grand-vizir Ibrahim-Pascha.
1622. Mort violente du sultan Osman II.
1675. Audience accordée à l'ambassadeur anglais Finch.
1733. Contareni renouvelle la paix dite éternelle, conclue entre Venise et la Porte.
21—1481. Funérailles de Mohammed II.
1556. Ali-Pascha devant Szigeth.
1605. Marche du grand vizir Lala Mohammed Pascha sur la Hongrie.
1621. Osman II est attaqué par quatre derwischs.
1634. Exécution du rebelle

Kœsé Ahmed.
1649. Exécution du grand-vizir Mohammed-Pascha.
1720. Meurtre du scheïkh Nazmizadé.
22—1577. La ratification du traité de paix avec l'Autriche est remise à la Porte.
1615. Arrivée du grand-vizir Damad Mohammed-Pascha à Haleb.
1622. Moustafa distribue aux troupes le présent dit d'avénement.
1676. Mohammed II visite le nouveau palais d'Akbinar.
23—1480. Arrivée de la flotte ottomane devant Rhodes.
1484. Bayezid II pose les fondements de sa mosquée à Andrinople.
1512. Avénement de Sélim II.
1524. Noces du grand-vizir Ibrahim-Pascha, général commandant le siége de Vienne.
1599. Départ de Constantinople du grand-vizir Ibrahim-Pascha pour prendre le commandement de l'armée.
1606. Mort du grand-vizir Lala Mohammed-Pascha.
1725. Abdoullah Kœprülü part de Tasoudj avec une armée de 70,000 hommes.
24—1733. Le Kalgha Feth-Ghiraï dans la Kabarta
1747. Mort du renégat Bonneval.
1766. Entrée dans Constantinople de M. de Brognard.
1768. Naissance d'une princesse fille de Moustafa III.
25—1533. Les clefs de Gran sont apportées à Constantiople.
1571. Ligue contre les Turcs.
1664. Ahmed Kœprülü devant Szigeth.

1667. Distribution de kaftans d'honneur aux officiers de l'armée de Candie.
1700. Mort du comte Sinzendorf à Constantinople.
1747. La Porte change la paix conclue avec l'Autriche en une paix éternelle. Traité d'amitié conclu avec la Toscane.
26—1512. Mort de Bayezid II.
1646. Le couvent des Citernes dans l'île de Candie est démoli.
1675. Commencement de la fête de la circoncision des fils du sultan Mohammed IV.
1736. Le feld-maréchal Munich devant les lignes de Pérékop.
27—1533. Négociations entamées à Constantinople relativement au dédommagement de la reine de Hongrie, Marie.
1627. Combat livré aux Persans sous les murs de Bagdad.
1651. Exécution du patriarche Parthénius.
1682. L'ambassadeur français offre à la Porte des présents pour faire oublier l'injure qui lui avait été faite par les violences commises à Khios.
28—1453. Mohammed II conduit son armée à l'assaut.
1517. Selim II se rend du Kaire à Alexandrie.
1645. La flotte ottomane se rend de Navarin à l'île de Crète.
1667. Ahmed Kœprülü ouvre le siége de Candie.
1669. Prise du bastion Saint-André à Candie.
1736. Déclaration de guerre contre la Russie; les lignes de Pérékop sont prises d'assaut.

29—1416. Bataille navale de Geliboli.
1453. Conquête de Constantinople par Mohammed II.
1509. Entrée solennelle du prince Korkoud au Kaire.
1524. Naissance du sultan Sélim II.
1528. Premier ambassadeur envoyé par l'empereur Ferdinand à Constantinople.
1535. Charles-Quint s'embarque à Tunis.
1555 Premier traité de paix conclu avec la Perse à Amassia.
1559. Combat livré entre le sultan Sélim II et le prince Bayezid, son frère.
1704. Ferdinand règle le cours des monnaies.
30—1559. Victoire décisive remportée par Sélim II sur son frère Bayezid.
1604. Nomination de Sofi-Sinan-Pascha au gouvernement de Bosnie.
1672. Audience accordée par le kaïmakam au secrétaire de la Pologne Wysocky.
1740. Renouvellement de la capitulation française, rédigée en 84 articles.
1767. Arslan-Ghiraï est nommé khan de Crimée, en remplacement de Sélim-Ghiraï.
31—1524. Fin des fêtes données en l'honneur du mariage d'Ibrahim-Pascha.
1621. Osman II arrive à Andrinople, d'où il marche contre la Pologne.
1654. Audience accordée aux députés des Cosaques.
1664. Kœprülü Ahmed-Pascha prend position au pont de Kanischa.

1698. Départ du grand-vizir d'Andrinople.
1744. Nadirschah combat les Ottomans aux environs de Karss.

JUIN.

1—1453. Mohammed II garantit la vie et la fortune des Grecs à Constantinople.
1475. La flotte grecque arrive devant Kaffa.
1499. Départ de Constantinople de Bayezid II.
1510. Réparation des murs de Constantinople.
1522. Souleïman - le - Grand somme le grand-maître de Rhodes de se rendre.
1769. Le grand-vizir établit son camp à Kartal.
2—1453. Relevé de la population génoise de Galata.
1622. Rebellion des oulémas.
1649. Audience accordée à l'ambassadeur persan, Mohammed-Khan.
1664. Illumination de Constantinople pendant sept jours, en l'honneur de la naissance du prince Moustafa.
1678. Le sultan remet l'étendard du prophète au grand-vizir.
1687. Le Vieux - Navarin se rend au comte Kœnigsmark.
1736. Marche solennelle des corps de métiers à l'occasion de la guerre contre la Russie.
3—1587. Emprisonnement à Constantinople du fils de Moutaher.
1628. Djanibek-Ghiraï succède au khan Mohammed-Ghiraï.
1673. Renouvellement de la capitulation française.

1696. Reprise du siége d'Azof par les Russes.
1736. L'aga des Janissaires se rend au camp de Daoud-Pascha.
4—1669. Première leçon de lecture donnée au prince Moustafa.
1756. Mort de la sultane Sobeïdé.
1760. Mort du savant moufti Abdoullah Wassaf.
1771. Avantage remporté par les Turcs à Kallé.
5—1423. Mourad II défait les Albanais.
1549. Marche de Souleïman-le-Grand de Haleb en Perse.
1690. Tremblement de terre à Constantinople.
1718. Première conférence du congrès de Passarowicz.
6—1482. Le prince Djem devant Koniah.
1610. Les galères maltaises et napolitaines débarquent à Kos.
1664. Mort héroïque de Strozzi.
1689. Souleïman-le-Grand à Sofia.
1718. Entrée du prince Eugène dans Semlin.
1740. Troubles à Constantinople.
1768. Mort de Gendj Mohammed Pascha.
7—1558. Busbek est admis au baise-main du sultan Souleïman.
1603. Exécution du sultan Mahmoud.
1622. Korecki est étranglé.
1698. Pierre I demande au cabinet de Vienne, si l'Empereur avait l'intention de faire sa paix avec la Porte.
1716. Les Cantacuzène sont étranglés à Constantinople.
1773. Défaite des Turcs à Karassou, par le général russe Weissmann.
8—1482. Djem devant Angora.
1536. Retour de Souleïman à Constantinople.
1639. Mourad IV est salué à Nicomédie par les oulémas.
1665. Entrée de l'ambassadeur turc à Vienne.
9—1566. Palota est assiégé par Arslan-Pascha.
1682. Audience accordée par le Sultan à l'ambassadeur impérial Caprara.
1769. Le grand-vizir établit son camp à Yassidépé.
10—1422. Commencement du quatrième siége de Constantinople par les Turcs.
1571. Mort de l'interprète Ibrahim Strozzeni.
1630. Khosrew-Pascha établit son camp devant Hamadan.
1639. Entrée de Mourad IV à Constantinople.
1683. Réception faite à Tœkœli, en sa qualité de roi des Truczes, par le grand-vizir Kara Moustafa Pascha.
1750. Refus de la Porte de conclure un traité d'amitié avec la Prusse.
1772. Armistice conclu avec la Russie.
11—1533. Conférence de l'ambassadeur impérial avec Gritti.
1622. Rébellion des soldats à Constantinople.
1637. Inayet-Ghiraï succède à Djanibek-Ghiraï.
1668. Ouverture des tranchées de Candie par le grand-vizir Kœprülü Ahmed-Pascha, dans la seconde

année du siége de cette place.
1689. Quatorzième conférence des ambassadeurs turcs dans la maison de plaisance près Vienne.
1733. Combat livré par les Russes aux Tatares de Crimée dans le Daghistan.
12—1515. Défaite et extermination de la famille de Soulkadre.
1654. Rencontre des flottes ottomane et vénitienne.
1669. Discussion scientifique soutenue en présence de Mohammed IV.
1717. Commencement de la bataille navale livrée pendant cinq jours dans les Dardanelles, par l'amiral Flangini.
13—1606. Paix de Bosekai avec l'empereur d'Allemagne.
1612. Mariage de la fille d'Ahmed I avec le kapitan-pascha.
1622. Meré Houseïn est nommé grand-vizir.
1674. Prière ordonnée dans tout l'empire à l'occasion de la nouvelle guerre.
1684. Le duc de Lorraine passe le pont de Gran.
1700. Paix avec la Russie.
1748. La Porte réclame l'intervention de M. de Desalleurs pour que les chevaliers de Malte lui restituent la galère du kapitan-pascha.
14—1532. Les ambassadeurs de l'empereur sont admis au baise-main du Sultan.
1634. Incendie à Scutari.
1725. Khattischerif envoyé aux barbaresques pour les inviter à traiter avec l'Autriche.

1735. Bataille d'Eriwan et mort d'Abdoullah Kœprülü.
15—1389. Bataille de Kassova.
1604. Le serasker Tschèklizadé se met en marche pour la Perse.
1668. Vitali est défait par le kapitan-pascha.
1710. Révocation du grand-vizir Ali-Pascha et nomination de Nououman Kœprülüzadé.
1715. Destitution du moufti Mirza Moustafa.
1717. Le prince Eugène établit son camp à Visnitza.
1718. Troisième conférence à Passarowicz.
16—1565. Mort du célèbre marin Torghoud dans l'île de Malte.
1718. Quatrième conférence des ambassadeurs impériaux à Passarowicz et première conférence des ambassadeurs vénitiens.
1736. Départ du grand-vizir Daoud-Pascha pour la guerre contre les Russes.
1769. Audience accordée par le grand-vizir à Potocki.
17—1638. Exécution du scheïkh de Sakaria ordonnée par Mourad IV.
1697. L'armée ottomane quitte le camp d'Andrinople.
1718. Cinquième conférence des plénipotentiaires impériaux assemblés à Passarowicz.
1752. Ferman autorisant l'introduction des écus d'Europe.
18—1453. Marche de Mohammed II de Constantinople à Andrinople.
1522. Départ de l'armée et de la flotte pour la conquête de Rhodes, sous les

ordres de Souleïman-le-Grand.
1684. Wissegrad se rend aux Impériaux.
1686. Commencement du siège d'Ofen par les Turcs.
1733. Le grand-vizir Topal Osman Pascha établit son camp aux bords du Zab.
1751. Soulèvement des Grecs à Constantinople.
19—1463. Prise de Babicsa-Ocsak, par les Turcs.
1480. Assaut livré à la tour Saint-Nicolas à Rhodes.
1547. Paix conclue entre Souleïman I et Charles V.
1608. Convention relative aux villages situés aux environs de Gran.
1652. Tarkoundji est nommé grand-vizir, en remplacement de Gourdji-Pascha.
1669. Arrivée de la flotte ottomane devant Canée.
1718. Sixième conférence à Passarowicz.
20—1481. Djem est défait par Kedük Ahmed-Pascha.
1591. Le koeschk de Sinan-Pascha est achevé.
1665. Audience à Vienne de l'ambassadeur ottoman.
21—1535. Charles V devant Tunis.
1556. Incendie de Szigeth et défaite d'Ali-Pascha sur la Rinya.
1622. Tumulte des Moulasims à Constantinople.
1627. Levée du siége de Bagdad.
1718. Septième conférence à Passarowicz.
22—1627. La tête de Kalenderoghli est envoyée à la Porte.
1533. Troisième conférence de l'ambassadeur de Ferdinand I avec Ibrahim-Pascha.

1543. Prise de Valpo par les Turcs.
1592. Echec des Ottomans sur la Kulpa.
23—1533. Conclusion du premier traité de paix entre l'Autriche et la Turquie.
1534. Reddition de Wan aux Turcs.
1541. Dixième campagne de Souleïman-le-Grand.
1691. Mort de Souleïman-le-Grand.
1704. Confirmation de Saïd en qualité de schérif de la Mecque.
1740. Le nischandji Ahmed-Pascha est nommé grand-vizir.
1747. Assassinat de Nadir-schah.
24—1432. Drakul ravage le district de Kronstadt.
1522. Débarquement de la flotte ottomane à Rhodes.
1648. Tremblement de terre à Constantinople.
1713. Signature à Andrinople du premier traité de paix avec la Russie.
1724. Traité de partage de l'empire persan, conclu entre la Russie et la Porte.
1771. Prise d'assaut des lignes de Pérékop, par le feld-maréchal Munich.
25—1630. La foudre menace la vie de Mourad IV au moment où il lisait les satires de Nefii.
1723. L'Afghan Mahmoud massacre trois cents notables de la Perse.
1749. Mort du célèbre moufti Piri-Efendi.
1765. Arrivée de Sélim-Ghiraï à Constantinople.
26—1516. Sélim I à Konieh.
1606. Armistice conclu avec

l'Autriche pour trente-deux jours.
1607. Djanboulad marche à la rencontre des rebelles.
1656. La flotte ottomane sort des Dardanelles.
1718. Huitième conférence à Passarowicz.
1759. Discussion scientifique tenue en présence de Moustafa III.
27—1483. Le prince Djem naviguant sur l'Iser.
1484. Bayezid II franchit le Danube.
1523. Nomination du grand-vizir Ibrahim-Pascha, commandant plus tard au siége de Vienne.
1530. Commencement de la fête de la circoncision des fils de Souleïman-le-Grand.
1566. Souleïman envoie sa galère à Zapolya.
1587. Mort de Kilidj Ali-Pascha.
1645. Commencement du siége de la Canée.
1684. Bataille de Waizen.
1715. Damad Ali-Pascha franchit l'isthme de Corinthe.
1725. Mort d'Esaad-Kœprülü.
28—1565. Mort d'Ali-Pascha, surnommé le Replet.
1683. Kara Mohamed-Pascha envoie les têtes des habitants du couvent de Saint-Marton.
1694. Surmeli Ali-Pascha part avec l'étendard sacré pour investir Belgrade.
1718. Neuvième conférence de Passarowicz.
1770. Défaite des Turcs près Kartal et bataille de Ribaya-Maghila (Kandepé).

29—1535. Audience de Moulaï-Hasan auprès de l'empereur Charles V.
1566. Audience de Sigismond Zapolya auprès du sultan Souleïman.
1664. Assaut donné à Nouvelle-Serinwar.
1680. Le Kapitan-Pascha Kaplan meurt à Smyrne.
1718. Dixième conférence à Passarowicz.
1724. Les Turcs ouvrent la tranchée de Hamadan.
30—1455. Déclaration de guerre contre Khios par Mohammed II.
1597. Mort de la sultane Razivé.
1615. Mort, par la peste, du moufti Mohammed, fils de Seadeddin.
1649. Assemblée des Janissaires et des Sipahis, pour entendre lecture de la lettre de Gourdji-Nebi.
1695. Départ d'Andrinople de l'armée ottomane.
1752. Tumulte et mécontentement des Janissaires.

JUILLET.

1—1478. Mohammed II devant Scutari.
1566. Zapolya est congédié par Souleïman II.
1614. Convention conclue entre Bethlen-Gabor et Iskender-Pascha.
1649. Renouvellement de la paix avec l'Autriche, conclu à Constantinople.
1735. Lettre du comte Osterman au grand-vizir, relative aux prétentions de la Russie sur le Daghistan.
2—1607. Départ du grand-vizir

Mourad-Pascha pour l'armée.
1649. Le rebelle Katirdji-oghli campe sur les hauteurs près de Scutari.
1705. Fête donnée par le kiaya à Ahmed III.
1748. Tumulte sur le marché des fripiers à Constantinople.

3—1635. Entrée de Mourad II à Erzeroum.
1669. Arrivée devant Candie d'une flotte auxiliaire composée de navires français, maltais et romains.
1670. Mohammed IV reçoit le conquérant de Candie, Ahmed-Kœprülü.
1715. Corinthe se rend aux Turcs.
1774. Les Turcs demandent un armistice au comte Roumanzoff.

4—1490. Orage terrible à Constantinople.
1539. Incendie dans le port de Constantinople.
1546. Mort de Barberousse.
1678. L'armée ottomane marche sur Cehryn.
1738. Blocus d'Orsowa par les Turcs.
1773. Roumanzoff se retire de Silistra.

5—1390. Timour défait Tokatmisch.
1543. Siklos se rend aux Ottomans.
1693. Le grand-vizir Büklü Moustafa-Pascha se met en marche d'Andrinople.
1770. Bataille et incendie de la flotte à Tscheschmé.

6—1575. L'ambassadeur turc, Mohammed, meurt à Prague.
1612. Première capitulation avec la Hollande.
1649. Arrivée à Maldepé du rebelle Gourdji-Nebi.

1656. Défaite des Turcs dans les Dardanelles par les Vénitiens.
1754. Convention faite entre Venise et Raguse sous la médiation de la Porte.
1756. Terrible incendie à Constantinople.
1771. Conclusion d'un traité de subsides avec l'Autriche.

7—1559. Le prince Bayezid franchit les frontières de Perse.
1595. Destitution et exécution du grand-vizir Ferhad Pascha.
1622. Rébellion des Janissaires à Constantinople.
1649. Combat livré aux rebelles sous les murs de Constantinople.
1664. Les fortifications de Nouvelle-Serinvar sont rasées.
1670. Diwan et distribution de kaftans à l'occasion du retour d'Ahmed-Kœprülü de Candie.
1685. La Maïna est ravagée par Ibrahim-Pascha.
1715. Les clefs d'Égine sont envoyées à la Porte.
1724. Prise d'assaut des faubourgs d'Eriwan.
1774. Siége de Schoumna par le général Kamenski.

8—1521. Prise de Sabacz par Souleïman-le-Grand.
1595. Arrivée du grand-vizir Ferhad-Pascha, à Rousdjouk.
1608. Kalenderoghli est défait près du défilé de Goksoun-Yaïla.
1683. Le grand-vizir Kara-Moustafa passe la Raab.
1707. Construction près du bagne de la mosquée de Tschorli Ali Pascha.
1709. Bataille de Pultawa.

1771. Prise de Pérékop par les Russes.
9—1401. Bagdad est prise par Timour.
1416. Paix conclue avec Venise après la bataille de Geliboli.
1538. Souleïman I envahit la Moldavie.
1683. Ravages de Perchtoldsdrof par les Tatares.
1704. Ambassade du Mir Alem Ibrahim, chargé d'annoncer à l'empereur l'avénement d'Ahmed III.
10—1453. Exécution du grand-vizir Khalil Djendereli.
1584. Entrée solennelle dans Constantinople d'Ouzdemir Osman.
1601. Mort du grand-vizir Ibrahim.
1651. La flotte ottomane est défaite par les Vénitiens.
1718. Onzième conférence à Passarowicz.
1752. Les oulemas complotent une révolte.
11—1526. Souleïman I arrive devant Belgrade.
1581. Renouvellement de la capitulation française.
1688. Le grand-vizir Ismaïl-Pascha envoie une ambassade à la cour impériale.
1690. Prise de Kanischa par les Impériaux.
12—1444. Marche de Mourad II en Asie.
1470. Le fort de Négrepont se rend aux Turcs.
1621. Les Turcs jettent un pont sur le Danube.
1665. Ahmed Kœprülü remet l'étendard sacré au Sultan.
1715. Prise de Napoli di Romania.
1718. Onzième conférence à Passarowicz.

1737. L'armée impériale franchit les frontières de Servie.
1755. Grand incendie à Constantinople.
13—1534. Entrée du grand-vizir Ibrahim-Pascha dans Tébriz.
1539. Loutfi-Pascha est nommé grand-vizir.
1656. Ténédos envahie par les Vénitiens.
1737. Prise d'Oczakow par les Russes.
1772. Armistice conclu entre les flottes russe et turque.
14—1456. Hunyade sous les murs de Belgrade.
1535. Prise d'assaut de la Goletta.
1562. Prise de Hegyesd par les Hongrois.
1565. Prise d'assaut d'Erdod par les Turcs.
1641. Exécution d'Emirgouné.
1683. Le grand-vizir Kara Moustafa sous les murs de Vienne.
1684. Bataille de Hamsabeg.
1691. Ahmed II ceint le sabre dans la mosquée d'Eyoub.
1735. Révocation du grand-vizir Ali-Hekkimzadé.
15—1484. Prise de Kilia par Bayezid II.
1498. Paix conclue avec Frédéric d'Aragon.
1684. Déclaration de guerre contre Venise.
1751. Grand incendie à Constantinople.
1771. Ratification du traité de subsides conclu avec l'Autriche.
16—1556. Incursion des Turcs dans les pays situés sur l'Unna et la Koulpa.
1639. Convention avec Venise,

relative au paiement de 250,000 ducats.
1664. Montécuculli franchit le mur près de Neuhof.
1686. Les Bavarois à Ofen.
17—1580. Saswar (Schehsouwar) est battu par les Hongrois.
1594. Le khan des Tatares Ghazi-Ghiraï devant Rab.
1645. Cornaro est battu devant la Canée.
1683. Massacre des habitants de Perchteldsdorf par les Turcs.
1703. Rébellion des Djobedjis à Constantinople.
1718. Rédaction des articles du traité de Passarowicz et grand incendie à Constantinople.
1738. Lettre adressée par le comte Ostermann au grand-vizir.
18—1554. Les Turcs saccagent Eriwan
1664. Sac de Berczencze.
1737. Siége de Banyalouka par Hildbourghausen.
19—1481. Le prince Djem à Jérusalem.
1521. Souleïman I jette un pont sur la Save.
1566. Marche de Souleïman I sur Szigeth.
1664. Défaite des Turcs sous les murs de Lewenz par le général Souches.
1703. Explosion de la révolution à Constantinople.
1733. Défaite des Ottomans par les Persans et mort de Topal Osman-Pascha.
1769. Le khan des Tatares se retire à Kaouschan.
20—1402. Bataille d'Angora et captivité de Bayezid-Yilderim.
1482. Djem s'embarque sur une galère de Rhodes.
1678. Commencement du siége de Cehryn.
1684. Morosini descend dans l'île de Sainte-Maure.
1687. Morosini devant Patras.
1700. Insulte faite à Ferriol.
1737. Echange des pouvoirs au congrès de Niemirow.
1739. Marche du grand-vizir sur Krocka.
21—1456. Assaut donné par Mohammed II à Belgrade.
1597. Nomination de Michel à la dignité de voïévode de Valachie.
1601. Nomination du grand-vizir Hasan.
1624. Apparition des Cosaques dans le Bosphore.
1683. Les Turcs devant Vienne reçoivent la nouvelle de l'approche du duc de Lorraine.
1703. Les rebelles plantent à Constantinople l'étendard sacré.
1711. Paix conclue avec Pierre-le-Grand, sur le Pruth.
1718. Paix conclue à Passarowicz.
1719. Grand incendie à Constantinople.
1773. Bataille de Kaïnardjé et mort de Weissmann.
1774. Paix de Kaïnardjé.
22—1456. Belgrade est secourue.
1478. Prise de Scutari.
1574. Conquête de Tunis.
1583. Fête de circoncision du sultan Mourad III.
1684. Défaite des Turcs à Hamzabeg par le duc de Lorraine.
1685. Invasion de Corbavie par le comte d'Herberstein.
1686. Explosion des magasins à poudre d'Ofen.
1698. Rami-Pascha et Maurocordato sont nommés

plénipotentiaires pour conclure la paix.
1739. Défaite des Autrichiens à Krocka.
23—1482. Pereny est admis à Essek à baiser la main du grand-vizir.
1543. Entrée du sultan Souleïman à Ofen.
1683. Explosion des mines pratiquées par les Turcs à Vienne sous les bastions dits de Lœwel et du Château.
1685. Sommation du duc de Lorraine à la garnison de Neuhæusel.
1703. Grand diwan assemblé à Andrinople pour prendre des mesures contre les rebelles.
24—1484. Prise d'Ak-Kerman par Bayezid II.
1669. Arrivée de la flotte française à Candie.
1730. Déclaration de guerre contre la Perse.
1737. Difficultés soulevées par les ministres russes assemblés au congrès de Niemirow.
1741. Arrivée à Kiew d'un agent de Frédéric II de Prusse.
25—1552. Assaut donné à Temeswar.
1684. Bombardement de Ste-Maure par les Vénitiens.
1716. Les Turcs jettent un pont sur la Save.
1739. Le grand-vizir livre aux flammes le faubourg de Belgrade.
26—1473. Défaite d'Ounouz Hasan.
1476. Bataille livrée au prince Etienne de Moldavie.
1552. Assaut donné à Temeswar.
1569. Les Turcs devant Sanâ.

1604. Mort de Sinan-Pascha.
1638. Mourad IV à Haleb.
1664. Montecuccolfi à Kœrmend.
1706. Audience accordée aux rebelles de Hongrie.
1769. Combat de Basckivizi.
27—1301. Le sultan Osman I remporte la première victoire sur Muzalo, près Nicomédie.
1521. Souleïman I passe la Save.
1526. Assaut donné à Belgrade par Souleïman I.
1612. Naissance de Mourad IV.
1634. Mourteza est nommé serdar contre la Pologne.
1664. Prise de Kapornak.
1686. Assaut donné à Ofen.
1761. Échange des ratifications du traité conclu avec la Prusse.
28—1479. Débarquement des Turcs sur les côtes de la Pouille.
1480. Mohammed II ordonne l'assaut à Rhodes.
1499. Bataille navale de Sapienza.
1522. Débarquement de Souleïman à Rhodes.
1584. Nomination du grand-vizir Osman-Pascha.
1635. Mourad IV devant Eriwan.
1667. Ouragan en Égypte.
1703. Exil à Erzeroum du moufti Feïzoullah et de ses fils.
29—1480. Prise de Cirknitz par les Turcs.
1512. Marche de Sélim I pour combattre son frère et son neveu.
1543. Commencement du siége de Gran.
1669. Mort du Nischandji Abdi.
1680. Première leçon de lec-

ture donnée au prince Ahmed.
1739. Toz Mohammed-Pascha établit son camp devant Belgrade.
1747. Echange de la ratification du traité éternisé avec l'Autriche.
1769. Les Russes passent le Dniester.

30—1478. Reddition de Scutari.
1526. Reddition de Belgrade à Souleïman II.
1577. Conclusion d'un traité avec la Pologne.
1715. Réduction des Maïnotes par les Turcs.
1739. Combat de Pancsova.
1752. Grand tremblement de terre.

31—1556. Levée du siége de Szigeth.
1560. Prise de Djerbé par Pialé-Pascha.
1664. Passage de la Raab près de Saint-Gothard par les Turcs.
1683. Ouverture des tranchées devant Vienne.
1773. Les Cosaques du Don sont expulsés de Touldja.

AOUT.

1—1522. Commencement du siége de Rhodes.
1547. Ratification du traité turc par Charles V.
1555. Mohammed Sokolli marche contre le faux Moustafa.
1664. Bataille de Saint-Gothard et d'Aboukir.
1683. Le comte Daun emploie pour repousser l'assaut des Turcs à Vienne des gens armés de faux.
1725. Tebriz se rend aux Turcs.

2—1591. Destitution du grand-vizir, Sinan-Pascha.

1650. Projet des Janissaires d'assassiner le grand-vizir.
1683. Les Turcs font descendre la flotte du Danube.
1715. Prise du château de Morée.
1716. Le grand-vizir Damad Ali-Pascha marche sur Peterwardein.
1735. Reprise des négociations entamées avec la Perse.

3—1511. Le prince Sélim, fils de Bayezid II, s'embarque pour la Crimée.
1696. Naissance du prince Mohammed. Les Turcs devant Belgrade.
1728. Entrée dans Constantinople de l'ambassadeur persan envoyé par Eschref.
1730. Départ de l'étendard sacré pour la campagne de Perse.
1751. Supplique des habitants d'Isfahan, ayant pour objet de demander l'installation d'un prince persan.

4—1521. Souleïman I devant Belgrade.
1566. Souleïman I devant Szigeth.
1595. Combat livré sous les murs de Gran.
1639. Défaite des Cosaques.
1648. Les Ottomans sont repoussés dans l'assaut livré à Candie.
1718. Désastre de la flotte vénitienne en vue de Dulcigno.
1737. Hildbourghausen est obligé de se retirer de Banyaluka.

5—1480. Quatrième incursion des Turcs en Carinthie.
1585. Mort de la sultane Esmakhan.

1611. Mort de Mourad-Pascha, le Puisatier.
1634. Entrée de Mourad IV à Constantinople.
1670. Paix conclue avec Venise.
1716. Bataille de Peterwardein.
1724. Marche de Kœprülü Abdoullah-Pascha sur Tebriz.
6—1456. Fête instituée à l'occasion de la prise de Belgrade.
1543. Assaut donné à Gran par les Turcs.
1605. Cicala aux bords du lac de Tebriz.
1682. Le serdar Ibrahim et Tokoli opèrent leur jonction à Pesth.
1723. Conseil de guerre assemblé pour décider la guerre contre la Perse.
1728. Ouragan à Constantinople.
1769. Le serasker établit son camp sur l'emplacement de celui de Prosorowsky.
1770. Marche de Repnin sur Ismaïl.
7—1539. Assaut de Castelnuovo.
1580. Mort de Moustafa l'Écorcheur.
1633. Incendie à Constantinople.
1648. Rébellion de Constantinople.
1672. Les Ottomans sur le Dniester; siége de Caminiec.
1693. Ouverture des tranchées devant Belgrade.
1710. Destitution du grand-vizir, Nououman Kœprülü.
1768. Destitution du grand-vizir Mouhsinzadé.
8—1533. Victoire remportée par Doria sur la flotte ottomane.
1575. Renouvellement de la paix vénitienne.
1635. Reddition d'Eriwan.
1648. Détrônement du sultan Ibrahim et avénement de Mohammed IV.
1667. Renouvellement du traité de paix avec la Pologne.
1684. Sortie de la garnison de Sainte-Maure.
1738. Combat livré sur le Dniester entre les Russes et les Tatares.
9—1480. Les Turcs ravagent Sekau en Styrie.
1521. Le sultan Souleïman donne l'assaut à Belgrade.
1532. Souleïman I paraît devant Gans.
1637. Arrivée à Constantinople de l'ambassadeur persan Makssoudkhan.
1669. Le comte Waldek meurt à Candie.
1683. Grégoroviz apporte aux assiégés, à Vienne, la nouvelle de l'approche du duc de Lorraine.
1737. Baghdjéseraï est incendiée par les Turcs.
10—1500. Prise de Modon par les Turcs.
1539. Prise de Castelnuovo par Khaïreddin-Pascha.
1543. Prise de Gran.
1635. Nouvelle de la prise d'Érivan et ordre donné par le Sultan de tuer ses frères.
1664. Paix de Vasvar.
1697. L'armée turque devant Belgrade.
1703. Les rebelles de Constantinople mettent Siliwri au pillage.
1745. Défaite de Mohammed Yegen-Pascha par Nadirschah.
1746. Construction du Kœschk de Tokat.

CALENDRIER DES DATES.

1747. Massacre des begs mamlouks, au Kaire, par Raghib-Pascha.
1753. Mort du savant Moufti Esaad.
11—1456. Mort d'Hunyade.
1479. Les Turcs devant Otrante.
1628. Arrivée du grand-vizir Khosrew-Pascha à Kodjahissar et marche sur Belgrade.
12—1511. Entrée dans Constantinople de Bayezid II.
1678. Défaite des Turcs à Cehryn.
1685. Les drapeaux de Koron sont envoyés à Venise.
1687. Bataille de Mohacs.
1738. Traité d'alliance conclu avec la Suède.
1769. Exécution du grand-vizir, du prince de Moldavie et de l'interprète de la Porte.
13—1518. Souleïman I est envoyé comme sandjak à Saroukhan.
1683. Koltschitzky passe à travers le camp des Turcs pour porter des nouvelles aux assiégés de Vienne.
1685. Le comte Leslie incendie le pont d'Essek.
1715. Commencement du siége de Modon.
1769. Le prince Galitzin passe le Dniester pour la seconde fois.
14—1677. Essek est prise d'assaut.
1686. L'armée turque vient au secours d'Ofen.
1728. Le rebelle Kalender est repoussé de Tebriz. Départ de l'ambassadeur Raschid pour la cour de Perse.
1745. Mort de Mohammed Yegen-Pascha.
1749. Mort du savant Bolewizadé.

1758. Mort de Hekkimzadé Ali-Pascha.
15—1539. Siége de Cattaro par Khaïreddin-Pascha.
1605. Conseil de guerre assemblé pour décider s'il fallait marcher sur Ofen ou sur Kanischa.
1624. Défaite du grand-vizir près du pont de Karasou, par Abaza.
1672. L'armée ottomane franchit les frontières de Pologne.
1696. Moustafa II aux bords de la Temes.
1738. Prise d'Orsowa par les Turcs.
16—1548. L'armée turque devant Wan.
1556. Achèvement de la Souleïmaniyé.
1648. Mohammed IV ceint le sabre dans la mosquée d'Eyoub.
1685. Le duc de Lorraine attaque le camp ottoman devant Gran.
1717. Défaite des Turcs devant Belgrade.
1737. Première conférence du congrès de Niémirow.
1748. Arrivée de l'envoyé Khatti-Moustafa à Schœnbrunn.
17—1488. Bataille livrée entre l'armée ottomane et celle d'Égypte.
1535. Départ de Tunis de Charles-Quint.
1553. Torghout assiége Bastia.
1562. Départ de Busbek de Constantinople.
1571. Mort affreuse de Bragadino.
1595. Sinan-Pascha part de Constantinople avec l'étendard sacré.
1638. Mort de Baïram-Pascha.

1645. Prise de la Canée par les Turcs.
1652. Nomination du moufti Behaysi.
1715. Chute de Modon.
18—1472. Victoire remportée par Moustafa, fils de Mohammed II, près du lac de Koraïli.
1537. Commencement du siége de Corfou.
1647. Combat naval.
1648. Le sultan Ibrahim est étranglé.
1672. Les Turcs devant Caminiec.
1717. Sortie de Schulenbourg à Corfou.
1739. Attaque de Chocim par Roumanzoff.
19—1566. Les Turcs maîtres des fortifications intérieures de Szigeth.
1601. Mort de Michel, voïévode de Valachie.
1621. Destitution du voïévode de Moldavie.
1642. Grand tremblement de terre à Constantinople.
1655. Destitution du grandvizir Mourad-Pascha et nomination de Souleïman-Pascha.
1685. Assaut donné par les Impériaux à la ville de Gran.
1691. Bataille de Slankamen.
1771. Mouhsinzadé se rend à Kalafat.
1772. Entrée des plénipotentiaires russes à Fokschan.
20—1482. Traité conclu entre le grand-maître de Rhodes et le prince Djem.
1500. Prise de Koron par les Turcs.
1503. Paix conclue avec la Hongrie.
1537. Débarquement de Khaïreddin-Pascha sur les côtes de la Pouille.
1543. Khaïreddin à Nice, et incursion des Tatares.
1623. Rébellion des troupes et détrônement de Moustafa Ier.
1635. Mourad IV quitte Eriwan, conquise par ses armes.
1696. Bataille sur la Bega.
21—1511. Rébellion des Janissaires.
1689. Prise de Fethislam.
1703. Les rebelles de Constantinople campent sur la Toundja.
1717. Schulenbourg reprend Butrinto aux Turcs.
22—1526. Souleïman I passe la Drave.
1611. Nomination du grandvizir Nassouh-Pascha.
1703. Détrônement de Moustafa II et avénement d'Ahmed III.
23—1595. Pont jeté à Rousdjouk.
1666. Mesgnien Meninski est envoyé au pascha d'Ofen.
1683. Prise par les Turcs du ravelin du château à Vienne.
1739. Conférence de Neiperg dans le camp turc.
1740. Audience de l'ambassadeur turc à Vienne.
24—1422. Levée du quatrième siége de Constantinople par les Turcs.
1514. Bataille de Tschaldiran.
1516. Bataille de Dabik et mort du sultan mamlouk Ghawri.
1574. Siége de la Goletta.
1634. Exécution d'Abaza.
1744. Bataille de Künbed.
1747. Destitution de Jean Maurocordato, prince de Moldavie, et élévation de Grégoire Ghika.
25—1515. Grand incendie à Constantinople.

1541.Souleïman I devant Ofen.
1553.Arrivée à Constantinople des ambassadeurs impériaux Verantius et Zai.
1580.Nomination du grand-vizir Sinàn-Pascha.
1645.Les églises de la Canée sont changées en mosquées.
1687.Incendie à Constantinople.
1695.Moustafa II passe le Danube.
1716.Eugène commence le siége de Temeswar.
26—1499.Prise de Lepanto par Bayezid II.
1560 Pialé-Pascha cingle vers Tunis.
1566.Mort de Sofi Ali-Pascha devant Szigeth.
1582.Djâfer-Pascha serasker à Kaffa.
1595.Bukharest est ravagée par les Tatares.
1635.Naissance d'Alaeddin, fils de Mourad IV.
1714.Tortures et exécution de Brancovan et de ses fils à Constantinople.
27—1663.Ahmed Ghiraï rejoint l'armée avec 100,000 Tatares.
1672.Capitulation de Caminiec.
1715.Fêtes données à l'occasion de la conquête de la Morée.
28—1526.Dispositions pour la bataille de Mohacs.
1532.Sommation faite à la garnison de Güns.
1543.Assaut donné à Stuhlweissenbourg.
29—1521.Belgrade se rend à Souleïman I.
1526.Bataille de Mohacs.
1553.Départ du Sultan de Scutari.
1602.Prise de Stuhlweissenbourg.

1608.Voyage à cheval, pendant six jours et sept nuits, du grand-vizir nonagénaire Mourad-Pascha.
1650.Combat livré à Candie sous les murs d'Istina.
1686.Le serasker de Valona surprend les Vénitiens assiégeant Nauplie.
1694.Incursion de Ghazi-Ghiraï dans le voisinage de Pancsova et sur la rive gauche du Danube.
30—1621.Défaite d'un corps polonais par Tscherkes Houseïn.
1623.Détrônement du sultan Moustafa.
1649.Second siége de Candie.
1653.Rébellion des Janissaires à Scutari.
1672.Reddition de Caminiec.
1689.Surprise et défaite du serasker Redjeb-Pascha dans son camp de Batoudjina.
1736.Conférence préliminaire des plénipotentiaires turcs et persans à Constantinople.
31—1669.Départ des escadres française et papale de Candie.
1683.Les troupes égyptiennes abandonnent les tranchées établies devant le bastion dit Lowel à Vienne.
1736.Seconde conférence entre les plénipotentiaires turcs et persans.
1771.Les Russes sont repoussés d'Oczakow.

SEPTEMBRE.

1—1588.Fortification de Gendjé.
1601.Siége de Kanischa par les Impériaux.
1698.Carlowicz est désignée

comme lieu du congrès.
1724. Prise de Hamadan par les Turcs.
1739. Préliminaires du traité de Belgrade.
1749. Mort du reïs-efendi Moustafa.
1770. Prise de Kilia par les Turcs.
2—1477. Défaite des Turcs dans la plaine de Tiranna.
1537. Souleïman I devant Corfou.
1541. Entrée de Souleïman I dans Ofen.
1566. Mine pratiquée sous le grand bastion de Szigeth.
1595. Prise de Gran par les Impériaux.
1651. Rébellion des eunuques.
1686. Prise d'assaut d'Ofen par les Autrichiens.
1687. Jacques Sobieski lève le siége de Caminiec.
1731. Troubles à Constantinople.
1769. Le prince Galitzin chasse les Turcs du Dniester.
3—1526. Massacre des prisonniers hongrois.
1667. Construction d'un nouveau séraï.
1683. Les Turcs se rendent maîtres d'un ravelin à Vienne.
1754. Grand tremblement de terre à Constantinople.
4—1543. Prise de Stuhlweissenbourg par les Turcs.
1552. Prise de Szolnok.
1593. L'ambassadeur Krekhwitz meurt à Belgrade par suite des mauvais traitemens des Turcs.
1674. Prise d'assaut de Human et massacre des habitans.
1688. Défaite des Turcs devant Banyalouka par le margrave de Bade.
1746. Signature du traité de paix conclu à Kerden avec Nadirschah.
5—1566. Incendie de Szigeth. Captivité du beg de Stuhlweissenbourg.
1693. Incendie à Constantinople.
1702. Amoudjazadé Houseïn Kœprülü demande sa retraite.
1725. Prise de Lori par les Turcs.
1761. Remplacement du moufti Bekirzadé par Welieddin.
6—1566. Mort de Souleïman I.
1630. Khosrew-Pascha devant Bagdad.
1646. Prise de Karabousa.
1669. Négociations entamées pour la reddition de Candie.
1688. Prise d'assaut de Stuhlweissenbourg par les Impériaux.
1751. Ordonnances dites de justice.
7—1515. Nouvelle organisation de l'état-major des Janissaires.
1529. Prise d'Ofen par Souleïman Ier.
1537. Levée du siége de Corfou.
1541. Arrivée au camp turc de Herberstein et de Salm.
1551. Mohammed Sokolli passe le Danube.
1677. Levée du siége de Cehryn par les Turcs.
1695. Prise d'assaut de Lippa.
1739. Convention relative à la démolition des fortifications d'Azof.
1741. Convention signé entre le reis-efendi Raghib et le comte Roumanzoff.
8—1566. Prise de Szigeth.

CALENDRIER DES DATES.

1578. Bataille sanglante livrée sur le Kanak.
1595. Prise de Wissegrade par les Autrichiens.
1621. Souleïman I attaque le camp des Polonais à Chocim.
1687. Arrivée à Constantinople d'une députation de l'armée rebelle.
1690. Nissa se rend aux Turcs.
1726. Paix conclue entre la Hollande et le dey d'Alger.
9 —1478. Départ de Scutari de Mohammed II.
1493. Défaite de Derencseny.
1552. Ahmed-Pascha devant Erlau.
1570. Prise d'assaut de quatre bastions de Nicosie.
1630. Convention conclue entre Mourteza - Pascha, gouverneur d'Oczakow, et la Pologne.
1672. Incursion des Turcs à Lemberg.
1683. L'armée ottomane se range pour livrer bataille à Dornbach.
1761. Bataille de Khandepé.
10 —1481. Otranto est restitué par les Turcs.
1526. Souleïman I devant Ofen.
1532. Souleïman I devant Gleistorf.
1549. Souleïman à Erzeroum.
1522. Sokolli devant Erlau.
1623. Avénement de Mourad IV.
1699. Entrée solennelle de Moustafa II à Constantinople.
11—1522. Assaut donné à Rhodes.
1552. Attaque d'Erlau.
1565. Arrivée de secours à Malte et levée du siége par les Turcs.
1596. Rébellion des Janissaires.
1600. Le grand-vizir Ibrahim à Berzenczé.

1731. Nomination du grand-vizir Topal Osman-Pascha et révocation de Kabakoulak.
12—1532. Souleïman I devant Gratz.
1663. Exécution de Djanizadé.
1683. Délivrance de Vienne.
1688. Assaut donné à Knine.
1697. Défaite des Turcs à Zenta.
1771. Attaque de Giurgewo par le général russe Essen.
13—1522. Brèche pratiquée dans le bastion anglais à Rhodes.
1532. Départ de Souleïman I de Gratz.
1574. Prise de la Goletta par Sinan-Pascha.
1625. Troubles causés par les Janissaires et les Djebedjis de Constantinople.
1661. Incursion des Tatares jusqu'à Nikolsbourg, Brünn et Olmütz.
1683. Sobieski visite les fortifications de Vienne.
1698. Bataille navale entre Dolfino et Mezzomorto.
1741. Michel Rakovizza est nommé pour la seconde fois voïévode de Valachie.
1743. Nadirschah devant Mossoul.
1744. Blocus de Karss par Nadirschah.
14—1509. Tremblement de terre à Constantinople.
1529. Zapolya est élevé au trône de Hongrie.
1537. Assaut donné par Kasim-Pascha à Napoli-di-Romania.
1730. Mort de Nicolas Maurocordato, prince de Valachie.
1773. Marche de Souwarow

pour conserver Khirsova aux Russes.
15—1514. Retraite de Sélim Ier de la Perse.
1520. Arrivée de Sélim Ier dans le village d'Oghraschkœï.
1578. Conquête de Scheki.
1656. Nomination du vieux Mohammed Kœprülü au grand-vizirat.
1695. Bataille navale de cinq jours livrée à Khios.
1703. Entrée solennelle d'Ahmed III à Constantinople.
1731. Bataille de Koridjan et défaite de Nadir Koulikhan par Topal Osman.
16—1527. Défaite des rebelles d'Asie à Houlklü.
1610. Le vieux grand-vizir Mourad-Pascha prend ses quartiers d'hiver à Erzeroum.
1724. L'armée ottomane devant Tebriz.
17—1517. Renouvellement de la capitulation vénitienne.
1526. Souleïman I passe le pont d'Ofen.
1621. Dilawer-Pascha est nommé grand-vizir à la place de Houseïn-Pascha.
1693. Incendie à Constantinople.
1697. Houseïn Kœprülü baise la main du Sultan.
1769. Défaite du grand-vizir par les Russes.
18—1570. Siége de Famagoste.
1605. Incursion de Serkosch Ibrahim en Autriche.
1628. Abaza demande la libre retraite d'Erzeroum.
1647. Le grand-vizir Salih-Pascha est étranglé.
1720. Commencement de la fête de circoncision d'Ahmed III.

1739. Paix de Belgrade conclue au désavantage de l'Autriche.
1760. Mort du savant scheïkh Abdoullah Kaschghari.
19—1398. Timour franchit l'Indus.
1532. Combat de Pottenstein. Prise de Koron.
1605. Assaut donné à Depedelen (Parkany).
1636. Bataille livrée par Ahmed-Khan et Ahmed-Pascha à Roustem-Khan.
1639. La minute du traité conclu avec la Perse est remise à l'ambassadeur Mohammed Kouli-Khan.
20—1563. Grande inondation à Constantinople.
1588. Entrée triomphale dans Constantinople du kapitan-pascha Ibrahim.
1620. Bataille livrée aux Vénitiens et mort de Gratiani.
1743. Destitution du grand-vizir Hekkimzadé Ali-Pascha.
21—1520. Mort de Sélim I.
1532. Les Turcs à Vinicza.
1596. Les Turcs à Erlau.
1694. Conquête de Khios par les Vénitiens.
1702. Le grand-vizir Daltaban-Pascha marche de Scutari sur Andrinople.
1731. Arrivée à Constantinople du grand-vizir Topal Osman-Pascha.
1769. Retraite du grand-vizir.
22—1514. Destitution du troisième vizir Moustafa-Pascha.
1516. Sélim I à Damas.
1541. Souleïman I sous les murs d'Ofen.
1575 Défaite d'Auersperg.
1635. Mourad IV à Selmas.
1663. Assaut donné à Neuhæusel.
1695. Moustafa II marche

contre Veterani qui est fait prisonnier et décapité.
1702. Mort de l'ancien grand-vizir Amoudjazadé Houseïn Kœprülü.
1704. Naissance de la princesse Fatima, fille d'Ahmed III.
1768. Arrivée à Constantinople du grand-vizir Hamza-Pascha.
23—1522. Assaut annoncé à l'armée devant Rhodes.
1621. Attaque nocturne des Polonais sortis de leur camp de Chocim.
24—1522. Assaut donné à Rhodes.
1526. Départ d'Ofen de Souleïman I.
1566. Arrivé de Sélim II à Constantinople.
1571. Moustafa-Pascha se retire de Chypre.
1621. Assaut donné au camp polonais devant Chocim.
1650. Exécution de l'astronome de la cour Houseïn.
1663. Prise de Neuhæusel.
1666. Sabathaï, le nouveau Messie, embrasse l'islamisme.
25—1440. Les Turcs à Rhodes.
1463. Omar, fils de Toura-Khan, devant l'isthme d'Hexamilon.
1473. Première incursion des Turcs en Carinthie.
1481. Le prince Djem au Kaire.
1538. Débarquement de la flotte chrétienne à Prévésa.
1561. Exécution de Bayezid I, fils de Souleïman.
1604. Le grand-vizir Lala Mohammed-Pascha rétablit le pont de Pesth.
1648. Rébellion des sipahis à Constantinople.

1687. Morosini s'empare d'Athènes.
26—1566. Auersperg envahit la Croatie.
1603. Défaite des Ottomans par les Persans.
1618. Paix de Seraw conclue avec la Perse.
1645. Diwan solennel et distribution des présens d'honneur en souvenir de la conquête de la Canée.
1699. Départ pompeux du comte OEttingen de Vienne pour Constantinople.
1710. 5000 Janissaires se rendent d'Andrinople à Babataghi.
27—1529. Souleïman I devant Vienne; sortie des assiégés et captivité de Zedlitz.
1560. Entrée triomphale à Constantinople de Pialé-Pascha.
1569. Ambassade d'Ibrahim (Strozzeni) à Paris.
1585. Défaite des Turcs par le prince persan Hamza.
1593. Les Turcs passent le pont d'Essek.
1603. Combat livré aux rebelles d'Asie.
1617. Convention de Boussa.
1664. Ratification du traité de Vasvar.
1676. Bataille de Zurawna.
1690. Le grand-vizir établit son camp devant Belgrade, sur la colline d'Abaza.
1702. Daltaban Moustafa reçoit le sceau impérial des mains du Sultan.
28—1396. Bataille de Nicopolis.
1529. Première sortie des assiégés à Vienne.
1539. Bataille navale de Ste-Maure et retour de Sou-

leïman I à Constantinople.
1555. Exécution du grand-vizir Ahmed-Pascha.
1647. Débarquement de la flotte turque dans l'île de Crète.
1663. Sommation faite aux commandans des forteresses hongroises de se soumettre et reddition de Neuhæusel.
1695. Moustafa II revient par Nicopolis à Constantinople.
1696. Départ de Moustafa II de Belgrade pour Andrinople.
1704. Nomination du grand-vizir Kalaïli Ahmed-Pascha et destitution de Damad-Hasan-Pascha.
1724. Eriwan se rend aux Ottomans.
1730. Commencement de la rébellion qui amena la chute du Sultan.
1737. L'armée ottomane se met en marche vers le Timok.

29—1473. Défaite des Turcs en Carinthie.
1529. Sortie des assiégés à Vienne.
1605. Prise des faubourgs de Gran par les Turcs.
1619. Paix avec la Perse.
1682. Prise de Fülek par les Turcs.
1730. Ahmed III consulte les vizirs à l'effet de réduire les rebelles.

30—1520. Arrivée de Souleïman I à Constantinople.
1554. Souleïman I part d'Erzeroum.
1654. Météore à Constantinople.
1662. Défaite près de Kos de la flotte égyptienne par les Vénitiens.

1687. Prise de Castelnuovo par Kœnigsmark.
1724. Levée du siége de Tebriz par les Turcs.
1730. Le détrônement d'Ahmed IV est résolu.
1736. Signature du traité [de paix conclu avec la Perse.

OCTOBRE.

1—1622. Entrée triomphale de Redjeb-Pascha à Constantinople.
1685. Mort du fanatique imam de la cour, Wani-Efendi.
1714. Départ de Charles XII de la Turquie.
1730. Les rebelles demandent la mort de quelques vizirs.

2—1482. Djem part de Messine.
1528. Souleïman I ouvre le trésor de Constantinople.
1599. Mort de Seadeddin.
1607. Alliance conclue par les rebelles Djanboulad et Fakhreddin avec la Toscane.
1673. Mort de Panajotti.
1700. Audience de congé du comte OEttingen.
1723. Traité d'alliance entre Pierre-le-Grand et le schah Tahmasip.
1763. Nomination du grand-vizir Bahir-Moustafa et révocation de Hamid Hama-Pascha.

3—1517. Sélim I à Damas.
1529. Vienne menacée d'être incendiée par les Turcs.
1573. Renouvellement du traité de paix signé avec l'Autriche.
1669. Diwan solennel assemblé à l'occasion de la conquête de Candie.
1727. Traité de paix persan signé avec Eschref.

4—1419. Victoire remportée à Nissa par Sigismond, roi de Hongrie.
1516. Entrée dans Damas de Sélim I.
1603. Hasan-Pascha périt de la main des rebelles.
1684. Assaut malheureux donné par les Bavarois à Ofen.
1687. Sobieski s'empare de Suczewa; Siawousch est nommé grand-vizir.
1755. Grand incendie à Constantinople.
1756. Premier traité d'amitié avec le Danemarck.
1768. Conseil convoqué pour décider la guerre avec la Russie.
5—1473. Les Turcs à Windischgratz.
1532. Prise et incendie de Poschega.
1623. Première sentence de mort de Mourad IV.
1687. Rébellion dans le camp turc.
1726. Grégoire Ghika est nommé prince de Moldavie.
6—1529. Les fossés de Vienne sont comblés par les Turcs.
1553. Exécution de Moustafa, fils de Souleïman I.
1570. Retour de Pialé-Pascha avec la flotte.
1604. Renouvellement des négociations de paix.
1630. Khosrew-Pascha ouvre les tranchées devant Bagdad.
1682. Marche solennelle du Sultan.
1692. Naissance de deux fils d'Ahmed II.
1730. Mahmoud I ceint le sabre dans la mosquée d'Eyoub.
1762. Naissance de la princesse Mihrmah.

1768. Quatrième sortie des assiégés de Vienne.
7—1571. Bataille navale de Lepanto.
1572. Le kapitan Ali-Pascha cingle vers Tunis et se met à la poursuite de Don Juan.
1641. Audience de l'ambassadeur turc Mohammed à Ratisbonne.
1646. Ouverture des tranchées devant Retimo.
1720. Mohammed Tschelebi ambassadeur à Paris.
1770. Commencement du siège de Braïla par les Russes.
8—1499. Les Turcs se retirent de Gœrz.
1539. Arrivée à Constantinople de Laszky, ambassadeur de Ferdinand I.
1609. Fondation de la mosquée d'Ahmed I.
1650. Une nouvelle île sort du fond de la mer près de Santorin.
1687. La tête du grand-vizir Souleïman-Pascha arrive à Constantinople.
1721. Première leçon de lecture donnée au fils d'Ahmed III.
9—1431. Convention faite avec les habitants de Yanina.
1473. Les Turcs dans la Basse-Styrie.
1683. Bataille de Parkany.
1744. Karss foudroyée par l'artillerie persane.
1758. Circoncision des fils du grand-vizir Hekkimzadé-Ali-Pascha aux frais de Raghib-Pascha.
10—1529. Explosion des mines pratiquées sous les bastions de Vienne.
1552. Assaut donné à Erlau.
1578. Moustafa Sokolli est

exécuté par le grand-écuyer Ferhad.
1683. Kara Moustafa-Pascha se rend d'Ofen à Belgrade.
1708. Fondation à Scutari de la mosquée de la Walidé.
11—1529. Explosion des mines pratiquées sous les bastions de Vienne.
1579. Mort de Mohammed Sokolli.
1588. Combat de Turzo sur la Theiss.
1746. Incendie à Constantinople.
12—1529. Explosion des mines pratiquées sous les fortifications de Vienne.
1532. Souleïman I à Belgrade.
1572. Tunis occupée par les Espagnols.
1576. Rudolph II annonce son avénement.
1612. Entrée dans Constantinople de l'ambassade persane.
1654. Le grand-vizir Derwisch-Pascha meurt frappé d'apoplexie.
1665. Entrée de Mohammed IV à Constantinople.
1673. Combat acharné livré entre les Cosaques et les Turcs.
1706. Ambassade de Quarient, chargé d'annoncer l'avénement de l'empereur Joseph I.
13—1558. Incursion de Welijdan dans le banat de Zips.
1562. Bebek est emprisonné dans la tour de la mer Noire.
1650. Réconciliation du grand-vizir Ali-Pascha avec les agas de l'armée.
1695. Pierre I de Russie lève le siége d'Azof.

1697. Le prince Eugène envahit la Bosnie.
1714. Destruction des rebelles de Bosnie par Nououman Kœprülü.
1716. Capitulation de Temeswar.
1717. Réponse d'Eugène sur les propositions de paix faites par les Turcs.
14—1482. Confirmation des priviléges de Raguse.
1529. Levée du siége de Vienne.
1764. L'alliance proposée par la Prusse est rejetée.
15—1529. Retraite de l'armée turque de Vienne.
1601. Bataille au bord du lac de Velens.
1633. Départ du grand-vizir Mohammed-Pascha pour la campagne de Perse.
1643. Défaite de Fakhreddin.
1689. Le grand-vizir Moustafa-Pascha reçoit l'étendard sacré des mains du Sultan.
16—1482. Débarquement du prince Djem à Nice.
1631. Nomination du grand-vizir Hafiz-Pascha et révocation de Khosrew-Pascha.
1723. Prise de possession de Schehrzor par le gouverneur de Bagdad.
17—1448. Bataille de Kossova livrée par Hunyade.
1479. Bataille d'Hunyade au champ des Merles.
1513. Renouvellement de la paix vénitienne.
1530. Seconde ambasade envoyée par Ferdinand II.
1614. Chute de Nassouh-Pascha.
1663. Tentative de Djenkdji-Pascha pour surprendre le nouveau Serinwar.

1687. Rébellion dans le camp ottoman.
1694. Siége de Gabella par les Turcs.
1697. Eugène devant Bosna-seraï.
1730. Rakoviza est nommé prince de Valachie.
1737. Le grand-vizir demande la médiation du cardinal Fleury.
1772. Le congrès de Fokschan est transporté à Bukharest.
18—1546. Souleïman I se rend à Andrinople.
1552. Levée du siége d'Erlau.
1604. Le grand-vizir devant Gran.
1644. Audience de l'ambassadeur Czernin.
1672. Proclamation faite dans le camp, pour annoncer que le sultan avait fait grâce au roi de Pologne.
1737. Seckendorf tente de prendre d'assaut la ville d'Ouzidja.
19—1592. Entrée triomphale du grand-vizir avec les prisonniers hongrois.
1633. Le khan des Tatares établit son camp sous les murs de Caminiec.
1698. Armistice conclu avant la réunion du congrès à Carlowicz.
1719. Grand tremblement de terre à Constantinople.
1723. L'armée ottomane se rend à Gendjé.
1754. Le sultan Mahmoud visite la bibliothèque fondée par lui au seraï de Galata.
20—1463. Bataille de Corinthe contre les Vénitiens.
1514. Sélim I à Etschmiazin.
1541. Charles V à Matafous.
1606. Ouverture du congrès à Sitvatorok.
1646. Le provéditeur Molino meurt à Retimo.
1683. Le blockaus près de Gran est emporté d'assaut par les Impériaux.
1707. Rakoviza est nommé prince de Moldavie à la place de Cantémir.
1743. Nadir-Schah lève le siége de Mossoul.
1746. Incendie à Galata.
1768. Nomination du grand-vizir Emin-Mohammed-Pascha, et révocation de Hamza-Pascha.
21—1396. Conquête de Nicopolis.
1603. Prise de Tebriz par les Persans.
1672. L'armée revient de Caminiec à Andrinople.
1722. Détrônement du dernier schah de la famille Sofi, et avénement de l'Afghan Mahmoud.
1727. Première leçon de lecture donnée au prince Nououman, fils d'Ahmed III.
1773. Les Russes sous les murs de Warna.
22—1516. Toumanbeg est reconnu sultan d'Égypte.
1664. Marche du grand-vizir sur Belgrade.
1705. Délimitation des frontières russes.
1734. Prise de Schamakhi par Nadir-Schah.
1755. Exécution du grand-vizir Nischandji Ali-Pascha.
1770. Thugut et Zegelin obtiennent la destitution de l'interprète de la Porte Karadja.
23—1456. Mort de Capistran.
1538. Audience de Khaïreddin-Pascha dans le seraï d'Andrinople.
1596. Défaite de Djâfer-Pascha devant Erlau.

1751. Ouragan accompagné d'une neige épaisse.
24—1520. Révolte de Ghazali.
1566. La mort de Souleïman I est annoncée à l'armée.
1584. Audience accordée par le sultan à Liechtenstein.
1607. Djanboulat est défait par le grand-vizir Mourad-Pascha.
1614. Schakschaki Ibrahim-Pascha reprend aux Cosaques leur butin.
1648. Rébellion des pages dans le seraï de Galata.
1671. Délimitation des frontières à la suite du traité de Candie.
1684. Désastre de la flotte ottomane à Scopulo, par suite d'un ouragan.
1703. Le patriarche des Arméniens catholiques est emprisonné.
1727. La mosquée de Piriaga est achevée par la sultane Fatima.
1766. Première leçon donnée au prince Sélim.
25—1514. Prise de Hossnkeïf.
1530. Audience accordée à l'ambassade de Ferdinand I.
1555. Thouïgoun, gouverneur d'Ofen, devant Szigeth.
1585. Bataille livrée par Mourad-Pascha le Puisatier.
1633. Radoul vaincu par Bessaraba.
1698. Le camp destiné au congrès de Carlowicz est dressé.
1740. Chute d'aérolithes à Hezargrad.
1768. Mort du moufti Welieddin.
26—1529. Souleïman I à Ofen.
1648. Rébellion des sipahis et des pages à Constantinople.
1746. Seïd Mohammed El-Houseïn est nommé moufti en remplacement de Hayatizadé.
27—1538. La flotte turque à Castelnuovo. Destruction des Akindjis.
1613. Bethlen Gabor est nommé prince de Transylvanie.
1676. Paix avec la Pologne.
1767. Incendie de Pera.
28—1344. Prise de Smyrne par les Croisés.
1516. Combat livré contre les avant-gardes égyptiennes et turques.
1527. Kabiz est exécuté dans le diwan, comme hérétique.
1529. Audience accordée par Souleïman I à Zapolya.
1537. Assaut donné à Argos.
1599. Meurtre du cardinal Bathory.
1622. Conseil d'état convoqué par le grand-vizir Mohammed Gourdji-Pascha pour conjurer la ruine de l'empire.
1663. Départ d'Ahmed Kœprülü de Neuhæusel.
1713. Mort du savant kadiasker Aarif.
1739. Le grand-vizir remet l'étendard sacré entre les mains du Sultan.
29—1521. Funérailles des enfans de Souleïman I.
1529. Zapolya est admis au baise-main de Souleïman I.
1585. Défaite des Turcs par les Persans.
1654. Nomination au grand-vizirat du rebelle Ipschir-Pascha.
1687. Mohammed IV accorde aux rebelles la confiscation des biens et le bannissement de plusieurs dignitaires.

1730. Le khan des Tatares arrête avec le Sultan l'extermination des rebelles.
1773. Défaite des Turcs à Karasou par les Russes.
30—1400. Prise de Haleb par Timour.
1651. Destitution de Siawousch-Pascha et nomination du grand-vizir Gourdji.
1676. Mort d'Ahmed Kœprülüzadé.
1684. Les Impériaux lèvent le siége d'Ofen. Mohammed IV à Yanboli.
1698. Echange des ratifications du traité de paix de Carlowicz.
1757. Mort d'Osman III.
1771. Les Turcs sont repoussés à Giurgewo.
31—1529. Retour à Constantinople de Souleïman I.
1768. Avances en argent faites pour la guerre de Russie.

NOVEMBRE.

1—1524. Exécution de Ferhad-Pascha.
1661. Nomination du grand-vizir Ahmed-Kœprülü.
1697. Eugène de Savoie de retour de son incursion en Bosnie.
1741. Incendie à Constantinople.
2—1477. Les Turcs sur l'Isonzo.
1481. Kinis marche contre Iskender-Pascha.
1663. Prise de Lewencz par les Turcs.
1698. Les plénipotentiaires chrétiens remettent leurs premières propositions à Carlowicz.
1730. Elévation d'un boucher à la dignité de prince de Moldavie.
3—1443. Bataille de la Morawa.
1597. Nomination du grand-vizir Hasan.
1666. Débarquement d'Ahmed Kœprülü dans l'île de Crète.
1703. Le rebelle Tschalik donne l'hospitalité au Sultan.
4—1463. Mort de Bertholde d'Este à Hexamilon.
1604. Naissance d'Osman II, fils d'Ahmed I.
1737. Assaut donné à Oczakow.
5.—1594. Michel, prince de Valachie, jure l'alliance.
1694. Bannissement d'un prétendu Medhi.
1707. Martyre de l'Arménien Komidas.
1739. Echange des ratifications du traité de Belgrade.
1748. Ibrahim, capitaine de Stankhio, s'empare de deux galères maltaises.
6—1664. Mohammed IV reçoit les têtes de plusieurs brigands.
1692. Sélim Ghiraï est nommé pour la troisième fois khan de Crimée.
1694. Défaite des Tatares par les Polonais. Schehbaz-Ghiraï devant Caminiec.
1703. Permission accordée aux vizirs de porter le *kalewi*.
1715. Mort de la mère d'Ahmed III.
1770. Braïlo se rend aux Russes.
7—1530. Audience accordée à l'ambassadeur de Ferdinand I.
1540. Audience accordée à Laszky.
1689. Le vertueux Kœprülü

est nommé grand-vizir à la place de Moustafa, pascha de Rodosto.
1698. Remise des contre-propositions faites par les plénipotentiaires turcs à Carlowicz.
1757. Raghib-Pascha est confirmé par Moustafa III dans son pouvoir absolu.
8—1459. Soumission de la Servie.
1604. Arrivée de Cicala à Karss.
1668. Arrivée à Larissa de Luigi Molini, ambassadeur de Venise.
1676. Nomination du grand-vizir Kara-Moustafa-Pascha.
1687. Le kaïmakam Kœprülü Moustafa-Pascha assemble les oulémas pour discuter avec eux le détrônement de Mohammed IV.
9—1488. Djem quitte la tour à sept étages.
1532. Sahibghiraï est nommé khan de Crimée.
1562. Basilikos est tué par Tomza.
1630. Khosrew-Pascha donne l'assaut à Bagdad.
1698. Cent cinquante magasins sont dévorés par les flammes à Belgrade.
1710. Le Khan Dewlet-Ghiraï excite la Porte à la guerre contre la Russie ; diwan dans lequel la guerre est résolue.
1769. Le grand-vizir se rend d'Isakdji à son quartier d'hiver de Babataghi.
10—1443. Scanderbeg se sauve de sa captivité chez les Turcs.
1444. Bataille de Warna.
1545. Armistice conclu avec Charles V.

1665. Audience de congé accordée à Leslie.
1723. Le khan d'Ardelan fait sa soumission.
1740. Noces de la princesse Hebetoullah.
11—1605. Bocskaï baise la main du grand-vizir.
1606. Paix de Sitvatorok.
1625. Hafiz-Pascha dresse son camp devant Bagdad.
1667. Mohammed IV reçoit du scheïkh de la Mecque la couverture et les clefs de la Kaaba. Sortie des assiégés de Candie.
1673. Destruction de l'armée turque devant Chocim par les Polonais.
1703. Changement opéré parmi les officiers de l'état-major des Janissaires.
1712 Conseil convoqué pour décider de la guerre contre les Russes.
1737. Séparation du congrès de Niémirow.
1773. Mohammed-Molla apprend au Sultan la défaite de son armée à Karasou.
12—1577. Apparition d'une comète à Constantinople.
1605. Mort de la mère d'Ahmed I.
1664. Mohammed II à Aïdos.
1695. Entrée solennelle de Moustafa II à Constantinople.
1712. Destitution du grand-vizir Yousouf-Pascha.
1751. Entrée triomphale du kapitan-pascha dans le port de Constantinople.
13—1594. Massacre des Turcs à Bukharest.
1694. Le grand-vizir Surmeli Ali-Pascha part de Bagdad.
1698. Ouverture du congrès de Carlowicz.

14—1538. Levée du siége de Napoli di Romania.
1582. Les Turcs à Derbend sur la mer Caspienne.
1646. Capitulation de Retimo.
1698. Seconde conférence à Carlowicz.
15—1593. Prise de Fülek par Teufenbach.
1638. Mourad IV devant Belgrade.
1689. Les Chrétiens se retirent sur Nissa.
1693. Retour à Constantinople du grand-vizir Biiklü-Mohammed, après la fortification de Belgrade.
1698. Troisième conférence à Carlowicz.
1731. Prise d'Ourmia par les Turcs.
16—1509. Grand tremblement de terre à Andrinople.
1551. Ulama offre la reddition de Lippa.
1667. Les Turcs plantent leur drapeau sur le bastion Panigra à Candie.
1698. Quatrième conférence à Carlowicz.
1703. Nomination du grand-vizir Hasan-Pascha, et destitution de Kowanos-Pascha.
1720. La paix avec la Russie est changée en une paix éternelle.
1737. Le grand-vizir va de Kartal à Constantinople.
17—1622. Les Janissaires demandent la destitution d'Abaza-Pascha.
1698. Cinquième conférence à Carlowicz.
1745. Conférence secrète relative à la proposition de Castellan.
18—1482. Exécution de l'ancien grand-vizir Kedük Ahmed-Pascha.

1532. La Porte invite le khan de Crimée à maintenir la paix avec la Pologne.
1667. Cessation des travaux au siége de Candie.
1698. Sixième conférence à Carlowicz.
1723. Mohammed - Pascha, gouverneur du Kaire, fait mourir Ismaïlbeg.
1739. Nadir - Schah fait des propositions de paix.
19—1595. Nomination du grand-vizir Lala Mohammed-Pascha.
1604. Bocskaï reçoit un ahdnamé, c'est-à-dire un ordre de confirmation.
1698. Septième conférence à Carlowicz.
1712. Les queues de cheval sont plantées à la Porte en signe de guerre contre la Russie.
20—1661. Ali-Pascha marche sur Hermanstadt.
1664. Tortures du chef de brigands Erdehanoghli.
1711. Mort, à Lemnos, du grand-vizir destitué Baltadji Mohammed-Pascha.
1726. Tentative d'Eschref pour corrompre l'armée ottomane.
1772. Ouverture du congrès de Bukharest.
21—1678. Défaite des Turcs par Rodomanowski.
1687. La tête du kaïmakam Redjeb est livrée aux rebelles.
1698. Huitième et neuvième conférence à Carlowicz.
1769. Resmi-Ahmed - Efendi est nommé ministre de l'intérieur.
22—1509. Inondation à Andrinople.
1617. Mort d'Ahmed I.
1642. Arrivée à Constantino-

ple de l'ambassadeur de Rakoczy.
1698. Dixième conférence à Carlowicz.
1761. Nouvelle persécution des Arméniens catholiques.

23—1522. Assaut donné à Rhodes.
1526. Arrivée à Constantinople de Souleïman I après la campagne de Mohacs.
1596. Entrée dans Constantinople de l'ambassadeur persan.
1638. Les fossés de Belgrade sont comblés.
1698. Onzième conférence à Carlowicz.
1730. Mesures arrêtées pour l'extermination des rebelles.
1735. Le plénipotentiaire turc Gendj Ali-Pascha est arrêté à Gendjé.

24—1559. Le prince Bayezid, fils de Souleïman I, est reçu par le Schah.
1577. Nouvelle de la mort du schah Ismaïl.
1664. Kara Mohammed Aga, ambassadeur à Vienne.
1698. Douzième conférence à Carlowicz.
1757. Le pillage des caravanes des pèlerins est connu à Constantinople.

25—1604. Le grand-vizir Lala Mohammed-Pascha revient à Belgrade.
1605. Ahmed I à Brousa.
1635. Exécution du rebelle Nouhkbalifé.
1698. Treizième conférence à Carlowicz.
1716. Bukharest surpris par les Impériaux.
1730. Diwan convoqué pour décider de la guerre contre les Russes, et extermination des rebelles.

1733. Conférence relative à l'entrée d'un corps d'armée russe en Pologne.
1747. Les esclaves rendus par le duc de Toscane sont présentés au Sultan.
1770. Le grand-vizir prend ses quartiers d'hiver.

26—1539. Circoncision des princes Bayezid et Djihanghir.
1548. Souleïman I à Tscholek.
1698. Quatorzième conférence à Carlowicz.

27—1512. Sélim I fait mettre ses neveux à mort.
1605. Ahmed I visite les tombeaux de ses aïeux à Brousa.
1757. Exécution du kislaraga.

28—1524. Le grand-vizir Ibrahim à Latakia.
1664. Mohammed IV à Kirkkilisé.
1710. Tolstoi est emprisonné dans les Sept-Tours.
1746. Schehzouwarzadé Mourteza est nommé kapitan-pascha à la place de Soghanyemez.

29—1585. Mort de la mère de Mourad III.
1590. Renouvellement de la paix avec l'Autriche.
1623. Bagdad est occupée par les Persans.
1698. Quinzième conférence à Carlowicz.
1738. Bonneval est exilé à Kastemouni.

30—1594. Mécontentement des soldats le jour de Kasim (Saint-Démétrius).
1668. Le général Bataglia meurt dans une sortie de la garnison à Candie.
1693. Le grand-vizir Büklü Moustafa remet l'étendard sacré entre les mains du Sultan.

DÉCEMBRE.

1—1521. Renouvellement de la paix avec Venise.
1537. Défaite de Katzianer par les Turcs.
1626. Nomination du grand-vizir Khalil-Pascha.
1698 Seizième conférence à Carlowicz.
2—1606. Mort de Cicala.
1698. Dix-septième conférence à Carlowicz.
1716. Suprise de Yassy.
1717. Ouragan à Constantinople et perte de plusieurs navires.
1769. Lettre du grand-vizir au prince de Kaunitz et à Finkenstein, relative à la médiation offerte par l'Autriche.
3—1446. Prise d'Hexamilon par Mourad II.
1612. Intrigues tramées par le grand-vizir Nassouh-Pascha contre le defterdar Etmekdjizadé.
1715. Le grand-vizir Khalil-Pascha revient de Napoli di Romania.
1738. Auguste de Pologne offre sa médiation entre la Porte et la Russie.
4—1479. L'escadre de Mesih-Pascha débarque à Rhodes.
1606. Le rebelle Mohammed bat les troupes envoyées contre lui.
1626. Le grand-vizir Khalil-Pascha se rend en Asie.
1650. Haïderagazadé est nommé kapitan-pascha en remplacement de Buklii-Mohammed-Pascha.
1653. Négociations ouvertes entre la Pologne et les Tatares.
1698. Dix-huitième conférence de Carlowicz.
1731. Hekkimzadé-Ali-Pascha fait son entrée à Tebriz.
1732. Tahmas-Koulikhan à Kermanschahan.
1741. Incendie à Constantinople.
5—1551. Oulama-Pascha se retire de Lippa.
1566. Rébellion des Janissaires.
1582. Nomination du grand-vizir Siawousch.
1691. Karabousa est livré aux Turcs par le traître Lucca della Rocca.
1755. Consécration de la mosquée Nouri-Osmaniyé à Constantinople.
6—1530. Arrivée de Souléiman I à Andrinople après de sa retraite de Vienne.
1534. Souléiman I s'arrête à Bagdad.
1535. Souléiman I à Bakrasstaghi.
1593. Mariage de Khalil-Pascha avec la fille de Mourad III.
1622. Entrée de l'ambassadeur Zbarawsky à Constantinople.
1698. Dix-neuvième conférence à Carlowicz.
7—1665. L'ambassadeur de La Haye Vantelet se rend à son palais sans cortége.
1687. Traité conclu entre le grand-vizir Siawousch-Pascha et la Transylvanie.
1698. Vingtième conférence à Carlowicz.
1699 Echange des ambassadeurs après la conclusion de la paix de Carlowicz.
8—1598. Ibrahim-Pascha est nommé serdar et grand-vizir.

1653. Les Polonais attaquent les Tatares.
1757. Destitution du sage reïsefendi Eboubekr.
9—1575. Entrée triomphale de l'armée turque précédée de la tête d'Auersperg.
1617. Convention relative aux villages litigieux de Gran.
1638. Entrée triomphale à Constantinople du grand-vizir Khosrew-Pascha.
1691. L'étendard sacré est rapporté à Constantinople.
1693. Audience du khan Sélim-Ghiraï au seraï impérial.
1698. Vingt-unième conférence à Carlowicz.
1714. Déclaration de guerre contre Venise.
10—1522. Rhodes commence à capituler.
1566. Distribution du présent d'avénement de Sélim II.
1670. Entrée triomphale, dans le port de Constantinople du kapitan-pascha, avec la galère de Giorgio Vitali.
1698. Vingt-deuxième conférence à Carlowicz.
1737. Réception de Rakoczy, prince de Transylvanie, dans le diwan.
11—1606. Nomination du grand-vizir Mourad-Pascha, le puisatier.
1627. Naissance du prince Ahmed, fils de Mourad IV.
1692. Sélim-Ghiraï est nommé khan pour la troisième fois, en remplacement de Safa-Ghiraï.
1754. Meurtre du dey d'Alger.
12—1574. Mort de Sélim II.
1577. Renouvellement de la capitulation française.

1656. Destitution du kapitan-pascha Sidi-Ahmed.
1673. Naissance d'Ahmed III.
1733. Questions politiques adressées par le grand-vizir Ali-Pascha à l'ambassadeur français.
13—1603. Le vizir Kasim est nommé Kaïmakam.
1628. Nouvelle organisation des vizirs du diwan.
1638. Abourisch, l'émir du désert, est reçu en audience par Mourad IV.
1754. Mort de Mahmoud I.
1756. Nomination du grand-vizir Raghib-Pascha.
14—1502. Paix conclue avec Venise.
1575. Bathory est élu roi de Pologne.
1687. Prise d'Erlau par Caraffa.
15—1516. Sélim I quitte Damas.
1668. Insulte faite à l'interprète Antonio Mamucca.
16—1463. Prise de Jaïcza par Mathias Corvin.
1716. Kara Dewlet-Ghiraï est nommé khan de Crimée.
1746. Promulgation de la paix conclue avec la Perse.
1748. Le gouverneur du Tschildir, Elhadj-Ahmed-Pascha, et le kiaya Nououman-Pascha, sont élevés au rang de vizirs.
17—1647. Nomination du grand-vizir Salih-Pascha et destitution de Mohammed-Pascha.
1653. Paix conclue à Caminiec avec la Pologne.
1692. Mort de Mohammed IV.
1771. Paix conclue avec la Russie par la médiation du comte Panin.
18—1482. Bayezid II traite ses vizirs à Constantinople.

CALENDRIER DES DATES.

1582. Ferhad-Pascha est nommé sérasker en Asie.
1608. Mourad - Pascha, le puissatier, fait son entrée dans la capitale.
1618. Arrivée à Constantinople de l'ambassadeur Mollard.
1698. Vingt-troisième conférence à Carlowicz.
1737. Le grand-vizir remet l'étendard sacré entre les mains du Sultan.

19—1522. Assaut donné à Rhodes.
1530. Levée du siége d'Ofen.
1698. Vingt-quatrième conférence de Carlowicz.
1733. Armistice signé par Tahmas Koulikhan et le pascha de Bagdad.
1771. Le quartier-général de l'armée est transféré à Schoumna.

20—1481. Djem se rend à la Mecque.
1627. Khalil - Pascha arrive avec l'armée à Tokat.
1657. Le kislaraga Dilaner est exilé en Égypte.
1746. L'ambassadeur Kesrieli-Pascha reçoit du sultan les présens destinés à Nadir-Schah.

21—1574. Arrivée à Mondania de Mourad III.
1702. Le reïs - efendi Rami est nommé vizir.
1725. Nomination du khan d'Ourmia par les Ottomans.
1728. Le Kozbegdji Ali revient de la Suède avec 2000 bourses d'argent.

22—1509. Bayezid II tient un diwan à pied pour décider de la reconstruction des murs de Constantinople.
1564. Arrivée à Constantinople des nonces de Maximilien II.

1574. Mourad III fait mettre à mort ses cinq frères.
1603. Mort de Mohammed III.
1690. Le grand-vizir Moustafa Koeprülü remet l'étendard sacré entre les mains du Sultan.
1694. Le grand-vizir Defterdar Ali-Pascha remet l'étendard sacré.
1698. Vingt-cinquième conférence à Carlowicz.
1754. Osman III ceint le sabre.
1756. Mort du prince Mahmoud, cousin d'Osman III.

23—1527. Laszky est reçu en audience par le second vizir Moustafa-Pascha.
1574. L'interprète de la Porte, Mahmoud, est envoyé en cette qualité à Vienne.
1622. Rebellion des Janissaires.
1727. Convention signée entre la Russie et la Turquie relativement aux frontières du côté de la Perse.

24—1443. Bataille livrée à la Porte de Trajan par Hunyade.
1635. Le grand-vizir marche de Diarbekr contre la Perse.
1638. Mort du grand-vizir Tayyar-Pascha sous les murs de Bagdad.
1685. Destitution du grand-vizir Ibrahim-Pascha.
1721. Entrée, dans Constantinople, de l'ambassadeur persan Mourteza Koulikhan.
1760. Restitution du vaisseau emmené à Malte par des esclaves chrétiens révoltés.
1770. Nomination du grand-vizir Silihdar Mohammed-Pascha.

1771. Déclaration de l'impératrice Catherine relative à la conclusion de la paix avec les Turcs.
1773. Mort de Moustafa III.
25—1522. Reddition de Rhodes.
1574. Distribution du présent d'avénement.
1576. Renouvellement de la paix avec l'Autriche.
1599. Le grand-vizir Ibrahim à Belgrade.
1625. Audience de Keresztessy, ambassadeur de Bethlen-Gabor.
1638. Prise de Bagdad par Mourad IV.
1647. Marche d'un corps d'armée destiné à réduire le rebelle Haïderoghli.
1683. Exécution de Kara-Moustafa-Pascha.
1704. Baltadji Mohammed-Pascha est nommé grand-vizir.
26—1522. Souléiman I reçoit le grand-vizir dans l'île de Rhodes.
1702. Sélim-Ghiraï est nommé khan de Crimée pour la quatrième fois, à la place de son fils Dewlet.
1732. Attaque de Kerkouk par Tahmas Koulikhan.
1754. Les ambassadeurs chargés d'annoncer l'avénement d'Osman III sont revêtus de kaftans.
27—1387. Schiraz est conquise par Timourlenk.
1633. Exécution de Noghaï-Pascha.
1638. Melek Ahmed-Pascha sort du harem en qualité de gouverneur du Diarbékir.
1724. Conférences des ministres russes et turcs sous la médiation de l'ambassadeur français.
1740. Grand incendie à Constantinople.
28—1583. Le prince héritier du trône se rend à son gouvernement de Magnésie.
1605. Destitution du kaïmakam Sofi Sinan-Pascha.
1739. Signature de la convention russe annexée au traité de Belgrade.
1767. Confidence curieuse faite par Moustafa III au docteur Ghobis.
29—1574. Zerbelloni est délivré de sa captivité dans les Sept Tours.
1606. Mort de Bocskaï.
1707. Les clefs d'Oran sont envoyées à Constantinople.
1711. Exécution des secrétaires d'état turcs, à la suite du traité du Pruth.
1716. Nomination de Seadet-Ghiraï comme khan de Crimée.
1735. Conférences du grand-vizir avec les ambassadeurs anglais, hollandais et russes, relativement à la marche du khan des Tatares à travers le Daghistan.
30—1656. Ismaïlaga est nommé ambassadeur en Perse.
1683. Le khan des Tatares attaque l'hetman des Cosaques Zaporogues.
1698. Vingt-sixième conférence à Carlowicz.
31—1612. Entrée de l'ambassadeur persan à Constantinople.
1674. Mourad III visite la mosquée d'Aya Sofia.
1698. Vingt-septième conférence à Carlowicz.
1703. Mort du sultan Moustafa II.

TABLE DES MATIÈRES

CONTENUES

DANS LE TOME DIX-SEPTIÈME.

                                                                        Pages.

POST-FACE. . . . . . : I

TABLEAU DES DIGNITÉS ET DES EMPLOIS DANS L'EMPIRE OTTOMAN. . . 1

1re *Division*. — Dignités et emplois de la loi. 3

           Juridictions de Roumilie 6

           Juridictions d'Anatolie. 10

           Juridictions d'Égypte. 15

2e *Division*. — Emplois publics et charges de la cour. 38

        I. Emplois de la Porte et de la plume (chancellerie). 40

        II. Emplois du Sabre ou gouvernement. . . . 56

        III. Dignités et emplois de la loi. 62

        Emplois de l'Intérieur ou emplois du Harem. . . 70

Liste des titres attachés au rang des princes et des princesses, et à celui des hauts fonctionnaires de la chancellerie d'état ottomane. 72

Liste des deux cent quarante-quatre dynasties qui ont régné en Asie, en Afrique et en Europe, et dont la plupart ont été inconnues en Europe. 79

Aperçu des capitulations, des traités de paix et de commerce et autres conventions conclues par les souverains ottomans, depuis la fondation de l'empire jusqu'au traité de Kaïnardjé, en l'année 1774. 104

Liste des ambassades envoyées à la Porte par cinquante puissances européennes, asiatiques et africaines, comprenant celles que les

Sultans leur envoyèrent, depuis la fondation de l'Empire ottoman jusqu'à la paix de Kaïnardjé. 134

Aperçu des diverses tribus turques. 168

Aperçu des institutions publiques créées par le sultan Mahmoud II, et des changemens les plus importans opérés par ce souverain dans l'administration de l'empire. 178

Explication du plan de Constantinople et de ses faubourgs, avec leurs divisions en quartiers. 205

Tableau des quartiers de Constantinople. 209

Vocabulaire des mots turcs qui se trouvent dans les seize volumes de cette histoire, et qui manquent généralement dans les dictionnaires. 219

Calendrier des dates les plus mémorables de l'histoire ottomane, depuis la fondation de l'Empire jusqu'en l'année 1774. . . . 245

FIN DE LA TABLE DU TOME DIX-SEPTIÈME.

EN VENTE CHEZ LES MÊMES LIBRAIRES.

NEUF ANNÉES A CONSTANTINOPLE, par le docteur Brayer, 2 vol. in-8° avec un plan gravé de Constantinople. Prix broché............ 16 fr.

GUIDE DU VOYAGEUR A CONSTANTINOPLE et dans ses environs, contenant l'histoire de cette capitale depuis sa fondation jusqu'à sa conquête par Mahomet II; l'indication et la description des localités les plus remarquables; des recherches historiques sur les principaux monuments, et en général tout ce qui peut être utile au voyageur, par Fr. Lacroix (de l'île de France), avec un plan détaillé de Constantinople, gravé et colorié. Prix broché.. 8 fr.

GUIDE DU VOYAGEUR A SAINT-PÉTERSBOURG, comprenant un précis historique de la fondation de cette capitale et de ses agrandissements, les formalités de douane et d'arrivée, le rapport des monnaies, les instructions nécessaires pour le séjour de l'étranger, les divers moyens de transport et la distance de Saint-Pétersbourg aux principales villes de l'Europe et de l'intérieur de l'empire; la statistique de Saint-Pétersbourg, l'organisation gouvernementale et administrative, la description des églises et monastères, palais, monuments, édifices remarquables; celle des îles et des environs de Saint-Pétersbourg; accompagné de 10 vues et d'un beau plan de Saint-Pétersbourg, gravés sur acier. Prix br...................................... 7 fr. 50 c.

HISTOIRE FINANCIÈRE ET STATISTIQUE GÉNÉRALE DE L'EMPIRE BRITANNIQUE, avec un exposé du système actuel de l'impôt, suivi d'un plan pratique pour la liquidation de la dette, ou impôts, revenus, dépenses, forces et richesses de l'empire britannique et de ses nombreuses colonies dans toutes les parties du monde; ouvrage enrichi de 149 tableaux et d'un grand nombre de documents officiels et inédits, par Pablo de Pebrer; traduit de l'anglais par Jacobi. Deuxième édition revue et continuée jusqu'à la fin de l'année 1838, ornée du portrait de l'auteur, 2 gros vol. in-8°. Prix br............ 16 fr.

Imprimerie d'AMÉDÉE GRATIOT et Comp., rue de la Monnaie 11.

www.ingramcontent.com/pod-product-compliance
Lightning Source LLC
Chambersburg PA
CBHW062007180426
43199CB00033B/1165